·北京师范大学史学探索丛书·

谨以此书献给我已经逝去的父亲和母亲

TangShi ShiQian Lu

唐史识浅录

宁 欣 著

北京师范大学出版集团
BEIJING NORMAL UNIVERSITY PUBLISHING GROUP
北京师范大学出版社

图书在版编目（CIP）数据

唐史识浅录/宁欣著. —北京：北京师范大学出版社，2016.12
（北京师范大学史学探索丛书）
ISBN 978-7-303-22006-9

Ⅰ.①唐… Ⅱ.①宁… Ⅲ.①中国历史-唐代-文集
Ⅳ.①K242.07-53

中国版本图书馆 CIP 数据核字（2017）第 021872 号

营 销 中 心 电 话 010-58805072 58807651
北师大出版社学术著作与大众读物分社 http://xueda.bnup.com

TANGSHI SHIQIANLU
出版发行：北京师范大学出版社 www.bnup.com
北京市海淀区新街口外大街 19 号
邮政编码：100875
印 刷：大厂回族自治县正兴印务有限公司
经 销：全国新华书店
开 本：787 mm×1092 mm 1/16
印 张：26.75
字 数：430 千字
版 次：2016 年12月第 1 版
印 次：2016 年12月第 1 次印刷
定 价：85.00 元

策划编辑：刘松弢 责任编辑：刘松弢 蒋智慧
美术编辑：王齐云 装帧设计：王齐云
责任校对：陈 民 责任印制：马 洁

北京师范大学史学探索丛书
编辑委员会

出版说明

在北京师范大学的百余年发展历程中，历史学科始终占有重要地位。经过几代人的不懈努力，今天的北师大历史学院业已成为史学研究的重要基地，是国家“211”和“985”工程重点建设单位，首批博士学位一级学科授予权单位。拥有国家重点学科、博士后流动站、教育部人文社会科学重点研究基地等一系列学术平台。科研实力颇为雄厚，在学术界声誉卓著。

近年来，北师大历史学院的教师们潜心学术，以探索精神攻关，陆续完成了众多具有原创性的成果，在历史学各分支学科的研究上连创佳绩，始终处于学科前沿。特别是崭露头角的部分中青年学者的作品，已在学术界引起较大反响。为了集中展示北师大历史学院的这些探索性成果，也为了给中青年学者的后续发展创造更好条件，我们组编了这套“北京师范大学史学探索丛书”，希冀在促进北师大历史学科更好发展的同时，为学术界和全社会贡献一批真正立得住的学术力作。这些作品或为专题著作，或为论文结集，但内在的探索精神始终如一。

当然，作为探索丛书，特别是以中青年学者作品为主的学术丛书，不成熟乃至疏漏之处在所难免，还望学界同仁不吝赐教。

北京师范大学历史学院

北京师范大学史学理论与史学史研究中心

北京师范大学史学探索丛书编辑委员会

2014 年 3 月

前 言

本书分为上、中、下三篇，实际是围绕三个有所侧重的主题，上篇主要是多年研究唐史和经济史的论文，即便是书评《从历史观的角度阐释唐五代小说文化——读〈唐五代小说的文化阐释〉》，仍然主要从社会经济史的角度探讨；中篇是对我的博士导师何兹全先生、硕士导师王永兴先生，以及北京大学的几位授业老师在学问、授业、人品等方面的感受和回忆；下篇是主题比较分散的一组文章，有翻译，有综述，有随笔和杂文。文章撰写的年代有远有近，最早的应属1984年前后在北京大学读硕士研究生时，奉王永兴先生之命，与李鸿宾（现为中央民族大学教授）合作收集资料，撰写《一九八三年中国敦煌吐鲁番学研究概述》。中国敦煌吐鲁番学会于1983年8月15日至22日在兰州宣布成立，季羡林先生为会长，王永兴先生积极参与了学会的筹建工作，学会会址和秘书处都设在北大，记得我们作为学生也跑前跑后地做了具体工作。我们这篇综述性的文章应该就在学会成立后撰写的。最晚的截止到应《光明日报》编辑之约，呼应隋炀帝墓的新发现，发表于2013年5月9日《理论·史学》版的《隋炀帝最后的日子》。有公开刊载的文章，也有内部发行或没有面世而沉浮几十年的旧章，今天一并归集，希望能反映作者学术历程的真实轨迹。

目　录

上　篇

中　篇

下　篇

上　篇

“眼睛向下”的中国中古城市社会

“眼睛向下”，注重社会中下阶层的研究，是史学领域近年关注的热点。就唐宋社会变迁这样一个常议常新的课题，城市社会各阶层的变化是唐宋社会变化的重要组成部分，也是都市经济社会研究的重要论题。

一、如何认识“唐宋变革说”所引领的城市社会研究

唐宋时期抑或唐宋之际的中国社会曾经发生了重要变革，这是中外史学界比较公认的看法。很多学者认为，唐代经济、政治、军事及文化方面发生的重大变化，是中国封建社会从前期向后期转变的标志，但是也有人主张把这种变革放在唐宋之际。尽管一些学者否认唐宋之际变革说，但是又肯定陈寅恪《论韩愈》①中说的唐代前期结束了南北朝相承的旧局面，唐代后期开启了赵宋以降的新局面的看法。前两种观点虽然有细微的差别，但如果把唐到宋的变化看成一个比较长期的过程则基本上是一致的。②

由唐到宋的重大变化，政治、经济、军事、文化等诸多领域都呈现出与之前不同的面貌，其中，作为社会重要载体的城市可以说往往起着既引领社会潮流，又设置种种藩篱的双重作用。城市变革是唐宋社会变化的重要组成部分。在以城市为中心、以城市发展为中心的中国传统社会，城市的变革昭示着社会深刻而全面的变化。从中国城市发展阶段看：以宫殿城池阶段为城市主体的秦汉时期；以坊市制度为标志的隋唐时期；以坊市合一、临街设店为特征的宋以后时期。从中国都城史角度看：中国都城在两宋时期开始由中原型向近海型转移。从城市规模看：以隋唐两宋时期为界限，中国传统城市规模达到顶峰，城市人口达到一二百万。从城市布局、重心分布看：唐宋时期城市重心发生了由北向南的转移。从城市观念看：

---

① 陈寅恪：《论韩愈》，见陈寅恪：《金明馆丛稿初编》，上海，上海古籍出版社，1980。

② 参见张国刚：《二十世纪隋唐五代史研究的回顾与展望》，载《历史研究》，2001(2)。

宋以后，突破墙的观念界限，城市圈扩大，形成大都市的发展模式，南方市镇、草市的兴起，已经冲破围墙的桎梏。从城市人口构成看：从唐朝后期开始，市民阶层逐渐兴起，城市工商业人口比重加大。从城市文化结构看：市民文化成为宋以后城市文化的主流或主导，宋以后新兴的文学艺术——说话、话本、元曲、杂剧、小说、曲艺、戏剧，更多的是因市民的需要而产生和发展的，士大夫也因城居与市民阶层的精神文化需求趋同，层面扩大。①

20世纪50年代以来，中外学者所做的相关研究，推动和深化了对唐宋城市的研究。向达的中西文化在都城的交流与交融②，漆侠对宋代社会经济的整体认识③，严耕望对交通地理的考释④，施坚雅对城市结构的分析⑤，吴宗国提出的社会等级再编制的问题⑥，李孝聪的城市地域研究⑦，荣新江的长安研究及综述⑧，辛德勇的历史地理文献释读考证等的多视角研究⑨；毛汉光对中古政治、社会、士族的研究⑩，包伟民对宋代城市社会的研究⑪，阎文儒⑫、李健超⑬、杨鸿年⑭等人对城市文献考实性著作，都取得了引人瞩目的成绩。⑮

近几年的研究侧重和趋势有以下特点：1. 都城研究长盛不衰，新的研究热潮不断涌现；2. 城市比较研究更为宽泛，不仅包括相关时代城市的比

① 以上综合各家论说，再加上自己的归纳和见解，未专取一家，恕不一一注明。
② 向达：《唐代长安与西域文明》，石家庄，河北教育出版社，2007。
③ 漆侠：《宋代经济史》，北京，中华书局，2009。
④ 严耕望：《唐代交通图考》，上海，上海古籍出版社，2007。
⑤ 施坚雅主编：《中华帝国晚期的城市》，叶光庭等译，北京，中华书局，2000。
⑥ 吴宗国：《唐代科举制度研究》，北京，北京大学出版社，2010。
⑦ 李孝聪主编：《唐代地域结构与运作空间》，上海，上海辞书出版社，2003。
⑧ 荣新江：《隋唐长安：性别、记忆及其他》，上海，复旦大学出版社，2010。
⑨ 辛德勇：《隋唐两京丛考》，西安，三秦出版社，2006。
⑩ 毛汉光：《中国中古社会史论》，台北，联经出版事业公司，1988。
⑪ 包伟民：《宋代城市管理制度》，载《文史》，2007(2)。
⑫ 阎文儒、阎万钧：《两京城坊考补》，郑州，河南人民出版社，1992。
⑬ 徐松：《增订唐两京城坊考》，李健超增订，西安，三秦出版社，2006。
⑭ 杨鸿年：《隋唐两京城坊里谱》，上海，上海古籍出版社，1999。
⑮ 以上仅举代表作或与本文有关的论著。

较，还从研究者的立场出发，透视城市研究的新课题；3. 城市史研究已经全面展开；4. 近几年更重视对地下遗址遗迹的考察，诸如城池、宫阙、墓葬、窖藏，文物与文献的结合，考古与实地探察的结合；5. 城市社会的研究成为关注热点。

二、城市经济社会是研究社会阶层的核心问题

人是社会经济活动的主体，对各阶层的研究日益受到学界的重视。唐宋时期是中国古代商品经济发展的又一个高峰期，也是城市体制变革、人口向城市集中趋势达到高峰的时期。这一时期，城市人口结构发生了很大变化，城市社会阶层也发生了较大的变动。“现代史学近百年来一马当先的正是社会经济史”①，马克思对社会科学与历史科学的一个“不可磨灭的贡献”，就是“强调经济条件对社会生活的影响”②。对社会阶层的关注，正是基于对社会经济的关注。

从社会阶层入手研究城市社会，应该说自20世纪以来，史学界对中国古代市民研究的重视程度逐渐升温。城市社会从士民社会向市民社会的转型，是中古时期的重大变化。然中国中古以后，对城市社会是否形成市民阶层，是否存在市民社会都有不同意见，但可以肯定的是，我们所指的与西方社会的市民社会有时代与本质的区别。对市民阶层的研究也正是“眼睛向下”的视角所见的城市社会。由于中国改革进程的加快，当代社会面临社会转型和新社会阶层生成的现实问题，当代社会阶层的划分和界定成为近年讨论和研究的热点，有专家学者将当代中国社会归纳为五大社会等级、十大社会阶层。这也促使我们回头思考，在唐宋时期，社会转型的过程中，城市社会阶层的构成是否发生了变化，我们是否有必要重新审视社会阶层的重组和分化，尤其是中下层的变化。

我们关注的城市经济与社会，是指在城市范围（包括大都市圈内的周边及辐射区）以及中国传统社会特有的城市与乡村的互动中形成的城市发展特点，人们在经济生活中形成的关系和由此带来的相关变化。这既是一

---

① 唐德刚：《胡适杂忆》，北京，华文出版社，1992。

② 卡尔·波普尔：《二十世纪的教训》，王凌霄译，桂林，广西师范大学出版社，2004。

个传统的领域，也被视为历史研究的新方向①。而都市社会阶层的变动与社会变迁、都市发展、政治形势都密切相关。近年对城市史料的汇编、整理、校注，对唐宋笔记小说、诗文、碑刻等的整理与研究的新进展，对上述文献中蕴含的城市社会信息的新发掘和新认识，为我们进行“眼睛向下”的城市“底层社会”研究，提供了新的契机。

三、城市社会阶层应该进一步思考的问题

中国传统城市社会结构具有复杂性、多样性及多层次的特点。城乡一体化的政治体制，城乡社会二元结构的长期延续，城乡之间的流动与限制，商品经济浪潮中主体社会的分流与变动，都是影响城市社会阶层变动的内外因素。探讨唐宋都市社会变迁，探讨社会经济的发展变化，社会各阶层的变动是核心问题之一，尤其是社会中下阶层的构成与变动，是把握都市社会变迁的关键，也是我们认识中国传统社会变化的关键。

以下几个方面是我们在今后的研究中应该给予更多关注的问题：

一是对城市社会阶层构成的分析。例如，唐宋都市社会阶层的分层与分类，由唐入宋都市社会阶层的变动，对唐五代都市社会阶层构成进行比较与分析等。

二是探讨从坊市到街市的转换对社会不同阶层(主要是中下层)社会活动空间的影响，包括唐代坊市制度下社会中下阶层的约束与扩张；五代及宋初街市、桥市对社会中下阶层的吸纳力；宋代城关区的发展及郊区城市化与都市社会中下阶层变动的关系等。同时，人口向大中城市集中的过程中，都市社会阶层尤其是中下阶层的重组是如何进行的，即人口流动和流动人口对城市社会阶层结构的影响。

三是中古时期的士族面临日趋没落的局面，在都市社会中的形象、阶层属性及其部分子弟如何实现转型。

四是在城市中与商品经济同步发展并成长的商人群体的特点和社会角色。

① 参见侯建新主编：《经济—社会史：历史研究的新方向》，北京，商务印书馆，2002。

五是唐到宋初都市社会走向开放的过程中，从地域空间到社会空间逐渐形成了日益加大的缝隙，都市社会各阶层的升沉起伏，形成了一批被主流社会边缘化的群体，如逐渐职业化的妓女、进城务工的农民、流浪为生的艺人、退伍或离职的军人、从事服务业(包括家内服务)的各类人、坑蒙拐骗、靠“吃”都市为生的“无赖”、带有黑社会性质的团伙、落选的举子、退役胥吏、落魄的文人、沦落的胡人等的生存状态及其演变以及他(她)们对城市社会发展的影响和作用。

六是唐到宋初，尤其是从唐朝中期开始，随着城市社会各阶层结构的变化，中下层对城市社会的影响和作用日益重要，随着城市中下阶层的活跃，城市社区也逐渐显露雏形，它是如何成长和发挥了什么作用。

社会阶层的研究具有理论与实践的双重意义。中国古代城市社会阶层研究的新进展，也必定会对我们认识今天的城市社会及其转型有重要的现实意义。

原载《南都学坛》2010 年第 2 期

唐代对外开放的回视与审思
——从经济的视角

隋唐五代可以看作一个完整的历史时期，由于隋祚短促，五代群雄纷争，因此，唐朝近三百年的统治，“盛唐气象”的恢宏、博大与开放，成为这一历史时期的象征。

英国著名学者韦尔斯说，当西方人的心灵为神学所缠迷而处于蒙昧黑暗之中时，中国人的思想却是开放的，兼收并蓄而好探求的。①

唐太宗在完成统一大业后，发出豪迈之语：“平定四海，天下一家。”②唐高宗在帝业经过初创期而稳步上升时，不无欣喜：“车书混一，文轨大同。检玉泥金，升中告禅，百蛮执贽，万国来庭，朝野俱娱，华夷胥悦。”③当时人杜佑自诩：“圣唐之盛，迈于西汉。”④宋代大文豪司马光也对唐朝盛誉有加：“三代以还，中国之盛，未之有也。”⑤钱穆称誉唐朝是：“新的统一盛运下之大时代。”⑥雄汉盛唐，是古代中国人最引以为豪的两个盛世，但汉唐又各具特点，唐朝的开放与恢宏是历朝所景慕的。

一、国际市场的开辟与发展

道路的贯通。唐官方确立的交通体系和主要交通网络的构建是以保证政治的需要为基本原则，因此交通干道的构建基本是以长安和洛阳为中心向四方呈放射状分布的。交通干道的完善和畅通，从政治的角度，可保证中央和各级政府有效地行使其统治和管理职能，同时也为经济的发展以及全国各市场、各经济区域的联系提供了基本条件，为商品的流通和商品经济的发展奠定了基础。正所谓“都市待百货而后盈”⑦，而百货需待途通而

---

① H. G. 韦尔斯：《世界史纲》，梁思成等译，上海，上海人民出版社，2006。

② 《旧唐书》卷65《高士廉传》。

③ 《旧唐书》卷22《礼仪二》。

④ 《通典》卷7《食货典七》。

⑤ 司马光：《稽古录》卷15。

⑥ 钱穆：《国史大纲》，北京，商务印书馆，2010。

⑦ 石介：《徂徕集》卷17《代张顾推官上铨主书》。

后方能交流。

唐朝在政治上实现了统一，与世界及周边的联系更加紧密，使得商品经济的发展进入新的阶段，城市和交通的面貌更新。而更新了面貌的城市又进一步促进和丰富了商品经济的发展，市场体系在走向成熟的过程中，又推动了交通道路的完善，拓展了交通运输道路的经济功能，延伸了交通运输道路的网络体系。中央政府通过城市(镇)和交通道路将统治的触角伸展到全国城乡的各个角落。遍布全国的水陆交通线将帝国联结成一个整体，并成为沟通中外的孔道。

史念海先生指出："隋唐两代，前后相继，版图开阔，可以上迈秦汉。……在此广土众民的国家中，欲妥为治理，就必须整治往来道路，使政令不致拥塞。交通发达，都会亦相继兴起。"①这很好地说明了城市与交通两者之间的关系。

隋唐时期产生了几部重要的地理学著作，是当时人对地理学的认识与总结。在这些著作中，中原王朝的对外交通是重要的内容，反映了当时对外交往的频繁和对外交通的重要性。

唐德宗时宰相贾耽撰《皇华四达记》，所记当时通往周边民族地区和域外七条主要的交通干道，即《新唐书》卷四三下《地理志七下》中记载的唐朝以长安为中心通往"四夷"之路：一曰营州入安东道；二曰登州海行入高丽渤海道；三曰夏州塞外通大同云中道；四曰中受降城入回鹘道(参天可汗道)；五曰安西入西域道；六曰安南通天竺道；七曰广州通海夷道。此外，还记有从长安分别通往南诏的南诏道和通往吐蕃的吐蕃道。这些道路是内地连接"四夷"的交通干道，是唐朝与东北、朝鲜半岛、蒙古高原、西域、中亚、西亚、南亚、东南亚、东非和海上交通的干线。如上述道路，西向可通往西域，穿越帕米尔高原和天山的各个山口，到达中亚、南亚、西亚，远至欧洲，即著名的陆路"丝绸之路"。裴矩所撰《西域图记》将通西域之路分为三条，"自敦煌至于西海，凡为三道"②，北道经伊吾可达地中海，

① 白寿彝：《中国通史》第6卷，上海，上海人民出版社，1996。

② 《隋书》卷67《裴矩传》。

中道经高昌可达波斯湾，南道经于阗可达印度洋。①

据《唐六典》卷五《兵部尚书·驾部郎中》载，当时天下共设驿1639所，其中水驿260所，陆驿1297所，水陆相兼驿86所。柳宗元对唐朝的馆驿体系有如此描述："馆驿之制，于(京师)千里之内尤重"，长安四周重要的七条驿道与关险，"由四海之内总而合之，以至于关；由关之内，東而会之，以至于王都"②。史载："两京之间，多有百姓僦驴，俗谓之驿驴。往来甚速，有同驿骑。"③

可与周边民族及远域交通的干道，除了政治交往、军事调兵运输的功能，也便利了经济贸易交流和商旅通行。唐朝与周边民族的经济往来或以朝贡的名义，或在缘边州县置场互市。

唐朝的对外贸易随着疆土的开拓和国力的强大而扩展到更广阔的国家和地区。

外向型城市的发展。隋唐形成以两京为中心的国际性大都市。《隋书·食货志》云："京邑所在，五方辐辏。"④京都一般都是具有全国意义的中心都会。唐朝长安和洛阳市区所占空间虽然有限，但它们所起到的商品流通中心枢纽、内外销商品集散地、覆盖较大区域性市场及辐射全国乃至周边和更大范围具有国际性意义的市场、沟通及导向商品经济的流通渠道、激活长安城商品经济等作用，并非是有限的空间和固定的时间所能包容和束缚的。长安向各地辐射的陆路四通八达，水路交通则可借环绕城周的水系、渠道沟通包括今四川、华北、江南、湖南、闽、广等广大区域，因此，处于政治中心位置的长安的市，联系、沟通的是具有全国意义和对外贸易的大市场。虽然全国意义的市场体系在唐朝并未发展成熟，但经济中心地与行政等级序列两者基本是统一的。《旧唐书·西戎传》云："大蒙之人，西方之国，与时盛衰，随世通塞。勿谓戎心，不怀我德。贞观、开元，藁街充斥。"

① 参见程喜霖：《从唐代过所文书所见通"西域"的中道》，载《敦煌研究》，1988(1)。

② 柳宗元：《柳宗元集》卷26《馆驿使壁记》。

③ 王钦若等：《册府元龟》卷159《帝王部·革弊一》。

④ 《隋书》卷24《食货志》。

沿海港口城市：广州自西汉以来就是中国对外商贸往来的重要港口城市，唐代为岭南节度使治所。由于岭南本身的经济发展，水运交通的发达，尤其是大运河的开凿沟通了包括珠江在内的五大水系及其支流，以广州为中心枢纽的对外贸易更为活跃。“地当要会，俗号殷繁”①的广州虽然也属于政治与经济中心合一的城市，但是由于远离全国政治中心，主要是商品经济的发展(主要是对外贸易)造就了城市繁荣，其经济职能更为明显。史书记载，广州商品交易最盛者为高档奢侈品，“蛮胡贾人，舶交海中……外国之货日至，珠、香、象、犀、玳瑁，奇物溢于中国，不可胜用”②。王锷曾出任广州刺史、岭南节度使，史载：“西南大海中诸国舶至，则尽没其利。由是锷家财富于公藏。日发十余艇，重以犀象珍贝，称商货而出诸境。周以岁时，循环不绝。凡八年，京师权门多富锷之财。”③黄巢起义军入广州，有史载曾杀戮十万至二十万胡人。④

唐后期的主要商业城市扬州，据考古发掘测定，子城和罗城城周长度在 17 千米以上，在当时城市规模中是较大的。⑤ 扬州也是重要的对外通商口岸城市，主要是对日本列岛和朝鲜半岛。张祜“十里长街市井连”(《纵游淮南》)，杜牧“春风十里扬州路”(《赠别》)，都是描述扬州罗城中最繁华的一条长十里(一说为九里)的主要街道。再如泉州、明州、登州、莱州等都因是海外交通和贸易的重要港口而先后兴盛，成为重要的经济型城市。运河的开凿使沿线兴起一批工商业城市，海上贸易的发展，则使重要的港口城市走向繁荣。

承担对外贸易功能的内陆地区中心城市：幽州是河北地区的中心城市。河北地区“东滨海，南控三齐，西阻太行，北届沙漠”，自战国秦汉以来就以富庶而著称。幽州既是北边军防重镇，又是连接河北与长安、洛阳

① 陆贽：《翰苑集》卷 18《论岭南请于安南置市舶中使状》。

② 韩愈：《送郑权尚书序》。

③ 《旧唐书》卷 151《王锷传》。

④ 张星烺：《阿布赛德哈散之记录》，见张星烺：《中西交通史料汇编》第 3 册，北京，辅仁大学图书馆，1930。

⑤ 参见李廷先：《唐代扬州刺史考》，南京，江苏古籍出版社，1992。

和中原王朝，沟通北方蒙古草原和松辽流域等东北各民族及朝鲜半岛的转运枢纽要地，“沧海环其东，太行拥其右”，“关、河自北，转输幽燕”①。北京房山云居寺石经题记中，记录了唐幽州城市内近30种商业和手工业行业名称，足以说明当时市场的繁荣。唐后期，渤海国使者频繁朝贡，动辄组成数百人的使团，商贸交易已成为主要目的。唐后期，东北地区的少数民族及政权，利用唐有效辖区内缩之机，更频繁地更大规模地开展对唐官私贸易，在东北、河北地区的活动空前活跃，而幽州正是他们与中原经济贸易交往的中心和枢纽地区。西州、沙州、凉州等都属于中西交通陆路要镇，因中西贸易的活跃而成就了城市的繁荣。唐代诗人张籍“无数铃声遥过碛，应驮白练到安西”(《凉州词》)的诗句描述了西州内外贸易的繁盛；“蒲萄酒熟恣行乐，红艳青旗朱粉楼……大宛来献赤汗马，赞普亦奉翠茸裘”(《西凉伎》)，是元稹感叹凉州盛唐时曾有过的繁华。凉州西控西域，北遏回纥，南阻吐蕃，不仅是唐西北重镇，而且地处中西交通安西入西域道之要冲，逐渐取代甘州成为河西地区商业核心城市。

蕃商(胡商)的活跃，陆路与海路贸易的共同发展，是唐朝对外贸易的重要特色。如上所述的广州，黄巢起义军入广州，有史载曾杀戮十万至二十万胡人，此数显然是被夸大了，但广州胡商云集确是事实。

外商运进中国行销的商品种类主要是珠宝、玉石、香料、稀有珍奇动物、药材、马匹以及土特产品，运出的主要是中国的丝绸。唐中期以后，瓷器逐渐成为对外出口的大宗，海运的发展也为运输瓷器这类质重易损的商品提供了便利条件，因此有人将“海上丝绸之路”又称为“瓷器之路”。在朝鲜、日本、东南亚、南亚、西亚、非洲都出土了大量唐代和五代的瓷器。

这时期商品经济的发展不仅表现总量的增长、市场的开拓，也表现在深层次的渗透。各国、各地区的联系日趋广泛，商业贸易需求推动着东西方以及亚洲大陆内部更为密切的交流。中国的城市与交通的变化和发展在

① 《旧唐书》卷50《刑法志》。

国际环境的大背景下，抓住商品经济开始走向第二个高峰的契机，呈现出新的面貌。

据苏莱曼《中国印度见闻录》①记载，唐末在广州从事贸易活动的外国人有一个时期竟达12万人以上，他们带着香料、药物和珠宝，换取中国的丝织品、瓷器等物。“海上丝绸之路”的兴起，也是基于海运事业的发展。《新唐书·阎立德传》记载，唐太宗贞观时阎立德在洪州造“浮海大航五百艘”②。

城市工商业群体中，有相当数量的外商，是隋唐五代时期的重要特色。外商中既有万里求宝鬻珠的行商，也有开店设铺的坐贾；既有在民间游走的私商，也有以朝贡名义开展变相经贸活动的官商。“胡商”“胡店”“胡饼”“胡姬”等名称正是现实的反映。大城市有专门接待胡商的邸店和住坊，有单独为胡人居住的蕃坊。朝廷为规范胡商的经营，专门为胡商立法，在沿海重要港口城市设置市舶司，专门掌管对外贸易。各大都市，胡商人数虽无较确切数字，但数量是很可观的。上元元年(760年)，淮南节度使田神功借平刘展之乱，大掠扬州，“商胡大食、波斯等商旅死者数千人”③。广州因外贸发达，“在任者常致巨富，世云广州刺史但经城门一过，便得三千万也”④。《唐大和上东征传》记述唐玄宗天宝时期，广州北面的西江，“江中有婆罗门、波斯、昆仑等船不知其数，并载香药、珍宝，积载如山，其舶深六七丈，师子国、大石国、骨唐国、白蛮、赤蛮等往来居住，种类极多”⑤。这些往来居住的外商在中国的活动范围很大，几乎所有水陆交通发达的大中城市都有他们的足迹，也可以说，凡是外商经常出入或聚集人数较多的城市，必是商业或转输贸易兴盛的城市。长安“市肆多贾客胡人”⑥；饶州属中下等州，著籍户数不过数万，但因属于转输城市，

① 苏莱曼：《中国印度见闻录》，穆根莱等译，北京，中华书局，1983。

② 《新唐书》卷100《阎立德传》。

③ 《旧唐书》卷110《邓景山传》。

④ 《南齐书》卷32《王琨传》。

⑤ 真人元开：《唐大和上东征传》，北京，中华书局，1979。

⑥ 李昉等：《太平广记》卷403《魏生》。

“颇通商外夷，波斯、安息之货，国人有转估于饶者”①。德宗朝，当时有留居长安达四十年之久的胡人，娶妻生子，置田举质，很长时间竟一直享受着鸿胪寺给予的外来使团待遇。

向达先生在《唐代长安与西域文明》一书列举有于阗尉迟氏，疏勒裴氏，龟兹白氏，昭武九姓胡人，波斯诸国胡人等，活跃于长安。

还有很多外商是以朝贡使团的名义从事商业活动的。唐太宗贞观时期，“四夷大小君长争遣使入献见，道路不绝，每元正朝贺，常数百千人”②。史载“参天可汗道”，“置邮驿总六十六所，以通北荒”，“俾通贡马，以貂皮充赋税”③。唐朝对朝贡使团有很多优遇政策和措施，如根据路程远近给付资粮，安排住宿，馈赠物品(往往超过原进贡物品的价值)，允许入市交易，邀请参加皇帝举办的“宴集”。《通典·边防典》中列举了与中国有联系的189个国家、政权和部族，其中东夷19个，南蛮55个，西戎75个，北狄40个。据今人统计，与唐政府有联系的国家和地区有三百多个，包括周边少数民族政权，周边内附少数民族部众，与唐有藩属关系的国家、独立政权，远在“绝域”的国家。很多内附民族和羁縻地区，他们和中央的关系是以朝贡的方式联系的。不在唐有效管辖区的国家和政权，他们所派出的数量不等的使团，除日本、新罗有遣唐使的称呼外，一般都称作朝贡使。据统计，南亚、中亚、西亚来唐使团共343次，每团少则数人，多者可达数百人。④

二、经济对外开放的历史思考

1. 开放必须具备一定的历史条件

(1)从分裂走向统一

中国古代自东汉末年起，曾陷入长期的分裂割据状态，其间虽有西晋的短暂统一，但并没有挽回南北对峙的大格局。589年，隋一举平陈，再

① 沈亚之：《表医者郭常》。

② 《资治通鉴》卷198“唐太宗贞观二十二年”。

③ 《唐会要》卷73《安北都护府》。《资治通鉴》卷198“唐太宗贞观二十一年”记为“六十八驿”。

④ 张泽咸：《唐代工商业》，北京，中国社会科学出版社，1995。

次统一南北，结束了近四百年的分裂局面。隋末虽然群雄并起，仍未能阻挡统一的历史大趋势，李唐王朝逐一翦灭诸雄，历史再次回归到统一的轨道。

贞观之治、开(元)天(宝)盛世，分别是唐朝创业和鼎盛的代表时期，也是史家津津乐道的典型治世，“四海晏清”的统一局面，带来了整个社会政治经济文化的繁荣昌盛，也为走向开放打下了坚实的基础。

(2)统一的中央集权加强

唐继承了魏晋南北朝以来的政治制度演变成果，中央确立三省六部制，三省互相平行又互相制衡。中央事务部门设有九寺，监察系统设有御史台，负责监察内外官吏。全国地方设州置县，边远民族地区及新归附民族则因地制宜，以羁縻州县方式统之。城市实行坊市制，乡村实行乡里制，户籍有严格的管理制度。史载，唐玄宗开元时，“凡郡府三百二十有八，县千五百七十三”①，羁縻府州八百五十六。

(3)辽阔的疆域

隋唐两朝都致力于疆土的开拓和边疆的巩固。隋朝时，已经打通了通往西域的门户，掌控了中原入西域的主要通道，势力深入今新疆地区。唐朝初年，唐太宗苦练内功，伺机出击，终于取代曾强盛一时的突厥，成为北方和西北各族的君长，被推奉为“天可汗”，并通过“和亲”与吐蕃保持睦邻关系，有利于稳定西部和西北部的局势。唐朝在周边设安东、安北、安西、北庭、安南等都护府。唐前期，安东都护府辖境以辽东为主，开元时扩大到黑龙江下游两岸及乌苏里江以东地区；安北(燕然、瀚海)都护府辖境包括今内蒙古乌加河以北，蒙古人民共和国全部，俄罗斯额尔齐斯河、叶尼塞上游和安加拉、贝加尔湖周围地区；安西都护府(后分置北庭都护府)最大辖境东达阿尔泰山、西抵里海(一说咸海)，包括葱岭东西地区；安南都护府辖境北至今云南盘江，南达越南河静，东有广西部分地区，西抵越南红河黑水之间。

① 《新唐书》卷37《地理一》。

(4)众多的民族

唐朝继承了自魏晋南北朝以来的民族大迁徙和民族大融合，注重与周边民族的交流和交往，统辖区内外杂居着众多民族，如中原的汉族，北方的突厥、回鹘，东北的奚、契丹，西北的吐谷浑、西域诸国，青藏高原的吐蕃，西南的南诏等。对少数民族及其政权采取团结、德化、和亲、怀柔等政策，以朝贡的形式维持政治向心力和经济互通有无的关系，以和亲的方式缔结婚姻关系维护边疆的安定团结。

(5)富强的国力

"贞观之治""开元盛世"，全国户口大幅增长，垦田面积大量增加，社会经济稳定发展，贯通南北的大动脉——运河的开凿和通航，使西北政治中心、东北军事重点防御区和南方经济富庶区联结起来，大大加强了南北的经济文化交流和相互促进，这些都为开放的国策奠定了物质基础，也使统治者和国人在面对外来文化和商品的冲击时具有充分的自信心和包容心。

2. 开放的观念和心态

大一统的国度，大时代大气象大气魄的精神风貌，"万国""四海""华夷""蕃汉""胡汉"等名词在唐朝使用的频率很高，体现了一种开放的大民族的观念逐渐形成。

唐太宗对华夷观念提出新的认识："自古皆贵中华，贱夷、狄，朕独爱之如一，故其种落皆依朕如父母。……朕所以成今日之功也。"①可以说，此前以华夏别蛮夷，唐太宗以自己为始不隔华夷，前无古人。贵贱无别，爱之如一，这种"华夷一家"观念的雏形不仅是对前人的超越，也对后世的华夷观念和国策产生深远的影响。

开放是一种全面的开放，至少应该包含几方面的内容：①向外拓展的趋势——地域的开放；②民族迁徙与民族融合的动态进展——种族的开放；③汲取与推广并行——文化的开放；④婚姻、家庭、女性、娱乐、休闲、节庆、时尚的调整与包容——社会观念和社会风俗的开放；⑤在科举制的导引下，建立了新的选拔人才的机制——社会阶层流动的开放，包括

① 《资治通鉴》卷198"唐太宗贞观二十一年五月壬辰"。

对域外人才的选拔和任用也具有开放性；⑥对外经济与文化交流的开放。

通观唐朝的开放，应该是全面的、兼容的、进取的、积极的，而非保守的、内敛的、封闭的、僵化的和排他的。

隋朝著名的地理学家裴矩作《西域图记》，序言云："皇上膺天育物，无隔华夷，率土黔黎，莫不慕化。风行所及，日入以来，职贡皆通，无远不至。"[①]他明确指出了华夏高度文明可以慕化边野，"风行所及，无远不至"，正所谓"膺天育物，无隔华夷"，华夷在大一统体制下，同时走向文明与开放。

3. 政策和措施的保证

唐朝对外经济贸易政策不仅具有开放性，还具有一定的弹性和灵活性。

设置专门的官署，以适应对外贸易发展的需要。适应对外经济贸易由西北内陆向东南沿海的转移，从陆路丝绸之路向海上丝绸之路的转移，除原有接待外来人士的鸿胪寺，唐朝设立了管理边境贸易事务的互市监，中央官府和地方官府往往采取一些变通的措施，鼓励外籍商人在边境地区进行民间自由贸易。唐朝还设立了管理沿海贸易的市舶司等机构，以适应海陆贸易的发展。

对外籍商人在政治、经济上实行多种优遇政策。对外籍人士（主要是工商业者、艺人和宗教人士）进出唐朝实行比较宽松的政策；对外籍商人在唐朝民间的经营方式和经营内容实行比较宽松的政策；商品交易中实行开放式的货币政策，很多境外货币在唐朝流通，在今陕西、新疆、青海、山西、内蒙古、广东等地陆续出土了大量的波斯银币、东罗马金币和阿拉伯金币等；尊重外籍商人的习俗和信仰，允许他们有固定的聚居区，设立本民族信仰的寺庙，拥有自己的墓地，甚至允许他们参加科举考试，担任官职；通过减免税收的政策鼓励外籍商人入唐长期从事经营，规定他们每年只需向唐政府缴纳 5～10 文丁税，甚至能享受免交丁税的待遇。

以朝贡使团为名义来唐的胡商，受到更多的优遇，按惯例可享受交

① 《隋书》卷 67《裴矩传》。

通、住宿和安全方面的免费优待；返回时，鸿胪寺、典客署还要主持欢送仪式，往往都能得到超过贡物的馈赠礼品。长期滞留不归者，很多人由官府供给而享受着衣食无忧的生活。朝贡贸易也是唐朝加强与域外政治经济文化交流的方式，既满足了大国的虚荣心，也实现了双方交流的实际目的。隋炀帝的万国大朝会，固然有炫耀粉饰之意，但展现的是综合国力和强大的自信心。在唐太宗执政期间，“绝域君长，皆来朝贡；九夷重译，相望于道”①，既反映了唐代的强盛，同时也扩大了对外影响和对外交流。

4. 经济开放是一种双赢的战略措施

唐朝经济贸易开放的政策，不仅有利于多边经济上的互通有无，而且也促进了政治、民族、文化的交流。

输入中原的物品中见于历史记载的，有来自印度、斯里兰卡和尼泊尔的胡椒、白豆蔻、郁金香、沉香、天竺黄、天竺桂、波棱(菠菜)、酢菜、浑提葱；来自拂菻的玻璃、琉璃、海西布；来自阿拉伯地区的乳香、苏合香、玛瑙、珊瑚、蔷薇水、鸵鸟、椰枣；来自东非沿岸的龙涎、象牙、犀角、玳瑁、狮子、斑马；来自中亚的狮子、郁金香、红盐、黑盐、石蜜等。

隋唐时期“胡服”“胡食”等都盛行一时。随之进入中国内陆的还有音乐、雕塑、舞蹈、绘画、服饰、佛教、风俗、语言词语、风俗节庆、体育文娱活动等。唐代引进了西域从南亚经西域传来的甘蔗制糖法和西域制酒技术。

中原输出的物品和技术也丰富多样，如丝绸、瓷器、种桑、养蚕、缫丝、纺织、造纸、炼丹术、中国算法(十进位计数)、雕版印刷术、中国医学等。

以对外贸易为主要经济特色的海港城市人口增长的趋势是很明显的。例如，广州作为对外贸易的重要港口城市“地当要会，俗号殷繁，交易之徒，素所奔凑”②。奔凑广州的交易之徒，外商占有很大数量。广州，开元

---

① 吴兢：《贞观政要》卷5《诚信十七》。

② 陆贽：《论岭南请于安南市舶中使状》。

户数为62550户，元和时达到74009户，实际人口应更多。广州城居人口的增长与内外贸易的发展有很大关系。对外，海运业的发展，对内，大庾岭的开通，使广州的政治经济地位都得到提高。

以唐朝典章文物为核心的东亚文化圈，成为影响以东亚地区的民族和国家为中心的辐射圈，同时也对东亚以外的地区、民族和国家有不同程度的影响。

唐朝在当时世界上享有很高的声誉，盛唐对世界经久不衰的影响力，使得“唐人”成为古代中国人的美称，遍布世界各地的“唐人街”，英文实际是“中国城”之意，而国人自称为“唐人街”，表明唐朝的强盛始终是国人引以为豪而十分向往的时代。

历史证明，只有全面而持久的开放，才是国家和民族崛起、发展之路。

部分内容原载《河北学刊》2008年第3期

原题目为《唐代对外开放与经济繁荣》

中国古代经济史概观

一、中国古代社会经济发展的阶段性及特点

中国古代社会经济的发展是一个循序演进的过程，其中包含着量变到质变的渐进和飞跃。这种历史长时段的发展变化，大致可以分为以下几个阶段。

①先秦：中国古代社会经济起源与早期发展，多元一体化民族、经济、文化格局形成时期。

②秦汉：统一的多民族帝国社会经济格局的奠定。

③魏晋南北朝隋唐五代：社会经济大波动及转型时期。

④宋辽西夏金：民族交流、融合与社会经济多元化发展时期。

⑤元明清：社会经济曲折发展及新经济因素的出现与扩展。

除了横向认识各个发展阶段的内容和特点，我们还必须纵向把握中国社会经济发展演变的规律和趋势，才能全面深化我们对中国古代社会经济的理解。

中华文明的发源地主要集中在黄河流域和长江流域的广大农业区域，中华民族形成和发展的核心地区的生产形态属于大陆集约性农业。东亚大陆东部地区地理环境，使中国传统农业逐渐形成以个体小生产农业为基础、以小家庭和小家族为基本生产单位、以精耕细作为主要方式的农业生产特色。由于基本生产单位的个体性、分散性、细小性，整个社会需要有一个维持社会生存和运转，有效行使教化职能、管理职能、协调职能、防范职能、镇压职能、对外交往职能的权威体系，因此中国传统社会形成了强大的、逐渐完备的专制主义中央集权制度，以及地缘性的家族制度。

土地制度。中国古代社会主要的生产部门是农业，主要的生产资料是土地。马克思说："在一切社会形式中都有一种一定的生产决定其他一切生产的地位和影响，因而它的关系也决定其他一切关系的地位和影响。这是一种普照的光，它掩盖了一切其他色彩，改变着它们的特点。这是一种特殊的以太，它决定着它里面显露出来的一切存在的比重。……在从事定居耕作(这种定居已是一大进步)，而且这种耕作像在古代社会和封建社会

中那样处于支配地位的民族那里，连工业、工业的组织以及与工业相应的所有制形式都多少带着土地所有制的性质；……”①土地所有制形式是中国古代经济社会的基础，是构成经济制度和政治制度的各个主要特点的主要根源，因此对它的研究和讨论，有助于我们更深刻地理解各个时代的生产关系、社会阶级关系和阶级斗争的规律，了解社会政治上层建筑和意识形态等一系列问题。

中国国土可分为可耕地和非耕地(包括山林川泽和不可耕土地)，土地所有制的演变主要集中在可耕地部分。春秋战国时期，社会经济发生剧变，商鞅变法“废井田，开阡陌”，打破了“田里不鬻”的土地国有的传统，启动了土地私有化的进程。军功赏赐和土地兼并买卖是私有土地来源的主要途径。秦始皇三十一年(前216年)颁布“使黔首自实田”，用法令的形式正式肯定了私有土地所有制的存在。但国家直接控制的国有土地始终占有相当大的比重，国家经常对所有可耕地进行行政干预和统一管理，包括制定重新分配原则、规定私人对土地占有的最高限额、对劳动者的超经济强制及军事化管理、对土地所有者课税等，甚至将已经私有化的土地重新收归国有，或将因战乱、灾荒等原因而抛荒的土地重新分配。因此，国营土地和私有土地之间的转换是经常发生的，二者之间的比例关系也是一个变数。但从总的发展趋势看，已耕地的土地国有部分比例逐渐减少，国家对土地的行政干预逐渐减弱，土地私有部分比例逐渐增加。以均田制为例，对其到底属于土地国有制还是土地私有制性质曾引起旷日持久的争论。应该说，均田制属于一种国有与私有成分的混合。最初北魏实行均田制，是在国家掌握着大量无主荒地的基础上，因而土地国有的成分占主导地位，随着社会经济的发展，生产关系的局部调整，国家颁布的田令对土地买卖的限制逐步放宽，表明均田制中的土地私有成分在逐步增长。唐代的均田制基本是在不改变土地占有现状的前提下，国家对耕地的管理制度以及核定赋税的基本单位。宋代以后，“田制不立”，土地兼并和土地买卖不再受

① 马克思：《〈政治经济学〉批判》导言，见《马克思恩格斯选集》第2卷，北京，人民出版社，1995。

到国家的干预或限制，国家对耕地的管理和权利主要通过税收实现。土地关系、地租形态和阶级关系都出现了新的因素，此后中国社会经济发展、社会转型的启动，都是上述新的经济因素进一步发展的结果。

赋役制度。马克思说："国家存在的经济体现就是捐税。"①中国古代国家形成比较早，在不同时代，土地所有制形式和政权结构又不尽相同，因此赋役的表现形式在不同时期有不同的特点和变化。春秋战国时期，赋役制度已逐渐发展为比较成熟的形态。赋役征收的主要内容有三项：布帛粟米之征、力役之征和货币之征。由于赋税是集中化的地租，其表现形态也可概括为：劳役地租、实物地租和货币地租。征收的对象为：人(包括按人头征收的人头税和直接对人身征发的力役)、土地和财产。从总的趋势分析，如果以唐宋之际作为划分中国古代社会前后期的标志，前期按人头征收的比重大于按土地和财产征收的部分，国家对劳役(包括兵役)的征发超过对实物和货币的征收部分。以唐德宗建中元年(780 年)施行两税法为转折点，后期按人头征收的比重逐渐减少，按土地和财产征收的比重上升，并逐渐超过按人头征收的部分。征收内容也发生变化，随着人身依附关系的减弱以及兵役的雇佣化与职业化，国家对人身的征发逐渐减少，力役部分逐渐为实物或货币所取代。

不同时期、不同地区以及不同民族，赋役制度各具特点。例如，春秋战国乃至秦汉，力役和兵役不分；魏晋南北朝时期，由于商品经济的衰歇，赋税征收基本以实物为主，少数民族建立的政权都实行统治民族与被统治民族区别征收的原则，甚至有倒退的现象；宋代以后，随着商品经济的发展，间接税(或称流通税)在政府税收中的比重明显增加，等等。因此，在把握大的历史发展趋势的前提下，具体情况也要具体分析。

商品经济。中国古代社会经济的主要部门是农业，但由社会分工产生的产品交换和商品交换虽然在很大程度上处于分散、零星的状态，但从总体看，仍是大量的、频繁的。维持和推动古代社会经济运转的是商品经

① 马克思：《道德化的批评和批评化的道德》，见《马克思恩格斯全集》第 4 卷，北京，人民出版社，1958。

济。从农业看，生产工具和生产技术的进步直接来源于生产又还原于生产，但是这种进步是以手工业生产的进步和手工业产品与农产品的交换为前提条件的，而经济作物的种植和推广、粮食成为远销商品的大宗，都是商品经济发展到一定程度的重要表现。就土地关系而言，随着土地私有化程度的发展、土地所有权转换不受限制而日益频繁，附着于土地上的对劳动者的超经济强制逐渐减弱，被租佃制下的带有契约性质的纯经济关系所取代。城市的繁荣，国内市场的培育和发展，与商品经济的发展紧密相连。唐宋以后社会经济新因素的成长，明清时期社会经济向近代化的萌动，都是在商品经济发展到一定水平，并且首先是在商品经济最发达的地区出现的。中国传统社会最终没有走向资本主义，也是因为商品经济在种种束缚中不能充分发展，无法完成社会经济形态的转型。从昔日辉煌的巅峰衰落，近代则沦落为资本主义列强弱肉强食的猎物。

二、中国古代社会经济发展在世界历史发展进程中的地位

中国是历史悠久的文明古国，是古人类发源地之一，古代人类遗址全国各地都有发现。由于中华文明的发展具有连续性，长期没有中断的历史，使中国的历史积淀非常丰富、厚重。中国古代国家的形成约在4000年前(夏，也有人认为更晚些)，比古代埃及、古代印度和两河流域地区形成国家的时间都晚。但除中国以外的文明古国，由于种种原因，或历史被中断，或分崩离析，古代民族和古代文化都没有延续下来。

幅员辽阔、民族众多、历史悠久，使中国古代经济发展既有深厚的积淀，又有较大的回旋余地，和相互辉映的多种经济形式并存。中国古代社会经济发展水平到清代前期，一直处于世界领先地位。中国传统农业精耕细作的水平，手工业、商业、城市发展是同时代其他国家不能比拟的，中国古代四大发明对世界历史的发展进程产生了深远影响。中国古代历朝的经济制度也堪称当时世界上最完备的制度。中国在与世界其他国家和民族的经济文化交往中，融汇吸收。中国古代社会经济的发展虽然也有曲折，也有波澜，但在不断局部调整生产关系、发展生产力的过程中，始终具有不断向前的活力。

部分内容原载《中国经济史》“绪言”，高等教育出版社2007年

魏晋南北朝隋唐五代社会经济的特点及其变化

一、国家经济制度、政策与措施的确立与改革

土地制度和赋役制度

1. 三国时期的屯田制

屯田的起源至少可以上溯到西汉，魏、蜀、吴三国普遍推行屯田制是有其特定历史条件的。东汉末年，群雄竞起，军阀混战，人民流离失所，或举家依附于豪强大族门下，造成大片土地荒芜，社会经济严重凋敝，军队甚至靠剽掠为生仍不能果腹。如何使生产资料(即土地)与生产者有机地结合，恢复和发展生产，有效解决迫在眉睫的军队口粮问题，已成为各割据势力维系生存的当务之急。于是各政权先后采用了汉代施用于西北边地的用军事管理方式将劳动者束缚于国有土地上的屯田制。

曹魏屯田制。三国时期规模最大、管理最严格、最见成效的当属曹魏的屯田制。建安元年(196 年)，曹操采用了枣祗、韩浩等人的建议，以所降服的男女百万口青州黄巾军为基础，在都城许下正式确立和推广屯田制。曹魏屯田分为军屯和民屯两种。军屯兵士称“屯兵”“田兵”等，仍按军队的编制进行组织与管理，以屯、营为单位，“且佃且守”，以淮水两岸的规模最大，经常有四五万人，最多时有十多万人。民屯农民称“屯田客”或“典农部民”等，由典农都尉、典农校尉(二者相当于郡太守)、典农中郎将(相当于县令长)逐级管理，皆统属于中央的大司农。屯田民最初是租用官牛，计牛输谷，后改为分成制，用官牛者，官六民四；用私牛者，对半分。屯田民一般不服兵役，但要承担一定的徭役。屯田制的推行，对北方地区社会经济的恢复以及曹魏政权的巩固奠定了基础。与此同时，施行租调制：田租亩收谷 4 升，户出绢 2 匹、绵 2 斤①。

① 《三国志》卷 1《武帝纪》裴松之注引《魏书》，但一些学者对征收数额已经提出异议。

吴、蜀屯田。孙吴政权开始屯田的时间晚于曹魏，规模也比较大，亦分军屯和民屯两种。大规模的屯田对稳定政权和江南经济的开发起了重要作用。

蜀汉的屯田规模在三国中是最小的，以军屯为主，并且随着军队的进退不断变更屯田地点。汉中是主要屯田区，此外，根据进军的需要，还先后在黄沙(今陕西勉县东)、赤崖(黄沙北)、武功、沓中(今甘肃舟曲西北)、南中(今云南曲靖)等地组织士兵屯种。

2. 两晋南北朝时期的屯田

民屯在西晋初年即被废止，军屯规模也远逊于三国时期。主要在边地，内地屯田则往往带有权宜性质，东晋、南朝的军屯缺乏连续性。北朝的屯田规模较大，军屯、民屯并举，北魏孝文帝太和(477—499年)中，曾抽调全国州郡编户的十分之一作为屯田户①，有人估算约40万户以上。

3. 西晋的占田课田法和户调式

随着社会经济的发展，魏末晋初屯田制已被废除，土地兼并有所发展。西晋政府在太康元年(280年)平吴统一全国后，颁布了占田、课田令。规定：男子一人占田70亩，女子30亩，丁男课田50亩，丁女20亩，次丁男减半，次丁女不课(男女年16以上至60为丁，15以下至13、61以上至65为次丁)。官吏依官品高低占田数量不等，第一品占50顷，每品依次递减5顷，至第九品占10顷。此外，官吏还可依官品荫亲属，少者三世(自祖至孙)，多者九族(上至高祖下至玄孙)；荫衣食客，少则1户，多则50户(一作15户)。②

占田课田令的颁布并没有改变现有的土地占有状况，只是在承认官僚贵族、门阀地主广占土地的同时，为保证国家的赋役征收，对土地兼并有所限制。

西晋灭吴统一全国后，在颁布占田令的同时，也颁布了新的调制，即"户调式"。规定：丁男之户，每年纳绢3匹、绵3斤，丁女及次丁男之户减半征收；边郡民户纳三分之二，更远者纳三分之一；少数民族每户纳布

① 《魏书》卷110《食货志》。
② 《晋书》卷26《食货志》。

1 匹，远者或纳 1 丈。政府采用“九品混通”的办法征收，即按资产核定户等，依户等高低征收。

4. 北朝的均田制

鲜卑族拓跋氏建立的北魏，统一北方之后，为解决军粮，恢复农业生产，在都城平城地区实行“计口授田”，开始由游牧经济转向农耕经济。北魏孝文帝太和九年(485 年)“下诏均给天下民田”，正式颁布了均田令。主要内容：男子 15 岁以上受露田 40 亩，桑田 20 亩，妇女受露田 20 亩；奴婢依良，丁牛一头受田 30 亩，限 4 牛；露田倍给或两倍授给，以备休耕；身死或年逾 70 岁须将露田还官，桑田为世业田，不须还官，但须按规定种植桑、榆、枣树。此外，对老小癃残户授田、宽乡与狭乡、园宅地授受、无人守业田、官吏职分田等都做了相应规定。① 在均田制的基础上，北魏又颁布了新的租调制，规定：一夫一妇缴纳粟 2 石，帛或布 1 匹(4 丈)；15 岁以上未婚男女 4 人，从事耕织的奴婢 8 人，耕牛 20 头，所纳租调分别相当于一夫一妇的数量。②

东魏、西魏继续施行均田制。

北周、北齐的均田制有了一些变化，取消了倍田，一夫一妇(一床)受田 140 亩，单丁 100 亩，男子 18 岁成丁始受田，65 岁以上为老须退田。租调改为一夫一妇调绢 1 匹，绵 8 两(或布 1 匹、麻 10 斤)，租粟 5 斛，单丁减半；将奴婢受田人数依官品高低限制在 60 人到 300 人之间，租额增加一倍，耕牛受田限止 4 牛。丁男要承担力役、兵役。③

5. 东晋十六国南北朝的户调制

东晋和南朝的宋、齐继续实行户调制，并规定部分折钱交纳，反映了南方商品经济的发展。梁、陈时改户调为丁调。

十六国时期和北魏前期仍实行户调制，但税额有所变化。北魏孝文帝改革，在均田制的基础上，颁布了新的租调制，以一夫一妇为征收赋役的基本单位，户调制至此废止。

① 《魏书》卷 110《食货志》。

② 《魏书》卷 110《食货志》。

③ 《隋书》卷 24《食货志》。

6. 隋唐时期的均田制和租庸调制

均田制。隋朝继续推行均田制，隋文帝即位后多次颁布均田令，主要内容：丁男每人受露田80亩，妇女40亩，为口分田，身死归还国家；受桑田或麻田20亩，为永业田，可传子孙；奴婢受田与良人同，但依级品限制人数；丁牛每头受田60亩，每户限止4牛；贵族、官吏按品级请受永业田，自诸王以下至于都督多者百顷，少者40亩；官吏依品级享有职分田各有差；内外官署有公廨田充办公费用。隋炀帝即位，取消了奴婢、妇女受田。

唐高祖、唐玄宗曾三次颁布均田令，基本内容与隋制同，又有所调整，规定更为详备。丁男和18岁以上的中男受永业田20亩，口分田80亩。老男、笃疾、废疾各受口分田40亩；工商业者受田减丁男之半；寡妻妾各受口分田30亩；如上述人等为户主，则减丁男之半受田(50亩)。杂户同良人，官户各受口分田40亩，僧、道各受口分田30亩，女冠、尼姑各受口分田20亩。凡有爵级、官品(限五品以上)、勋级者，可依爵级、官品请受永业田5顷至100顷，依勋级请受勋田30亩至60亩；凡宽乡(人少地多)受足，狭乡(人多地少)则减半受之；在职官吏依内外、品级及职务，任内享有80亩至12顷职分田，以地租充作部分俸禄；内外官署各有1顷至40顷公廨田，以地租充作办公费用。

与前朝相比，唐朝均田制取消了奴婢、妇女及耕牛受田，增加了对工商业者、僧、尼、道、冠等的受田，从一个侧面反映了人身依附关系的变化以及工商业和寺院经济的发展。此外，对土地买卖的限制逐步放宽，不仅永业田可以买卖，口分田在一定条件下也允许买卖。凡买卖土地，狭乡严于宽乡，永业田严于口分田。据文献和敦煌、吐鲁番出土文书记载，受田不足是普遍现象，各地区也不平衡。

北朝以来均田制的实施及调整过程实际上是土地国有化程度逐渐减弱、私有化程度日益加大的过程。它的实施有利于农业生产的恢复和发展，促进了土地与劳动力的结合，对社会经济的发展、政府加强对小自耕农的控制、保证赋役来源以及加强中央集权起到了积极作用。

唐高宗以后，土地兼并加剧，大土地所有制发展，开元、天宝年间，土地还授已无法实行。德宗建中元年(780年)实行两税法，均田制正式废止。

租庸调制。隋和唐前期赋役制度均承袭北朝，在均田制的基础上施行以租(庸)调为主体的赋役制度，征收的主要对象是均田农民。隋文帝开皇二年(582年)规定：一夫一妇为一床，每年纳租粟3石，调绢1匹或布1端(5丈)，绵3两或麻3斤，单丁和奴婢、部曲、客女依半床交纳；丁男每年赋役1个月。开皇三年又颁新令，将成丁年龄由18岁提高到21岁，调绢由1匹减为2丈，力役由1个月减为20天。开皇十年又规定：年龄在50岁以上的丁男可免役收庸，即以纳布帛代替力役。炀帝即位后，妇女、部曲和奴婢不再受田，也不再承担赋役。

唐承隋制，又有所调整，赋役令规定：每丁每年纳租2石；调随乡土所产，纳绢(或绫、絁)2丈、绵3两，或布2丈5尺、麻3斤；丁男每年服役20天，不役则收庸，每日折绢3尺或布3.75尺；如政府额外加役15天则免调，加役30天租调全免，全年加役不得超过30天；如遇自然灾害，依灾情轻重减免租、庸、调不等。此外，征发名目还有杂徭、色役等。贵族官吏可依品级免除本人及亲属的赋役。

隋朝赋役负担已较北朝有所减轻，唐又在隋制的基础上进一步有所减轻，并将以庸代役制度化，使农民有更多的时间从事生产，对隋朝和唐初社会经济的发展起了积极作用。

唐玄宗时，由于均田制的破坏，租庸调制也失去了存在的基础。唐德宗建中元年实行两税法时，正式宣布废止租庸调制。①

7. 唐后期的两税法

均田制的崩溃，造成赋役征收与土地占有状况脱节，虽然自玄宗时陆续进行了一系列财政改革，但无法从根本上解决问题。德宗建中元年，在多次局部改革以及地税、户税逐渐成为政府的主要税收的基础上，采纳宰

---

① 以上参见《旧唐书》卷48《食货上》，《新唐书》卷51《食货一》、卷52《食货二》，《通典》卷1《食货典·田制上》、卷2《食货典·田制下》等书。

相杨炎的建议，颁行“两税法”，将租庸调以人丁为本的征收原则，转变为以资产(主要是土地)为主的量贫富据等第征收的原则，对赋役制度进行了较全面的改革。主要内容①如下：

①量出制入。中央合并此前所征各项税役，定出“两税元额”，逐级摊派征收。

②取消租庸调和一切杂徭、杂税，但丁额不废。

③不论土户、客户，一律编入现居州县户籍，按丁壮和财产多少排定户等。

④“元额”以大历十四年(779 年)垦田数为准，分别按垦田面积和户等高下分摊。依户等纳钱，依田亩纳米粟。

⑤每年分夏秋两次征收。夏税不得过六月，秋税不得过十一月。

⑥无固定居所的商人，所在州县依照其收入的三十分之一征税。

两税法的实施，使唐中叶杂乱的税制得以统一，以资产(主要是土地)为主的征税原则，适应了中国封建经济及土地占有状况的变化，扩大了征税面，在一定程度上改变了赋税集中在贫苦农民身上的不合理状况。钱物同征，折钱纳物，不仅使劳动者对国家的人身依附关系进一步松弛，也有利于商品经济的发展。

两税法实施不久，渐生弊端。土地兼并不再受限制，由于长期不调整户等，赋役负担贫富不均日益严重。两税税额不断增加，税外又生杂税，因钱重物轻，在折物纳钱时无形中又增加了纳税者的负担。后来，甚至所纳钱物已相当于初行两税法时的三四倍。

8. 五代十国的赋役制度

五代十国时期，由于军阀割据，政权屡更，统治者更加紧了对人民的赋税征敛和徭役、兵役的征发。

这时期的赋税征收仍沿用唐制，正税有夏、秋两税。并且额外加征收耗，如后唐，田赋每斗加征收耗 1 升，后汉增至 2 升。但杂税名目繁多，又重征商税，钱物辗转相折，又往往是原额的数倍。各地军镇常以向朝廷

---

① 根据《旧唐书》卷 48《食货上》，《新唐书》卷 51《食货一》、卷 52《食货二》等归纳。

进贡、助国的名义，对当地百姓税外加赋。北方以后晋最甚，石敬瑭妹夫杜重威为成德节度使，搜刮民财殆尽，境内十室九空。南方九国中，穷奢暴虐以南汉最甚，宫室极尽华丽，宦官多达万人。南唐中主李璟，因用兵闽楚，耗尽库存，只好加征赋税，以至近臣李加明戏言，虽雨至金陵，必不敢入城，因“惧陛下重税”①。

由于战争频繁，北方百姓兵役负担甚重。后汉刘仁恭在幽燕征兵，15岁至70岁的男子都在征发之列。南方各国虽较北方相对安定，但因割据一方，竞以养兵为务。南唐曾强征老弱以外者全部从军，吴越钱镠“尽括国中丁民”②为兵。后蜀政权，平均两户养一兵。此外，无休止的劳役，如运输、修筑宫室、道路、城邦等，不仅阻碍了北方经济的复苏进程，也使南方经济不能以应有的速度发展。

后周时，太祖郭威与世宗柴荣进行了整顿与改革，废止某些苛税，将部分官田散给佃户耕种，停止州府进奉，均定租赋，招民开垦逃户荒田，在一定程度上减轻了人民的负担，大大增强了国力，为统一大业奠定了经济基础。

二、人口分布与经济格局的变化与发展

魏晋南北朝隋唐五代时期人口数量几起几落，在经济重心转移的进程中，有过若干次较大规模的人口迁移浪潮，人口分布也发生了很大变化。

1. 人口数量波动的大致曲线

东汉末年，战乱、灾荒、疾疫几重摧残，人民流离失所，死亡率极高。例如，董卓于初平元年(190年)胁迫汉献帝西迁长安，洛阳数百万人口也被迫随迁，途中步骑践踏，饥病交加，寇匪不绝，以至“积尸盈路”③。又如，初平四年，在进军途中屠杀睢陵、夏丘等县“男女数十万人，鸡犬无余，泗水为之不流”④。除此之外，世家大族又拥有大量依附性人口，也大大影响了官方户口统计数字。所以，有人断言，“天下户口减耗，十裁

① 龙衮：《江南野史》卷7。

② 《新五代史》卷67《钱镠传附钱俶传》。

③ 《后汉书》卷102《董卓传》。

④ 《后汉书》卷73《陶谦传》。

一在”①。三国中期以后，户口增减趋于平缓，但总体水平仍处于低谷，魏国户口数“不过汉时一大郡”②。曹魏灭蜀后，两国户口加上吴亡时户口总数，仍远远低于东汉时的户口数。

三国后期到永嘉之乱前，割据局面逐渐结束，中国又重新走向统一，社会的相对稳定，使人口呈现快速增长的趋势。《晋书·地理志》载太康元年(280年)户口数为：户2459840，口16163863。《三国志·魏书·陈群传》载太康三年全国总户数已达377万，与三国晚期146万余户相比，增长了约158%。

西晋末年，持续了十六年之久的八王之乱，波及长安、洛阳和黄河南北，少数民族的南侵，百姓“或死于干戈，或毙于饥馑”③，户数减少约二分之一。例如，西晋时期相当于后赵24郡区域共有户约598300，后赵户数约为290000，约为西晋时期的48%。北方地区人口的耗减，还与战乱造成的大规模流民及大批北方民众南下有关。

东晋十六国时期，南方地区由于“兵凶岁饥”④，东晋一代与西晋盛时人口相比，有所下降。据史载，西晋太康(280—289年)初年，相当于东晋辖区内的人口500多万，到刘宋大明(457—464年)年间，虽然辖区有所扩大，但人口仍然保持在500多万。而北方地区，户口波动很大。由于西晋末年动乱持续时间较长，汉族及南下的各少数民族纷争割据，人口损耗非常严重。淝水之战(383年)前，黄河流域的户口在经过一段回升后，基本达到甚至一度超过西晋太康年间的水平，口数曾达到1800万到2000万左右，前秦在逐步统一了北方后，有人估计口数应达到2200万到2300万左右。此后又有较大幅度的下降。前秦政权解体后，北方又出现多个政权并立的局面，给人口统计带来困难。据估计，在400年前后，户数大约在200万以下，口数不及1000万，无论是官方统计数字，还是实际人口数

① 《三国志》卷8《魏书·张绣传》。

② 《三国志》卷14《魏书·蒋济传》。

③ 《魏书》卷110《食货志》。

④ 《晋书》卷6《晋明帝本纪》。

量，淝水之战后都比战前有较大幅度的下降。[①] 南北朝时期，南朝相继建立宋、齐、梁、陈四个政权。据官方统计数字，刘宋元嘉年间(424—453年)，因数十年“兵车勿用”“役宽务简”[②]，户口有了明显的增长，但没见文字记载，据估计，户数应达到二百几十万，口数约七八百万，这也是南朝的最盛时期。此后，户口数量呈下降趋势。陈的辖境与三国时的吴大致相当，国亡时，有户50万，有口200万，比吴亡时户52.3万、口230万还略少。自孙吴至陈亡，江南地区共历六朝，江南经济在约300年时间里有很大的发展，又涌入大批南渡的北方人口，但户籍增长却如此有限，主要原因：一是由于东晋南朝大土地所有制继续发展，世家大族隐占大量客口，军队将帅所领有的私属性质的部曲也日益增多；二是寺院也拥有相当多的依附人口，如南朝梁武帝佞佛，仅都城有佛寺500余所，僧尼10余万，当时人感叹曰“天下户口几亡其半”[③]；三是为规避沉重的赋役，民户隐匿、逃亡、流徙现象极为严重，一部分人逃到山林湖泊，一部分人逃到少数民族地区，主要是山区，一部分人流入大中城市，从事工商业，被称为“浮浪人”。由此，实际人口数量与著籍人口数字有较大的出入。而且南朝各政权都没有留下完整的官方统计数字，与政府“户口不能详究”[④]有关。

北朝，自439年鲜卑族的拓跋氏统一北方，建立北魏政权，经东魏和西魏、北齐和北周两个东西分裂时期，到581年隋文帝再度统一北方，大约140余年。北魏建国初期，人口与十六国末年相比应无大变化，即户数200万左右，口数1000万左右。北魏前期实行宗主督护制，三五十户合为一户是普遍现象，甚至“百室合户或千丁共籍”[⑤]。孝文帝改革，实行三长制和均田制，大量隐匿的户口被编入了国家户籍，随着封建化进程的加快，社会经济有了较大的发展，户口持续增长。《通典·食货典》记载，孝

① 参见高敏：《中国经济通史：魏晋南北朝经济卷》第三章，北京，经济日报出版社，1998。

② 《宋书》卷54《沈昙庆传》。

③ 《南史》卷70《郭祖深传》。

④ 《隋书》卷29《地理上》。

⑤ 《晋书》卷127《慕容德传》。

明帝初年(520年以前)是北魏户口的最盛时期，约为500余万户。北魏末年，战乱、起义，酿成分裂局面，户口有所下降，约为337余万户。东魏、西魏时期，北方户口呈上升趋势，北齐、北周继续了这一趋势，辖境的拓展，也有利于人口数量的增长。据估算，北周末年，北方地区(包括北周和北齐)户数为6892528，口数为2900多万①。也有人测定北周末年户数约为四五百万户②。总体来看，北方人口数量多于南方，增长幅度也大于南方。再加上北朝普遍推行均田制，国家重视对户口的控制，因此，官方掌握的户口在总人口中所占的比重大于南方。

隋唐时期，是中国传统社会人口发展继两汉之后的又一个高峰。隋文帝末年，全国户数为870万左右③，炀帝大业二年(606年)达到890万④，大业五年，约为907万余⑤。隋朝户口的显著增长，一是得益于统一的政治局面，国家发展生产的积极措施，提高了人口自然增长率；二是得益于国家加强了对户口的控制和管理，通过"大索貌阅"和"输籍之法"等检括隐漏、核实人户措施，大大增加了编户数量。北方地区户口增加的幅度大于南方，江南地区士族豪强挟藏户口的现象并未得到根本改观。隋末，炀帝连年征讨，大事营建，造成人口大量损耗，以至黄河之北"千里无烟"，江淮之间"鞠为茂草"⑥。

唐初，高祖武德(618—626年)年间，在籍户数仅为200多万⑦。太宗贞观以后，户口开始逐年稳步增长，经高宗、武后经营，神龙元年(705年)户口增加到610余万，到玄宗天宝十三年(754年)，全国户数达到900多万，杜佑著《通典》时估计，如将隐漏的户数计算在内，当时的实际户数应已达到

---

① 参见高敏：《中国经济通史：魏晋南北朝经济卷》第三章，北京，经济日报出版社，1998。

② 汪篯著，唐长孺等编：《汪篯隋唐史论稿》，北京，中国社会科学出版社，1984；冻国栋：《唐代人口问题研究》第二章，武汉，武汉大学出版社，1993。

③ 《旧唐书》卷4《高宗纪上》。

④ 《通典》卷7《食货七·历代盛衰户口》。

⑤ 冻国栋：《中国人口史》第2卷《隋唐五代时期》，对此有具体说明，上海，复旦大学出版社，2002。

⑥ 《隋书》卷70《杨玄感传》。

⑦ 王钦若等：《册府元龟》卷486《户籍》。

一千三四百万左右。755年爆发的安史之乱，是唐由盛而衰的转折点，在籍户数骤降至190余万，代宗大历(766—779年)年间曾降到130余万户①，此后屡有波动，但总体上，远达不到最盛时的水平。实行两税法后，著籍户口又开始上升，文宗开成四年(839年)户数一度接近500万②，已经是唐后期的最高点。武宗会昌元年(841年)一度降至211万余户③，会昌五年，户数又回升到495余万户④。此后户口具体数字不见官方记载。唐后期户口的显著减少，与战乱有直接关系。安史之乱后形成藩镇林立局面，一些割据性较强的藩镇或边远地区，常年不向中央申报户口，使中央无法控制也无从统计当地户口。大量民户避乱流亡转徙，成为脱籍人口。上述这些因素对在籍户口减少的影响也不能忽视。北方地区户口减少的幅度大于南方。

五代十国初期，黄河中下游地区遭受严重破坏，昔日繁华的洛阳城一度户不满百，户口长期有减无增。五代政权所辖区域与唐不可同日而语，西部河套平原已大部为党项所占，后晋又割燕云十六州与辽，著籍户口自然也会受影响。后周显德五年(958年)“检定民租”，核定户口为230余万⑤。但显德七年赵匡胤代周时，史载得周户96.7余万，据估计，大概核定的户口尚未附籍⑥。南方情况有所不同，没有遭受大的战乱，各国保境安民，社会经济持续发展。将后周攻占南唐淮南之地和北宋平江南诸国所得户口一并计算，共得252.8余万户⑦，仅以著籍户数计，南方户数已占到总户数的70%以上。

综上，魏晋南北朝隋唐时期，人口数量波动的曲线基本是五落四起，唐开元、天宝时期达到鼎盛，超过东汉时期的最高水平。

2. 人口迁移流动形成的几次浪潮及其特点

魏晋南北朝隋唐五代时期，人口流动规模大、频率高，是中国传统社

---

① 《通典》卷7《食货七·历代盛衰户口》。

② 《旧唐书》卷17下《文宗纪下》。

③ 《新唐书》卷52《食货志》。

④ 《新唐书》卷52《食货志》。

⑤ 《旧五代史》卷146《食货志》。

⑥ 傅筑夫：《中国封建社会经济史》第二卷，北京，人民出版社，1982。

⑦ 参见陶懋炳：《五代史略》，北京，人民出版社，1985。

会人口分布格局出现新变化的关键时期。

大规模人口迁移流动，一为自然原因，二为社会原因。中国传统社会较为集中的成规模的迁移流动多为战乱、民族迁徙、强制性移民等社会原因造成的，特别是人祸天灾交织在一起，为害尤甚。人口迁移流动所形成的几次浪潮与上述人口数量波动的曲线也密切相关。可以分为以下几个阶段。

(1)东汉末年和三国时期，由于中原地区军阀长期混战，形成人口迁移流动的第一次浪潮，主要是中原地区人口向东、向南地区流动，西北和北方少数民族内迁。

中原人民主要向益州(今四川)、荆襄(今湖北)和江南地区流动，还有部分北上辽东等塞外地区。史载，关中(今陕西)数万户流入益州①，南向荆襄达数十万家②，关西数万家奔汉中③，中原百姓部分人流归徐州④。青、徐、淮河以北多向江南迁徙，甚至长江下游北岸的居民为避免被曹操强制北移，十余万户渡江迁到江南⑤。避乱到辽东的士人有国渊、管宁、王烈等，陆续有流民归附，不少人“越海避难，皆来就之，旬月而成邑”⑥。也有不少人流亡到乌丸、鲜卑等少数民族地区。

西北和北方少数民族内迁：匈奴族内迁后主要分布在陕西北部、山西中北部、甘肃和青海一带；氐族，主要由甘肃迁往陕西、由四川迁往陕西；羯族自青海内迁后分布在甘肃、陕西；鲜卑族原居蒙古高原，逐渐向南迁移，东汉末年开始，陆续迁至河套、辽东、辽西、甘肃等地区。

此外，魏、蜀、吴三国都进行过强制性的人口迁移。曹魏主要是把边远地区的人口向内地和腹心地区迁移，还将掳掠人口和降户迁至魏所辖区。吴国也将通过战争掳掠和降服的人口迁到吴国境内，在境内则采取征

---

① 《后汉书》卷105《刘焉传》。

② 《三国志》卷21《魏书·卫觊传》。

③ 《后汉书》卷105《刘焉传》。

④ 《后汉书》卷103《陶谦传》。

⑤ 《三国志》卷14《魏书·蒋济传》。

⑥ 《三国志》卷11《魏书·管宁传》。

讨、镇抚、饥饿等方法强迫居住在山区的山民(亦称山越)出山迁至平原地区，以补充兵源、增加编户。蜀国也通过战争掳掠人口，如诸葛亮出祁山时，掠千余家还汉中①。

(2)西晋末年，八王之乱持续了十六年之久，少数民族贵族也乘乱加入了争夺政权的混战，终于形成史称“永嘉南渡”的移民狂潮，由此持续了一个多世纪。

这时期中原人民流动的主要方向是南、西北和东北。南方长江流域仍是流入人口最多的地区，上游的益州、中游的荆州和下游的扬州是南下移民的主要聚居地。向西北流徙的人数也不少，史载凉州地区“中州避难来者，日月相继”②，更设新郡以安置流民，前后可统计的数字大约有115万余人③。西晋末年，鲜卑慕容氏统治辽东地区，士庶避乱者甚众，到前燕时，流民已是当地土著的“十倍有余”④。

(3)东晋十六国南北朝时期。东晋立国江左，主要依靠北方南渡的士人并争取了江南士人的支持与合作。东晋、宋、齐，中原地区的流民仍在继续南移，因此设侨置州郡县以安置大批南下的北方士民。东晋南朝时设置的侨郡县各朝有所不同，约为全境总郡数的三分之一，侨县所占比例略少，有逐渐加大的趋势⑤。

这时期人口流动的频率和数量不逊于三国西晋时期，不同之处在于，移动的方向不再以中原人口南下为主，自南向北、由东向西、由西向东也很频繁，数量也不少。这时期大规模的自然流民明显减少，人口迁移流动的主要原因：一是通过战争掳掠充实京畿等要地，如苻坚讨平并州，徙三千户于长安，派王猛等攻东晋荆州北部诸郡，掠汉阳万余户还长安⑥。北魏所掠民户，多徙置于平城(京都)或近畿。二是边民内迁，如刘宋元嘉二

① 《三国志》卷35《蜀书·诸葛亮传》。

② 《晋书》卷86《张轨传》。

③ 傅筑夫：《中国封建社会经济史》第二卷，北京，人民出版社，1982。

④ 《晋书》卷109《载记第九·慕容皝》。

⑤ 可参见景有泉：《东晋南朝时期侨州郡县的设置及其历史作用》，载《东北师大学报》，1987(2)。

⑥ 《晋书》卷113《载记第十三·苻坚上》。

十二年，“移民一万四千余口于京师”①。三是不同政权之间军民的投降或归附。梁朝末年遭侯景之乱，江南民漂流入魏者，数十万口②。四是掠徙少数民族人口，仅据《宋书·沈庆之传》记载，沈庆之前后所掠徙之蛮族近20万人，“并移京邑，以为营户”。

(4)隋唐五代时期。总体来看，人口迁移活动的规模和数量明显不如魏晋南北朝时期，但正是在这时期经济重心南移，形成新的人口分布格局。这时期人口迁移流动的特点是：

一是官方仍进行有组织的移民。例如，隋文帝平陈后，徙陈后主并王公百司北迁长安，“大小在路，五百里累累不绝”③。隋炀帝兴建东都洛阳时，下令迁徙数万家富商和手工业工匠充实之。唐武则天时，多次徙民充实洛阳，史载天授二年(691年)一次就“徙关外雍、同、泰(秦)等七州户数十万以实洛阳”④，其中一部分是自愿应募东迁。

二是为推行均田制，政府制定相关政策，鼓励狭乡(人多地少)迁往宽乡(人少地多)。唐制规定：五品以上官吏允许在宽乡请受足额永业田和勋田，在狭乡则减半；迁徙宽乡者，准许出卖口分田。唐太宗贞观十八年(644年)，下诏免去雍州少田户赋役，移往宽乡。武后天授二年(691年)，自关中和陇右土狭人稠诸州迁徙数十万户到洛阳落户，并可获得三年优复。

三是募民戍边和募民屯垦。凡应募长充边军者，可携家属同往，政府分给田地屋宅。百姓应募垦荒营佃，官府供给牛犁。

四是迁移的总趋势是人口较为稠密的地区迁往相对稀疏的地区，以及从北方迁往南方地区。

五是迁移具有明显的阶段性。安史之乱爆发后，北方民众南迁的规模骤然加大，速度加快，数量增多。

六是随着城市化进程的发展，由乡村迁往城市(包括大中城市和新兴的

① 《宋书》卷5《文帝纪》。

② 《魏书》卷97《萧衍传》。

③ 《资治通鉴》卷177“隋开皇九年”。

④ 王钦若等：《册府元龟》卷486《邦计部·迁徙门》。

市镇及草市)的人口明显增多。例如，长安著籍户数8万左右，而“浮寄流寓不可胜计”①，浮寄者大多是从农村流入城市，主要从事工商业或服务性行业。长安人口最多时达到百万，其中有相当一部分未著籍，包括大量从农村流入的人口。除战乱时期，城市人口增长的速度普遍高于农村人口增长的速度。

3. 人口分布格局的变化

魏晋南北朝隋唐五代是中国人口分布格局发生根本性变化的时期。自两汉以来，中国人口分布的特点是北方地区人口密度大于南方地区，人口分布的重心始终在北方。魏晋南北朝时期有若干次规模较大的人口迁移浪潮增加了南方地区的人口数量。南方地区本身的社会经济发展也有一个逐渐加速的趋势。再如成都平原，人口的稠密度一直较高。但从整体上看，唐中叶以前，北方地区，主要是黄河中下游，仍然是中国的经济重心，人口分布的重心也是在黄河中下游地区。安史之乱爆发后，北方居民再次大规模南下，而南方地区由于基本没有受到战争的波及，经济仍在持续发展，也有利于人口的持续增长。随着经济重心东南移的完成，人口分布格局也发生了根本性的变化，即南方人口最终超过了北方人口，人口重心由北方转移到南方。

人口分布格局的变化是一个较长的历史发展演变过程，我们可以从东汉开始追溯。据统计②，东汉共有户数9336666，口数46665908。其中，北方户数约占总户数的56.86%，口数约占63.86%；南方户数约占总户数的43.14%，口数约占36.14%。虽然北方户数和口数所占比例都大于南方，但与西汉相比，南方人口所占比例已经有了明显的上升，说明随着南方地区主要是江南地区的逐步开发，南方人口增长的幅度逐渐超过北方，原属地广人稀的东南沿海和西南边地人口增长达数倍，最高的达9倍多。

三国时期户口统计不完整，但北方人口向南方迁移的第一次浪潮就是始于东汉末年，因此，蜀汉中心区域的益州，孙吴政权所控辖的建康、三吴一带都属人口较为稠密的地区。

① 《长安志》卷10《西市》：“长安县所领四万余户，比万年为多，浮寄流寓，不可胜计。”

② 冻国栋：《唐代人口问题研究》第四章，武汉，武汉大学出版社，1993。

西晋初年，据《晋书·地理志》统计，户数较多的是司州(486100户，占统计总户数的19.49%)，冀州(316000户，占总户数的12.67%)，荆州(389548户，占总户数的15.62%)，扬州(310400户，占总户数的12.45%)。可知，河南、河北、长江中下游地区是人口较为稠密的地区，关中和西北诸州户口数量比重已明显下降，交州、广州等东南边远地区人口密度仍比较稀疏。

东晋十六国南北朝时期，北人南渡，甚至淮南因属南北反复争夺之地，士民也纷纷南迁。据不完全统计，南方长江中下游和上游的益州人口仍较为稠密，北方地区自北魏迁都以后，黄河中下游的著籍户口有较大幅度的增长，关中和西北地区人口密度逐渐加大。

隋代人口分布，据《隋书·地理志》记载，大业年间，总户数为9070414户，其中冀州和豫州两州户数约占全国总户数的47%，雍州即关中地区的人口密度仅次之，扬州、荆州又次之，北方诸州约占全国总户数的75%，南方诸州约占25%。人口分布仍延续汉晋以来的传统格局，但南方地区人口已经有了显著的增长。

唐代人口统计材料比较详细，据《旧唐书·地理志》统计，贞观十三年(639年)十道户口总数3041871，口数12351681。其中剑南道户数、口数都位居诸道之首，分别约占20.98%和23.13%，江南道位居第二，历来人口最为集中的河北、河东、关内三道次之，一向人口稀少的岭南道升至第五位，超过了河南道。北方五道(关内、河北、河南、河东、陇右)合计户数为1370569，约占全国总户数的45.06%，南方五道(江南、剑南、岭南、山南、淮南)合计户数为1671302，约占全国总户数的54.94%，这是自汉代以来南方地区人口第一次超过北方。经过一百多年的发展，南北地区人口都有了显著增长，由于北方仍是中心所在，上升幅度略大于南方。天宝十一年(752年)，全国十道户数为8937792，北方五道户数合计为4866052，南方五道户数合计4071740，北方户口仍多于南方，但与隋大业年间相比，北方已经失去了绝对优势，北方五道户口总数也少于大业时期。安史之乱以后，人口又一次大规模南下迁移流动，著籍户口大幅度下降。据《元和郡县志》记载，下降幅度最大的是河南、河北两道，仅分别占开元户数的11%和17.1%。据元和二年《国计簿》载，当时全国著籍户数约为244万，而浙西、浙东、宣歙、淮南、江西、鄂岳、福建、湖南八道户数共计为144万，南方已经占有了绝对优势。此后这种优势一直得以保持①。人口的流动迁移以及带来的人口分布格局的变化，是社会经济发展、经济重心南移的反映和必然结果，对南方地区、边远地区的开发和发展起了积极的促进作用，加速了少数民族的封建化进程，增进了汉族与少数民族之间的融合，在一定程度上调节了各地区经济发展的不平衡，奠定了此后人口分布的基本格局。

三、农业、手工业、商业的发展与成就

魏晋南北朝时期由于长期处于动乱和分裂状况，影响了社会经济发展的正常进程，同时也使这一时期的农业、手工业、商业的发展具有明显的时代特色。总体来看，这一时期的特点如下。

第一，由于南北社会环境的不同，北方经济尤其是农业经济遭受到严重破坏，中原地区相对稳定后才逐步恢复、缓慢发展，但出现农业区的牧场化和畜牧业经济比重上升的倾向。而南方地区相对安定，北方流民的大规模南下，不仅增加了大批劳动力，也带来了先进的生产工具和先进的农业生产技术。随着南方经济的迅速发展，全国的经济重心开始逐渐南移，在唐朝后期最终完成了这一历史性的转移进程。

第二，自然经济比重上升，商品经济明显衰歇，北方地区尤甚，使手工业和商业的发展受到严重影响。南方的商品经济发展基本未受到大的影响，出现了一些新的经济因素。

1. 农业

牛耕方式的改进与曲辕犁。汉代牛耕主要以单辕犁的二牛抬杠式方式为主，魏晋以后，广泛使用双辕犁的一人一牛的耕作方式，在此基础上，又演变出长辕犁与适合山地耕作的蔚犁。

唐代将直辕犁进一步改进为曲辕犁，并在江南地区得到普遍使用。曲

---

① 详细情况可见冻国栋：《唐代人口问题研究》第四章，武汉，武汉大学出版社，1993。

辕犁结构完备，装有犁壁便于深耕，配有犁评以调节犁铧入土的深浅度，操作灵活省力，转弯便利，提高了耕作的速度和质量。耕犁因地制宜地向小型化、轻便化和多样化的演变，更适应中国社会以个体小生产为主的农业生产力发展水平。

灌溉技术与工具。魏晋南北朝时期，南北方农业自然条件不同，所用工具也有差别。南方主要应用翻车、龙骨车、曲筒等，北方则主要是用桔槔、辘轳、滑车等。唐代又发明了筒车、高转筒车、立井水车等更为先进的灌溉工具，适用于不同的农业地区。

水利灌溉工程。这一时期水利建设得到普遍重视，成就显著。曹魏在河北以及淮河流域兴修白沟、平虏渠、芍陂等，吴国兴修赤山塘、娄湖等，蜀国对都江堰常年大规模的维护，东晋南朝修建的狄塘、吴兴塘可溉田千顷至数千顷。北魏前期在富平(今宁夏吴忠)开渠引黄，溉田4万余顷。

唐代前期130年间，见于史载的重要水利工程就有160多项，大多在北方地区，如在同州(今陕西大荔)开渠引黄工程，在江都(今江苏扬州)修雷塘及新筑勾城塘，在营州(今山东昌乐东南)东北开窦公渠等。唐后期至五代十国的水利工程则以南方居多，如长江中下游的系统水利工程，滨海地区修建的海塘海堤，都充分利用了南方丰富的水利资源。

农作物种类。这一时期的农作物种类值得引起重视的，一是水稻的广泛种植，随着南方土地开垦面积的扩大、大规模的兴修水利及对灌溉工具的改进，水稻的种植得到普遍推广，尤其是稻麦复种制的推广，大大提高了单位面积产量。二是唐中叶以后南方经济作物特别是种茶业得到长足发展，长江中下游及福建等地是主要产茶区，茶税成为政府的重要税收之一。唐后期及五代十国时期，茶叶不仅畅销南北，还大量远销周边地区及海外。三是蚕桑业的发展和种植地区格局的变化，隋唐以前至唐前期蚕桑业的主要产地在北方，唐中叶以后，主要在南方发展，不仅生产技术不断提高，其商品化程度也大为提高。五代十国时期，南方的闽、吴越、吴和南唐、楚、前蜀后蜀，茶叶种植区进一步扩大，产量也很大，茶叶制造技术也达到很高水平。楚每年向中原王朝贡茶达25万斤，南平都城江陵是当时中国最大的茶叶交易市场。

农业的进步和发展还表现在农业田间管理、施肥、选种等技术水平的提高，垦田面积的扩大，人口数量的增加以及对农业生产经验和技术的总结等方面。

农业的发展，水利工程的兴修，使土地的可耕率、利用率大大提高，粮食产量大幅度增长。唐玄宗天宝年间，全国垦田面积达850万顷，户口数量也有明显增长。

隋唐两朝都建立了严密的仓廪制度，形成了正仓、太仓、转运仓、军仓、义仓、常平仓组成的仓廪体系，敛集、储运、分配及调节从全国各地征收上来的实物，主要是谷物和绢帛两大类。隋朝时，西京太仓、东京含嘉仓和各地转运仓所储粮食，多者至千万石。炀帝时于巩县所修洛口仓，城周围20里，内穿3000窖，每窖可容米8000石①。隋朝末年，粮食储积可供五六十年。唐天宝年间，官仓存粮达9600万石。杜甫在《忆昔》诗中赞天宝盛世："公私仓廪俱丰实。"

畜牧业。魏晋南北朝时期畜牧业发展最好的要属北魏，表现：一是牲畜的存栏数比两汉时期有较大的增长；二是兴建和扩建了大型国营牧场，其中有4个巨型牧场，有的牧场马匹数量达到200万匹，相当于西汉国家牧场马匹总数的5倍多。此外，在饲养方法、选种配种、兽医学方面都有了新的发展，并总结出带有规律性的经验，都保存在贾思勰所撰《齐民要术》一书中。隋唐官马场主要在西北地区，唐在凉州置8监，牧养官马30万匹，"凉州大马，横行天下"②。

2. 手工业

中国传统社会的手工业分为官营手工业和私营手工业。

官营手工业。主要生产为满足皇室、贵族、官僚、军队等需要的、不进入市场的手工业产品，也包括有关国计民生的盐铁等。

魏晋南北朝隋唐时期，从中央到地方都建立了一套完整、庞大的官营手工业管理体系。魏晋南北朝中央一级的管理机构虽不尽相同，但大体沿

① 《资治通鉴》卷180"炀帝大业二年九月"。

② 《晋书》卷86《张轨传》。

袭秦汉旧制，各朝又有调整，主要有少府监、太府监、将作监等。唐朝，少府监掌管“百工伎巧”及各地冶监和铸钱监，将作监掌管建筑等土木工程，军器监掌军器制造，都水监掌水利工程。盛唐时，仅少府监役使的上番工匠就将近 2 万人。由于规模大，分工细，专业技术高，在一定程度上和一定时期内技术处于领先位置。

官营手工业服役的劳动者有工匠、刑徒、官奴婢、杂户等。工匠主要采取轮番服役，逐渐更多地采取“和雇”等方式，有利于手工业生产的发展和工艺技术水平的提高。唐代由于纳资代役和和雇比重的增加，官营手工业中的人身依附关系逐渐松弛。

私营手工业。主要是与个体小生产农业结合的家庭手工业和集中在城市的私营作坊。私营手工业的发展受到政府控制及官营手工业的制约，与资金雄厚、技术精良且强制集中了全国优秀工匠的官营手工业比较，发展进程曲折而缓慢。

手工业的类别和生产技术的发展。

纺织业。魏晋南北朝时期，纺织品品种有缣、绵、锦、绫、罗、绸、沙、绢、葛、布等，值得一提的是精美的蜀锦和高昌地区开始种植的棉花。三国的马钧对纺织技术进行改进，把 50 镊、60 镊的旧织绫机改造为 2 镊，提高了效率。织造技术也日趋精湛，如南朝锦工织造出极其轻薄、视同烟气的罗。隋唐时期丝织业和麻织业最为突出，除了极为名贵的蜀锦，随着波斯锦传入中国，隋代时已能织出质量很高的仿波斯锦。唐丝织品图案鲜美，花色繁多，印染技术也达到较高水平，如夹缬法、蜡缬法（蜡染）、绞缬法（扎染）等都已广为流传。新疆吐鲁番和甘肃敦煌等地发现了不少唐朝精美丝织品。

陶瓷制造业。制瓷业是魏晋时期新兴的手工业，后逐渐形成南北两大系统，南方以青瓷为主，北方以白瓷为主。隋唐时期，越州的青瓷类冰类玉，邢州的白瓷类银类雪。隋代的何稠擅以绿瓷制琉璃，色彩多达十种，可以以假乱真。陶器以“唐三彩”最为著名，以青、绿、黄三色为主，以人、马、骆驼为主要造型，施釉技术也达到新水平。唐后期民间逐渐普遍使用瓷器。

冶金业。这时期的冶金业主要由官府控制。魏晋南北朝时期，古代的炼钢技术已基本成熟，冶金业在生产规模、冶炼工艺及技术等方面都有显著进步。河南渑池出土有经热处理而成的铸铁脱炭钢。南北朝推广的“灌钢”冶炼法，是炼钢技术的重大突破。唐朝采矿业分布地区很广，主要矿产有金、银、铜、铁、锡、铅、矾、水银、朱砂等。铸造业以铸钱业的规模为最大，唐玄宗时，官府设铸钱炉 99 处，每年铸钱 32.7 万缗，私人盗铸尚未计在内。此外，还出现了手摇足踏的金属切削器具可用于对成型铸器的工艺加工。当时还能用灰吹法提取纯度很高的白银。铜器制造则以扬州所产铜镜“方丈镜”“江心镜”最负盛名。

造船业。随着江南和沿海地区的开发和经济发展，造船业取得显著的进步。三国时期孙吴政权在今福建沿海一带建有许多造船场，设专官监造，所造战舰，大者可载数百人，孙吴亡时，西晋接受的官船和战舰尚有 5000 余艘。东晋南朝官府造船场主要分布在长江中下游两岸，宋孝帝巡游六合，随行船只达 3045 艘，史称“舟航之盛，三代二京无比”①。与官府所设立的造船场主要建造战舰、漕船和海船有别，民间经营的造船场，规模较小，主要建造商船和其他民用船只。江南内河船，大者可载 2 万斛，而北方造船业虽然也有发展，但规模远逊于南方，能载 2 千斛已属大船。隋唐时期造船业发展更为显著，隋炀帝游江都(今江苏扬州)时所乘龙舟，高 45 尺，阔 50 尺，长 200 尺，上有层楼。唐民间巨商俞大娘拥有能载万石米的大船，操驾之工就需数百人②。唐时的海船，大者长达 20 余丈，可载六七百人。

造纸业。魏晋南北朝造纸技术进步明显，民间造纸业发展更为明显。这时期，造纸原料增多，品种繁多，生产出不少质量上佳的特色纸，如北方河北胶东所产的五色花笺，南方所产的颜色鲜艳的彩纸和防虫蛀的染潢纸，官府及民间的用纸普及率大为提高。唐朝时，南方的造纸业更为发达，益州的麻纸、浙东的藤纸、蒲州的薄白纸、韶州的竹笺、宣州的宣

---

① 彭大翼：《山堂肆考》卷 189《翔凤》。

② 李肇：《唐国史补》。

纸、扬州的六合笺、临川的滑薄纸等都驰名天下。

3. 商业

两汉时期，是中国古代商品经济发展的高峰期。但自东汉末年起，黄河流域战乱频仍，一度出现社会经济受到严重破坏、农业生产凋敝、商品经济衰歇、自然经济比重增强等状况，与两汉和此后的隋唐时期相比，是中国商品经济发展的一个低谷期。在这一时期，商业活动并未消失或停滞不前，商品经济仍在曲折而缓慢地发展着，南北地区呈现出明显的地区差异与发展的不平衡性。

隋唐时期，政治上的统一，社会的相对安定，为社会经济全面发展创造了条件，商品经济发展进入了第二个高峰期。

(1)魏晋南北朝时期北方地区商业的曲折发展

有学者把魏晋南北朝时期北方地区商业的曲折发展归纳为“三起三落”，即交替出现三次发展与高涨期及三次破坏与衰落期①，说明这时期社会经济发展的起伏性很大，直接造成了商业发展的波动。具体说，三国鼎立局面形成后到中后期、前秦统一北方后20年间、北魏孝文帝迁都洛阳后30多年间分别是北方商业的三次恢复与发展期；十六国时期、前秦政权瓦解后、北魏孝明帝孝昌以后到北周武帝分别是北方商业的三次破坏期和衰落期。

在破坏期和衰落期，农业、商业和私人手工业遭到严重破坏，货币流通几乎处于停滞状态，以物易物成为主要的交换形式。西晋末年的八王之乱和永嘉之乱，对北方社会经济无疑是一场浩劫，长安、洛阳几成废墟，百姓流离失所，田畴荒芜，屠杀、疾疫、饥馑，造成“流尸满河，白骨蔽野”②，“百郡千城，曾无完郛”③，“千里无炊烟之气，华夏无冠带之人”④。北魏末年北方地区又陷入战乱和纷争，主要的大中城市再次受到摧

① 高敏：《中国经济通史：魏晋南北朝经济卷》第十八章，北京，经济日报出版社，2007。

② 《晋书》卷26《食货志》。

③ 《晋书》卷56《孙楚传附孙绰传》。

④ 《晋书》卷82《虞预传》。

残，商业的发展受到严重摧折趋于衰落。

北方商业的三次恢复和发展期，都是政治相对安定期，城市经济发展和繁荣的主要表现就是商业的发展和繁荣。北魏孝文帝迁都洛阳后，直接促进了洛阳及中原地区商品经济的发展。据《洛阳伽蓝记》记载，洛阳城内设有200多个里坊，居民109万户，称为“大城”的外郭城，周回数十里，设有通商、达货、调音、乐律、退酤、治觞、慈孝、奉终、准财、金肆十里，主要是手工业者和商人居住及从事交易活动的场所。史载：“自葱岭已西，至于大秦，百国千城，莫不款附。商胡贩客，日奔塞下”①，生动描述了洛阳作为国际商业大都市的兴盛景象。西魏、北周政权的国都长安，发挥其政治中心地位和地理位置优势，逐渐发展为扼控中西贸易的枢纽和最大商品集散地。

(2)魏晋南北朝时期南方地区商业的稳步发展

魏晋南北朝时期南方地区或是多个政权并立，或是相对统一的一个王朝与北方政权对峙，社会经济(包括商业在内)的发展也受到一定程度影响，在与北方政权接壤及反复拉锯似的发生争夺战的地区影响更甚。但总体上，南方的主要地区受战乱影响较小，社会相对安定，大批南下的北方人，既增加和充实了南方地区的人口，也带来了先进的生产技术，使农业生产稳步发展，并为商业的发展和繁荣创造了有利条件。

南方商业发展主要表现在以下几个方面。

商品种类多，数量大。奢侈性的工艺品、日用手工业产品，以及粮食、食盐、绢布都是大宗商品，经济作物和农业副产品的总交易量都比较可观。

城市经济的发展。这时期南方城市及城市商品经济的发展比较明显，不仅原有的传统城市在发展，还陆续涌现出一批新兴的城市。例如，孙吴首都建业，原为汉代一个小县城，后改称建康，作为东晋和南朝五国都城，成为江南第一政治和经济中心。东晋时，建康设有4个市，秦淮两岸，北有大市百余处，小市十余所，有谷市、牛马市、纱市、盐市、花市等。

① 杨衒之：《洛阳伽蓝记》卷3。

梁时，建康城达28万户，人口百余万，南北长40里，中外商人的商贸活动极为活跃。除建康外，广陵、京口、吴郡、会稽、山阴、襄阳、江陵、番禺、成都都是重要的商业城市，分布更广，有些过去欠发达地区随着南方各政权的逐步开发，随着经济的发展，城市商业活动也日趋活跃。以大中城市为龙头，以新兴的集市贸易——草市为特点，南方商业的发达程度不仅超过前代，也超过同时期的北方地区。

东晋南朝由于商品经济的发展，货币经济远比北方发达。东晋主要沿用孙吴旧钱，但货币流通比较杂乱。南朝160多年，政府大兴鼓铸，多次改革币制，商品经济的发展对金属货币的需求量增加，流通范围更广，流通频率加快，政府支付官吏俸禄和赏赐大都使用钱币，政府采购也多用钱币。但也由于官铸币制紊乱，民间盗铸恶钱盛行，在很大程度上引起经济混乱，影响了商品经济的正常发展。

商税已成为东晋南朝政府财政收入的重要来源。这些税收名目繁多，主要有以下几种。

市租。东晋南朝国家设市官管理市场，凡在市区内从事交易活动的商人或商贩，都须向主管官署市司交纳市租，南朝亦称“市税”“市调”。东晋南朝市租税额过高，商贩不胜“繁苦”，刘宋时期曾屡次下诏减税。北朝自北魏末年始见“税市”①，凡入市门者，每人一钱，市内店舍则按交易额分五等收税。此后时有废置。

估税，即买卖交易税。据史载，东晋立国江左，始创估税，“凡货卖奴婢、马牛、田宅有文券者，率钱一万，输估四百入官，卖者三百，买者一百。无文券者，随物所堪，亦百分收四，名为散估。历宋、齐、梁、陈如此以为常”②。北方各政权未见征收买卖交易税。

关津税，即通过税。三国向过往客商征关津税，税额不祥。魏王曹丕时曾因关津税过重，不便商旅，下令将税率减为十分之一③。晋武帝泰始元年(265年)曾下诏免征天下租赋及关市之税一年。可见，关津税对客商

① 《魏书》卷9《肃宗本纪》。

② 《隋书》卷24《食货志》。

③ 《三国志》卷2《魏书·文帝纪》。

来说，负担是比较重的。东晋关津税率为十分之一①，薪、炭、鱼等日用品也要纳税。南北朝时期，北朝未见征关津税的记载。南朝则在通过税中，又有牛埭税②、桁渡税③。因以土堰水，有过往舟船，以牛挽船而行，故称牛埭税。桁者，为浮桥以渡水，故称桁渡税。这两项税，体现了南方水路交通的发达。因贵族官僚军人出入关津大多不纳税，所以关津税征收的主要对象是普通商贩。

北齐武平六年(575 年)，为补军国资用不足，"税关市、舟车、盐铁、店肆轻重各有差"④，看来只是一种临时性举措。

此外还有邸税、鱼税、木材税、皮毛税、酒租、盐赋等。

南朝齐梁之际，政府采取悬格包税的方法，征收关市诸税，即官府公布各税种固定税额，不限人才，只要能完成税额，又有家产做担保，就可包征某种税。例如，南朝齐永明六年(488 年)会稽郡西陵戍牛埭税，"官格，日三千五百"，有人建议包征之额还可再加一倍⑤。

南北方商税征收的差异，是因为商品经济发展的程度不同，显然南方商品经济更活跃，发展速度更快，因此，商税在国家财政总收入的比重也大于北方。

(3)隋唐时期商业的进一步繁荣和发展

隋唐时期是中国传统社会发展的鼎盛时期，商品经济的发展也达到新的水平。

其一是城市及市镇的变化，表现在政治中心城市的商业职能增强，南方经济类型城市显著增加及草市的勃兴。长安是隋唐两朝都城，同时也是全国最大的商业中心。隋长安城东有都会市，西有利人市，商贾如云。唐长安城总面积 80 多平方公里，由宫城、皇城和外郭城组成，外郭城 108 坊(后为 110 坊)，为居民区和工商业区，坊区内设东市和西市，是商品交易

---

① 《隋书》卷 24《食货志》。

② 《南齐书》卷 46《顾宪之传》。

③ 《梁书》卷 3《武帝本纪下》。

④ 《北齐书》卷 8《后主纪》。

⑤ 《南齐书》卷 46《顾宪之传》。

活动的主要场所。长安盛时，人口达百万之众，中外客商毕集，四方珍奇汇聚。隋洛阳城内有3市，即丰都市、大同市和通远市，其中丰都市周回8里，内设120行，3000余肆(店)，400余客栈，货物山积。隋炀帝曾从各地迁徙数万富商大贾及各类工匠充实东都。唐洛阳城总面积约47平方公里，郭内3市，即北市、南市和西市，三市分别临近漕渠、运渠和通化渠，不仅是洛阳城商贸中心，还沟通了洛阳周边四通八达的水陆运输道路。唐后期，南方经济发展更为迅速，地处南北枢纽要冲的扬州和长江上游的西南中心城市益州，时称"扬一益二"①。此外，长江流域的洪州、鄂州、荆州、苏州和杭州，沿海的广州、泉州和明州等都是重要的商业城市，上述城市对周边地区起到了带动和辐射作用。有的城镇因当地特殊的自然条件，形成了独具特色、成规模的手工业产品生产和商品交易市场，如闻名遐迩的"瓷都"景德镇。由于商品经济的发展，商业活动逐渐突破了坊与市的空间限制，扬州、汴州等大城市还出现了夜市。在中心城市周边、大中城市之间以及水陆交通要道自发形成的草市、集市日益勃兴，有的草市发展成某些商品的重要集散地，有的因其重要性使政府在此设县或设镇。此外，一些地处边地的重镇如幽州、凉州、沙州、西州等，也是内外贸易较发达的城市。

其二是交通运输管理体制的完善，交通道路的畅通，为国内和国际商贸往来提供了有利条件。有学者归纳指出，陆路交通以长安为中心，经环绕京城的各个关塞，向各地辐射的主要干道有14条②。《新唐书·地理志》记载当时通往周边民族地区和域外的7条交通要道：一曰营州入安东之道；二曰登州海行入高丽、渤海道；三曰夏州塞外通大同、云中道；四曰中受降城入回鹘道(参天可汗道)；五曰安西入西域道；六曰安南通天竺道；七曰广州通海夷道。两种不同角度的归纳有重叠，有延伸。这些道路，西向可通往西域，到达中亚、南亚、西亚，远至欧洲，即著名的"丝绸之路"，北上可到大漠南北，南可经各港口走海路或经印度支那半岛通往东南亚、

① 《资治通鉴》卷259"昭宗景福元年秋七月丙辰"。

② 白寿彝：《中国通史·隋唐卷》，上海，上海人民出版社，2005。

南亚、西亚乃至欧洲或非洲，东北通往今东北地区和朝鲜半岛。很多外国和周边少数民族的商队往往打着朝贡使团的名义通过这些道路与中原王朝开展互通有无的贸易活动。水路交通有隋炀帝时开凿的贯通南北的大运河。大运河以洛阳为中心，南到余杭，北抵涿郡，共分三大段：中段北起洛阳，南至江都(今扬州)，由通济渠和邗沟组成，沟通了黄河、淮河、长江三大水系；南段名江南河，北起长江南岸之京口(今镇江)，南抵余杭；北段名永济渠，南起洛阳，北通涿郡。整个大运河全长2000多公里，沟通了长江、黄河、淮河、钱塘江四大水系，便利了南北交通及经济文化往来。南方众多的河流、湖泊交织成多重水道网，沿海地区海上交通运输业也有长足的发展。唐人崔融赞叹道："天下诸津，舟航所聚，旁通巴汉，前指闽越，七泽十薮，三江五湖，控引河洛，兼包淮海。弘巨舰，千舸万艘，交贸往还，昧旦永日。"①隋唐两朝很重视对交通道路的管理和维护，建立了完备的驿传制度、关津制度，以保证道路的畅通和有效利用。

其三是商品的结构发生明显的变化，表现为粮食、茶叶、瓷器、纺织品等日用品日益成为商品交换的大宗。奢侈品面对皇族、贵族官吏、豪富等高消费群体，很多是通过长途贩运的珍奇物品，因其利润高在商品交换中仍占有很大比重。日用品如粮食，唐后期成为长途贩运的大宗商品，不少大商人经营南粮北运已渐成规模。茶叶这种经济类作物，也是在唐后期大量进入商品流通领域，仅浮梁一县，每年产茶7万驮，税为15余万贯，从江淮贩运到北方的茶，"舟车相继，所在山积"②。唐和回鹘、吐蕃等茶叶的交易量都很大。由于内河航运和海运的发展，瓷器和纺织品可以以较低的成本运销各地并远销海外，为它们成为商品交易的大宗创造了条件。

其四是商品货币经济发展的需要，出现了最早的钱庄典质业和汇兑信用业务。柜房，唐开元初已有之，内设僦柜，为富商大贾、贵族官僚、经营高利贷者储存金银财物，同时经营典质业，类似近代的钱庄。飞钱，亦称便换，是为解除商旅长途携带钱帛及各地运输税钱入京之劳，各地商贾

① 《旧唐书》卷94《崔融传》。

② 封演：《封氏闻见记校注》卷6《饮茶》。

将货款委托给各道设在京城的进奏院(办事处)，领取半联票券，持券可游走四方，合券可在京城或本道取钱①，这是中国最早的汇兑信用业务。

其五是对外贸易的开展，由过去的以西北陆路为主，逐渐转向以东南沿海为主。一批港口城市应运兴起，商品结构也发生了变化。

本文原为《中国经济史》第三章，高等教育出版社2007年
此次做了部分修改

① 《旧唐书》卷48《食货上》、卷49《食货下》。

唐初至宋中期城市修建扩建述略①
——兼论南北地区中心城市发展之异同

唐宋时期发生的社会变化是中国古史研究的重要问题，城市变化是这种深刻变化的一个集中表现。城市的空间分布、城市内部布局、城市职能和类型、城市人口数量和结构、城市人口流动等都受到学者们的关注。唐中叶至宋初，有关的史料中(主要是诏敕和文集)，有不少是关于城市新修或扩建的诏敕和文人为新城所作的记，我们可以从它们所提供的这些城市修建的原因和对修建的意见追寻由唐入宋城市的某些变化。

唐初至北宋中期城市修建具有阶段性特征。从唐初至北宋中期，城市修建工程可分为三个阶段。

第一阶段：唐前期，帝业初创，以经营两京为主。

第二阶段：唐后期，政治中心逐渐转移，唐王朝有效控制区域缩小，外患内忧所需浩大的财政支出，往往使唐王朝经费捉襟见肘，因此无心亦无力对两京大事经营，基本限于修修补补，西、北方城市由于边防线内缩，夏、银等州成为正面防御吐蕃、回鹘、沙陀等侵扰的边防重镇，这些对长安有拱卫作用的城市以防御性修筑为主。一些具有割据性质的藩镇，自主修建扩建中心城市，最典型的是成都。

第三阶段：唐末五代宋初，政治权力更迭，经济重心南移，城市修建的重心也发生地域性转移，南方有些中小城市发展势头强劲，呈现出城市成长的新因素。

一、第一阶段：唐前期，帝业初创，以经营两京为主

1. 长安

唐在隋大兴城的基础上，略事扩建长安城。据史书记载，唐高宗永

① 读史过程中，翻阅了冯秉文：《全唐文篇目分类索引》(北京，中华书局，2001)，收集和归纳了有关城市修建的资料，产生了以这些资料为基本线索，来探讨唐初至宋中期城市修建扩建及相关问题，遂撰写此文，谈些粗浅的想法。

徽五年(654年)十一月，和雇雍州夫四万一千人，修京罗城，三十日毕，计十二万三千工；唐玄宗开元十八年(730年)，筑京城，九十日毕，用工不详。这是唐朝规模较大的两次修建长安工程。此后，如开元二十三年，修两京皇城及诸门、城墙等，应属于例行的修缮。开元以后，再无大工程。开元时曾整修街衢坊市，整顿制度，禁止建楼阁、禁止临街开门、禁止侵街打墙、接檐造舍、禁止辄有种植、禁止在原有街铺建造房舍侵占禁街，说明坊市制度逐渐遭到破坏，原有严整的坊市已很难维持原貌，甚至御街也被侵占，原维持治安的街铺竟私造房舍，被私人利用。

2. 洛阳

宋人李格非在所撰《洛阳名园记》中对唐五代洛阳的地位和作用有一段精辟的分析："洛阳处天下之中，挟殽渑之阻，当秦陇之襟喉，而赵魏之走集，盖四方必争之地也。天下常无事则已，有事则洛阳先受兵，予故曰：洛阳之盛衰者，天下治乱之候也。"①

洛阳盛衰既是唐朝中央集权与地方割据势力此消彼长的晴雨表，也是唐末五代宋初政治经济军事重心变化及转移的分水岭，南方和北方城市格局的变化也能从洛阳城的修建中透出关键信息。唐末五代宋初是洛阳逐渐衰落的时期，也是城市重新布局的重要时期。

隋初至唐玄宗开元年间，洛阳逐渐繁盛并走向极盛顶峰，修筑新城，扩建外郭。隋炀帝大业时放弃旧城修筑新城，唐高宗武则天时大事修筑，长寿元年(692年)，修神都等城门，修筑外郭(原罗城皆短垣)，一直到开元末天宝初年，还陆续进行城墙、城门、罗城的修补工程。开元二十三年，修两京皇城及诸门、城墙等，开元二十八年，都畿采访使请整齐都城侵街墙宇。天宝二年(743年)，筑神都罗城号曰"金城"②。

公卿贵族的宅第园林也使洛阳比长安更具情趣。宋人李格非曰："唐贞观、开元之间，公卿贵戚开馆列第于东都者，号千有余邸"③，可见

① 李格非：《洛阳名园记》。

② 《唐会要》卷86《城郭》。

③ 李格非：《洛阳名园记》。

其盛。

3. 太原

太原城东、西、北三面环山，东西两山相对峙，构成天然屏障。城的南面临河谷平原，汾河流经其间。因而，“府控带山河，踞天下之肩背，为河东之根本，诚古今之必争之地也”[①]。太原雄跨盆地腹地，与京畿相表里相依托，居肘腋之地。“东阻太行、常山，西有蒙山，南有霍太山、高壁岭，北厄东陉关、西陉关”[②]，四塞环绕，形势险要，成为中国北部重要的政治军事重镇。

武后天授元年(690 年)以并州宜置北都，改州为太原府。这是太原为府置之始，也是称北都之始。此时北都太原府与京都长安、东都洛阳并称“三都”。

太原府城，简称府城，又称州城，位于三城的西北部，为西城的主体部分，也是唐北都的核心。“城高四丈，周回二十七里”。[③] 城内另有三个城：一是明城，二是新城(宫城)，三是仓城。

东城，因居汾河之东而得名。于唐贞观十一年(637 年)李勣所建。

中城，跨汾河之上，连贯着东西二城，也叫连城，是武则天时崔神庆所建。

总之，唐太原三城“都城左汾右晋，潜丘在中。长四千三百二十一步，广三千一百二十步，州万五千一百五十三步，其崇四丈”[④]。

北宋太平兴国四年(979 年)平定北汉之役，壮丽的太原被火焚水灌，化为废墟。此后，太平兴国七年在距晋阳北三十里外的唐明村重新兴建。

唐前期，关于地方城市修建的史料记载很少。

二、第二阶段：唐后期，修补两京，地方中心城市改建、扩建发展

1. 长安

所有唐后期的有关长安城敕令，都是围绕着如何恢复或维持原貌，包

① 顾祖禹：《读史方舆纪要》卷 40《太原府》。

② 《资治通鉴》卷 284“后晋齐王开运元年”。

③ 《元和郡县志》卷 16《太原府》。

④ 《新唐书》卷 39《地理三》。

括坊市街道，也包括曲江这样的风景区。例如，文宗时曾下《听诸司营造曲江池亭馆敕》，主旨是恢复曲江，任诸司营造亭馆，“都城胜赏之地，惟有曲江。承平已前，亭馆接连，近年废毁，思俾葺修，已令所司，芟除栽植。其诸司如有力及要创制亭馆者，给予闲地，任其营造”①。政府只是鼓励，没有具体资金投入，全凭各司自行筹措。安史之乱后，西北防线内缩，随着政治军事中心的东移，长安地位衰落，内外侵扰应接不暇，唐王朝更没有修整长安的余力了。

唐末战乱，“宫室居市闾里，十焚六七”②，后梁迁都，毁撤长安宫室、百司府廨、民间居室，又给了本已残破不堪的长安致命一击，“自此遂丘墟矣”③，再无往日辉煌。

2. 洛阳

在安史之乱后，“焚埃略尽，百曹榛荒，寰服不满千户，井邑如墟，豺狼群吼”④。但随着唐朝逐渐恢复元气，洛阳在河南尹张延赏任职时，“疏导河渠，修筑宫庙，数年间流庸归附，邦畿复完”⑤，虽不复旧貌，但园林、庄宅、寺庙、宫室、官廨也得到修缮，并且有新的修造。

唐末洛阳又一次遭到毁灭性的破坏，“及其乱离，继以五季之酷，其池塘竹树，兵车蹂践，废而为丘墟；高亭大榭，烟火焚燎，化而为灰烬；与唐共灭而俱亡者，无余处矣”⑥。

朱全忠胁迫唐昭宗迁都洛阳，史载毁长安宫室、百司及民间庐舍，迁洛阳，“发河南、北诸镇丁匠数万，令张全义治东都宫室，江、浙、湖、岭诸镇附全忠者，皆输货财以助之”⑦，对已残破的洛阳进行了修复。

后梁取代唐王朝后，虽然定都开封，但仍以洛阳为西京，然而宫室墙垣的修缮显然受到忽视，以至到后唐定都洛阳后，庄宗、明宗不得不首先

① 董诰等：《全唐文》卷74。

② 《旧唐书》卷19下《僖宗本纪》。

③ 《资治通鉴》卷264“唐昭宗天佑元年春正月丁巳”。

④ 《新唐书》卷137《郭子仪传》。

⑤ 《旧唐书》卷129《张延赏传》。

⑥ 李格非：《洛阳名园记》。

⑦ 《资治通鉴》卷264“昭宗天佑元年春正月壬戌”。

致力于恢复修筑两城，重建府衙廨署，修筑罗城。但后唐对多已摧塌的城郭旧墙也只是进行必要的修葺，并没有大事重建或新建，仅将重点放在城内的恢复重建，鼓励百姓官吏包括地方官吏盖屋宇，鼓励诸道节度观察防御团练刺史等在洛京修宅一区，允许客户、诸县在城内修造住宅等。并没有严格的规划。① 后周也曾修建洛阳，但时过境迁，“不复旧制”，修建扩建的重点已经转移到政治中心的开封。②

唐末长安、洛阳均遭到毁灭性的破坏，控制区域从西北内缩。后梁国都选在开封，以洛阳为西都，并长期驻跸于此，说明这时期政治中心还在北方，偏西北，洛阳仍保持着陪都的地位。后唐，以洛阳为首都，长安为陪都，应该有政治和心理的双重因素。此后，后晋、后汉、后周均以开封为首都，洛阳为陪都。隋唐以长安和洛阳为轴心两极的格局至此已经变为洛阳和开封为轴心两极，且轴的重心已经东倾。

这阶段，北方城市，主要是西、北边具有防御战略地位的城市，修建的记载比前期多，有的城市修筑规模很大。中央对河北地区已基本失去控制，因此，敕令文中没有对河北修筑城墙的记载。北宋时长安为京兆府，但仅是防御西夏的边地重镇。南宋时京兆府已归属金朝。北方城市的格局变化很大，中原王朝逐渐向东南倾斜，南宋在北方民族的迫压下，不得不南渡，成为偏安朝廷。

3. 扬州

南方城市发展比较快又比较典型的是扬州和益州，有“扬一益二”的称誉，长江上游下游的这两座城市的兴起，表明了城市布局的重心由北向南的变化。

扬州南临大江，北接黄淮平原，位于南北大运河的枢纽，长江、运河交汇于此，是江淮地区最为重要的中心城市之一，重要的商品集散地，盐

① 《五代会要》卷26《街巷》；《旧五代史》卷32《后唐庄宗纪六》。

② 关于五代宋初洛阳地位的变化，见周宝珠：《北宋时期的西京洛阳》，载《史学月刊》，2001(4)。

铁转运使本衙所在，淮南节度使治所。① 因“当南北大冲”②，唐后期，扬州的政治经济地位已经上升为“国用所系”的关键之所。

扬州城本身，由于不断的修缮③，城市范围不断扩大。唐时，城周遭在35里以上，属于规模较大的城市。唐扬州城分大小两城，紧密相连，坐落在蜀冈之上的叫“子城”，是在汉吴王濞城、东晋刘宋时期广陵城和隋江都宫基础上修建的，它地势高亢，向南俯瞰罗城全貌。子城亦名“牙城”，即“衙城”的意思，是扬州大都督府以下官衙的集中地，包括三重城，即内城、外城和附郭东城。平面呈不规则多边形，墙体周长约7千米，四面各开一门。蜀冈之下的平坦地带为大城，即罗城，罗城具体修筑的年代已不可考，大约为唐代中期，其选址更多地靠近了交通线，显然是考虑到为了适应扬州城市经济的日益繁荣以及外来人口的日益增多而在平原上增筑起这个民居和工商业云集的区域，县署、寺庙、民居和市街也分布于此。由于扬州是商业城市，夜不闭市，相当繁华，坊外以道路相隔，可能坊外筑围墙，以利商业发展。唐人诗文中有很生动的描述，如晚唐诗人许浑在《送沈卓少府任江都》诗中称扬州“十万人家如洞天”④；杜牧《赠别》中的“春风十里扬州路”⑤；王建《夜看扬州市》中的“夜市千灯照碧云，高楼红袖客

① 据《旧唐书·地理志》及《新唐书·方镇表》，唐肃宗至德元年(756年)十二月，肃宗闻永王李璘自江陵东下江、淮意图，乃诏立淮南节度使，治广陵，始辖扬、楚、滁、和、舒、庐、光、蕲、安、黄、申、沔、寿十三州。不久，光、蕲、安、黄、申、沔六州，划属淮西及其他地区管辖，淮南节度使所辖基本上是扬、楚、滁、和、舒、庐、寿七州，濠州亦一度属于管内，故官方文献常称扬州为八州首府。

② 王钦若等：《册府元龟》卷504《邦计部·关市》。

③ 唐代关于扬州筑城事，见于文献的仅有两次，一次为赵元一的《奉天录》：“时(指德宗建中四年)淮南节度使陈少游领卒戍于盱眙，闻难(指朱泚之乱)，即日还广陵，深沟高垒，缮甲完守。”《太平广记》卷363“王愬”条引《乾𦠆子》亦记建中四年淮南节度使陈少游在扬州沿城构筑防御工事。另一次即《旧唐书》卷182《高骈传》载：乾符六年(879年)，“骈至淮南，缮完城垒”。唐开成三年(838年)，日僧圆仁在《入唐求法巡礼行记》中，有“扬府，南北十一里，东西七里，周四十里”的记载，考古学家今天勘测到的扬州城规模，应是这个时期的，即中唐以后的扬州城。从罗城南部发掘的南门、西门以及出土文物看，也是中唐以后的。因此，罗城修筑时间大致为唐后期。

④ 彭定求等：《全唐诗》卷535。

⑤ 彭定求等：《全唐诗》卷523。

纷纷。如今不似时平日，犹自笙歌彻晓闻”①，足见其繁盛。

罗城中至少有两个市，一为江阳县市，一为江都县市。其中，江阳县市被称为“东市”，可见这是设置在郭城东部的工商业集中区。这个工商业区有明确的四至，应是商品集中交易的场所，但是否为封闭式格局，尚无定论。②

但扬州城这种明晰的坊市结构并没有维持很久，至唐中后期，随着经济的发展、商业的繁荣以及外来人口的剧增，这一结构渐被打破，不仅表现在城内规模的扩大，关键是城市性质的变化，由地方行政性的城市发展成为人口密度很高的重要商贸城市和对外港口。③ 人口密集可从文宗大和八年(834 年)三月和十月的两场大火可窥一斑④。不仅如此，市区中还出现了很多临街店，至杜亚任淮南节度使时(784—789 年)，扬州的街市已是“侨寄衣冠及工商等多侵衢造宅，行旅拥弊”⑤。日僧圆仁(784—864 年)在他的《入唐求法巡礼行记》中也描述过扬州繁荣的景象。⑥

三、第三阶段：唐末五代宋初，城市修建重心的地域性转移

这一时期最明显的特点是：长安与洛阳在唐末五代相继衰落，开封的衰落，地方中心城市的发展。

唐末五代宋初，政治中心转移的趋势已经明朗，长安已失去政治中心地位。唐昭宗时，朱全忠毁撤长安宫室、百司、民间庐舍，胁迫昭宗迁都洛阳，长安从此不复往日辉煌。这时洛阳只是名义上的都城，后梁太祖朱温对洛阳的修复之举也仅限于宫室重建，经营的重心实为朱全忠起家之地的汴州(开封)。后唐虽然定都洛阳，但从唐末到后唐始终没有进行过大规

① 彭定求等：《全唐诗》卷 301。

② 以上关于扬州城坊市的叙述参见诸祖煜：《唐代扬州坊市制度及其嬗变》，载《东南文化》，1999(4)；邹厚本：《江苏考古的回顾与思考》，载《考古》，2000(4)。新的成果和归纳，参见中国社会科学院考古研究所等编著：《扬州城：1987—1998 年考古发掘报告》，北京，文物出版社，2010。

③ 邹厚本：《江苏考古的回顾与思考》，载《考古》，2000(4)。

④ 据《新唐书·五行志》记载，两场大火，均烧毁民房千余。

⑤ 《旧唐书》卷 146《杜亚传》。

⑥ 圆仁：《入唐求法巡礼行记》卷 1，台北，文海出版社，1976。

模的都城建设。地方性中心城市开始发展，如高骈大举扩建成都，虽然长安还是名义上的都城，但朱全忠控制朝政以后，两京已转移到洛阳和开封，重心更向开封倾斜，修补残破，恢复城区，南方区域中心城市和商业交通枢纽(商品集散地)城市进一步发展。

北宋以开封为首都，洛阳为陪都。宋太祖赵匡胤曾有迁都洛阳的打算，史书上记载说是因为他起家洛阳，照今人的说法，因而有浓郁的洛阳情结。实际上他是看到了洛阳历史文化积淀深厚，对控制华北和西北有重要意义，有扩大统一或巩固统一的战略意义，而宋太祖不仅有迁洛的计划，甚至还有迁雍(长安)的念头。

宋人邵伯温《邵氏闻见录》记载，宋太祖居洛，“开宝末，议迁都于洛。晋王言：‘京师屯兵百万，全藉汴渠漕运东南之物赡养之，若迁都于洛，恐水运艰阻，阙于军储。’……上曰：‘迁洛未已，久当迁雍’”①。司马光《涑水记闻》载：“太祖幸西京，欲徙都，群臣不欲留。时节度使李怀忠乘间谏曰：东京有汴渠之漕，坐致江淮之粟四五千万，以赡百万之军，陛下居此，将安取之？军府重兵皆在东京，陛下谁与此处乎？上乃还。”②

因洛阳当时已不具备再次成为首都的条件，漕运不畅、交通不便、宫室废颓，而且迁都还牵涉到百万驻军、百官官署等，无法恢复旧制，因此，迁都之举受到臣下的强力阻议而未果。

洛阳盛衰虽与天下治乱有密切关系，但随着唐末五代政治军事形势变化，洛阳作为都城已是权宜，后唐定都洛阳之举成为政治军事重心东移的一种过渡状态，此后重心在洛阳和汴州之间仍有摆动。例如，取代后唐的后晋虽然也起兵太原，但却选择了汴州作为都城。宋太祖继承了后周定都汴的局面，却仍对洛阳不能忘怀，甚至意欲迁都洛阳，大概还是想据洛阳居中控辖中原和南方，还可兼顾西、北。定都汴州的统治者，也没有放弃洛阳，北宋等朝把洛阳作为陪都。北宋时，洛阳成为赋闲官员休养和游宴的佳处，园林大盛。治园圃而不治城墙，似乎透露出一种“今朝有酒今朝

① 邵伯温：《邵氏闻见录》卷7。

② 司马光：《涑水记闻》卷1。

醉”的衰世情愫。

洛阳政治地位的逐渐衰落，表明中原王朝对北方优势局面的逐渐丧失，李格非所谓的“天下”盛衰，洛阳与河南（殽渑）、西北（秦泷）、河北（赵魏）的关系，失去洛阳，就失去了对北方地区控制的主动权。政治中心移到汴州，表明居此立都的王朝是以南方为腹地和依托的。

洛阳的定位是唐末五代到北宋初期中原统治者考虑的大事。

其他的北方城市，除太原相对稳定，一些临敌州城有防御性修建外，基本没有什么大的修建或扩建举动。

开封的扩建是五代后期和北宋时期都城建设的主要内容。

开封是唐汴州和宣武军治所，五代政治中心东移，开封逐渐成为中心城市。当时人形容汴州“当天下之总要，舟车之系，控河朔之咽喉，通淮湖之漕运”①。

后梁时，有人劝末帝朱瑱（友贞）定都洛阳，他分析汴州与洛阳形势之优劣说：“夷门，太祖创业之地，居天下之冲，北拒并、汾，东至淮海，国家藩镇，多在厥东，命将出师，利于便近，若都洛下，非良图也。”②

洛阳曾是连接关中、河东、河北和江南的中枢之地，但唐末关中已无险可恃，河东已成沙陀贵族李克用的根据地，河北由于藩镇割据亦无法控制，而朱全忠的起家之地又在汴州，经过多年经营，政治军事重心已转移到汴州。采用两都制，以洛阳为西都，汴州为东都（京）乃形势使然。

汴州形势大体是北拒并汾（李克用）、东至淮海（控辖区的重点已南移至淮海一线），藩镇多在其东，已不提秦泷。

但朱氏对汴京的扩建无甚用功，吴处厚在《青箱杂记》中说：“梁祖都汴，庶事草创。正明中始于今右长庆门东北，创小屋数十间，为三馆，湫隘尤甚。又周庐徼道咸出其间，卫士驺卒朝夕喧杂，每受诏撰述，皆移他所。”③

五代时扩建汴州最有成效的是周世宗。宋人叶梦得《石林燕语》记述

① 刘宽夫：《汴州纠曹厅壁记》。

② 《旧五代史》卷8《梁书·末帝纪上》。

③ 吴处厚：《青箱杂记》卷3。

道："京师大内，梁氏建国，止以为建昌宫，本唐宣武军节度治所，未暇增大也。后唐庄宗迁洛，复废以为宣武军。晋天福中，因高祖临幸，更号大宁宫，今新城是也。其增展外罗城，盖周世宗始为之。"①

后周对汴京的发展贡献很大，曾有几次大规模修建和扩建。周世宗广顺二年(952年)，修补罗城。后周显德二年(955年)四月诏："东京华夷辐辏，水陆会通，时向隆平，日增繁盛，而都城因旧，制度未恢，诸卫军营，或多窄狭，百司公署，无处兴修，加以坊市之中，邸店有限，工商外至，络绎无穷，僦赁之资，增添不定，贫乏之户，供办实多。而又屋宇交连，街衢湫隘。入夏有暑湿之苦，居常多烟火之忧。将便公私，须广都邑。宜令所司于京城四面别筑罗城，先立表识，候将来冬末春初，农务闲时，即量差近甸人夫，渐次修筑，春作才动，便令放散，或土功未毕，即次年修筑。今后凡有营葬及兴置窑竈并草市，并须去标识七里外。其标识内，候官中擘画，定军营、街巷、仓场、诸司公廨院务了，即任百姓营造。"②这个诏令奠定了此后开封重建的基本格局。显德三年，开广都邑，展引街坊，种植树木。周世宗对汴京的扩建里外兼有，奠定了汴京从后周到北宋都城的基本规模。

北宋太祖继续后周的修建和扩建工程。不仅重修宫殿，还扩展外城，周回43里。

唐到北宋时期以都城为代表的中心城市的变迁，表现在唐朝以长安和洛阳为轴心的格局变为五代北宋以开封和洛阳为轴心的格局，而且还有继续东南移的趋势。

地区中心城市——以成都为例。

成都属于区域性中心城市，在唐末五代兴起较大规模的"僭越性"修筑。成都原旧城周匝8里，高骈任西川节度使时，大肆扩建，新城分筑43里，东南西北凡25里，城内百万众。史载，每日用10万夫，耗时3个月完工，"役徒九百六十万工，计钱一百五十万贯"，事先没有通报朝廷，也

① 吴处厚：《青箱杂记》卷1。

② 《五代会要》卷26《城郭》。

没要朝廷“接借”，“忽闻进奏，言已毕功”，僖宗只好嘉奖。[1] 可知成都城人口已号称百万了，堪与长安盛时媲美。[2]

后唐和前蜀后蜀还在陆续修建。《邵氏闻见后录》载：“高骈初展成都外城，后王氏、孟氏相继伪以为都，其更作奢僭之力，发地及泉也。”[3]

成都新扩建的城虽然没有超过长安的规制，但显然已超过东都洛阳20里的城周规模。

这时期的城市修建归纳一下有以下特点。

北方地区：城市以恢复旧都、防御北寇为主，或因迁都需要而修建。长安在唐中叶以后基本没有大的修建活动，洛阳不断在修建，一直到后周，北宋太祖仍有意要迁都洛阳。整个趋势随着政治军事形势逐渐内缩。例如，德宗贞元时修盐州(今陕西定边)，宪宗元和时修泾州(今甘肃安定)，穆宗长庆时修夏州(今陕西白城子)，基本是退守之势，筑城目的属单纯防御性的。

南方地区：城市以扩建和新修为主。新修或扩建罗城、子城的比较多，也有加强西南防御的需要，如成都的扩建，既是西南防御的需要，也是地方势力坐大的标志。宣州、杭州、抚州、歙州、庐州等城市的扩建与社会经济发展、商品经济发展和外来流动人口的增加有密切关系。

四、不展筑宿州的新信息

日本学者斯波义信作《宋代城郭规模一览表》[4]，比较唐城与宋城，可参考。他认为：北方城市的规模宋没有超过唐，甚至还小于唐城；但南方城市自唐后期到五代北宋，一直在不断扩大规模，新建、扩建，如火如荼。

但有一个新信息值得注意，苏东坡于宋哲宗元祐七年(1092年)九月过宿州，了解了一些情况后，上《乞罢宿州修城状》云：“宿州，自唐以来罗

① 《旧唐书》卷87。

② 严耕望：《唐代的成都》，见《严耕望史学论文选集》，北京，中华书局，2006。

③ 邵博：《邵氏闻见后录》卷30。

④ 斯波义信：《宋代江南经济史研究》，方健、何忠礼译，南京，江苏人民出版社，2001。

城狭小，居民多在城外。本朝承平百余年，人户安堵，不以城小为病，兼诸处似此城，小人多散在城外，谓之草市者甚众，岂可一一展筑外城。”①

宿州，罗城狭小，居民多在城外，有人建议修筑外城，苏轼认为，这种城(居民住不下)太多了，“岂可一一展筑外城”。

不论是南方还是北方，中心城市仍在不断地新修和扩建。但苏东坡的上书给我们提供了一个信息：南方中小城市的发展，已经超越了城墙的范围，在城市周围聚居了大量的外来工商业人口，虽然有人循旧制，建议应展筑外城，苏轼提出了不同意见，“不以城小为病”，“岂可一一展筑外城”，说明在社会经济和城市商品经济发展的推动中，如没有军事威胁，以经济职能为主的城市，很快会走上不以城墙设限的道路。

这正是今后城市发展的新趋势，也是南方城市和北方城市因政治经济的差异而趋向不同的发展道路的一个侧面吧。②

原载《扬州大学学报》2006年第2期，略作修改

① 曾枣庄、刘琳主编：《全宋文》第43册，成都，巴蜀书社，1994。

② 关于唐朝修筑城墙的诏敕、修筑城记等，可查阅冯秉文：《全唐文篇目分类索引》，北京，中华书局，2001。

诗与街——读白居易“歌钟十二街”

西望长安城，歌钟十二街。①

这是唐代大诗人白居易咏诵长安的诗句。以“十二街”作为咏诵都城的典型诗句，始于唐朝。

那么，“十二街”是实指长安城内的十二条街道吗？

众所周知，唐长安城为三重城，分别是宫城、皇城和外郭城。皇城和外郭城内街道纵横。宫城即“大内”所在，皇城是中央官署集中区，外郭城则主要是居民居住区和商业区。

史念海先生认为，“十二街”，“乃是指皇城的街道而言。《长安志》说：‘(皇城)中南北七街，东西五街，其间并列台省。’这以南北顺序排列的七街和以东西顺序排列的五街，合起来正是十二街。人们往往以这十二街作为长安街道的总称”②。

史先生最后一句判定语没有问题，但“十二街”何指，是否还可以有其他的解释呢？

1.“歌钟十二街”释

白居易诗云：

百千家似围棋局，十二街如种菜畦。(《登观音台望城》)③

---

① 彭定求等：《全唐诗》卷424《谕友》。关于长安城的考古发掘，可参见宿白：《隋唐长安城和洛阳城》，载《考古》，1978(6)；马得志：《唐长安城的调查发掘》，载《文博通讯》，1982(5)；马得志：《唐代的长安与洛阳》，载《考古》，1982(6)；马得志：《唐长安城发掘新收获》，载《考古》，1987(4)。

② 史念海：《唐代长安外郭城街道及里坊的变迁》，载《中国历史地理论丛》，1994(1)。

③ 彭定求等：《全唐诗》卷448。

是形容外郭城的坊市如棋盘、菜畦式的布局。

下视十二街，绿树间红尘。(《登乐游园望》)①

绿树掩映，红尘滚滚，显然不是指官署集中、管理比较严格的皇城，而是俗世。

春风十二街，轩骑不暂停。(《邓鲂张彻落第》)②

街上跑马，也只有外郭城才允许。

李郢诗云：

十二街中何限草，燕蓊尽欲占残春。(《燕蓊花》)③

韩愈诗云：

绿槐十二街，涣散驰轮蹄。(《南内朝贺归呈同官》)④

张籍诗云：

十二街中春雪遍，马蹄今去入谁家。(《逢贾岛》)⑤

"残春""绿槐""谁家"，与"歌钟""春风""红尘"一样，都是描写通车马、有人家的俗世，而非官署集中之地。但长安外郭城，南北十一条大

① 彭定求等：《全唐诗》卷424。
② 彭定求等：《全唐诗》卷424。
③ 彭定求等：《全唐诗》卷590。
④ 彭定求等：《全唐诗》卷342。
⑤ 彭定求等：《全唐诗》卷386。

街，东西十四条大街，并没有符合“十二”之数的街道；皇城有七座城门与外郭城街道相通，也不符合“十二”之数。这也可能是史先生选择将皇城内纵七横五相加才合“十二”之数的初衷。

韦庄《秦妇吟》，形容黄巢领军入长安：

> 火迸金星上九天，十二官街烟烘焗。①

这里的“十二官街”是仅指皇城，还是包括外郭城，要看火在哪个区域燃烧。下面有一段描述居民们匆忙避难，四邻东躲西藏，“须臾四面火光来”，显然是指居民区，而不是皇城。②

卢延让《寒食日戏赠李侍御》：

> 十二街如市，红尘咽不开。洒蹄骢马汗，没处看花来。③

徐夤《放榜日》：

> 喧喧车马欲朝天，人探东堂榜已悬。
> ……
> 十二街前楼阁上，卷帘谁不看神仙。④

聂夷中《住京寄同志》：

> 在京如在道，日日先鸡起。

---

① 陈寅恪：《寒柳堂集》，北京，生活·读书·新知三联书店，2001。

② “官街”在史书中经常出现，应指城内主要道路，不仅限于京城。《唐会要》卷86《街巷》：“（贞元）十二年，官街树缺，所司植榆以补之。京兆尹吴凑曰：榆非九衢之玩。亟命易之以槐。”这是京城“官街”。“官街”是城内主要道路的通称。

③ 彭定求等：《全唐诗》卷715。

④ 彭定求等：《全唐诗》卷709。

不离十二街，日行一百里。①

更清楚地反映了“十二街”的“尘世”特性。

那么，“十二”之数为何用来形容外郭城的街道呢？是意指还是实指，即是虚指还是实指。

唐长安城的街，其实有几种或几层不同的含义。

一是指城坊之间及城坊内主要通行道路。

又可分为几个层次：①具有轴心性质的街道，如外郭城轴心大道朱雀街，皇城内承天门街。②以朱雀大街为轴心外郭城的主要街道，南北向有十四条，东西向有十一条，包括四面顺城街，将长安城分割成井然有序的坊市。每条街道都有相应的街名，一般是以街道所在位置的顺序命名，通向城门的街则往往以城门名称命名，如金光大街、春明大街，其他街道则以方位加次序称呼，如承天门街之西第六横街，朱雀门街东第三街。③坊市的十字街、井字街。上述街的含义，应是我们通常使用最广泛的。

二是指具有宫廷广场性质、位于宫城与皇城之间承天门外的横街，类似于北京的天安门广场。

三是指城内以主要街道为界限外郭城的区域划分，即街区，如东街、西街(或街东、街西)，包括行政区划和治安区划。②

因此，长安外郭城的管理区域是由几部分组成：一是坊，二是市，三是街。坊与市规划为平面方形封闭式空间，因此，管理方式也是相对封闭式的。

与都城建制有关的以“十二”为数字的制度，可以追溯到西汉长安。

西汉长安城有十二座城门，但互不相通，因此外郭城门通往城内即有十二条街道，其中八条较长，四条较短。③

班固《西都赋》云：

披三条之广路，立十二之通门。④

---

① 彭定求等：《全唐诗》卷636。

② 这点大家注意到了，但没有展开性的研究。

③ 参见杨宽：《中国古代都城制度史研究》，上海，上海古籍出版社，1993。

④ 严可均：《全上古三代秦汉三国六朝文》卷24。

又，张衡《西京赋》云：

> 城郭之制则旁开三门，参涂夷庭，方轨十二，街衢相经是也。①

西汉长安城的布局是坐西朝东，十二座城门，东面自北依次为宣平门、清明门、霸城门；南面自西依次为西安门、安门、覆盎门；北面自西依次为横门、厨城门、洛城门；西面自北依次为雍门、直城门、章城门。其中，霸城门、覆盎门入门后是长乐宫，西安门、章城门入门后是未央宫，街道很短，其余八门分别通城内较长的八条街道。

东汉洛阳与西汉长安城门布局略有不同，东西两面仍是三门，但南面是四门，北面是二门，不过总数仍是十二门。

北魏洛阳城有十三座城门，“其中十二座是东汉以来原有的，只有在西城墙紧靠金墉城地方另开了一座门，称承明门”②，因此，城门主流建制仍是“十二”之数。

隋唐长安与汉魏不同的是，汉魏十二（或十三）城门是宫城之门，而隋唐两朝因都城三重城制的确立，外郭城按每面墙各开三门的惯例，分别为：东墙——通远门（北）、春明门（中）、延兴门（南）；南墙——明德门（中），启夏门（东），安化门（西）；西墙——开远门（北）、金光门（中）、延平门（南）；北墙——芳林门（东）、景曜门（中）、兴华门（西）。共十二座城门。但因宫城靠北，北外城墙自开城门，即玄武门，后大明宫修成，也有独立的城门。宫城北门玄武门和宫城西面外郭城的芳林门、景曜门和兴化门直通禁苑，芳林门、景曜门与郭城内相通的街道并非主干街道。

对于外郭城的居民而言，外郭城东、西、南面的九座城门和皇城南面的三座城门，正好是四面十二座门。

唐长安的“十二街”应该是与外郭城十二城门相对应的街道。如何对应才有一个合理的解释呢？

---

① 严可均：《全上古三代秦汉三国六朝文》卷52。

② 参见杨宽：《中国古代都城制度史研究》，上海，上海古籍出版社，1993。

隋唐以前，虽然有十二门，但未见十二街之称呼。

“十二门”的提法唐人也有诗为证。

任翻《长安冬夜书事》：

> 忧来长不寐，往事重思量。清渭几年客，故衣今夜霜。
> 春风谁识面，水国但牵肠。十二门车马，昏明各自忙。①

但没有材料显示“十二门”与“十二街”的关系。

因此，“十二街”与“十二城门”对应的推测，有两种可能。

(1)对应的城门是外郭城十二门。外郭虽有十二门之数，但由于北面三门通禁苑，其中芳林门和景曜门所通属次级街道，不能涵盖外郭城内十二条主干街道。

(2)对应的城门是外郭城东、西和南各三门，加上皇城南面三门，共十二城门。外郭城东、西、南三面的九座城门与城内主干街道相通。皇城南面三门，虽然只有朱雀门与外郭明德门相通，但安上门和含光门都是皇城正面城门，也都应属于禁街②，是重点警卫的街道，对居民来讲，是北面最重要的城门。这样，外郭城的东、西、南三面共九座城门，加上皇城南面朱雀门、安上门、含光门三座城门，共十二座城门所通的街道涵盖了

---

① 彭定求等：《全唐诗》卷727。

② 禁城是指内城(宫城和皇城)，禁街应该指：一是禁城内的街；二是与禁城城门相通的街道。因此，对于外郭城来说，六街和十二街都应属于禁街。

《太平广记》卷153《裴度》：“密遣人由京师靖安东门禁街，候相国武元衡，仍暗中传声大呼云：往驿坊，取中丞裴某头。”靖安即靖安坊，为朱雀门街东第二街自北数第五坊，坊东为通启夏门之街，六街之一。还有一条辅助材料，《册府元龟》卷66《帝王部·发号令第五》：“(后唐明宗长兴三年正月)乙巳，左右金吾街门使奏状：见法人多于清化坊南禁街内(洛阳清化坊南的街通上东门)，请移于归义坊南河滩新市。从之。”清化坊是洛阳城内坊名，坊南门外街通外郭上东门，由此也可证通外郭门街道为禁街。正式典章制度没有明确记载。《唐会要》卷86《街巷》：“太和五年七月……左街使奏：‘伏见诸街铺近日多被杂人及百姓、诸军诸使官健起造舍屋，侵占禁街，切虑停止奸人，难为分别。今除先有敕文，百姓及诸街铺守捉官健等舍屋外，余杂人及诸军诸使官健舍屋，并令除拆，所冀禁街整肃，以绝奸民。’敕旨：‘所拆侵街舍，宜令三个月限移拆。如不碍敕文者，仍委本街使看便宜处分。’”可知，禁街设街铺，归街使管辖。

外郭城的所有主要干道。如果将诗句中“十二街”解释为与上述十二城门对应的外郭城主干街道，应该是更有可能成立的。

2.“牡丹花际六街尘”释

唐人咏长安，不仅屡屡出现“十二街”，还经常出现“六街”，甚至出现频率高于“十二街”。①

徐夤《忆荐福寺南院》：

忆昔长安落第春，佛宫南院独游频。
灯前不动惟金像，壁上曾题尽古人。
鶗鴂声中双阙雨，牡丹花际六街尘。
啼猿溪上将归去，合问升平诣秉钧。②

刘驾《长安旅舍纾情投先达》(一作《长安抒怀寄知己》)：

大宅满六街，此身入谁门。③

曹松《长安春日》：

浩浩看花晨，六街扬远尘。④

于武陵《赠卖松人》：

入市虽求利，怜君意独真。劚将寒涧树，卖与翠楼人。
瘦叶几经雪，淡花应少春。长安重桃李，徒染六街尘。⑤

① 据《全唐诗》统计，“十二街”出现九次，“六街”出现二十四次。
② 彭定求等：《全唐诗》卷709。
③ 彭定求等：《全唐诗》卷585。
④ 彭定求等：《全唐诗》卷716。
⑤ 彭定求等：《全唐诗》卷595。

场景语境都与描写“十二街”相似。

《增订唐两京城坊考》一书中明确指出：“历史文献上常提到的六街当是指通东西[①]六城门及南面三城门的六条大街而言。”[②]这里的城门是指外郭城城门。

上述的“东西六城门”分别是：

东：自北依次为通化门、春明门、延兴门。

西：自北依次为开远门、金光门、延平门。

“南面三城门”分别是：

中：明德门。

东：启夏门。

西：安化门。

因此，六街即指南北向三条和东西向三条。

南北向三条：

①朱雀街(天门街)居中

南北向的中轴大街。南当外郭之明德门，北当皇城之朱雀门，宽150～155米。

②朱雀门街东第三街

即皇城东之第一街。南当外郭之启夏门，北当大明宫之兴安门，宽134米。

③朱雀门街西第三街

即皇城西之第一街。南出外郭之安化门，北出外郭之芳林门入禁苑，宽108米。[③]

东西向三条：

①北起第三街

西达外郭之开远门——穿过皇城安福门和延喜门——东抵外郭之通化

① 按：指贯通东西城门的三条大街。

② 徐松：《增订唐两京城坊考》，李健超增订，西安，三秦出版社，1996。

③ 考古发掘残存宽108米，专家推测当不止108米。以下同。

门，宽度不详，推测可能不少于 120 米。①

②北起第五街

即皇城南之第一横街。西达外郭之金光门，东抵外郭之春明门，宽 120 米。②

③北起第九街

即皇城南之第五横街。西达外郭之延平门，东抵外郭之延兴门，宽约 55 米。

这六条街是长安外郭城内的主干街道。

据考古发掘，外郭东西向街道，除北顺城街和第二、第三街无法勘察外，自北向南依次宽：75 米 *、120 米 * *、44 米、40 米、45 米、55 米 * *、55 米、45 米、59 米、39 米、25 米③；南北向街道自东向西依次宽：25 米、68 米、68 米、134 米 * *、67 米、150～155 米 * * *、63 米、108 米 *、63 米、42 米、20 米(其中带 * 号者为仅通皇城之街道，带 * * 号者为通外郭城门之街道，带 * * * 号者为朱雀门大街)。

六街，除延平门至延兴门大街外，都明显宽于外郭城其他平行街道。

因此，“十二”是指城门之数，虽有“十二街”之喻，但并无“十二街”之制。“六街”是指贯通外郭城门的街道之数。“十二”与“六”虽数殊而旨一。

唐长安的街制没有“十二街”而有“六街”。据《新唐书・百官志》：“左

---

① 外郭城北顺城街起至第三街被现在建筑所压，具体宽度不得而知。据考古发掘，通皇城门而不通外郭城门的第四街宽 75 米，通外郭城门的第五街宽度是 120 米。如据史载，安福门和延喜门之间的横街“南北广三百步”，合 441 米，今考古探得横街南北宽达 220 余米(参见徐松：《增订唐两京城坊考》，李健超增订，西安，三秦出版社，1996)。考虑到开远门和通化门之间的街道贯通内外城门，而且还与横街相贯通，街道的宽度至少在 75 米以上，也有可能达到或超过 120 米。东出皇城延喜门通通化门，西出皇城安福门通外郭开远门，通往外郭城街道虽然无法测量，但应该是比较宽的，既通皇城门又通外郭门的只有朱雀大街、开远—安福门街和通化—延喜门街。而且由于重心倾斜的原则，城北的街道一般比城南的街道宽。关于长安城的考古发掘，可参见宿白：《隋唐长安城和洛阳城》，载《考古》，1978(6)。

② 徐松：《增订唐两京城坊考》，李健超增订，西安，三秦出版社，1996。

③ 徐松：《增订唐两京城坊考》，李健超增订，西安，三秦出版社，1996。

右街使，掌分察六街徼巡。凡城门、坊角有武候铺，卫士彍骑分守。大城门百人，大铺三十人，小城门二十人，小铺五人。日暮，鼓八百声而门闭；乙夜，街使以骑卒循行嚣呼，武官暗探。五更二点，鼓自内发，诸街鼓承振，坊市门皆启。鼓三千挝，辨色而止。”街使、街铺、街鼓，是为维护六街同时也是为维护全城治安而设置的。是否所有街道都设街铺没有明确记载，但六街设街铺是可以肯定的，因此，六街应属于禁街是没问题的。从辅助材料看，也只有六街设街铺的记载①。

那么，“六街”与“十二街”又是什么关系呢？搞清楚两者的关系，是否可以更好地解释“十二街”的含义呢？这是我们下面要涉及的问题。

3. 左右六街与十二街

左右六街在典制中，经常出现。《新唐书·百官志》：“(金吾卫)左右翊中郎将府中郎将，掌领府属，督京城左右六街铺巡警，以果毅二人助巡探。”《资治通鉴》卷二〇九“睿宗景云元年六月癸未”条：“中书舍人韦元徼巡六街。长安城中左右六街金吾街使主之。左右金吾将军掌昼夜巡警之法以执御非违。”

六街是长安主干街道，属禁街，管辖区分左右，以朱雀大街为界限，称左右六街。左街为街东，右街为街西。那么，是否还可以这样考虑：外郭城街东和街西虽然各自并没有相对应的六条街道，但由于六街分左右街区的制度，于是用“十二”代表京城的主要街道，取虚实互借之义。不过，这只是推测。但六街制实行后，才有“十二街”提法的出现确是事实。

4. 九陌、九衢与十二街

虚指长安街道时，诗人常常用“九陌”借喻。“九陌”确有其出处。《三辅黄图》卷一：“汉旧仪曰：长安城中经纬各长三十二里十八步，地九百七十二顷，八街、九陌、三宫、九府、三庙、十二门、九市、十六桥。”②“九

① 杨宽认为所有街道都设街铺。

② 《三辅黄图校证》：“《三辅旧事》云：‘长安城中八街九陌。’”陈直：《三辅黄图校证》，西安，陕西人民出版社，1980。

陌”为西汉都城长安制度，唐长安并没有符合九数的街道①，但“九陌”“九衢”在唐诗中出现的频率远远高于“六街”和“十二街”。②

骆宾王《帝京篇》：

三条九陌丽城隈，万户千门平旦开。③

耿沣《元日早朝》：

九陌朝臣满，三朝候鼓赊。④

邵谒《轻薄行》：

长安一花开，九陌马蹄疾。⑤

张乔《延福里秋怀》：

终年九陌行，要路迹皆生。⑥

于邺《过洛阳城》：

古来利与名，俱在洛阳城。九陌鼓初起，万车轮已行。
周秦时几变，伊洛水犹清。二月中桥路，鸟啼春草生。⑦

鱼玄机《和人》：

① 如果牵强点，外郭城南北向街道东西两顺城街不计，恰好是九条街道。
② 检索《全唐诗》共得九陌 67 次，九衢 98 次，六街 24 次，十二街 9 次。
③ 彭定求等：《全唐诗》卷 77。
④ 彭定求等：《全唐诗》卷 269。
⑤ 彭定求等：《全唐诗》卷 605。
⑥ 彭定求等：《全唐诗》卷 638。
⑦ 彭定求等：《全唐诗》卷 725。

茫茫九陌无知己，暮去朝来典绣衣。①

可知，“九陌”是虚数，借喻京城。与“九陌”同义的有“九衢”。鲍溶《杂曲歌辞·夜寒吟》：

九衢金吾夜行行，上宫玉漏遥分明。②

宋之问《长安路》(一作沈佺期诗)：

秦地平如掌，层城出云汉。楼阁九衢春，车马千门旦。
绿柳开复合，红尘聚还散。日晚斗鸡场，经过狭斜看。③

长安中鬼《秋夜吟》：

六街鼓歇行人绝，九衢茫茫室有月(吟)。
九衢生人何劳劳，长安土尽槐根高(和)。④

上述“九陌”“九衢”的描述似乎与宫城更为接近。但也不尽然。李白《君子有所思行》：

紫阁连终南，青冥天倪色。
凭崖望咸阳，宫阙罗北极。
万井惊画出，九衢如弦直。⑤

① 彭定求等：《全唐诗》卷804。
② 彭定求等：《全唐诗》卷26。
③ 彭定求等：《全唐诗》卷51。
④ 彭定求等：《全唐诗》卷866。
⑤ 彭定求等：《全唐诗》卷164。

武元衡《长安叙怀寄崔十五》：

门对长安九衢路，愁心不惜芳菲度。[1]

似乎又回到俗世。这样的虚数在历代文人的诗篇中屡见不鲜。

由于街是人们社会活动的重要舞台，又具有空间可无限延伸的性质，因此成为具有浓郁都城情节的诗人想象与浪漫自由驰骋的空间，感慨往往依托街而发，“街”情愫跃然纸上。而街具体何指，数字是否具有固定指向在字里行间似乎已不重要了。如果我们仅仅盘桓和纠缠在具体数字之间，而忽视了诗人的意境与胸臆，那也就失去了诗者的本意和诗句的真谛。

原载《中国历史文物》2005年第5期

原题目为《诗与街——从白居易“歌钟十二街”谈起》

① 彭定求等：《全唐诗》卷316。

庙会与市场

庙会是依托寺庙、每年在特定日期举办的带有一定宗教色彩的民间会事，是集文化娱乐、商业贸易、信息交流于一身的综合性活动。追溯历史，中国民间红火的庙会有这样几个源头：一是佛教寺院举办的宗教斋会法事节庆；二是民间传统的祭祀与节庆；三是道教的节庆和民间不断增加的诸神信仰或对祖先与历史人物的追祭。三个源头历经千百年而不断改造、融合、创新，成为中华民族最具传统特色的大众节庆活动。商品经济的渗透力是无孔不入的，有人群聚集和流动的地方，就会成为商品流通的场所。庙会是城乡最聚人气的场所，庙会与市场的结合也就成为必然。庙会与庙市合一，形成了庙会经济。

一、庙会溯源与演变

山东快书《武松传》中武大郎提到东岳庙会时说道："东岳庙往年起会就不小，今年的香火更兴旺！有七里路的铁货市，八里路的木料行，西北角上卖杂货，东南角上卖杂粮，当中间搭了个刀山架，要把戏的还有大姑娘，竹马旱船来回跑，四台大戏唱的是南昆、北弋、东柳、西梆还有西皮和二簧！"

由此，我们可以知道庙会是依托寺庙、每年在特定日期举办的带有一定宗教色彩的民间会事，是集文化娱乐、商业贸易、信息交流于一身的综合性活动。庙会从字面理解，应是以寺庙为中心举办的"会"事。最早的"庙会"一词是用来指帝王、贵族在宗庙中的聚会。① 还有人认为，其源于古代的"社祭"，即祭祀土地神的活动，总之都是为表现对祖宗和乡土的敬慕之情而举办的活动。今天我们所说的庙会是历经千百年演变而形成的，并且随着时代的发展还在不断调整和创新的民间节庆娱乐活动。

其实，中国传统的庙与寺是有区别的，庙是指祭祀祖先的宗庙、家庙或对一些有贡献的历史人物追祭而建立的，如孔子庙、尧庙、二王庙，后又加

① 参见古发涵：《庙会的由来及其发展演变》，载《民族研究》，1994(1)。

上民间道教与泛神信仰，如土地庙、城隍庙、东岳庙、龙王庙、娘娘庙等。最早的寺并不是佛教僧人居所，而是官府办事机构的名称。东汉明帝时，天竺僧人摄摩腾、竺法兰应汉使之请，以白马驮经到京城洛阳，被安置在中央专门接待外宾的官署鸿胪寺，后在洛阳雍门外专门修建寺院放置佛经，因名白马寺。

追溯历史，中国民间红火的庙会有这样几个源头：一是佛教寺院举办的宗教斋会法事节庆；二是民间传统的祭祀与节庆；三是道教的节庆和民间不断增加的诸神信仰或对祖先与历史人物的追祭。三个源头历经千百年而不断改造、融合、创新，成为中华民族最具传统特色的大众节庆活动。

南北朝时，随着佛教的普及，从京城到地方开始大肆修建佛寺。杨衒之著《洛阳伽蓝记》记载了北魏都城洛阳1367所寺庙的兴衰，而杜牧“南朝四百八十寺，多少楼台烟雨中”更是传诵千古。但实际上南朝四朝（宋齐梁陈）寺院数目远不止480所，最少的陈朝有据可查的寺院达1232余所，最多的是梁朝，寺院达2874余所。[①]

唐朝时，佛教逐渐走上中国化、世俗化的道路。庙会举办时，吸引大量的民众和商贩，形成了围绕庙会的商业贸易活动，于是原本是宗教意义的庙会就与市场发生了联系，后世就出现了“庙市”之称。虽然，庙会或庙市的称呼是在明代中后期才普遍出现的，不过，寺庙举办的各种宗教活动与商品交易市场的结合，是从唐朝开始形成的。

唐朝都城长安人口约100万，佛教寺院最多时有100多座。著名的大寺院，占地宽阔，环境优美，遍种名花异草，林木掩映，书画精妙，房舍充裕。《西游记》中唐僧的原型玄奘取经归来的译经场所大慈恩寺，“凡十余院，总一千八百九十七间”，假山池水相映，牡丹盛开时节，花团锦簇，京城士女观赏者趋之若鹜。

唐朝长安的大寺院，通过俗讲、斋会、法事、节庆等活动，聚众效应非常显著。例如，唐懿宗曾在佛诞日（夏历四月八日）从凤翔法门寺“迎佛骨”到长安入慈恩寺，护送队伍用金银珠宝珊瑚玛瑙做成宝帐宝刹幡幢不

---

① 法琳：《辩正论》。

可悉数，万队幡伞，皇帝亲自顶礼，寺院僧众供奉。城内道旁垒土为香刹，高者一二丈，有万数之多，商家豪门相率做无遮斋，结彩为楼阁、台殿，或以水银为池、金玉为树，广设佛像。全城载歌载舞，京城内外扶老携幼，观者如潮。

寺院的俗讲是聚集人气的重要活动。所谓俗讲，即用通俗的韵散结合的讲唱和图画将佛经以故事的形式对民众宣讲，以求弘扬佛法，化俗导众。后来的俗讲大量采用民间题材，加入佛教的"轮回"或因果报应的成分，才子佳人、男女艳情、历史演义、普通百姓逐渐成为主角，对民众的吸引力大大增强。《因话录》卷四《角部》载："有文溆僧者，公为聚众谭说，假托经论所言，无非淫秽鄙亵之事。不逞之徒，转相鼓扇扶树。愚夫冶妇，乐闻其说，听者填咽。"

道教也举办类似俗讲的活动，为争揽听众。佛道还展开竞争，大文豪韩愈为此作《华山女》①诗，生动地描述了佛道二教举办讲唱时听众拥趸的盛况。诗中记述了道观因有年轻貌美的华山女儿开讲，居然一扫座下寥落如晨星的尴尬局面，车马填塞道路，观内外挤满听众，后来者竟无处可坐。

---

① 《全唐诗》卷 341《华山女》：
街东街西讲佛经，撞钟吹螺闹宫廷。
广张罪福资诱胁，听众狎恰排浮萍。
黄衣道士亦讲说，座下寥落如明星。
华山女儿家奉道，欲驱异教归仙灵。
洗妆拭面著冠帔，白咽红颊长眉青。
遂来升座演真诀，观门不许人开扃。
不知谁人暗相报，訇然振动如雷霆。
扫除众寺人迹绝，骅骝塞路连辎軿。
观中人满坐观外，后至无地无由听。
抽簪脱钏解环佩，堆金叠玉光青荧。
天门贵人传诏召，六宫愿识师颜形。
玉皇颔首许归去，乘龙驾鹤来青冥。
豪家少年岂知道，来绕百匝脚不停。
云窗雾阁事恍惚，重重翠幕深金屏。
仙梯难攀俗缘重，浪凭青鸟通丁宁。

虽然唐朝都城长安人口已达百万之众，但并没有专门的公共文化娱乐场所与建筑设施，于是，具有开放性与聚众特点的寺院就成为官府与民间举办各种活动的重要场所。例如，皇家的祈雨，财政部门的兑换恶钱、发放赈济，文人的结社、聚会，士女的游玩赏花，甚至一些著名的寺院还设有戏场。史载："长安戏场多集于慈恩，小者在青龙，其次荐福、永寿。尼讲盛于保唐；名德聚之安国；士大夫之家人道，尽在咸宜。"①唐朝后期，长安戏场每天都有数千观众。唐朝宣宗皇帝的女儿万寿公主下嫁郑氏，小叔子生病了，宣宗得知公主不去探视，而是在慈恩寺看戏，勃然大怒，认为有亏妇礼。

除了京城，一些区域性中心城市和水陆交通枢纽的重要城市，寺庙香火很兴旺，寺前广场也往往成为民众娱乐的场所。

唐朝时，每年漕运量高达400多万石，大部分来自江淮及其以南地区，大多需经运河辗转而达京师。位于淮扬运河入淮处末口的楚州，遂成为漕运要津，开元寺、龙兴寺前有热闹非凡的庙市，吸引着大批商人，甚至大食、日本、新罗等国的商人，都远涉重洋到此贸易。龙兴寺前还被辟为公共戏场，"每日中，聚观之徒，通计不下三万人"②。而寺前负贩、戏弄、观看人有数万众。

这种聚众与开放的特点，使寺院逐渐成为商品交易、百戏杂陈、各种文化娱乐活动聚集的场所。

中国传统的节庆、祭祀、赛神活动也有聚众娱神娱人的特点。上古时代，人们在祭祀天地神灵人鬼时，往往伴以歌舞。道教盛行以后，也举办规模宏大的宗教活动，民间诸神信仰以及先贤先哲和英雄侠士的神化，同样通过各种娱乐活动表现出来。

随着佛道二教的盛行，原始的上古民间信仰祭祀和民间的迎神赛神活动及节庆活动逐渐与佛道二教趋于重合，形成以寺观为中心的庙会。原来在民间乡村或家中举行的一些赛神活动，逐渐集中到寺观举行，而逢佛道

① 钱易：《南部新书》。

② 李昉等：《太平广记》卷394《徐智通》。

二教的宗教庆典，民间的各种会与社也纷纷参与其中。

例如，月圆为望，正月十五是一年的第一个望日，成为道教的上元日，而佛教有云集而观雨的习俗。七月十五是下半年的第一个望日，是道教的中元日，又是佛教追荐祖先、超度亡魂的祭日，即“盂兰盆会”。十月十五是下半年中间的一个望日，也是道教的下元日。中元，佛寺道观都在这天举行水陆道场，民众信徒云集，形成俗讲、僧讲、杂耍、百戏、小商品买卖、饮食摊贩毕集的庙会。

庙会这种形式成为僧俗的盛会，具有了更广泛的社会性、大众性。民众祈福免灾求利的需求促进了庙会的长盛不衰。商品经济的渗透力是无孔不入的，有人群聚集和流动的地方，就会成为商品流通的场所。庙会是城乡最聚人气的场所，庙会与市场的结合也就成为必然。

庙会与庙市合一，形成了庙会经济。庙会的直接受益者当然是寺庙，利用举办庙会的机会，敛聚香资，甚至一次办会可解决一年的衣粮开销。在很多地区，商家积极牵头举办的庙会，借机扩大影响、提高行业竞争力，庙会成为他们展示实力的舞台。

二、都市的庙会与庙市

明人凌濛初在《二刻拍案惊奇》①中说道：“京师有个风俗，每遇初一、十五、二十五日，谓之庙市。凡百般货物俱赶在城隍庙前，直摆到刑部街上来卖。”可知，至少在明朝，商品交易已经成为京城庙会的重要内容。由于商品交易成为城市庙会的主题，“庙市”一词被普遍使用，“市”与“会”也往往合一了。

追根溯源，唐代的城市庙会已经有了商业性质，尤其是南方水陆交通便利的城市，如江南东道上元县(今南京)的瓦官寺，商人往往选择在此举办大规模的无遮斋，可聚集上万人。楚州②龙兴寺前广场即为郡之戏场，每日观众不下三万，其间还夹杂着众多“负贩”之徒③。再如越州④的宝林

① 凌濛初：《二刻拍案惊奇》卷3《权学士权认远乡姑白孺人白嫁亲生女》。

② 治所山阳(今属江苏淮安)。

③ 李昉等：《太平广记》卷394《徐智通》。

④ 治所会稽(今浙江会稽一带)。

寺，观察使皇甫政因陆氏入庙求子报验，遂亲设大斋，富商云集，又择日“率军吏州民，大陈伎乐”，僧俗聚集达“百万之众”，“鼎沸惊闹”①。

但直接以商业贸易为目的的城市庙会，当属北宋都城东京开封府第一大寺大相国寺的庙市。大相国寺始建于北齐，屡经兴废，北宋定都开封后，城市商品经济日益繁荣。大相国寺濒临汴河，位于市中心繁华地区，占地宽阔，建有64院，三进庭院，又有长廊环绕，寺内名胜古迹冠称“十绝”，游人众多。太祖赵匡胤登基后，专程到大相国寺拜访，僧人录赞宁言，“见在佛不拜过去佛”②。此后，皇帝进庙以见在佛身份只焚香而不拜佛。大相国寺也就具有了国家寺院的身份。宋太宗赵光义亲自书写金字寺额，很多重大活动，如皇帝宴请以及祈雨等国家行为，都在大相国寺举行。在街市、桥市、瓦市、庙市、夜市和城内外商业贸易都非常兴盛的开封府，这样一座最重要的国家寺院，竟开辟成京城最大的全国商品交易中心。史载：“东京相国寺乃瓦市也，僧房散处，而中庭两庑可容万人。凡商旅交易，皆萃其中。四方趋京师以货物求售、转售他物者必由于此。”③

可以说，庙会与市场的结合在北宋开封城中达到高潮。开封城内分布的小型瓦市每日聚散，基本以小型零售业为主，交易和销售对象是城内外居民和流动人口，大相国寺的庙市是固定日期的大型综合性集市，成为开封城商品交易市场的中心，因此，虽无庙市之称，但已有庙市之实。大型生鲜水产批发市场则分布在外郭城周边。

宋人孟元老所著《东京梦华录》专有“相国寺万姓交易”一节，记载了大相国寺庙市的盛况：每月朔（初一）、望（十五）和逢八开庙市。每逢庙市，商品交易各有排列，分区售卖。大门即大三门，“飞禽猫犬之类珍禽奇兽无所不有”。第二道门即三门，“皆动用什物”，宽阔的庭院中，设彩幕、露屋、义铺，主要买卖的商品有蒲合、簟席、屏帏、洗漱、鞍辔、弓剑、时鲜水果、脯腊之类。近佛殿，孟家道院王道人蜜煎，赵文秀笔及潘谷墨，应该是名字号或名店铺的摊位。两廊皆诸寺师姑卖绣作，领抹、花

① 李昉等：《太平广记》卷41《黑叟》。

② 欧阳修：《归田录》卷1。

③ 王林：《燕翼诒谋录》卷2。

朵、珠翠头面，生色销金花样、幞头子、特髻冠子、绦线之类。殿后资圣门前皆书籍玩好图画及诸路罢任官员土物香药之类。后廊皆日者货术传神之类。虽尚无庙市之名，却已具备庙市之实。

大相国寺周边有璞头腰带店、南食店、旅店、妓馆、杂货店、书肆、茶肆、卜肆、糟姜铺、药店、靴店等。平时周边市肆也很热闹，书籍、绘画、笔墨、纸张、古玩，四方珍异物品聚集，经常可以淘到珍本书籍或奇珍异物，有人还发现有精致的日本扇子。一些文人自行刻印文集在书肆售卖，选人举子及仕宦之家流连于此，打卦占卜，求签测字，问前程，探凶吉。

史载，北宋杭州都监杨靖为求连任，精心打造螺钿火钻三盒，托十一郎带至京城开封，嘱他：一供禁中，一献蔡京，一与童贯。结果十一郎"但以一进御，而货其二于相国寺，得钱数百千，为游冶费"①，在京城尽情游乐赏玩。可知，定期的集市与周边固定的商铺相辅相成，形成一个以大相国寺为中心的商业、文化与服务圈，吸引了无数商贾、官僚、士子、平民百姓，各得其所，各有所乐。

历代都城的庙会，都是最聚人气的场所，也是商品交易极其活跃的场所。不少神灵从乡间走入城市，这与水陆交通变化带起的商品贸易兴盛有直接关系。例如，东岳信仰在元朝大都和明清的北京城都极为兴盛，尤其是农历3月28日东岳帝王生辰，"自二月起，(大都)倾城士庶官员、诸色妇人"，烧香拜佛，沿途有各种做买卖的商贩，"填塞街道，亦盛会也"②。元人熊梦祥分析了京城东岳信仰兴盛的原因："盖江南直沽海道，来自通州者，多于城外居止，趋之者如归。又漕运岁储，多所交易，居民殷实。"③说的是东岳庙香火旺盛缘于从南方取海道经直沽(天津)来的富商，多聚居在齐化门(朝阳门)外，将南方信仰东岳帝的风俗带到京城，促进了东岳庙的香火之盛，也促进了东岳庙周围的商品交易活动。

庙会成为民众日常生活中的重要组成部分，城乡庙会售卖的商品有一

---

① 洪迈：《夷坚志》甲集。

② 熊梦祥：《析津志辑佚·岁纪》。

③ 熊梦祥：《析津志辑佚·古迹》。

定的区别。城市庙会不仅有百货日用，还有比较高档的消费品，如清人曾记述北京的护国寺和隆福寺，号称西庙和东庙，“开庙之日，百货云集，凡珠玉、绫罗、衣服、饮食、古玩、字画、花鸟、虫鱼以及寻常日用之物，星卜、杂技之流，无所不有，乃都城内这二月一大市会也”①。民间谓“东西两庙货真全，一日能消百万钱”。

明清两朝的北京城，虽然没有再出现北宋开封府大相国寺这样具有全国商品集散中心性质的大型庙市，但庙会的娱乐性、普及性、小商品交易市场的特点更为突出，盛况更非前代可比，已成为传统的日常民俗活动，宗教色彩逐渐淡化。因此，庙会庙市举办的地点也不仅限于寺庙道观等宗教场所，而是城内城外、繁华街道、官私建筑前广场，都可以开辟成为庙会场所。

明朝京城，东城著名的集市有王府井与崇文门之间的灯市，每年正月初八到十八，集市排列达二里多，“衢三行，市四列”，全国各地商人云集于此，还有杂耍、鼓吹、烟火，热闹非凡。西城则首推城隍庙市，每月初一、十五、二十五，有长达三里的集市，所买应有尽有，饮食业大发利市，史载，“刑部街田家温面出名最久，庙市之日，合食者不下千人”②。各路商贩、食店、书肆随着灯市和庙市不断迁移他们的经营场所。

清代北京城沿袭明的传统，庙会和商品交易结合，统称“庙市”，逛庙会称为“赶庙”。每月初三，赶宣武门外土地庙市；初四、初五赶内城西白塔寺庙市；初七、初八赶西四牌楼和护国寺庙市；初九、初十赶东四牌楼和隆福寺庙市，合称“四大庙市”。这几个庙市经营的商品各具特色，如土地庙市经营品种多集中在日用杂品上，像鸡毛掸子就有诸多品种；东四牌楼和隆福寺庙市多珍宝古玩、锦绣、华衣。后在和平门外琉璃厂形成文化一条街，成为著名的书市，发展成为带有全国性质的书籍交易市场，文化传播作用非常显著。每年正月初三、初四到十六、十七，京中士女盛行到琉璃厂“逛厂”，灯市、杂技、传统风味食品也汇集于此，热闹非凡。

---

① 富察敦崇：《燕京岁时记》。

② 史玄：《旧京遗事》。

内城流动的四大庙市与外城固定的集市形成相互呼应的局面，京城的老百姓一年到头都可以找到“乐子”，赶凑“热闹”。据认为是脱胎于《红楼梦》的小说《歧路灯》第三回提到庙会盛况：“若逢晴朗天气，这些城里乡间，公子王孙，农夫野老，贫的、富的、俊的、丑的，都来赶会。”真是富有富享受，穷有穷欢乐。

新中国成立前，北京寺院众多，庙会也是东方不亮西方亮，黑了南方有北方。当时规模较大的庙会，城里有 20 处，郊区有 16 处，最著名的如隆福寺、护国寺、土地(城隍)庙、花市、白塔寺、厂甸等，每月逢三赶土地庙会，逢四奔花市，逢七、逢八赴护国寺，逢九、逢十去隆福寺，东岳庙庙会是在每月初一、初二、十五、十六，要真想赶，几乎天天都有庙会可赶。庙会上有各种娱乐性表演，风味小吃，还有卖百货的，从针头线脑、百货日杂到高档古玩字画、绫罗服饰，各庙会经营的商品也各有特色。最聚人气的当属琉璃厂附近的厂甸，庙会活动从初一到十五，摩肩接踵，游人如织。

北京白云观是全真道教十大丛林中的第一丛林，素有北方第一道观之称。清代以来，白云观庙会在京城独具特色，开放时间长，结合道教的节日祭祀活动，每年从正月初一到十九，城里人成群结队，或骑驴或坐敞车，达官贵人则坐轿子或大鞍车，沿着宣武门外的护城河西行，好不热闹。当年白云观四周为旷野，每到庙会时，东侧摊贩云集，除了卖北京风味小吃，还卖节令商品，如糖葫芦、风车、空竹、金银纸做的元宝金花等；西侧是茶棚，不少民间艺人串棚表演竹板书、莲花落等，还有踩高跷、扭秧歌、耍狮子、舞龙、跑旱船等民间艺人的表演；茶棚的西小坡是大车道，每逢庙会时，跑车赛马。1946 年因内讧造成纵火案，白云观从此一蹶不振。20 世纪 50 年代，白云观庙会自行中断，80 年代，随着改革开放和人民生活水平的提高，又再次兴旺起来。最有特点的是摸石猴辟邪和打金钱眼祈求吉利平安，吸引了大批游客，常常人群拥堵、水泄不通，白色的小石猴竟被众多游客摸得黝黑发亮。赶庙会的不仅是北京城里人，还包括众多郊区农民和外地商人及游客。

今天北京城的庙会，已经成为旧历新年(春节)在主要的公共场所举办的开放式节庆娱乐活动，统称之为庙会。北京城著名的庙会有龙潭湖(公园)庙会，白云观(道观)庙会，地坛(原皇家祭坛，后开辟为公园)庙会，大观园(仿红楼梦所建公园)庙会，厂甸(老北京商业街)庙会，石景山游乐园(新型游乐场)庙会等，而且每年都有推陈出新之举。

三、乡村的庙会与庙市

中国朝野的兼容并蓄，在庙会的形成、发展和演变过程中，尽显无遗。大型庙会活动，或同一地区的不同庙会，逐渐发展成为佛教、道教、民间信仰、古代神灵、先祖和古今英雄都一起作为百姓祭奠和娱乐的对象。庙会活动虽然还是多以寺庙为中心，但却不局限于寺庙，在举办时往往延伸至城镇的大街小巷、乡村的各个村落之间。

乡村的庙会，举办地点可以指县级以下的场所，但有影响力的大型庙会，如山东以泰山、岱庙为中心的东岳庙会，山西的五台山庙会，安徽九华山的地藏王庙会，辐射范围往往非常广，届时城乡人士“俱赴庙会”。各地还有以村落为中心的庙会(或称庙集)，祭祀祖先和当地寺庙神灵(如关帝庙、城隍庙及有地方特色的各类娘娘庙等)，村民往往同时请出神像祭祀、巡游，还要向各家摊派费用。

自宋代以后，由于江南地区市镇逐渐发达，水陆交通便利，中小市场沟通城乡已经形成比较完善的网络，因此，明清以来，北方地区庙会与农贸市集的结合比南方更为紧密。不过，即便在江南，如果是商业网络不发达的农村或偏僻的地区，庙会仍然发挥着商品流通的重要作用。例如，江苏黎里八月十五举办太平神会，“各处买卖营生者充塞街道，无所不有”①。安徽凤阳每年七月地藏王会，“城乡人士俱赴城东九华山焚香祷祝，并购农具”②。浙江天目山的于潜，“邑中少市镇，各乡铺户亦甚稀落，以水道不通，非百货聚集之所，民间通用不过衣食器用，家常所需，故懋迁有无，商贾无所居奇，乡人亦鲜有出外经营者”，每逢城隍庙会时，“各项货物咸至，沿街作市”③。可以说，庙会经济成为中国传统社会农村经济的一

① 徐达源：《黎里志》卷4《风俗》。

② 易季和：《凤阳县志略》，台北，成文出版社，1975。

③ 程兼善：《于潜县志》卷9《风俗》。

大特色。庙会的形成与发展也是农村民间文化市场需求的反映。

庙会期间的文化娱乐活动，分为几类：一类是搭台演戏，短则一天，多者有十余天，甚至一个月，戏种、曲目丰富多样，多具地方特色。还有一类是神像出巡(关帝、龙王、玉皇大帝及各类祠庙供奉的诸神)形成的沿街表演等，各种民间会社都组织各类表演队伍，“其间男女纷纷随之，盈街溢巷，万头攒动”，极其壮观。演出巡游队伍，从这村到那村，从城里到乡下，可以连续巡游数天。

庙会的出现和红火，正是民众精神文化消费(敬神、祈福、消灾、避难、文化娱乐、旅游、休闲)和物质消费(商品交易)相结合的最好形式，因此，庙会在某种意义上已经演变成为一种面向大众的、老少皆宜的、不分贵贱的文化娱乐活动。

以各地城乡香火旺盛的东岳庙会为例。东岳庙会是为了庆祝东岳大帝和碧霞元君的诞辰而产生的一项活动，历史源远流长。宋朝时，已经成为比较普遍的节庆。南宋临安居民就非常重视东岳王诞辰，每到这时，都城士庶都去上香，道路往来，络绎不绝。山东快书《武松传》中，武大郎对东岳庙会的描述，相信听过的人一定会有身临其境之感。

泰山东岳庙会集宗教、民俗、民间艺术、商贸活动于一体，自汉代始兴而经久不衰。如今，东岳庙会已经成了泰山旅游的新亮点。在地方政府和民间协会的共同努力下，泰山东岳庙会规模更大，内容更丰富。据报道，泰山东岳庙会主要以4月21日至27日的庙宇活动为主，王母池举办蟠桃盛会，庙内组织大型道场；关帝庙古戏楼组织山东地方戏曲折子戏展演、穿堂茶艺表演；岱庙举行武术套路表演、燕青打擂表演、散打擂台比赛、封禅表演等；普照寺请国内高僧主持法事活动；灵应宫举办杂技、魔术、山东琴书、山东快书、评书等节目表演。2004年，配合东岳庙会，还举办了旅游文化周系列活动，有茶艺表演，有烹饪大赛，还有山东省大学生服装模特表演大赛，给古老的庙会注入新时代的气息，借助庙会活动，沟通了城乡经济与文化。

而乡下的庙会，仍多以寺庙为中心，吸引着大批善男信女，具有浓厚的中国民俗特点，较大的庙会，成为集拜神、敬佛、娱乐、商品交易于一体的公众活动，与集贸市场结合的地方性特色也极为突出。

山西五台山庙会与骡马(交易)大会，是乡村庙会与物资交流商贸市集结合的典型事例。五台山六月骡马大会，是清乾隆年间，由历史悠久的古庙会演变而成。据史载，佛教传入中国后，五台山开始建寺筑庙，到隋唐时代逐渐兴盛起来，每年农历七月举办庙会。五台山曾屡经法难兵火，兴衰几度。到了清代，各帝崇信佛法，又大兴土木，修建庙宇，并定于每年农历六月初一开庙门，历时一个月。因此，每逢六月，四方僧众、香客、游人蜂拥而至，盛况空前。在庙会期间，唱戏一个月，更增添了庙会的热闹气氛。五台山，五峰环绕，峰顶如台，地势高峻，草木葱茏，野花飘香，流水潺潺，夏无炎热，所以自古就名为清凉山。相传，清康熙皇帝来五台山，被这里优美的环境和凉爽的气候所吸引，决定每隔二三年来一次。当看到山上森林茂密，他恐有刺客隐匿山中，便下令用箭四面射界，凡是箭到之处，须将森林伐砍殆尽，使刺客无藏身之处，树砍草生，五台山逐渐变成了广阔的天然牧坡。到了乾隆年间，由于这里牧坡多，饲草丰盛，水源充足，形成了天然牧场；再加上这里每年举办庙会，正值六月的凉爽天气，在此放牧半月，可增膘一指，弱畜病畜可以得到医治，当地人叫作“寄坡”。周边省区如陕西、宁夏、甘肃、内蒙古、河南等地的农牧民利用“寄坡”之际，都赶着牲畜赴庙会，年复一年，形成了骡马大会，迄今已有200多年的历史。老百姓都说，庙会前个把月，四面八方的牲口贩子就奔五台山，那里草肥水好，牲口“寄坡”长膘，大会一开锣，能卖个好价钱。所以在五台山骡马大会前后，拾粪的孩子只要早起不贪玩，沿着大道，不多会儿的工夫，保准能拣满箩头粪。

当代作家铁凝在《苯花》①中对清末民初河北赵县地区庙会有非常生动的描述：“兆州城每年有三个庙会，四月二十八是火神庙，最热闹。外地商贾云集，搭棚唱戏五天。……(火神庙)庙会连续五天，不仅附近客商到兆州来赶庙，这庙会还惊动着千百里之外的南北客商。南方客商从湖广苏杭贩来干鲜、竹货、洋布和绸缎；北方客商也将杈、耙、扫帚、水缸、瓦

① 铁凝：《苯花》，北京，人民文学出版社，2006。

盆摆上街头。戏班来了，河北梆子的梆子声能传出城外。马戏来了，有马戏也有大变活人。说书艺人搭起书棚，专说薛仁贵征东。卖药的立个大棚叫大兴棚，大兴棚更是招徕生意的好时候，大兴棚里摆个方桌，桌上立只火鸡吸引顾客。围观者看着火鸡脸色的变化，听着卖药人吆喝着：'腰疼腿疼不算病，咳嗽喘管保险哪。'"庙会那火辣辣、闹哄哄的场面如在眼前。这种以县城、乡(镇)、村为中心的庙会，实际上覆盖了周边的县、乡、村，甚至可波及周边数省。由于庙会的红火与频繁，还造就了一批专门活跃于庙会的各类艺人和民间手工匠人。乡村庙会成为乡村社会公共生活的重要组成部分。

随着时代的发展，各地城乡庙会又红火起来，不仅从历史传统中发掘出新形式和新主题，甚至还翻新出花样更多的庙会，强化了文化娱乐性，成为地方以旅游拉动经济、宣传地方特色、提高知名度的重要措施，已不是着眼于地区性的小市场，而是投向全国乃至世界的大市场。除了上面提到的泰山东岳庙会，五台山庙会于1994年曾举办水陆法会，是500年来规模最大的佛事。山西省2005年申报第一批国家级非物质文化遗产名单中，就有五台山骡马大会。将庙会的层次提高到中国传统非物质文化遗产，庙会已被赋予经济与文化战略发展意义的内涵。

不同民族也有各具特色源于"庙会"的节庆与物资交流大会，如大理白族的"三月街"，闻名遐迩，与汉族传统的庙会一样，是节庆、娱乐、商贸、信息交流及男女传情、定情的盛会。

随着近代以来众多华人迁居海外，庙会这种形式也走出国门，成为海外华人怀念故土、祭祀先祖、认同与维系中国传统文化、加强民族凝聚力的重要方式。

部分内容原载于《文史知识》2006年第11期，原题目为《庙会与市场》
2007年第1期，原题目为《乡村的庙会与庙市》

保马法渊源初探

众所周知，王安石新法中的均输法、方田均税法、青苗法、将兵法等，都非凭空出现，而是渊源有自。① 保马法也同样如此。追寻起来，它有两个来源，即北宋前期民间的户马和军队中的马社。

北宋时，对北边(西北边的辽和西夏)的防御，始终是个很重要的问题。由于北宋已失去了原中原王朝北部和西北部的大片疆域，军队马匹的来源减少，因此，马政的重要性更为突出。

宋代马匹的来源，大致有以下几种途径。②

①买边境少数民族的马，送至京师，分隶诸监，曰券马。

②边州置场市马，配给诸军，曰省马。

③征买民间马，曰括买。

④军队中士兵，结社买马，曰马社。

北宋政府仅在买马、养马一项上，每年都要花费大量的物力、财力和人力。例如，太宗太平兴国四年(979 年)，一次就诏市吏民马 17 万匹，以备征讨。③ 仁宗庆历五年(1045 年)，出内藏库绢 20 万匹，市马于府州、岢岚军。④ 仁宗至和元年(1054 年)诏："陕西转运使司以银十万两市马于秦州，岁以为常。"⑤仁宗嘉祐五年(1060 年)，薛向言："秦州券马至京，给直并路费，一马计钱数万。"⑥除买马花费巨款之外，各坊、监养马，均

---

① 参看邓广铭：《王安石——中国十一世纪的改革家》，北京，人民出版社，1975；漆侠：《王安石变法》，上海，上海人民出版社，1979。

② 《宋史》卷 198《兵一二·马政》。

③ 《宋会要辑稿·兵二二》；《续资治通鉴长编》卷 20；《宋史》卷 198《兵一二·马政》。

④ 《宋史》卷 198《兵一二·马政》。

⑤ 《宋史》卷 198《兵一二·马政》。

⑥ 《宋史》卷 198《兵一二·马政》。

择“水草善地而标占之”[①]。太宗淳化到真宗景德年间，据史载，诸坊、监占地达68000多顷，诸军班又占地达30990顷。[②] 所耗费的人力、物力、财力也是十分巨大的。

以上只是零星材料，但北宋在马政上的费用之大，也可窥见一斑。这对所谓“积贫积弱”的北宋王朝来说，无疑是个巨大负担。而马的需要量仍在逐年增加。[③] 因此，挖掘民间潜力，借民力养马，成为北宋统治者逐渐重视的政策。神宗即位后，更加留意马政。王安石变法时推行的保马法，就是在原有的户马和马社的基础上发展起来的。

所谓户马，就是官府鼓励民户养马，以备政府征买而采取的一些措施。

唐时就有鼓励民户养马的记载。《册府元龟》卷六二一载：“开元九年(721年)诏……自今诸州民无限有无荫，能家畜十马以上，免帖驿邮递征行。定户无以马为赀。”[④]可知，为鼓励民户养马，唐时曾以免除一定征役和不因养马多而升户等作为优待条件。

宋时括买民间马匹是解决国马不足的重要手段之一。《续资治通鉴长编》卷一二六载：“(仁宗)康定元年(1040年)二月……诏京畿、京东、西、淮南、陕西路，括市战马。”又，卷一三七：“庆历二年六月……诏河北转运使司籍民间所养马，有边警则给价市之。”

为保证括买的数量，北宋政府继续采取鼓励民户养马的措施。仁宗景祐二年(1035年)曾下诏“民间无以马数升户等”。[⑤]《宋史·兵志·马政》又云：“庆历四年，诏河北点印民间马。凡收市外，见余二万七百，除城郭户二等，乡村户三等以上养饲如旧，余点印者，悉集拣市。”显然，统治阶级已经考虑到对不同户等的民户养马区别对待的问题。皇祐元年(1049年)，叶清臣建议：“赋马于河北、河东、陕西、京东、西五路。上户一

① 《宋史》卷198《兵一二·马政》。

② 《宋史》卷198《兵一二·马政》。

③ 《宋史》卷198《兵志·马政》。

④ 《新唐书》卷50《兵志》。

⑤ 《文献通考》卷160《兵考一二·马政》。

马，中户二户一马，养马者复其一丁。如此，则坐致战马二十万匹，不为难矣。”①皇祐五年(1053年)，丁度建议：在河北、河东、京东西、淮南路实行有能“畜一战马者，得免二丁，仍不计赀产以升户等”，认为，如此“则缓急有备，而国马蕃矣”②。实际上，在这二人建议之前，有些地区早已有对养马者给予免役的记载。③ 他们的建议，虽然没有实行，但反映了随着马匹需要量的增加，统治阶级中的某些人已经认识到，为鼓励更多的民户养马，应在更大范围内实行对养马户给予免役的优待，并使之制度化。

户马这时虽然还没有形成一种制度，但自唐到宋，为鼓励民户养马，已采用以下几种措施。

①统一籍马(点印)，以备官买。

②凡养马户给予优待，如免役、不升户等。

③根据户等高下，分别要求。并有如户等不高可合养的建议。

下面再介绍一下马社的情况。我国古代早有民户或士兵合资买马和其他牲畜的传统。《九章算术》中有多处提到合买牲畜。④《后汉书·西羌传》有虞诩教任尚“罢诸郡兵，令各出钱数千，二十人共市一马”，以供军用的记载，而“尚大喜，即上言用其计”⑤。

唐代民间则有“牛社”组织。《新唐书·韦丹传》载：“民贫无牛，以力耕。(韦)宙为置社，二十家月会钱若干，探名得者先市牛。以是为准。久

---

① 《宋史》卷295《叶清臣传》；《文献通考》卷160《兵考一二·马政》。

② 《宋史》卷292《丁度传》；《文献通考》卷160《兵考一二·马政》。

③ 《文献通考》卷156《兵考八》：“开宝八年(975年)，发渭州平源、藩源二县民治城壕，因立为保毅军弓箭手，分镇戍寨。能自置马者免役。逃死以亲属代。盖因周广顺之制。”

④ 《九章算术》中有若干户合买牛、豕、鸡等例题，见《丛书集成初编》，北京，中华书局，1985。

⑤ 《后汉书》卷107《西羌传》载：“后遣任尚为中郎将，将羽林、缇骑、五营子弟三千五百人，代班雄屯三辅。尚临行……诩曰：兵法弱不攻强，走不逐飞，自然之势也。今虏皆马骑，日行数百，来如风雨，去如绝弦以步追之，势不相及，所以旷而无功也。为使君计者，莫如罢诸郡兵，各令出钱数千，二十人共市一马，如此可舍甲胄。……尚大喜，即上言用其计。”

之，牛不乏。”这是韦宙为永州刺史时的事。

这种结社买牲畜的办法，也在一部分军队中施行。《唐会要》卷七二《马》载：“（穆宗）长庆元年（821 年）正月……灵武节度使李听奏，请于淮南、忠武、武宁等道防秋兵中，取三千人衣月粮赐当道，自召募一千五百人马骁勇者以备边，仍令五十人为一社，每一马死，社人共补之，马无缺。从之。”

宋代军队继续承袭了这种在军队中组织马社的传统。《宋史·兵志·禁军》载：“广锐，本河州①忠烈、宣勇能结社买马者，马死则市补，官助其直。至道元年（995 年）立。咸平（998—1003 年）以后选振武兵增之。”《宋会要辑稿·兵二四》载：“先是，河东广锐兵悉是土人，其马皆本军团甲，选良马而置，谓之马社。故广锐之马壮勇而少失。”《东斋纪事》卷三载：“河东忠烈、宣勇乡兵结社买马以填广锐禁军，陕西振武亦然。其后宣毅、义勇，官助其价，使买马为社，亦以填补广锐。”

可知这种马社最早行于河东。太宗至道元年起，由河北河东忠烈、宣勇（原均为乡兵后升格为厢军）结社买马组成禁军中的广锐军。真宗咸平后，亦由陕西的振武军填充广锐军。② 仁宗庆历五年，又扩大到河东的宣毅（禁军步兵）、义勇（乡兵）。③ 在此前后，陕西劲勇亦立马社。④ 神宗熙宁（1068—1077 年）初，河北骑军亦如陕西、河东社马例立社。⑤

从以上记述可知，北宋军队中的这种马社，从河东逐步推广到陕西、

---

① 《宋史》卷 187《兵志·禁军上》“广锐”下有注曰：“本河州忠烈。”按熙宁以前，河州并未入宋，此时当无河州兵之广锐。《宋会要辑稿·兵二二》之一、《兵二四》之五都记有河东广锐结社买马事，和此处所记相符，疑河州当为“河东”之误。

② 《宋会要辑稿·兵一二》；《宋史》卷 187《兵一·禁军上》。

③ 《宋会要辑稿·兵二二》载：“庆历五年七月，枢密院言：咸平初，陕西振武乡兵许结社买马，以升填广锐军。往岁河东已有此例，今河东诸军阙，广锐指挥人数不足，欲听本路宣毅义勇乡军结社买马，官助其价，以升填其阙。从之，十一日，诏并代路许宣毅义勇乡军结社买马，官助其价，升填广锐军之阙。”

④ 《宋史》卷 198《兵志·马政》：“陕西广锐、劲勇等军，相与为社，每市马，官给直外，社众复裒金益之，曰马社。”唯劲勇行此法在何时不详。

⑤ 《宋会要辑稿·兵二二》：“神宗熙宁元年，诏：河北军并令立社，依陕西、河东例，共备钱助买马，其先给官价钱并等第增加，仍出内库珠千余万卖以充用。”《宋史》卷 198《兵志·马政》基本同上。

河北，还影响到南方。① 原来是由禁军步兵、厢军、乡兵中选能结社买马者升填禁军中的广锐军。后来则不限于广锐军，而推及其他禁军乃至厢军、乡兵。马社从宋初到神宗即位，数量及范围都在不断扩大，表明它在马政中的地位不断提高。不过一般限于北边地区的军队。由于马社的推广，对解决北边军队马匹的不足起了一定作用，因而受到统治者的重视。虽然陕西马社因“苦于敛率”，而在元丰中废罢②，不过，哲宗即位后，废除了包括保马法在内的新法之后，马社犹存。③

马社的具体做法归纳起来有以下几点。

①自行团结，选买良马。官助其价，其数目依马匹等第有所不同。④

②官助之外，其社众集钱补之。陕西弓箭手的办法较为具体，按户等高下出钱。⑤

③马死则马社共市而补之。或有马主出三分之一，其余社内均出。⑥

王安石变法时推行的保甲法，为马社这种形式在更大范围内的实行提

---

① 《宋会要辑稿·兵四》：“元丰元年三月九日，广南西路经略司乞以两江峒丁团成指挥，权补人员部辖，及置马社。乞降度僧牒五百，市战马千疋，分给峒丁，候教成可战，以次令自买马教习。从之。所乞教峒丁马战不行，只令习溪洞所长武艺。”

② 《宋史》卷198《兵志·马政》。

③ 《宋会要辑稿·兵四》：“(政和五年)沿边骑兵，最为先务。今逐路弓箭手阙马甚多，自来虽有马社钱补助买马，缘所积不多，马价倍贵，岁给买马不过三五匹，若非朝旨支降，无缘增置骑兵。”

④ 《宋史》卷198《兵志·马政》：“诏河东、陕西广锐、蕃落阙马，复置社买，一马官给钱三十千。久之，马不至。乃增置如庆历诏书，第三等三十五千，第四等二十八千。”

⑤ 《宋史》卷311《吕公绰传》载：“(吕公绰知秦州)弓箭手马多阙，公绰谕诸砦户为三等，凡十丁为社。至秋成，募出金帛市马，马少则先后给之。”

《宋会要辑稿·兵四》：“(哲宗)元祐四年十一月四日诏：泾原路弓箭手以家业分三等，月集社钱买马，上等二百，中等一百五十，下等一百，以备死损添填。”

⑥ 《宋会要辑稿·兵二二》：“(真宗咸平六年)七月，诏陕西振武兵依河东广锐例，官给直以市战马。广锐兵官给中金以充马价，相与立社，马死则共市而补之。振武兵愿从其例，因而许焉。”

《宋会要辑稿·兵四》：“乞选两江武勇峒丁结成马社，人自买蛮马，每匹官给钱三万。如死，即买填，马主备三分之一，余令社内均出。如习阅武艺出伦，优与迁补。仍令提举教阅司遇呈试注籍。”

供了条件。

神宗熙宁六年，曾布等承诏拟定的“五路义勇保甲养马法”，可以说是吸收了过去户马和马社的一些办法，并在此基础上加以改造，使之制度化，统一综合为保马法，以适应新情况。其规定：凡五路义(勇)保(甲)愿养马者，户一匹。有物力养马二匹者听。以监牧见马给之。或官与其直使自市，毋或强与。府界毋过三千匹，五路毋过五千匹。除袭逐盗贼外，不得乘越三百里。在府界者，岁免(输)体量草二百五十束，(加)给以钱(布)；在五路者，岁免折变缘(或作“沿”)纳钱。三等已上，十户为一保，四等、五等，十户为一社，以待死病补偿者。保(户)马(毙)，即马主独偿之；社户马(毙)，半使社人偿之。岁一阅其肥瘠，禁苛留者。凡十有四条，先自府界颁行焉。①

细分析以上保马法诸条目，显然是参照了户马和马社的办法而兼用之，并有所发展。

①保马法是鼓励民户养马的办法，与户马相同，而与只限于军队的马社不同。

②保马法是愿养马者自行投状，官先与马直令其自市或给监牧见马，民代官养。这与户马的民间私养以备官买不同，与马社的社人集钱官助其直相近。

③保马法对于养马户有一定的优复，这与户马相同。但户马是不因养马而升户等或免役，保马法则可免去一定的租税负担。

④保马法依户等高低而承担不同任务，三等以上户，大约是依户马之例，以户为单位畜养，四等以下则依马社的办法结社共养。

⑤马死，三等以上的保户马马主独偿，四等以下的社户，社人共赔偿一半。

大体上说，保马法中的保户马和社户马，除在马的来源、优复的待遇和检阅的方法上相同之外，保户马与过去的户马相近，而社户马则与过去

① 《续资治通鉴长编》卷246，《宋书》卷189《兵志·马政》，《文献通考》卷160《兵考一二·马政》，三本在个别字上略有不同，今综合取之。

的马社相近，二者结合，成为完整的保马法。

据史载，实行保马法为官府节省了相当一部分开支，“可省杂费八万多缗”①，死亡率亦较官养为低，养马户平日亦可得马之用。值得注意的是，保马法是保甲法的一个组成部分，除可供军用外，还可用于“习战御盗”②，这种办法对维护保甲制，巩固地方封建秩序方面也起了一定作用。

熙宁六年推行的保马法，在具体实施后，遇到了很多问题，亦发生了一些变化。熙宁八年左右，就出现了“是时，诸监既废，仰给市马，而义勇保甲复从官给，朝廷以乏马为忧”③的情况。因此，为达到继续扩大养马数的目的，于元丰三年颁布了物力户养马令。《宋会要辑稿·兵二四》载：“神宗元丰三年(1080年)二月二十八日诏：以国马未备，令开封府界、京东西、河北、陕西、河东路州县物力户自买马牧养。城郭户家产及三千缗，乡村及五千缗，养一匹。各及一倍增一匹，三匹止。……仍先下逐路，具民户家业等弟及合养马数以闻。”

元丰三年颁布的户马法，显然与熙宁六年的保马法大不相同，户马法重新又恢复了户马的民间私养以备官买的原则。这一变化，除了国马缺乏这一主要原因外，大概也存在财政上的原因。另外，只限于在户等较高的人户中实行(后低等户愿养也听④)，令自市马，并免除了过去对养马户的某些优待，如折变缘纳钱。

元丰七年，又在京东、京西两路实行都保养马法。《续资治通鉴长编》卷三四六载：“元丰七年二月丁丑……诏：京东西路保甲免教阅，每都保养马五十匹，(匹)给价钱十千。京东限十年，京西十五年数足。其当优恤量佐刍粟等，令转运提举司同议，仍专置官提举。”

元丰七年的都保养马法除带有强制性一点外，采取的官助其直、给予

① 《宋书》卷189《兵志·马政》。

② 《宋书》卷189《兵志·马政》。

③ 《宋书》卷189《兵志·马政》。

④ 《宋会要辑稿·兵二四》：“(元丰)五年二月五日，提点京东东路刑狱霍翔言：……虽民间比官中养马，所费刍秣不多，然而不有所免，则无以为劝。……然而未见所免之利，而愿养者已多。乞应诸路乡村户不拘等第高下，如愿养马，并许经官投状。”

一定优待及三等以上户畜养，四等以下户助钱的办法①，仍然分别与马社及户马的一些办法相同或相近。

当然，无论是熙宁六年的保马法，还是元丰三年的户马法以及元丰七年的都保养马法，在实施和推行的期间和前后，亦有很多变化和具体规定，这里就不赘述了。如果将王安石的保马法的整个线索理一下，可以看出，熙宁六年的保马法是将户马与马社两种办法相结合，而有所发展。元丰三年的户马法基本保持了过去户马的办法，也吸收了一些马社的办法。元丰七年的都保养马法则是基本保持了马社的办法，而吸收了一些户马的办法。因此，可以说，王安石新法中的保马法，其渊源、发展、变化，始终贯穿着户马与马社这两条线，时而平行，时而交织，只是针对具体情况所制订的具体措施及取舍有所不同并加以改造罢了。

保马法有利亦有弊，遭到守旧派的坚决反对。哲宗即位后，新法全部废罢，保马法也未能幸免。不过，处于北宋这种"积贫积弱"的局面，保马法能起到扩大养马范围，节省国家开支，减少马的死亡率的作用，可以说不失为良策。

哲宗即位后，保马法虽被废罢，然而户马(具体措施变化很大)和马社这两种方式仍然存在②，在北宋后期继续发挥着作用。

原载《何兹全先生八十五华诞纪念文集》，中国社会科学出版社 1997 年

① 《续资治通鉴长编》卷 345："(熙宁七年五月辛酉)提举京东保马霍翔言：……马钱先以提举司钱代支，民户均助钱，令随役钱纳。民有物力在乡村而居城郭，谓之遥佃户，欲乞(依)乡村保甲养保马，均出助价(应作钱)，及单丁女户见与保甲同等第人，第三等以上，推排主养；户守官在外，及第四等以下女户、单丁止出助钱；寺观有物力，乞依附户。"

② 户马法后实行给地牧民，在此之前也实行过，见《宋史》卷 198《兵志·马政》。

唐代妇女的社会经济活动
——以《太平广记》为中心

人们的社会经济活动有不同的层面和类型，如国家政府机构的经济决策，关系到国计民生的主要生产经济部门的活动，某一特定群体的重大经济活动，对社会有重大影响的某些人的经济思想活动，以及分散的、以个体行为为主的经济活动。

《太平广记》中有关唐人社会经济活动的材料很丰富并且极其生动，在《太平广记》作者的笔下，形形色色的妇女各显风采。其中有不少是涉及妇女社会经济活动的。在正史记载中，妇女所占的比重本来就较少，妇女的社会经济活动又大量集中在下层妇女群体，因此我们为了了解和研究这方面的问题，就必须更多地从笔记小说中发掘和收集史料。

一、妇女社会经济活动的具体记载

《太平广记》①中所记载的唐代妇女涵盖面很广，上自权力达到女性巅峰的女皇武则天，养尊处优的皇太后、皇后，骄横任性的公主等，下至劳苦耕织的农妇、走街串坊的小贩、卖身献艺的娼妓，节妇、孝女、侠女、女尼、女冠、女鬼等也占大量篇幅。她们的经济活动主要有以下几类：个体小生产农业和家庭手工业，以出卖劳动力为主的雇佣劳动者，自产自卖的小生产者兼小贩，个体手工业，服务业(以旅店、餐饮业为主)，商业(以小商贩为主)，娱乐业，在宫中或为官府服役、应贡的女工(奴)、女伎、贡户，娱乐与色情兼营的娼妓，自由职业者(主要是女巫、占卜、婚媒中介、经纪人等)，家内服务业(主要是奴婢使女)等。

1. 个体小生产农业和家庭手工业

这类记载不多，但是是劳动妇女从事的最多的经济活动。

《太平广记》卷三五九《番禺村女》，记载“番禺村有老姥，与其女饷

① 本文中所引用的《太平广记》版本为中华书局1961年版。

田”，忽遇雨而失其女。

卷四二四《温媪》，“温媪者，康州悦城县孀妇，绩布为业”。

卷四三一《虎妇》，“利州卖饭人，其子之妇山园采茶”。

2. 以出卖劳动力为主的雇佣劳动者

无地或少地的农民，往往以做佣工维持生计。

卷二八六《关司法》，记载了郓州司法关某家有佣妇姓钮，“关给其衣食，以充役使”，应是长住关家。

卷三七《阳平谪仙》，“九陇人张守珪，仙君山有茶园。每岁召采茶人力百余人。男女佣功者杂处园中”。

卷九四《仪光禅师》，仪光禅师乳母流亡时，“鬻女工以自给”，后“段成式家人雇其纫针”。

卷一三八《齐州民》，齐州刘十郎之妻，因“穷贱至极”，只能靠与丈夫一起为人“佣舂以自给”。

卷三三五《新繁县令》，记载新繁县令因妻亡，雇女工做凶服。

卷三五〇《郝维谅》，记载一妇人姓张，死后无钱归葬，于是为女鬼，仍“不废女工”，“常造雨衣，与胡氏佣作，凡数年矣，所聚十三万，葬备有余也”。

卷四九一《谢小娥》，谢小娥为寻访仇家，“便为男子服，佣保于江湖间”。但单身女子出外佣作未见其他记载。

3. 自产自卖的小生产者兼小贩

卷一五九《定婚店》，“卖菜家妪”，“鬻蔬以给朝夕”，自种自卖。

人们所熟知的诗句“二月卖新丝，五月粜新谷”是当时的真实写照，农业和家庭手工业相结合，是为了维持生存，不属于商品经济的范畴，但却被迫走向市场，最终是对农业和家庭手工业的摧残。

卷四〇〇《赵怀正》，汴州百姓赵怀正，住光德坊，“妻贺，常以女工致镪”。

4. 个体手工业

卷六二《何二娘》，广州何二娘，以织鞋子为业。

卷一九六《潘将军》，有母女以缝纫为业，但“衣装蓝缕”，看来只能勉强维持生活。

卷四二《李仙人》，李仙人以黄白为业，其妻高五娘“能传其法”，夫死后，仍“以黄白自给”。即会冶炼银，但这是比较特殊的情况。

5. 商业与旅店、餐饮业

卷二八六《板桥三娘子》，三娘子寡居，在汴州西开板桥店，“有舍数间，以鬻餐为业，然而家甚富贵，多有驴畜，往来公私车乘，有不逮者，轻贱其估以济之”，以餐饮业为主，又兼营运输业，经营原则为让利济人，“人皆谓之有道，故远近行旅多归之”。但是这种由妇女独立经营的相当于中等规模的餐饮旅店业，书中仅有这一例。

小商贩，小店主，妇女比较适合从事这类经营活动，因此书中这类的记载也比较多。

卷七〇《茶姥》，广陵茶姥，“每旦，将一器茶卖于市，市人争买”。

卷一〇六《宋衎》，有一孤姥以鬻茶为生。

卷三五五《僧珉楚》，广陵路上有妇人卖花。

卷三八二《河南府史》，“洛阳郭大娘，居毓财里，以当垆为业”，显然是小本经营。

卷一〇九《李氏》，李氏年七十无子，在冀州封丘县镇上酤酒，因纵使婢在酒中掺灰，临死时受到阴司的审讯。

卷一三四《谢氏》，谢氏生前酤酒缺斤短两，死后变为牛，耕稻田非常辛苦。

卷三五五《僧珉楚》，中山贾人章某，死后“以小罪而未得解免”，被配为扬州掠剩鬼，凡吏人贾贩如牟利过度，就可掠而有之，他对朋友说：“今人间如吾辈甚多，因指路人男女，某人某人，皆是也”，说明路人中有不少妇女，而妇女中有不少商贩。

卷一二一《崔尉子》，其母“干于治生，家颇富”。

卷四五八《李黄》(出《博异志》)，李黄调选，于长安东市，“见一犊车，侍婢数人于车中贸易”，主人为韦氏孀居之女，因负债，卖纺织品或服装，并且可随车到家中取货，看来不属于有营业许可的“坐贾”，只是为临时应急而卖。

卷四九一《谢小娥》，（元和年间）谢小娥，“估客女”，随同父、夫往来江湖经商。

卷四五二《任氏》，天宝年间长安中“有鬻衣之妇曰张五娘者”，同时可能兼营私娼，牵线可得到一定报酬。

卷一九六《贾人妻》，载一贾人妻，夫死后继续经营旧业，“日赢钱三百”，自愿资助因贫困滞留京师而被迫乞讨的选人王立。又载女商荆十三娘，仗义而为友人之弟报仇，俨然是经过大场面的江湖侠女。

卷二七四《买粉儿》，一女子在市区卖胡粉。

卷三〇三《郑仁钧》，东都有一老妪以卖履为生。

类似俞大娘那样独立经营较大规模运输业的大商人是极少的。①

道观与寺庙同样经营取利。

卷四〇九《劚牡丹》，“长安贵游尚牡丹，三十余年，每春暮，车马若狂，以不就玩为耻”，看到有利可图，“金吾铺围外寺观，种以求利，一本有数万者”。

6. 娱乐业及娼妓业

宫廷、各级地方官府、官吏、富户娱乐及接待的需要，官吏跨地域的流动性大，人口向大城市集中的趋势，城市工商业的发达，都使娱乐业和娼妓业存在着巨大的消费市场。官府的宽松政策，也使这种需要成为可能。妇女由于自身的特点，在娱乐和娼妓两个行业中从业人数较多。歌妓、舞妓、酒妓、官妓、乐伎、私娼或官私兼顾者都异常活跃。

卷四五一《僧晏通》，一妖狐化作女歌人，随夫入秦，道遇强盗，丈夫被杀，财物被掠，恳求过路人收其为奴婢。夫妇均为歌者，需应诏供役。

卷一七五《刘晏》，玄宗时教坊有王大娘，“善戴百尺竿”。

卷四八五《东城老父传》，贾昌善斗鸡，入为鸡坊小儿，与梨园弟子潘大同女结婚，夫妻二人以歌舞艺伎见宠于杨贵妃，“席宠四十年，恩泽

① 李肇：《唐国史补》卷下载：“大历贞元间有俞大娘航船最大，居者养生送死嫁娶悉在其间，开巷为圃，操驾之工数百，南至江西北至淮南，岁一往来，其利甚溥，此则不啻载万也。洪鄂之水居颇多，与屋邑殆相半，凡大船必为富商所有，奏商声乐从婢仆以据柂楼之下，其间大隐亦可知矣。”

不渝”。

卷四八九《冥音录》，崔氏女奴“菃①奴”，善鼓筝，早卒，在阴司簿属教坊，宪宗召宫居一年，又“更直穆宗皇帝宫中，以筝导诸妃”，后又“复得侍宪宗”。定期上番，“五日一直长秋殿，余日得肆游观，但不得出宫禁耳”。看来教坊乐伎按规定不能随便出宫，分番当值，行动有一定自由，但受到限制。

卷二八六《胡媚儿》，贞元中，有一自称胡媚儿的女子在扬州坊市间以幻术行乞，“日获千万”。

唐代的娼妓业很兴盛，有官府管辖的官妓，包括在宫中供奉的宫伎和隶属于各级地方府州(包括藩镇)的乐营、营伎；有私娼，也有名隶教坊或有官籍的妓女兼营私娼。官府、私人经常性的送往迎来、日常应酬，盛行召妓(伎)助兴，娱乐纵欲，对官私娼妓的需求量也很大，形成巨大的消费市场。

卷一七七《董晋》，孟叔度为汴州判官，“纵欲声色，数至乐营，与诸妇人戏”。

卷一六《杜子春》(出《续玄怪录》)，杜子春在长安西市东门得一老者资助，于是“乘肥衣轻，会酒徒，征丝管，歌舞于倡楼”，一二年间，就将三百万钱挥霍的“稍稍而尽”。后又得资助一千万钱，不一二年间，“贫过旧日”。

卷一七七《李绅》，广陵酒妓与广陵从事张某的一段姻缘。

卷三三一《朱七娘》，朱七娘住东都思恭坊，属于私娼，素与王将军交通，其女“弹唱有名”。

卷四五〇《薛迥》(出《广异记》)，“唐河东薛迥与其徒十人于东都狎娼妓，留连数夕，各赏钱十千”。

卷四八四《李娃传》(出《异闻集》)，李娃事迹为众所熟知，李娃居平康坊，乃私营娼业聚集及最兴盛之所。李娃平时接待的“多贵戚豪族”，营业收入极为可观，“所得甚广，非累百万，不能动其志”，并且有余房出租。

---

① 原字为草字头下三点水，右为“臣”，但中间的半边口是封口。

荥阳公子迷恋李娃，一年就把父亲为他准备在京参加科考的费用全部耗光。李娃后感其为良家子，自赎身，约为千金，自己还剩余百金，督促其应考，后官至剑南采访使。荥阳公知道事情原委，亲自命人说媒、备礼，正式迎娶。李娃最后被封为汧国夫人。白行简因李娃虽为"娼荡之姬，节行如是"，感慨不已。

卷四八七《霍小玉传》，霍小玉本是霍王庶出之女，沦为私娼。又载，一豪士，自称家有"妖姬八九人"。

卷四九一《杨娼传》，杨娼是长安中有籍的娼妓，"长安诸儿一造其室，殆至亡生破产而不悔"，显然因私营而收入丰厚，"大售于时也"。后被南海帅甲出重赂削去娼籍，秘密带往南海，作为外室"馆之他舍"。

卷一〇一《延州妇人》，延州妇人"白皙而有姿色"，"孤行城市，年少之子，悉与之游，狎昵荐枕，一无所却"，应属"流莺"一类。

不仅官府应召接待需要大量女妓，私人蓄妓之风也很盛。

卷三四九《韦鲍生妓》，"酒徒鲍生，家富畜妓"，出外时，往往携之同行。

卷三四八《郭鄩》，京师胜业坊富人王氏"性俭约"，但亦"家有妓乐，端丽者至多"。

卷二四〇《杨国忠》，杨国忠的妻子裴柔，原为"蜀之大娼也"，后妻以夫贵。说明有的从良妓女也能妻以夫贵，上升到很高的地位，

卷一三〇《绿翘》，鱼玄机原为"长安里家女"，后入咸宜观为道士，与士林、豪侠等风流之士，虽"欲求三清长生之道，而未能忘解佩荐枕之欢"。

卷三七三《贾耽》，记载有二尼过长安上东门，"施朱傅粉，冶容艳佚，如倡人之妇"。

某些女道士、女尼也与色情业有染，有学者认为唐代女冠近于娼优①，此言不妄。

7. 自由职业者(主要是婚媒中介、女巫、占卜、经纪人等)

婚媒中介人多为妇女，一般是相对固定的职业，被称为"媒氏""媒妪"

① 参见高世瑜：《唐代妇女》，西安，三秦出版社，1988。

“媒”等。乡村以婚媒中介为主要职业的妇女，往往能说会道，说成后，报酬也很可观。

卷一六《张老》(出《续玄怪录》)，扬州六合县园叟张老要嫁女，“召里中媒媪，令访良婿”。张老虽为园叟，却欲与高门韦氏攀亲，张老许诺“事成厚谢”媒媪，于是媒媪积极奔走。说明里中有相对固定的婚介经纪人，且以女性为主(媒媪)。

卷三一五《吴延瑫》，广陵媒妪，受邻人之托，为其弟做媒。

也有主动做媒的。

卷三四四《成叔弁》，江陵有一老妪为“媒氏”，主动为成叔弁之女做媒。

唐代巫的活动非常活跃，往往得到官府的认可。从事巫业活动的很多是女性。有的女巫以琵琶作为行业的工具。善易、占卜等活动也归入此类。

卷四〇《石巨》，幽州河桥有老姥从事占卜业。

卷一二二《华阳李尉》，女尼及女巫经常来往于官宦人家，往往作为牵线搭桥之人选。文中记述剑南节度使张某看中华阳尉李某之妻，于是“潜求李尉之家来往者浮图尼及女巫，更致意焉”。

卷一五五《李固言》，成都老姥与其女董氏，世传巫业。

卷一五九《卢生》，弘农县令嫁女，有女巫为卜吉日。

卷二八三《何婆》(出《朝野佥载》)，洪州人何婆善琵琶卜，“士女填门，饷遗满道”。阿来婆住崇仁坊，“弹琵琶卜”，生意也很兴旺，“朱紫填门”。白行简梦一店妇因小儿中恶，召女巫弹琵琶召请(招魂)。又载，玄宗东封，召诸巫，“问神安在，独老巫阿马婆奏云，在路左”，显然，各地诸巫也须应召应差，同时他(她)们营业时也受到官府的认可。

卷三〇五《韦皋》，有一女巫经常来往于西川节度使张延赏家。

卷三〇七《裴度》，裴度为太原节度时，家人有病，“迎女巫视之”。

卷三一〇《张无颇》，番禺有善易者袁大娘，有药会治病，同时充当媒人，事成后索要报酬。

卷三四六《李湘》，李湘为蒙州刺史，“去郡归阙”，前途未卜，“闻端溪县女巫者，知未来之事”，于是召而问讯。

卷七五《王先生》，某兄妹和父女都会幻术。

卷四七〇《薛二娘》，“唐楚州白田，有巫曰薛二娘者。自言事金天大王，能驱除邪厉，邑人崇之”。看来主要是在邑的范围活动。

卷三六三《王愬》，扬州府有卖卜女巫名包九娘，走街串坊，“人皆推占事中”。

卷三五八《苏来》，长安马二娘，善于考召(类似招魂术)，“与刺史相善”。

肃宗曾分遣女巫遍祷山川①，这些女巫可能以当地人为主，以朝廷的名义派遣她们。由此也可知，巫以女性为主的事实。

卷四五二《任氏》，任氏实为狐仙，在长安市井颇为活跃，充当经纪人，为私娼、嫖客拉线，提供商业信息。

卷四八七《霍小玉传》，长安有鲍十一娘专门从事媒介业，“豪家戚里，无不经过，追风挟策，推为渠帅”，受李益“诚托厚赂”，为其寻访名妓。

卷三七四《程颜》，有一老妪，主动为人治病并做媒，而且来去诡秘，大概属非正式的女巫之类。

卷三一四《崔练师》，晋州女道士崔练师，“置辎车一乘，佣而自给”，其经营辎车租赁，后被召入京师。

卷三〇五《王法智》，桐庐女子王法智“幼事郎子神”，“前后州县甚重之”。

卷三九六《狄惟谦》，唐武宗会昌中“时有郭天师，并州女巫，少攻符术，多行厌胜，监军使携至京国，因缘中贵，出入宫掖，遂赐天师号，旋归本土”，大概地位就陡然上升，可能也就有了正式行业的资格。后逢大旱，于是“主帅”亲往迎接，晋阳令狄惟谦亲为控马，恭请郭天师到晋祠祈雨。

卷五三《王法进》，有女冠自剑川历外邑，在游历时，以替人消灾禳祸为生。

---

① 李肇：《唐国史补》卷上。

卷七〇《徐仙姑》，自称已数百岁，“善禁呪之术，独游海内，名山胜境，无不周遍”。

8. 信贷业

卷一六《张老》，扬州北邸卖药王老家，同时经营信贷业务。张老在此存钱，韦某以张老所给旧席帽子为凭证，王老的小女验证帽子上有她亲手缝的红线，“皆可自验”，韦某“遂得载钱而归”。[①] 可知王老的小女也参与了经营活动。

9. 官私婢女

私家婢女以从事家内劳动为主，也有例外。

卷一六五《邓佑》，安南都护邓佑，家巨富，“奴婢千人，恒课口腹自供，未曾设客”。

官婢则主要从事杂役或女工类的工作。这样的例子还是很多的。

10. 其他

卷四八五《东城老父传》，玄宗时，喜好斗鸡，“诸王世家、外戚、贵主家、侯家，倾帑破产市鸡，以偿鸡直。都中男女以弄鸡为事”。可知为趋利，妇女也积极参与养鸡、卖鸡或斗鸡。

卷四八三《岭南女工》(出《投荒录》)，“岭南无问贫富之家，教女不以针镂绩纺为功，但躬庖厨，勤刀机而已。善酰菹鲊者，得为好大女”，厨技好，则“俚民争婚聘”。

卷四八三《南海人》(出《南海异事》)，南海解牛多女人，谓之屠婆屠娘。

二、妇女参与社会经济活动的特点

社会经济活动按类别分，有直接生产型、自产自销型、纯粹经营型、消费型、服务型及中介型等。这些活动分布在生产、流通、交换和分配的不同环节，在社会经济的不同层面对社会发展产生影响。受到时代、社会地位、性别等因素制约，唐代妇女的社会经济活动有很大的局限性，在社会经济活动的各个环节的分布是极不均衡的。下面根据《太平广记》的记

① 又见李昉等：《太平广记》卷23《张李二公》，取钱者为李某。

载，简要归纳如下。

1. 职业分布的特点与局限

从业领域不均衡。妇女从业的部门在城市以服务性行业为主，包括餐饮、娱乐、色情、家内服务、小商贩。跨地域的长途贩运及经商活动极少有记载，应该与商品经济发展阶段有关。农村妇女则耕织并举。这种从业分布的不均很大程度上是由于畸形消费的发达。

2. 经营范围及规模的特点与局限

平民妇女多为小商小贩，经营成本极为微薄，由于一般妇女经济不独立，所以基本没有独立经营较大规模工商业的可能，她们的经营范围往往是以餐饮、旅店等地点比较固定的服务性行业为主，她们在经营活动中一般是作为丈夫、父亲或主人帮手的角色，如崔尉子母(卷一二一)、估客女谢小娥(卷四九一)、贾人妻(卷一九六)等。板桥三娘子经营的规模略大，但以餐饮为主。公主、贵妇这类贵主，也有的参与经营，且规模较大，由于这些贵主往往恃权弄势，与民争利，影响很坏，以至于皇帝不得不下诏"诸王公主及宫人，不得遣人在市肆兴贩，及于邸店沽卖出举"①，但不具普遍性。

3. 活动地域的特点与局限

妇女由于各种条件的限制，外出跨地域的活动极少。像卷五三《王法进》，有女冠自剑川历外邑，在游历时，以替人消灾禳祸为生；卷七〇《徐仙姑》，自称已数百岁，"善禁呪之术，独游海内，名山胜境，无不周遍"。看来女道士外出游历是有一定普遍性的，但一般妇女就很少。

妇女跨地域经商或从事其他经济活动的极少，主要在本乡本土。如茶园，季节性、劳动密集性突出，妇女也成群结伙出来在茶园做佣工，但没有离开本乡。谢小娥为报仇，背井离乡做佣工，不得不女扮男装。流动性的经营活动也有，如女巫，但也主要在本乡。像《唐国史补》记载的俞大娘那样跨地域的经商活动基本没有记载，可见极少。再如卷一九六《荆十三娘》记载的有豪侠之气的荆十三娘，她的活动区域也不出温州、润州、苏

① 白居易：《白氏六帖事类集》。

州、扬州等江浙地区。南北地区是有差异的，南方劳动妇女为人佣作比较普遍，如张守珪茶园雇工男女兼有，达数百人，但并未离乡。岭南某些地区是男耕女庖，而非男耕女织，前所举岭南女子因厨技好，则“俚民争婚聘”，可见因岭南地区重视美食，竟使传统意义上的女工有了异地不同的“标准”。

从事屠宰业的也多为妇女。

卷四八三《南海人》（出《南海异事》），南海解牛多女人，谓之屠婆屠娘。

在一般情况下，奴婢以从事家内劳动为主。但边远地区有可能不同。例如，岭南地区仍存在大量使用奴婢从事生产劳动的情况。

卷一六五《邓佑》，安南都护邓佑，家巨富，“奴婢千人，恒课口腹自供，未曾设客”。

岭南地区买卖女口比较盛。

江表女子主动提出离婚的似不在少数，应与她们具有较独立的经济地位有关。

4. 妇女参与社会经济活动的被动性

《太平广记》中有大量关于婢女、女口、女乐、女伎、妓女等的买卖（包括买卖婚姻）、馈赠、贡献、掠夺等记载，在这类经济活动中，妇女的参与是被动性的。

官私对婢女、乐伎、妓女等的需求量都很大，官宦及大户人家有女乐女妓十数人、数十人乃至上百人都很普遍。于是妇女往往成为被买卖、馈赠、劫掠的对象，由于畸形奢侈性消费的膨胀，形成巨大的消费市场，其中女性成为被消费的大宗。

一是，直接将妇女作为某种商品求售、买卖。

卷四五《衡山隐者》，有乐人将女儿带到寺院，公开出售嫁女，“求五百千”，后隐者付黄金二百两。

卷四五五《昝规》，唐长安人昝规因丧母，又遭火灾，家产焚毁，儿女六人皆幼，饥寒交迫，其妻决定自卖于人，以解困乏，丈夫被迫同意。于是有一富老出钱十万买走。

卷四五一《李麐》(出《广异记》)，“东平尉李麐初得官，自东京之任。夜投故城，店中有故人卖胡饼为业，其妻姓郑有美色。李目而悦之……乃以十五千转索胡妇”。郑妻可能参与买卖胡饼，也有可能是胡人，而且价钱合适，就可随意转手买卖。

卷一一七《刘弘敬》，刘弘敬有资财数百万，为嫁女，买了四名女奴，“用钱八十万”。

卷四五八《李黄》(出《博异志》)，孀居家贫，为还债而甘愿委身有妻室之李黄。

卷一七七《于頔》，某连帅买一婢，“给钱四十万”。

卷二一九《梁革》，按察使于敖有一“青衣”，“一旦以笑语获罪，斥出货焉，市吏定直曰七百缗”。公开出售家内“青衣”，并由管理市场的市吏定价。

卷三六六《曹朗》，文宗时曹朗任松江华亭令，任期将满时，于吴郡置宅，“又买小青衣，名曰花红云，其价八万，貌甚美”。

官府规定，买卖奴婢，须公验立券，私下买卖、超价或不立市券者都要受罚。① 还有专门从事人口买卖的牙人，或称“牙侩”，活跃在大城市的各市场上。“青衣”、美妓、婢女都是他们经营的范围。

卷三七二《张不疑》，张不疑寓居京师，“欲市青衣”，有牙人专门承揽，送“货”上门，任其挑选，当面看“货”定价。张不疑还通过“牙侩”以六万从崔氏孀妇手中买到一婢。另一说为张不疑花十五万从崔氏孀妇手中买得一婢名金釭，“有姿首”，后有道士认为是致祸之源，金釭闻之大骂口：“婢有过，鞭挞之可也，不要，鬻之可也，一百五十千尚在，何所忧乎。”

卷四八五《无双传》，王仙客将沦入别人家的使婢赎出。

卷一六七《赵骅》，赵骅将因战乱而沦为婢女的韦氏女赎出。

卷二七〇《周迪妻》，因战乱，“人相略卖以食”。周迪“饥将绝”，其妻自卖得数千钱，以济周迪还乡，周迪赶救不及，“其妻首已在于枅矣”。

二是，作为馈赠、贡献及赐予之物。

---

① 《唐六典》卷20《京都诸市令》；《唐律疏议》卷26《杂律》。

卷二七二《浙东舞女》，浙东贡舞女二人，歌如“鸾凤之音”，“舞态艳逸”，备受君主宠爱，“藏之金屋宝帐”。

卷四八五《柳氏传》，天宝年间，李生将自己的“幸姬”让给朋友韩翊，并且资助他三十万以参加科考。后李生困顿“乏食”，柳氏“鬻妆具以自给”。

卷一六九《裴宽》，裴宽“罢郡西归”，结交一知心朋友，于是“举一船钱帛奴婢贶之”。

卷一七七《李绅》，李绅赠酒妓与张郎中，赠歌妓与刘禹锡。

卷二三九《韩全诲》，昭宗时宦官掌权，韩全诲为“密求宫中阴事”，“访京城美女数十以进”。

女乐、女伎作为赐予物，数量也很大。唐后期城市风气尚奢靡，“京兆办局甚盛”①，不论官私办局必饮酒召妓。即使像京师胜业坊富人王氏“性俭约”，但亦“家有妓乐，端丽者至多”②。大都市由于奢侈性消费的畸形发展，对女伎、倡优等需求量很大，买卖妓女很普遍。

卷三五一《韦氏子》，韦氏子“门阀甚盛，尝纳妓于洛，颜色明秀，尤善音律”。

卷三五二《李云》，前南郑县尉李云于长安“求纳一妓”。

边境地区，因社会经济相对落后，有地区差价，贩卖人口可以“倍射其利”，所以很兴盛，其中女口占很大比例。

卷一六六《吴保安》，郭仲翔“使人于蛮洞市女口十人，皆有姿色”，为赠人之用。

卷一八八《元载》，元载子伯和“势倾中外，福州观察使寄乐妓十人”。

朝廷曾下诏禁止岭南地区买卖男女人口③，“柳州土俗，以男女质钱，过期则没入钱主”④，可见此风炽盛。孔戣为广州刺史时，曾“禁绝卖

---

① 李昉等：《太平广记》卷 362《姜皎》。

② 李昉等：《太平广记》卷 348《郭鄩》。

③ 宋敏求：《唐大诏令集》卷 109《禁岭南货卖男女敕》。

④ 《旧唐书》卷 160《柳宗元传》。

女口”①。

一些酒家往往有酒妓或使婢，以招徕顾客及支应杂事。这些酒妓和婢女也有不少是通过市场买卖而来。

5. 因宗教信仰或祈福免灾等方面的支出

妇女在这方面的支出不逊于男子。

卷一六三《安乐寺》，安乐公主为造安乐寺，用钱数百万。

卷四九五《李抱贞》（出《尚书故实》），因一僧当众自焚，“（潞州）士女舍财亿计”。

卷四一《黑叟》，杭州观察使皇甫政因无子息而携妻陆氏，到宝林寺魔母堂祈请，“请以俸钱百万贯缔构堂宇”，陆氏则愿以“脂粉钱百万，别绘神仙”。

三、妇女社会经济活动与社会风尚

与其他朝代相比，唐代妇女的社会环境是比较宽松的，缠足的陋习还没出现，有更多社会活动的空间和自由，在社会经济活动中也更为活跃。男装、胡装的流行，更适于妇女的外出活动，妇女抛头露面在公开场合活动或进行经营性活动很普遍。

卷五二《殷天祥》，鹤林寺杜鹃花有异象，“节使宾僚官属，继日赏玩。其后一城士女，四方之人，无不载酒乐游纵。连春如夏，自旦及昏，闾里之间，殆于废业”。

卷四四八《何让之》，唐神龙中上巳日，“洛中游春冠盖”，有人赋诗云：“野田荆棘春，规格绮罗新。”

卷七七《叶法善》，玄宗时正月灯节，凉州“车马骈阗，士女纷杂”。东都凌空观设坛醮，“士女往观之”。

卷八二《李子牟》，“江陵旧俗，孟春望夕，尚列影灯，其时士女缘江，軿阗纵观”。

卷三七《阳平谪仙》，妇女结伴逛市场，还因在市中饮酒而大醉。

卷四九七《吴武陵》（出《本事诗》），李渤为桂管观察使，在球场致宴招

① 王钦若等：《册府元龟》卷689《牧守部·革弊门》。

待新任副使，“妇女于看棚聚观”，引起副使的不满，认为这是对他的不敬。

卷四二三《龙庙》，汾水贯北都太原，有一龙自南桥所建龙庙中出，“倾都士女皆纵观”。

卷四八四《李娃传》（出《异闻录》），长安有东西二凶肆，为“互争胜负”，约定在天门街举办“士女大和会，聚至数万”。说明妇女经常参加此类活动。

正式宴会，往往妇女也可入席。

政府对妇女的人身征发仍在不同程度以不同形式存在，但趋势是逐渐减轻的。

妇女奴婢不授田，相对减轻了对妇女的征敛。隋代还有妇女被征发的记载，唐代正役不见役及妇女，但十国中的后蜀因大事兴建，“妇女不免土木之役”[①]。

随着人身依附关系的减弱，在掖庭、少府劳作服役的官奴婢人数逐渐减少。对妇女的人身征发主要体现在官府和京城服役的官婢、营妓、教坊乐伎，但官婢一般是以户为单位，分番执役，控制也趋于松弛，逐渐采取和雇的方式。官府对各地承担贡赋的贡户的控制也逐渐松弛。[②]

中央铨选体制的确立和科举制的发展，使得官吏和举选人的集中性和流动性很大，唐宋城市化的进程也使人口日益向大都市集中，在很大程度上促进了都市娼妓业、娱乐业和服务业的兴盛，影响了流向大城市妇女的数量、从业趋向以及城市居民的人口构成。

皇室及贵族妇女直接参与经营性活动，也是唐代社会经济活动的特色之一。但与宋朝皇室相比还是逊色多了，不过这是后话。

原载邓小南主编：《唐宋女性与社会》，上海辞书出版社2003年

---

① 李昉等：《太平广记》卷241《王承休》。

② 中国中古奴婢制度可参看李天石：《中国中古良贱身份制度研究》，南京，南京师范大学出版社，2004。

隋炀帝最后的日子

紫泉宫殿锁烟霞，欲取芜城作帝家。玉玺不缘归日角，锦帆应是到天涯。于今腐草无萤火，终古垂杨有暮鸦。地下若逢陈后主，岂宜重问《后庭花》？

这是晚唐著名诗人李商隐的《隋宫》，他有感于隋炀帝下江都（今扬州）、建离宫、开运河、造龙舟，耽于淫乐，虚拟了与南朝末代皇帝陈后主（叔宝）同为亡国之君在地下相见时的情景。历史上的陈后主才情过人，荒淫丧国；隋炀帝雄才大略，贪暴失位。两位亡国之君，不仅政权易手，离世之地和葬所也进行了南北易位。以西北关中之地为立国根本的隋炀帝，离世之地和葬所之地都在风月无边的扬州；沉湎于江南温柔之乡的陈后主，却长眠于荒冢漫坡的洛阳邙山。

隋炀帝，姓杨名广，隋朝开国皇帝隋文帝杨坚的次子，在弑父杀兄的疑云中，登上帝位。在位时，修驰道，掘长堑，四方巡游，宣扬国威，加强统一；为更有效地控制关东和江南地区，营建东都洛阳；开凿运河，打通南北水路交通，顺应并推进了经济重心南移的历史大趋势；积极进行了一系列的制度创设和改革，尤其是科举制的确立，不仅适应了当时社会阶层变动的需要，也奠定了选拔人才的基本标准，影响了一千多年的历史。隋炀帝继承其父文帝杨坚家业，积聚了大量财富，隋亡时，“天下储积，可供五十年”①，正如宋人所云：“古今称国计之富者，莫如隋。”②同时，也因三征高丽、三游江都、屡起兴造、征伐不已、不恤民力而引发内叛外乱，在席卷全国的农民起义和各地贵族军阀群起割据的夹击中，即位短短十四年，盛极一时的隋王朝便土崩瓦解，隋炀帝本人也命丧江都。晚唐诗人罗隐的“君王忍把平陈业，只博雷塘数亩田”③，流露出诗人对炀帝生前

① 《资治通鉴》卷192“唐太宗贞观二年春正月丁巳”。

② 《文献通考》卷23《国用考一·历代国用》。

③ 彭定求等：《全唐诗》卷657《炀帝陵》。

赫赫伟绩与凄凉结局而生出的无限感慨之情。当然，也没有想到，时隔1395年，雷塘因新发现的隋炀帝墓志而引发的风波。

隋炀帝于公元618年亡于江都，李渊在长安称帝，建立唐朝，但隋朝盛极而衰的转折点应该追溯到大业十年(614年)，此时，隋炀帝刚刚平定隋朝开国功臣大贵族杨素之子杨玄感联合众多贵族功臣子弟的反叛，统治集团四分五裂、各怀异心，全国各地“盗贼”蜂起，但他仍不顾群臣的反对，兴起第三次征高丽战役，两败俱伤，虚功而返。大业十一年，又匆忙第三次北巡，以镇抚雄踞北方、屡为边患的突厥。不料，早已觊觎中原的突厥始毕可汗率数十万骑兵突袭，将隋炀帝围困在雁门，幸亏远嫁始毕可汗的义成公主出手援救，谎称“北边有急”，始毕可汗撤围，隋炀帝才逃过一劫。脱险后，他从太原回到东都洛阳，面对中原狼烟四起的严峻局势，却下诏建造数千艘龙舟，准备三下江南。大业十二年，各路农民起义军中势力最强的瓦岗军在河南连战连捷，先后攻破金堤关，占领荥阳诸县，消灭隋军悍将张须陀，声势大振，中原局势已经失去控制。隋炀帝没有选择坚守洛阳，也没有听从臣属“百姓疲劳，府藏空竭，盗贼蜂起”①，应及早返回京师长安的劝谏，不仅已经丧失了重振河山的雄心，惶恐不宁，寝食难安，甚至夜晚还需要数名宫人拍抚才能入睡。整日沉湎于肆意游乐，流连于西苑，令人捉得数斛萤火虫，夜出游山，光照山谷。同时，他继续为南游做准备，征集江南十郡兵数万人，大事建造毗陵宫苑，周围十二里，其中有离宫十六所，另建凉殿四所，仿东都西苑之制，“奇丽过之”。于是有“乘兴南游不戒严，九重谁省谏书函？春风举国裁宫锦，半作障泥半作帆”②的诗句以讽喻隋炀帝为南游劳民伤财。七月，隋炀帝便迫不及待地乘坐造好的龙舟三下江都，并赋诗云：“我梦江都好，征辽亦偶然”③，似乎打高丽只是权宜之策，而江南才是他魂牵梦绕的归宿。他前后杀掉了劝阻南行的数名官吏，开启了从逃亡最终走向覆亡的不归之旅，也应了当时上

① 《隋书》卷65《赵才传》。

② 李商隐：《隋宫》(一作《隋堤》)，见彭定求等：《全唐诗》卷539。

③ 《资治通鉴》卷183“隋炀帝大业十二年秋七月壬戌”。

书之人所言："陛下若遂幸江都，天下非陛下所有。"[①]大业十三年，隋炀帝离开东都洛阳后，中原局势发生了巨变。李密领导的瓦岗军，汇聚多支义军，攻占隋朝第一粮仓兴洛仓，开仓赈济，迅速聚集数十万民众，发布讨隋檄文，全力进攻东都，彻底断绝了隋炀帝返回东都之路。临危受命镇压农民军的王世充抵挡不住，只能退保洛阳；李渊从晋阳直入关中，另立杨侑为恭帝，遥尊炀帝为太上皇，明显有取而代之的意图；全国各地义军蜂起，连江南也有杜伏威、辅公祏义军如火如荼。618年，是隋炀帝在世的最后年头，这时蜷缩于江都的隋炀帝似乎已经陷入精神全面崩溃的状态，有时觉得自己性命难保，照着镜子对萧后说："好头颈，谁当斫之?"有时又对自己未来的命运存有一丝幻想，对萧后说："外间大有人图侬，然侬不失为长城公(陈后主)，卿不失为沈后(陈后主妻)"，并自嘲说："贵贱苦乐，更迭为之。"[②]他妙选江南美女充斥后宫，宫中设百房，每房有众多美女轮流做东设宴，整日酒杯不离手，昼夜狂饮。随驾南下的十多万侍卫骁果将士，大多是关中人，"见帝无西意，谋欲叛归"[③]。为了安抚思归的骁果，隋炀帝将江都一带的寡妇、未嫁之女强行配予将士，甚至先奸后配。但这些敷衍举措并不能平息骁果将士愤懑的情绪，统领骁果的虎贲郎将司马德戡等，推关陇贵族时任右屯卫将军的宇文化及为首，联络宫内外各关键部门人员，并放出谣言，"陛下闻说骁果欲叛，多酿毒酒，因享会尽鸩杀之，独与南人留此"，迫使骁果将士"谋叛愈急"[④]。三月十日晚，数万骁果将士举火起事，城内外呼应，并未遇到有效抵抗，迅速攻入宫中。面对叛军，隋炀帝质问："我何罪至此?"叛军首领之一马文举历数炀帝十大罪状，"违弃宗庙，巡游不息，外勤征讨，内极奢淫，使丁壮尽于矢刃，女弱填于沟壑，四民丧业，盗贼蜂起，专任佞谀，饰非拒谏"。炀帝承认"我实负百姓"，但却不理解反叛将领"荣禄兼极"，为何还要造反。叛军首领

① 《资治通鉴》卷183"隋炀帝大业十二年秋七月戊辰"。

② 《资治通鉴》卷185"唐高祖武德元年三月己酉"。

③ 《隋书》卷85《宇文化及传》。

④ 《隋书》卷85《宇文化及传》。

司马德戡的回答是："溥天同怨，何止一人!"①隋炀帝知道这一天会到来，早准备好毒药令所幸诸姬随身携带，但此时亲随皆四散逃亡，为维持君主尊严，他不希望受锋刃之辱，于是自解练巾，被缢杀而亡。萧后与宫人撤漆床板为小棺，草草葬到西院流珠堂。八月，隋江都太守陈棱得到唐高祖李渊的允许，将炀帝改葬于吴公台下。唐武德二年(619 年)，再次改葬于扬州雷塘。

隋炀帝生前身后，恶评如潮。大业九年，杨玄感起兵，宣称："为天下解倒悬之急，救黎民之命"②，"废昏立明"；出自瓦岗军祖君彦之手的讨隋檄文，痛斥隋炀帝"罄南山之竹，书罪无穷；决东海之波，流恶难尽"③，成为传诵千古的名句；唐高祖李渊，取"好内远礼炀，去礼远众炀"，追谥其为"炀帝"；主修《隋书》的魏徵引用了《尚书》中的"自作孽，不可逭(逃避)"④作为评价之辞；大史学家司马光主编的《资治通鉴》则详细描述了隋炀帝退困江都后"隋失其鹿、豪杰竞逐之"的末世光景，"人情汹汹"、众叛亲离的窘迫处境，隋炀帝濒死欲生的尴尬心态，并分别借瓦岗军之讨隋檄文，李世民欲乘"主昏国乱"的"天授之时"，劝李渊"顺民心、兴义兵"⑤的说辞，从驾骁果(亲军)相约谋反，指斥炀帝"溥天同怨"的十大滔天罪行，表达了作者的褒贬倾向。

民间广泛流传着多部与隋炀帝有关的传奇与野史小说，如《南部烟花录》(一名《大业拾遗记》)及《炀帝开河记》《隋史遗文》《隋唐志传》《隋炀帝艳史》，清人褚人获集大成为《隋唐演义》⑥等，分别揭露了修凿大运河民工的悲惨境遇，炀帝骄奢淫逸的生活，生动描绘了以瓦岗军为首的"十八路反王，六十四路烟尘"等反隋英雄英勇豪迈的历史画面。

从唐到清，历时 1000 多年，主流社会与民间野史异口同声，交相抨

① 《资治通鉴》卷 185"唐高祖武德元年三月己酉"。

② 《隋书》卷 70《杨玄感》。

③ 《资治通鉴》卷 185"隋恭帝义宁元年夏四月丁未"。

④ 《隋书》卷 4《炀帝纪下》。

⑤ 《资治通鉴》卷 183、卷 185。

⑥ 褚人获：《隋唐演义》。

击，“骄怒之兵屡动，土木之事不息”①，隋炀帝遂成为暴虐同于秦始皇、荒淫过于陈后主的一代暴君、昏君。

当代历史学家对隋炀帝的研究，可以分为三个阶段。

20世纪50年代到70年代末，大部分人持不需争论的态度，延续此前历代朝野的恶评。在掀起为曹操翻案展开讨论的背景下，1959年，万绳楠发出不同声音，认为隋炀帝是有作为的君主，功大于过，但很快遭到反驳。此后，争论沉寂了20多年。

20世纪70年代末到90年代上半期，学术研究逐步走向正轨。例如，美国学者芮沃寿、《剑桥隋唐史》作者杜希德、日本学者布目潮沨，以及台湾学者黄仁宇、香港学者杨永泉、大陆学者高敏等，都纷纷发表评论，认为不能以“末代昏君”论定隋炀帝，也不能以胜败定功过。

20世纪90年代后半期至今，越来越多的学者加入了讨论，举办了多场专门的研讨会，上百篇论文，十几部专著，长篇历史小说、影视文学作品迭出，异彩纷呈。有学者疾呼“愿天下人还他个公道”，希望更多的人从正面、积极的角度重新评价隋炀帝。如果说80年代以前的讨论可以分为：功微罪重派，功过比较派，功大于过派，那么随着时代的变迁，回归学术的本义，对历史人物认识的深化，以及对隋唐历史的深入探讨，学界对隋炀帝的评价，脱离了非此即彼、功过分成、暴君明君之争的固定模式，更加理性，更加客观和科学，涉及的领域更广泛。诸如隋炀帝的历史作用和历史功绩，隋炀帝的民族政策与周边民族关系、文化策略等，隋炀帝的官制改革，巡游的目的，三征高丽的背景，三下江都的原因，当时中日关系的发展，宗教政策，隋朝灭亡原因与隋炀帝的关系，隋炀帝才能、性格特点与缺陷等问题都进行了更深入的讨论，包容不同声音的胸怀也更为宽广。

隋炀帝创造了丰功伟绩，也因暴虐、奢侈、荒淫及个人性格缺陷给广大民众带来深重苦难，并导致盛极一时的隋朝众叛亲离、迅速崩溃，他以一句“我实负百姓”为自己做了总结。借古人之语而改之，身后可谓：“墓

① 《隋书》卷4《炀帝纪下》。

草无人随意绿，空梁何处落燕泥。”终于成为悲剧性的历史人物。这种巨大的反差，不仅令人纠结，也同样困扰着古人。晚唐诗人皮日休《汴河怀古》诗所云：“尽道隋亡为此河，至今千里赖通波。若无水殿龙舟事，共禹论功不较多。”如何客观、立体、从多元性的角度评价包括隋炀帝在内的历史人物，这首诗已经给了我们很好的启示。

原载《光明日报》2013 年 5 月 9 日《理论·史学》版

李泌评说

唐朝近300年国运，英才辈出。李泌自少年出入禁中，历事唐朝玄、肃、代、德四君，官至宰相，身经诡谲多变的政治风云，游宦于权臣佞幸之间。虽然他文采不如杨炎，武勇不如郭子仪，理财不如刘晏，直谏不如陆贽，但史学大师司马光却对他极为推崇，誉为自姚崇(开元名相)以来第一人。

李泌六世祖李弼，为北魏末年的一代名将。但传至李泌父承休，官位不显。李泌少时聪敏，博涉经史，精究《易象》，文笔甚佳，又工于诗，常以王佐自负。

玄宗开元年间，盛世气象，文人名士风流倜傥，唱和应酬，高谈阔论；武夫雄踞边关，守疆拓土，建功立业。玄宗皇帝雍容大度，佛、道、儒三教精英兼容并蓄。开元十六年(728年)，当代大贤员半千之孙员俶，是年9岁，入禁中升座答难，机锋迭出，语惊四座，竟无人能屈之。玄宗十分惊异，因而问他："童子岂有类汝者?"员俶朗声答曰："臣舅子李泌。"①

李泌弱龄应召入宫，玄宗正与燕国公张说观棋。为试李泌才之高下，张说以"动静方圆"为赋，借棋局即兴而发："方若棋局，圆若棋子。动若棋生，静若棋死。"咏罢，恐李泌年幼，悟性不够，遂教示一二，嘱其可借意虚作，不可具实道出"棋"字。不想李泌应声对曰："方若行义，圆若用智。动若逞才，静若遂意。"②深得旨趣，意在棋外，引得大唐天子怜爱无比。

自从得到当朝天子盛誉，李泌出入王府，结交名士，优游京师，一晃已然15周岁。一日，至书房，研墨挥笔，慨然赋歌，直抒胸臆："天覆吾，

---

① 《新唐书》卷139《李泌传》。

② 《新唐书》卷139《李泌传》。

地载吾，天地生我有意无？不然绝粒升天冲，不然鸣呵游帝都。焉能不贵复不去，空作昂藏一丈夫。一丈夫，一丈夫，平生志气是良图。请君看取百年事，业就扁舟泛五湖。”①雄心壮志、平生抱负跃然于字里行间，但不免锋芒毕露。诵者多称颂不已，唯张九龄劝诫道：“早得美名必有所折，宜自韬晦，斯尽善矣。藏器于身，古人所重，况童子耶？但当为诗以赏风景、咏古贤，勿自扬己为妙。”②张九龄，开元名相，才鉴超群，文词冠士林，风仪雍雅。李泌听此肺腑之言，遂虚心正己，藏器栖志。在此后错综复杂、诡谲万变的宫廷权力斗争中，李泌能避邪远害，大概正是得益于此。

李泌虽屡遭构陷，几起几落，却为肃、代、德三朝天子所信重，正如司马光所说，靠的是他审时度势的过人智谋。

他的智谋表现在对政治、军事大局的宏观把握上。有两件事较为典型：一是安史之乱爆发后对肃宗提出的制敌之策；二是德宗时提出的阻止吐蕃东进之策。

天宝末年，掩盖在盛世之下的政治、经济、军事、民族等诸方面的矛盾日益激化。镇守北边的蕃将安禄山、史思明，利用手中兵权，发动蓄谋已久的叛乱，横扫河北，势如破竹，直捣两京，大唐赫赫国运猝然中衰。玄宗仓促间奔蜀，太子李亨借途中百姓遮留之机，北上灵武（今宁夏贺兰），即皇帝位，是为肃宗。此时，李泌因受到杨国忠排挤而隐居嵩山，奉诏冒难奔赴灵武。

由于郭子仪、李光弼率御西北精锐朔方军蕃汉步骑5万人马内调平叛，屡战屡胜，又有回纥及西域诸国兵自请入援，江淮一线，赖张巡、许远拼死固守，而叛军将领日夜纵酒豪饮，专以声色财贿为意，失进取之心，内部矛盾重重。因此，叛军进攻势头被遏制，形势已向有利于唐廷的方向发展。

肃宗仍忧心忡忡，恨不能即刻龙飞九五，御驾金銮。他急召李泌问策，强敌何时可破？李泌认为，安史叛军将掠夺的金帛美女，悉数送往范阳，这岂是雄踞四海、一统天下之志？现在只有胡人将领追随他们，汉人

① 李昉等：《太平广记》卷38《李泌》。

② 李昉等：《太平广记》卷38《李泌》。

除少数变节分子外，其余不过是胁从而已。由此预测，不过二年，天下就可无寇。他劝肃宗不要心急，欲速则不达。又为肃宗分析天下形势：王师兴兵，征讨顽虐，乃民心所向。但贼寇精锐尚全，王师应图万全之策，不留遗患。贼中骁将，不过数人而已。今若令李光弼自大原出井陉(今河北井陉西北)、郭子仪自冯翊(今陕西大荔)入河东(道名，今山西地区)，则叛将史思明、张忠志不敢离范阳(今北京地区)、常山(今河北正定)，安守忠、田干真不敢离长安。郭、李布成箝势，以两军禁其三地，系其四将。敕令子仪不可恃势取华阴(长安东 90 公里)，使洛阳与长安之道常通；再将所征之兵驻守扶风(长安西 80 公里)，与郭、李二军互出击贼。贼救首则击其尾，救尾则击其首。贼北守范阳，西救长安，往来数千里，疲于奔命。我军则以逸待劳，贼至则避其锋，贼去则乘其疲，不攻城，不遏路，贼精卒劲骑不逾年必疲惫不堪。来春再命建宁王取道塞北南下，与光弼军成南北犄角之势，共取范阳，直捣叛军巢穴。贼众退无归所，留驻两京又非久安之策，军心动摇，然后我军举众四合而攻之，必获全胜。

这是李泌纵观天下大势，权衡敌我优劣，经深思熟虑而提出的从根本上解决的制敌方案。当时就有人称赞到：李泌之策可与诸葛亮《隆中对》定三分天下策媲美。司马光亦指出，如肃宗用此策，史思明岂能再为关、洛之患!

德宗朝，朝内权相佞臣攻讦不已，四方藩镇屡兴兵难，而边疆形势又极为严峻。西南南诏依附吐蕃，西北回纥、吐蕃远交大食(古波斯帝国)、天竺(古印度王朝)；吐蕃借安史之乱，乘机东侵，据西域，陷河西，策马陇右，剽掠长安，每逢秋麦成熟时，便发兵侵扰，不断蚕食唐境，同时频频西征，与大食争夺中亚。唐廷内不能解忧，外不能平患，常顾此失彼。

时李泌已居相位。他透过错综复杂的内外矛盾，深入分析唐与周边民族及南亚、西亚等强大势力的连环关系，得出结论：边患之中，吐蕃威胁最大；回纥曾助肃宗两复京都，有功于唐，虽然屡兴兵侵犯，但现可汗已多次有修好的表示，正可利用；南诏自汉朝以来就臣属中国，玄宗天宝年间，杨国忠借故发兵征讨，使其背唐而臣附吐蕃，但苦于吐蕃征敛苛重，早有归唐之心；大食雄踞西域，版图辽阔，与天竺皆仰慕中国，因与吐蕃争夺中亚，结为世仇。唐应采取利用矛盾、区别对待、远交近攻、集中突破的方针。具体说来，就是北和回纥，南通南诏，西接大食、天竺。与回纥修和，则吐蕃不敢轻易犯边，西北边军又可以回纥马补充军需；招抚南诏，则断吐蕃右臂；交好大食、天竺，则吐蕃西进遇挫，无暇东侵。几面受敌，吐蕃必自困。

李泌之策，德宗虽然首肯，但唯独坚决不同意与回纥修好。德宗早年为太子时，曾受辱于回纥。即位后，回纥兵又曾助叛军困德宗于奉天，因此耿耿于怀。回纥多次请求和亲以续旧好，德宗一概不理。李泌反复陈述利害，劝德宗为社稷大计，推至公之心，屈己徇人，达15次之多，巧妙化解德宗尚存的种种疑团，并许德宗和谈时将以五事约束回纥：一是，称臣；二是，称子；三是，每次遣使不得过200人；四是，互市之马每次不得过千匹；五是，不得携中原百姓及胡商出塞。回纥可汗一一遵从。德宗非常高兴，问李泌：回纥对你为何如此畏服？李泌巧妙地答到：这是凭陛下的威灵，我没有出什么力。这样既解决了问题，德宗又挽回了面子。

李泌不仅有宏观把握大局的智慧，也有避邪远害的忍辱应变之才。玄宗朝，李泌待诏翰林，供奉东宫。杨国忠忌其才辩，于是他潜遁名山，习隐自适。肃宗朝，因宠任过重，佞臣李辅国害其能，于是他坚辞官职，避祸归隐。代宗朝召还后，又先后遭到权相元载、常衮的忌恨，贬徙远州。他在地方任职，治理有方，风绩卓然。元载被诛后，一度还朝，但很快又被常衮排挤到远州。李泌宠辱不惊，临难自若，耐心地等待时机。德宗即位后才召还。

还可称道的是李泌在缓解财政窘况方面所起的作用。

唐后期，国用浩繁，支度甚广，而有些开销又不加检点，府库常常告罄。李泌虽然不如刘晏理财有方，不类元载聚敛无度，但在开源节流方面却扎扎实实地做了几件事。一是德宗朝任相后，即刻遣散长期留居京师达数十年之久、仰赖度支供顿的胡客、胡商4000余人，或归国，或授职隶禁军，仅此每年即省度支钱50万缗。二是建议用累年积存于国库已脆败之纺织品交换吐蕃运粮之牛，冶铸农器，籴麦种，分赐沿边军镇，募戍卒耕种关中荒田。关中土沃而久荒，戍卒获利，国家有粮。戍卒因屯田致富，安于其土，不复思归。更代期满，愿留者即以所开田为永业，家属愿来者州县提供方便，数年后关中兵、粮悉足。此法颁布后，戍卒应募，“愿耕屯田者什五六”①，在一定程度上缓解了戍兵不安心守边、军粮匮乏的状况。

此外，德宗朝，李泌曾单骑入陕州城安抚欲作乱之兵，推擢张建封为徐泗濠节度使，确保江、淮漕路畅通；建议区别对待自安史之乱以来擅自截留租税、私行征敛的地方官吏；劝罢诸道贡献及宦官借旨宣索等陋规等。这些都表现出他为国殚精竭虑，甚至置个人安危于不顾的良好品质。

德宗曾对李泌论及即位以来的诸宰相评价到：崔佑甫性格狭隘急躁，稍一受到诘难，则应对失次；杨炎论事多有道理，但气色粗傲，动辄勃然大怒，丝毫不顾君臣之礼；卢杞过于谨慎小心，学识又浅，不能与他共同讨论大事。德宗认为李泌与上述三人都不同，进谏时言语深切而气色和顺，举例得当，虽受反复诘难而辞理不屈，又无争强好胜之志，直说得人心服口服而不能不从。由此可看出李泌不仅能坚持原则，而且擅于把握肃、代、德三朝不同的政局，揣摩不同君主的心理、性格特点以及自己所处的位置，运用合适、灵活的方式，因而无不收到较好的效果。

李泌好故弄玄虚，故为世人所轻。后世史臣以李泌好纵横大言，常持黄老、鬼神之说，多有贬词。司马光却颇不以为然，认为：李泌为相，观其处置天下事，自姚崇以来无人能比。持黄老、鬼神之说，纵横大言，世人以为轻薄，实亦是用智。于肃、代父子之间，论复兴形势，言无不效。及李辅国、张氏之间，而能保全代宗，言无不行。元载之谗，卒能自免，可谓智也。至于与德宗论天下事，了若指掌，以肃、代之信用而不肯居相位，以德宗之猜忌而坦然当之，亦智也。洁身远害，量而后入，谏行言听，智略无方，弘济中兴，历朝贤相，无有如此之大智者！

原文载《文史知识》1997 年第 5 期

史实依据《新唐书》《旧唐书》《资治通鉴》《邺侯外传》

《唐国史补》《太平广记》等

① 《资治通鉴》卷 232“唐德宗贞元三年”。

笔记小说与唐宋城市社会经济研究

主讲人：宁欣

博士研究生：张春兰、殴燕、陈瑞、孙丽丽

硕士研究生：张天虹、刘艳秋、李红梅、张海威、胡平

宁欣：自20世纪80年代以来，中国古代城市研究成为历史学关注的热点，而且经久不衰，我近年来的研究更关注中国古代城市经济社会，研究重点是唐宋时期这一段。

我们知道，唐宋时期是中国古代商品经济发展的又一个高峰期，城市变化是社会发生深刻变化的集中表现，城市的数量、空间分布、职能和类型、人口数量和结构、人口流动、人口文化结构、城市网络体系、城市市场商品流通和商品结构的变化是城市变化乃至社会变化的集中反映。

张春兰：我最近听了几次学术讲座，有些想法，主要是想了解近年的城市经济社会研究有什么重要成果和特点吗？

宁欣：应该说，以都城社会为中心的研究，为不少学者所重视，成果蔚为大观。在这次讲课中，我希望大家首先看一些影响大，研究更有特点且具有代表性的专著和论文。

一是日本老一代学者加藤繁的《中国经济史考证》①，很多题目都是中国古代城市社会经济具有开拓性的研究；二是杨宽先生的《中国古代都城制度史研究》②，是第一部中国都城制度综合研究的专著；三是史念海先生的都城系列论文，他创立的“古都学”，用历史学与历史地理学对都城社会进行综合研究；四是以妹尾达彦系列研究为代表的都城研究新空间（全球视野、礼仪空间、宇宙都城等）体系。

张海威：我们觉得李孝聪老师的城市地域研究、荣新江老师的长安研

---

① 加藤繁：《中国经济史考证》，北京，中华书局，2012。

② 杨宽：《中国古代都城制度史研究》，上海，上海古籍出版社，1993。

究及综述、辛德勇老师的历史地理文献释读考证等的多视角研究对我们的启发也很大。

宁欣：另外，阎文儒、李健超、杨鸿年等先生对唐代长安和洛阳城市文献实证性研究应该说解决了很多具体问题，是我们进行研究时必须依据的。城市史比较研究等，也取得了引人瞩目的成绩。可以说，城市经济与社会研究的深度和广度都达到了比较高的水平。

张天虹：隋唐五代笔记小说的史学价值，堪与出土文书、石刻碑志鼎足而立，20 世纪中叶，鲁迅先生对小说史进行了具有开拓性的研究①，陈寅恪先生"以诗证史"的代表作《元白诗笺证稿》，实际上也是以笔记小说证史的经典之作，从而使史学界重新审视笔记小说及其史学价值。

隋唐五代时期是笔记小说取得重大发展的关键时期。20 世纪 80 年代以来，学者们在关注出土文书和石刻碑志的同时，也逐渐开始重视对笔记小说中史料的发掘、整理，以及对笔记小说本身的研究。但与文学史领域的研究相比，史学领域相应的研究广度和深度尚嫌不足。

据笔者粗略统计，1980 年至 2002 年，国内以隋唐五代笔记小说为主要史料或主要研究对象的研究论著近 30 本，论文 300 余篇。各类研究粗略可分为总体性研究、政治、经济、社会、史料等方面。

孙丽丽：研究城市社会与经济，文献和考古发掘都很重要，笔记小说方面提供的信息，我们应该有充分的认识。

宁欣：唐宋社会变革是史学界关注的热点之一，城市面貌变化亦是唐宋变革的重要论题。唐宋时期是中国古代笔记小说发展的关键时期。笔记小说为我们提供了丰富的史料，笔记小说本身的发展和演变也为我们提供了认识唐宋社会变化的丰富历史社会信息。

包括街谈巷议、道听途说在内的杂事、异闻、琐语，古人均归入小说类。宋代城市社会文化发展的结果，小说与说话等合流，小说逐渐演绎成主角为虚拟人物且有完整情节的故事，向现代意义上的文学体裁演进，成为一种文体，而非题材。宋人赵令畤《侯鲭录·元微之崔莺莺商调蝶恋花

① 鲁迅：《中国小说史略》，北京，中华书局，2010。

词》有言："夫《传奇》者，唐元微之所述也。以不载于本集而出于小说，或疑其非是。今观其词，自非大手笔孰能与于此！至今士大夫极谈幽玄，访奇述异，无不举此以为美谈。"南宋洪迈《容斋随笔》云："唐人小说，不可不熟。小小情事，凄婉欲绝，洵有神遇而不自知者，与诗律可称一代之奇。"是从文学的角度看唐人小说，而且仅限于"情事""凄婉"的传奇小说。他的上述说法基本反映了宋以后一部分文人对小说的认识与界定。鲁迅认为："小说亦如诗，至唐而一变，虽尚不离于搜奇记逸，然叙述宛转，文辞华艳，与六朝之粗陈梗概者较，演进之迹甚明，而尤显者乃在是时则始有意为小说。"

笔记由于只是对一种文体的概括，自然不属于目录学中的任何一类，古人对它的定义范围似在虚实之间。虚者，是将与辞赋对称的散文统称为笔记，如《艺文类聚》卷四九梁王僧孺《太常敬子任府君传》云："辞赋极其情深，笔记尤尽典实"；实者，是泛指一切杂记见闻，如《辞源》云："宋宋祁着有《笔记》，始以笔记名书。南宋以来，凡杂记见闻者，常以笔记为名，如龚颐正的《芥隐笔记》，陆游的《老学庵笔记》。也有异其名为笔谈、笔录、随笔者，如沈括的《梦溪笔谈》，杨彦龄的《杨公笔录》，洪迈的《容斋随笔》。"汉人所云的"街谈巷说"，刘知幾所说的"偏记小说"，实际就是后人所谓的笔记。

唐宋时期，笔记由街谈巷议的异闻、琐记向杂记、见闻过渡，进而又以考史、专题、百科等题材和形式为主，实际上已经不受体裁和题材限制。小说走向文学领域，与笔记因虚、实而有了明确区分。但由于传统观念上，笔记小说类都属于为正史所不取的"不经之说"，很少有人对其中的史料进行系统整理和深入发掘。

胡平：随着笔记小说著述的丰厚，宋人在述史、考史时已逐渐重视对笔记小说的采摭与利用，而且也更多地以记实性的笔记形式述史、证史与考史。由唐入宋，城市商品经济的发展，促进了都市社会的平民化。以文人记事、考史为基本内容，读者群体以文人士大夫为主体的笔记，与在俗讲、话本等基础上发展起来的，读(听)者以城市(镇)居民(包括常住人口和流动人口)为主体的小说开始逐渐分流。刘知幾界定的杂史范围，恰恰是宋世以后笔记的范围。宋以前虚实混淆、真伪交叠的传奇类著述，宋以后则成为近世意义小说的滥觞。

宁欣：宋人笔记中有大量关于唐五代的记述，但由于有一个时间差，笔记数量在宋代又有一个飞跃，于是，研究唐史的学者因为没有系统的汇集和索引，无法广泛利用，研究宋史学者，也没有系统的参照物，两相不便。唐宋时期是中国历史上社会变革的关键时期，小说入史观念的形成，记实型、专题型、百科型笔记的兴盛，都是与社会变迁、城市发展、政治形势、官僚士大夫的状态密切相关，不少研究者也注意到了这点，但这些变化蕴含的深刻社会、经济、文化原因等还可更深入的发掘。

刘艳秋：我曾对笔记小说提供的与城市商业服务业有关的信息进行统计，得出几点认识，城市生活服务业的发展是显而易见的：①在唐朝中期以后，生活服务业在整个商业中所占比重明显增加；②有关生活服务业的记载有逐渐增加的趋势；③生活服务业经营内容与项目有逐渐扩大的趋势；④从业人员的身份逐渐复杂和多样化，从事生活服务业的人员在身份地位上不再局限于专门的工商业者，还包括普通百姓、官僚、军吏、寺庙道观里的僧道尼姑，甚至没落的世家大族子弟；⑤经营方式更加灵活多样；⑥服务内容与人们的日常生活关系更加密切；⑦商人的专业性则更强(如专门卖饼、卖鱼饵、卖药引子、卖皂荚，等等)；⑧城市服务业出现了新的行业增长点；⑨传统性服务业发展更趋完善和成熟，像雇佣服务业、租赁业、丧葬业这些行业则在原有基础上发展得日趋成熟。

宁欣：其实，我们还可以归纳和总结的远不止于这些。不过，当我们用统计数字说话的同时，也应把更多的注意力放在个案研究上。所谓的个案研究，可以以一篇笔记(或小说、传奇)为个案研究的基础，如《太平广记》中的传奇《李娃传》记述：唐长安城有东西二凶肆(经营丧葬用品)，经常采取展示卖品、角逐哀挽声乐的方式互较胜负，进行商业竞争。东肆物品以奇丽胜出一筹，而西肆歌手哀挽音声屡占上风。东肆偶然得知被西肆救助的落魄举子郑生有一副绝好歌喉，于是用二万钱将其挖走，秘密加以培养。二肆长相约在天门街展示“佣器”以“较优劣”，当天“士女大和会聚至数万”，“四方之士尽赴趋焉，巷无居人”。西肆歌手“旁若无人”，唱罢，自以为"独步一时"，不承想郑生"举声清越，响振林木"，"曲度未终，闻歔欷掩泣"，西肆长受到众人嘲笑，不仅输掉了罚直五万，还输掉了脸面，"惭耻"而"潜遁"。我们不仅应该从文学的角度去看，还应分析这些曲折的情节中提供了什么历史社会信息。简单的提示一下：至少我们可以看到城市文化娱乐活动与工商业发展密切相关；城市商业竞争利用了街道的公众效应，采取广较声乐的文艺娱乐方式，这类的商品促销活动往往搞得丰富多彩、有声有色。

李红梅：还有一个比较典型的例子。《乐府杂录·琵琶》载："贞元中，有康昆仑，第一手，始遇长安大旱，诏移两市祈雨，及至天门街，市人广较胜负，及斗声乐即，街东有康昆仑琵琶最上，必谓街西无以敌也。遂请昆仑登彩楼，弹一曲新翻羽调《录要》(即《绿腰》也)。其街西亦建一楼，东市大诮之。及昆仑度曲，西市楼上出一女郎抱乐器，先云：'我亦弹此曲，兼移在枫香调中。'及下拨，声如雷，其妙入神。昆仑即惊骇，乃拜请为师。女郎遂更衣出见，乃僧也。盖西市豪族，厚赂庄严寺僧善本(姓段)，以定东廛之胜。翌日，德宗召入，令陈本艺，异常嘉奖，乃令教授昆仑。"那么这也是记述艺人较艺的，康昆仑较琵琶新曲败阵的故事，正如老师所说，长安城中街东街西两大商业势力，在争夺市场和商业影响的过程中，分别借助于皇室集团与僧侣集团，明争暗斗。

宁欣：唐代笔记小说中描绘了不少活跃在长安的商人。窦乂，据《乾𦠆子》记载，是唐德宗至文宗时期活跃在长安的商人，经常被史家引以为适逢其会、富有经济头脑的成功商人的范例，在《太平广记》收录的唐代商人专篇中，"窦乂"也是最长最完整的一篇。据载，窦乂十几岁独闯京城，以习业为名借居于京中任高官的伯父家庙，出售亲识所赠丝履得钱半斤，以此为本，先后从事种植榆树待成材后出售、雇佣劳工制作法烛、西市买地填洼建旅店、加工玉器、木材加工、买卖官职经纪人、投资人等经营活动，行业涉及木材种植业、燃具加工业、旅店建造与租赁业、娱乐器具加工业、玉器加工业、经纪人、金融业，包括种植、加工、建筑、旅店、金融等行业，主要经营活动是在德宗至文宗开成初年。以往研究多将注意力放在窦乂如何白手起家，如何因具有灵活的经营头脑而善于抓住商机致富。但唐朝城市市场并不是完全成熟的市场经济，进入城市市场的门槛与经营过程中的非市场因素，以及权力寻租在交易中的表现，在窦乂一文中都有反映，但往往被人们忽视。

这样的例子在唐宋笔记小说中还可以收集和发掘出很多生动而具体的实例。

张天虹：应该说笔记小说中包含的大量历史信息仍有充分发掘的广阔空间，材料的可靠性问题仍然是束缚着历史研究者手脚的桎梏；对笔记小说作者本身以及他们作品具有的社会性、时代性、思想性的研究还远远不够。正所谓“一切历史都是当代史”(克罗齐)、“一切历史都是思想史”(科林武德)，我们不能忽略小说作者对“当代史”的演绎和诠释。同时，我们应该认识到历史不只是精英们的历史，那些普通民众才是构成历史的主体，而社会在发展过程中毕竟在大部分时间里也不总是处于激烈的变革之中，民众的注意力也非集中在上层的政治斗争、变革等。这正如今天我们更加关注身边的生活一样。笔记小说往往具有口述史的特征，它更多的记载民众的日常经济生活、习俗、信仰等。在一定程度上，更加接近当时社会比较普遍的生活、生存状态。

宁欣：商品经济的发展推动了唐宋城市化进程，城市，尤其是都城城市布局、居民结构、社会生活方式、人文景观、价值观念等呈现出不同于以往的特点。商品经济给都城带来活力，通过开放式的管理，坊市相通，城关经济区发展带动的城市经济边缘化，大宗日用商品的汇聚、流通，各类人的往来、流动，都城在开放与流动中呈现多姿多彩的风貌。唐宋时代是科举制的黄金时期，再加上造纸印刷业的长足发展，文人士子勤于撰述、痴于撰述，留下大量笔记、小说类的作品。由于文人属于文化精英群体，他们或锐意功名，或忧国忧民、愤世嫉俗，或优游官场、追逐风月，或流寓辗转、颠沛流离，生活的多重性和深厚的文化底蕴，笔记小说成为他们宦海沉浮、情感风波、世态炎凉、洞观社会的载体，由于没有体例和内容的约束，他们听到的、看到的、想到的、经历过的、想象编造的都舒展和由性地记录下来。有一部分比较可信，可补正史之不足，也有很多荒诞、谬误之作，还有很多内容不可考。由于是当时人记当时事，即便是风闻、编造，我们仍能从中了解当时人社会生活、价值取向的各个方面。唐宋文人亲身经历了都市发展变化的过程，在商品经济浪潮裹挟中，优游沉浮，于是他们笔下的唐宋都市不再仅仅是高筑的城墙、森严的城门、中规中矩的坊市，我们可以感受到流动的韵律中那鲜活的生命力、那如诗如画的风貌、那如泣如诉的情感寄托。我们今天研究唐宋社会，笔记小说的作用不仅仅是拾遗补阙功能，是堪与诗文、碑刻呈鼎足之势的重要史料来源。

总之，唐宋时期社会总体变化、不同社会群体心态变化、城市面貌变化等研究，需要历史研究学者在综合发掘唐宋笔记小说的基础上，不断开拓。

原载《历史教学问题》2007 年第 4 期

从历史观的角度阐释唐五代小说文化
——读《唐五代小说的文化阐释》

《唐五代小说的文化阐释》①是继《唐代小说嬗变研究》《唐代小说与中古文化》之后程国赋先生奉献给学界的又一力作。该书以文学——文化研究作为立足点与出发点，通过对唐五代小说文化内涵的阐释，以期达到“分析唐五代文化思潮对小说创作的影响”和“通过小说看历史，看当时的文化背景”之目的。

该书共分七章，第一章为“唐五代小说与史官文化”，主要探讨小说历史化的现象及其成因，从“诗笔”的融入、戏剧化倾向、叙事模式的差异诸方面总结了小说文体独立化的趋势。

第二章为“唐五代小说与门第”，概括了唐五代小说所反映的门第观念的具体内涵、门第与朋党的关系、门第观衰落的原因，并就门第观念对唐五代小说创作主体、小说结局的影响加以分析。

第三章为“唐五代小说与科举”，探讨了行卷之风与小说之兴两者之间的关系，归纳出科举对士风以及文士生活的影响，分析了科举与朋党的关系。

第四章为“唐五代小说与宗教”，探讨了佛、道二教在唐五代流传的情况，以及儒、道、佛，三者斗争与融合的发展趋势，分析了佛道题材小说常见的三种情节模式，并总结了佛、道二教与小说的形象塑造、叙事结构之间的密切关系。

第五章为“唐五代小说与婚恋思想”，从六个层面加以探讨：一是，文士与妓女题材小说；二是，人与异类恋爱小说的文化内涵；三是，女性地位；四是，宫女生活；五是，马嵬情结；六是，同姓不婚。

第六章为“唐五代小说创作与商品经济”，主要阐述以下几个问题：唐

① 程国赋：《唐五代小说的文化阐释》，北京，人民文学出版社，2002。

五代小说中商人形象塑造及其文化底蕴；商人的土地情结、儒本情结和官本位情结；胡商现象的文化内涵；商业观念对小说创作的影响。

第七章为“唐五代小说与士子的文化心态”，主要探讨了唐五代小说作家较为普遍的心理追求：怀旧心态、宗儒心态、空幻心态等，勾勒出唐五代文士心态嬗变的历程。①

迄今为止，学术界将小说作为主体进行研究的论著，主要集中在文学史领域，成果可谓荦荦大观。张燕瑾、吕薇芬主编《20 世纪中国文学研究·隋唐五代文学研究》第十六章对 20 世纪的隋唐五代小说的文学研究成果做了系统的回顾与展望。② 但文学史研究学者，更注重研究小说的题材、体裁、人物、创作，而历史研究学者则更注重小说的史料价值，史学史领域的学者对此投入了更多的关注。

王国维先生提出的“二重证据法”，突破了史学只重传世文献的传统，强调传世文献与出土实物的并重及互证。此后，随着史学的发展（包括思想方法与实物及概念的扩大），学者们又提出三重、四重乃至多重证据法，说明人们认识历史的途径趋向多元化。就传世文献本身来说，也有一个如何甄别、评价和使用的问题，人们从注重正史到对非正史材料投入更多的关注，正是对传世文献再甄别、再评价、再使用的过程。陈寅恪先生的《元白诗笺证稿》被誉为“以诗证史”的经典之作，但书中大量考据史实的参照资料其实是取自笔记小说的。鲁迅著《中国小说史略》③，笔记小说的史料价值已逐渐被认识与积极肯定。但笔记小说史料价值的评判，以及如何使用笔记小说中的材料与信息，还是一个有争议的问题。

此前与笔记小说有关的研究大体分为两类，一类是从小说演变史的角度，鲁迅的《中国小说史略》为开山之作，刘叶秋的《历代笔记小说概述》④为经典之作，另一类是近年衍生出的以断代、题材、体裁、通史（实为专

① 各章概要摘自该书“前言”。

② 张燕瑾、吕薇芬：《20 世纪中国文学研究·隋唐五代文学研究》，北京，北京出版社，2001。

③ 鲁迅：《中国小说史略》，北京，中华书局，2010。

④ 刘叶秋：《历代笔记小说概述》，北京，北京出版社，2011。

史类)的“中国小说史丛书”系列①，说明学术界对笔记小说的研究已经全面展开，笔记小说在新的起点上又成为近年研究的热点。

就具体研究来看，分析单篇和分类研究是近年研究的主要模式，新见迭出，不乏精彩之作，但也有些研究不够深入，对具有史料价值的信息发掘不够深刻。有的文章以论述文体、题材、情节等见长，但探讨更深的社会层面的内涵失之肤浅；对史料价值的把握不够准确，往往流于就事论事或论者的想象成分掺杂其中；有的论著对社会背景发掘不深入，对史学领域的相关研究了解不够，因此，在将研究视角突破文学史的局限转向历史社会层面时，可能会有史料释读方面的误解或对史学领域的研究成果不熟悉的局限。

程国赋不是就小说谈小说，而是从文化历史观视角研究唐五代小说的内涵，在一定程度上避免了文学史研究与历史学研究的各自局限性。笔者认为程书成功之处有以下几点。

一是作者对唐五代小说从文化历史观的角度审读，力求开阔视野，避免因“文”论史，以“文”代史的局限。目前，有些论著尚未摆脱这种局限。

作者集十数年功力，通过系列研究、积累资料和观点锤炼，其研究已成系统。例如，对《莺莺传》《古镜记》《李娃传》的综述，专著《唐代小说嬗变研究》②。本书正如作者所说，是“有关唐五代小说的横向研究”。作者从文化的视角切入，又不囿于文化层面，而是对小说涉及的广阔历史画面和社会政治与社会生活深层次的诸多问题进行了条理与剖析，意义深刻。作者从社会、心理、经济、宗教方面都进行了探讨。有些论述是很精彩的，观察问题也比较细致入微。

二是作者虽然进行的是文化阐释，但可以看出是文化历史观的努力，因此涉及的内容与以往文学史研究有区别。据张天虹统计，20 世纪 80 年代以来，研究笔记小说的论文，1980 年至 2002 年，国内以隋唐五代笔记小说为主要史料或主要研究对象的研究论著近 30 本，论文 300 余篇。如果将各类研究粗略分为综论性研究及政治、经济、社会、史料等几方面研

① 浙江古籍出版社出版，共 18 种。

② 程国赋：《唐代小说嬗变研究》，广州，广东人民出版社，1997。

究，则思想文化类研究，约占一半，经济类研究最少，约占二十分之一。但程书没有厚此薄彼，作者专门辟出一章，分析唐五代小说创作与商品经济的关系。这说明作者对笔记小说的发展与城市商品经济的关系有清醒与充分的认识。

作者强调了小说繁荣与城市化进程发展的关系，“就唐五代小说而言，从中唐兴盛的小说到晚唐出现的话本，也都呈现出通俗化的趋势。唐五代，随着商业经济的发展，城市化进程加速，涌现了不少人口众多、商业繁荣的大都市”，“以城市为背景的小说越来越多”，“以市民阶层作为小说的主要描写对象之一”(207～208 页)①。作者总结出唐五代小说中，很多篇目都以都市为创作背景，以长安为背景的最多，以洛阳、扬州、金陵、广州等为背景的也不少，在以都市为背景的创作中，市民作为主要描写对象之一，包括手工业者、乞丐等。实际上，描写城市各阶层的群体，精英文化与平民文化的交流与互动是这一时期的特点。程书的视角扩展到社会广阔的层面和群体，根据他的统计，《唐人小说》所收的 68 篇唐人小说中有相当部分的作品是以都市作为创作背景的，其中又以长安为故事发生地点的小说最多(208 页)。李时人编校《全唐五代小说》②“网罗有唐一代文献，收录小说或接近小说规制的作品 2114 篇”③，如能以该书为依据，做一全面统计，应更有意义。据刘艳秋统计，《全唐五代小说》一书中，共有 170 条直接与商贾有关的记载。

因此，研究中古城市社会，笔记小说的信息与线索是重要的甚至是不可替代的。正史中忽略的，墓志中掩藏的，都通过文人之笔化为生动的细节。近年日本学者妹尾达彦的探索《唐代后期的长安与传奇小说——以〈李娃传〉的分析为中心》④，通过对传奇小说《李娃传》的分析，揭示长安城市

---

① 此处为引用该书的页数，下同。

② 李时人：《全唐五代小说》，西安，陕西人民出版社，1998。

③ 陶敏、王友胜：《〈全唐五代小说〉书评》，见《唐研究》第 7 卷，北京，北京大学出版社，2001。

④ 妹尾达彦：《日本中青年学者论中国史·六朝隋唐卷》，上海，上海古籍出版社，1995。

结构的变化与当时长安的庶民文化，应该说揭示了社会较深层次的内容。他的另一篇文章《“才子”与“佳人”——九世纪中国新的男女认识的形成》①也同样精彩，可以参看。在城市史，尤其是城市社会经济生活史的研究当中，小说成为主要的资料。

作者对笔记小说中有关社会各层面的反映很注意，“门第是研究唐五代小说不可回避的一种社会现象和文化现象”(39 页)，“唐代重视门第的风气不仅对小说创作产生影响，而且在史书修撰中也留下不少痕迹”(46 页)。笔记小说中卢、王、郑、李等大姓经常出现，作者认为应与重视门第有密切关系，并且从政治地位、文化传统、婚姻关系、家法门风、经济实力五大因素论述了包括笔记小说在内的文献中反映的唐五代门第观念的内涵。

但如仅以创作的体裁、题材等角度谈笔记小说，不是历史学的目的。因为，唐五代的笔记与小说还没有分离，笔记与小说的作者已有创作意识和创作笔法，但更多的初衷与目的是实录、警世、记闻，因此，真人真名屡见，笔记与小说的作者以此表示所记为其五官亲历。

还有几点浅见仅供参考，因笔者比较熟悉的领域是科举制与商品经济，所以主要集中在这两个话题。

误释问题。第六章引《朝野佥载》何名远事，作者将何名远“以袭胡为业”，解释成“家中富有，依然以袭击胡人为业”，“才能维持富有的家产，可谓奇事”(186 页)。我们都知道，此处的“袭胡”应作“与胡人做纺织品(或服装)生意”之义，而非“袭击胡人”之义。

史料比较问题。唐五代历时三百四十余年，即使是同一类型的群体，在不同时期的表现和作用也是有区别的，不应一概而论。例如，第 185 页，关于商人能迅速致富的原因，如裴明礼与窦义②虽然都经商，但两人在时间、身份和环境等方面都是有区别的，不能一概而论。第 188 页，商人的“土地情结”，也同样不能一概而论。随着城市的发展，城市商品经济的活

① 妹尾达彦：《“才子”与“佳人”——九世纪中国新的男女认识的形成》，见《唐宋女性与社会》，上海，上海辞书出版社，2003。

② 李昉等：《太平广记》卷 243。

跃，相当数量的商人是依靠城市起家，有着浓厚的“城市情结”，如窦义、罗会①、王元宝②、邹凤炽③等，在他们身上已经找不到与农业有关的“土地情结”了。

简单化问题。仅举几例：第 181 页，引《河东记》“板桥三娘子”条，作者得出“三娘子的家产就是通过这种非法手段积累的”结论，这恐怕还要斟酌。小说中“利用邪法将(男性——笔者注)客人变成驴子”，从而聚敛不义之财的情节，更有可能是反映了轻商、仇商而且是对女性经商成功的鄙视心理。第 193 页，引《玉泉子》买卖官位的一段材料，应该分析，商人在中晚唐能凭借经济实力得到的官职，一般是两类：一类是藩镇利用奏授、辟署等方式吸纳一批商贾及子弟进入幕府并得到相应的职衔；另一类是买获得证明职衔的“告身”，并无真正的职务。具体如《玉泉子》所云：“自宰相、翰林学士、三司使皆有定价，因此致位者不少。……至有白身便为宰相者”，不完全符合实际。对唐中后期的宰相出身，可参考吴宗国《唐代科举制度研究》④一书。《资治通鉴》卷 242 穆宗长庆二年：“商贾胥吏，争赂藩镇，牒补列将而荐之，即升朝籍”，这是商人曲线获取官衔官职的捷径与通途。

第 206 页，作者认为“受商业大潮的冲击，文士不以谈钱为耻，吴武陵公开向当地行政长官索求钱物，以资助他赴京参加科举考试”。实际上，任职地方的高官资助举子，与商业大潮并无直接关系，有涉舆论和义务，而非利益关系。第 167 页，作者提到贱民女性，举妓女为例，不知是否看过高世瑜《唐代妇女》⑤一书，唐代妓女的身份地位有区别、有变化，不能一概而论，如杨国忠的夫人原为“蜀中之大娼也”⑥。

有的结论还应再斟酌。有些属于可以进一步讨论的问题，如史学与小

---

① 李昉等：《太平广记》卷 243。

② 李昉等：《太平广记》卷 495。

③ 李昉等：《太平广记》卷 495。

④ 吴宗国：《唐代科举制度研究》，北京，北京大学出版社，2010。

⑤ 高世瑜：《唐代妇女》，西安，三秦出版社，1988。

⑥ 李昉等：《太平广记》卷 240《杨国忠》。

说的关系(37 页)；有些属于分析不够深刻的问题，如科举与奢侈之风兴起的关系(100 页)；有些属于对史学领域的研究成果了解不够的问题，如科举与门第，科举与朋党，妓女群体等。希望“文史不分”的传统继续延续，给“文”和“史”都带来新的启迪与思考。

原载荣新江主编：《唐研究》第十卷，北京大学出版社 2004 年

原题目为《书评：程国赋〈唐五代小说的文化阐释〉》

中　篇

古代经济的衍化与中国社会的发展道路——何兹全教授访谈录

宁欣：何先生，您七十多年的学术历程，从中国社会史入手，把您自己的学术抉择与时代命运紧密相连，而又始终以中国社会史研究为中心，对社会史研究的发展阶段和今后社会史研究的道路都有自己独到而执着的见解，能就这方面谈谈您的想法吗？

何先生：从20世纪20年代末30年代初的中国社会史论战算起，中国社会史研究已有70多年的历史了。这70多年的社会史研究，我认为大体可以分为三个阶段，新中国成立前是一个阶段，50年代初到70年代末是一个阶段，80年代以后是一个阶段。

1926—1928年北伐战争时期，我15～17岁，已稍稍懂事。这是一次革命高潮，在革命高潮中，处处可以感觉到马克思主义的存在，可以说马克思主义是这次革命高潮的灵魂。当时上海出现很多小书店，出版有关辩证法、唯物论、唯物史观的书。我是这些书的贪婪的读者。随后在思想界出现三个论争：一是，当代社会性质的讨论；二是，当代农村社会性质的争论；三是，中国社会史的论战。对前两个问题的讨论，我兴趣不大，很少接触。对社会史论战，我兴趣很高，各派的文章我读过很多。当时神州国光出版社把中国社会史论战的文章集结起来，先后出版了几大厚册，我的印象中，每册都有六七十万字。文章的作者，大都自称为马克思主义者，骂别人为非马克思、反马克思主义者。我认为，二三十年代之交出现的中国社会史论战和中国社会性质、农村社会性质的论战，反映的是马克思主义在中国发展的一次高潮，是一次影响很大的高潮，是20世纪中国史学史上应该大书特书的。

新中国成立后，每个人都努力学习马克思主义，这是思想改造的大问题。我们的马克思主义是从苏联进来的，教条主义也跟着进来。在史学界，范老(范文澜)的西周封建说正独步天下，郭老(郭沫若)的春秋战国之际封建说也有很多人支持。在“百家争鸣、百花齐放”口号的感召下，我也大胆地写了《关于中国古代社会的几个问题》①，提出“东汉以来，奴隶制向封建制的过渡和封建社会的成立”。“文化大革命”后期，郭老的春秋战国之际封建说代替了范老的西周封建说，成为中国社会史分期的主流。

中国社会史是中国历史发展演变的主流，研究中国社会史应该是研究中国史的主流。

中国历史分期问题，迄今尚无定论，这是坏现象，也是好现象。这正好促使中国历史研究者，特别是中国社会史研究者，对中国社会历史做更深入的研究。

我在20世纪30年代和40年代，发表了多篇关于中国社会史的论文。我在这些文章里提出了一些与别人不同的见解。20世纪90年代初，我出版了《中国古代社会》②，系统阐述了我对中国社会历史发展道路的与人不同的见解。

宁欣：您一贯强调理论与材料并重，您认为两者的关系应该如何阐释和理解呢？

何先生：在任何学科研究中，材料和理论、方法都是应当并重的。材料是基础，理论是提高。没有材料，研究个啥？没有理论，研究会停滞在低水平，很难提高甚或永远提不高。理论、材料并重，本来是个不成问题的问题，但在学术界却一直是个争论不休的问题。就中国社会史来说，也已争论了数十年。

理论、方法是什么？就历史学科来说，理论、方法是人对客观历史的理解和认识。人对客观历史的理解和认识不断提高，人观察客观历史的理论方法也就不断提高，也就不断提高认识客观历史的能力。

胡适先生、傅斯年先生都强调：“一分材料一分货，十分材料十分货，没有材料便没有货。”他们都忽略了同一分材料可以出低级货，还可以出高

① 何兹全：《关于中国古代社会的几个问题》，载《文史哲》，1956(8)。

② 何兹全：《中国古代社会》，郑州，河南人民出版社，1991。

级货。举个例子说，《论语》上有一句话："子曰：先进于礼乐野人也，后进于礼乐君子也。如用之，则吾从先进。"两千多年来，对这句话有很多解释，大多从仕进先后释先进后进，从朴野释野人。实在说，对野人、君子都是不得其解。姑且承认它也是一种解释，一分材料出了一分货，也是低档货。直到近代，傅斯年先生才对这句话做出确切的解释。野人指殷人，君子指周人。周灭商后，把一些商人氏族部落分给周族贵族殖民，到外地组成不平等部落联盟。殷人居住在野，被称为野人。周人城居，比殷人高贵，被称为君子。礼乐代表文明。先进入文明的是野人、是殷人。后进入文明的是周人，称为君子，即贵人。①

这段材料已存在两千年，为什么两千年来的古人不能从这一分材料里提出一分货，要等傅斯年先生才能提货？无他，傅先生手里有了从认识客观历史总结出来的理论和方法，有了近代西方的先进史学理论和方法。从这角度来看，我们也可以说："一分理论一分货，十分理论十分货。没有理论便没有货。"但这样说，和说"一分材料一分货，十分材料十分货，没有材料便没有货"一样，都失之偏颇。对待材料和理论方法的态度应当是：重材料，也重视理论方法。材料是基础，没有材料便无货可出，没有原料，出个啥货？理论、方法是提货单。有了理论方法才能提货，才能提出质量高的货。

和材料、理论问题有关的，我曾写过一篇《客观的历史与主观的历史学》②。在这篇文章里我说过："就人对客观历史的认识能力来说，它是随人类社会的发展、进步而进步的。人对历史客观实际的认识，是逐渐接近历史客观实际的。由不认识到认识，由浅到深，由假到真。历史实际，是客观的，客观存在的。历史学家对历史客观的认识，即历史学，是主观的。历史学家要不断改进自己的照相机即认识能力(我在文章里曾把人认识客观的能力比作画像和照相机)，使历史学逐步接近更接近客观历史实际，不要满足于路途中(过程中)所认识的假象。"我还写过一篇《争论历史

① 参看傅斯年：《周东封与殷遗民》，见《民族与古代中国史》，石家庄，河北教育出版社，2002。

② 何兹全：《客观的历史与主观的历史学》，载《北京日报·理论周刊》，2001 08 20。

分期不如退而研究历史发展的自然段》[1]。我说："人类历史长河在发展过程中是有变化的，有变化，就有段落，这就是我说的自然段落。我叫它自然段，重在它是自然存在的、客观的。各段落的特点、特征是什么，段落的变化在何处，这是历史学家首要的研究课题。"

历史自然段和历史分期、社会性质的关系是：前者是客观实际，是基础，是本；后者是主观意识，是上层，是末。提出研究自然段的意义在于：重事实，重材料。研究中国历史，先重事实研究，少定框框。事实没有摸清楚，不要急于定社会性质。研究中国历史，先让中国史料说话。"一分材料出一分货，十分材料出十分货，没有材料便不出货。"这个提法是有问题的。但在空论太多时，不妨用来提醒自己。

重视材料，让史料说话，并不是反对理论，不用理论，至少我个人没有这个意思。理论就是思想。世上不存在没有思想的人，也就是说不存在没有理论的人。思想理论，就是人对自我和人对客观世界的认识。人的思想理论，是不断发展、不断进步的。现代人和古代人、原始人对自我和对客观世界的认识不一样。思想理论来自客观，是客观世界在人脑子里的反映。客观世界不断发展进步，人的思想理论就不断进步。人类社会越进步，人类的思想文化素质(也就是理论)就会越高，对社会历史的认识和对客观实际的认识也就会越高越深刻。理论是在反复中提高的，认识是在反复中加深的。提出先研究历史的自然段，重事实，重材料，不是不要理论，要的是更高层次的理论。

两篇文章重点不是在论述材料和理论轻重的本身，但都在说明材料和理论的深层关系。

我为《人民日报》海外版新闻交流中心编纂的《中国专家学者辞典》自选词条里，曾对我的学术风格做了如下的评述，我说："我继承了中国史学传统，重材料，重论证，重把问题本身弄清楚。我受西方史学思想、马克思史学思想的训练和影响，重视从宏观、微观看问题，从发展上看问题，

---

① 何兹全：《争论历史分期不如退而研究历史发展的自然段》，载《光明日报·史林》，1999-01-29。

从全面看问题，形成我宏观、微观并重，理论、材料并重的学术风格。”更确切地说，这是我心向往之的学术风格，还没有做到的学术风格。话不能说过了头。

目前我主编的《中国中古社会和政治研究丛书》①，即将由商务印书馆出版，我在序言中就指出：要重视历史上所走过的弯路，重视这种偏差。一本书也可能材料多些，也可能理论多些；一本书可能重在宏观，也可能重在微观。但我们希望整套书，是在理论、材料并重，宏观、微观并重的思想指导下完成的。这是中国社会和政治史研究的正路，是做学问的正路，也是我们编这套书的指导思想。

20世纪80年代后，随着改革开放，海外商品经济、技术和资本涌入中国，西方国家的学术、史学思潮和著作也涌入中国。辩证唯物史观一时有进入低潮的趋势。这是学术因素以外的人为原因造成的。辩证唯物史观还有极强的生命力，是先进的。我们坚持辩证唯物史观，以辩证唯物史观推动中国社会史研究，我们必须走理论、材料并重，宏观、微观并重的道路，避免偏颇。我想《中国中古社会和政治研究丛书》只是开个头，以后再逐步扩展。

宁欣：针对当前社会史研究领域的多元化倾向，您认为社会史研究的对象、社会史研究的主流、社会史研究的主导面以及社会史研究的目的是什么呢？

何先生：我曾经写过一篇《研究人类社会形态、结构及其发展和发展规律是社会史研究的主流》②的文章，明确阐述了对上述问题的看法。我认为：社会学、社会史研究的对象是社会结构、生产形态及其发展变化，中国社会史研究应以社会经济史研究为主。中国学术七十多年的社会史研究（包括新中国成立前和新中国成立后），走的两条路：一条路，偏重宏观，主要研究社会形态、社会结构；另一条路，偏重微观，研究家庭、风俗、习惯、社会调查等。前者如社会史论战中的各派和随后出现的食货派，后

① 商务印书馆已经陆续出版。

② 何兹全：《研究人类社会形态、结构及其发展和发展规律是社会史研究的主流》，载《天津社会科学》，2001(4)。

者的代表则是中央研究院社会研究所。新中国成立后，第二条路即马克思主义道路形成高潮，但又受到教条主义的干扰。改革开放以后，西方社会史和社会史理论进来，后一条路又发展起来，我主张两者应该合一。社会、社会史的内容是比较广泛的，人类衣食住行、风俗习惯、社会生活的各个方面，都是社会和社会史研究的内容，但社会结构、社会形态及其发展规律才是社会学、社会史研究的主体。掌握人类社会发展规律、发展方向，知道人类社会向何处去，这是社会学、社会史研究的主导面。掌握了这一主导面，才能更好地发挥人的主观能动性，为改造社会、改造世界做贡献，对人来说，这是最主要的科学，最大的学问。因此，社会史可以研究社会生活等具体问题的方方面面，但核心和主体问题是人类社会形成和发展的问题，研究的目的是掌握发展规律和方向，发挥人的主观能动性，为人类社会发展做贡献。

宁欣：何先生，魏晋南北朝隋唐是您社会史研究的重点，自 20 世纪 30 年代首倡“魏晋封建说”，不断充实和完善，已经形成了中国古代社会分期研究的系统理论和体系。您对这一时期提出有新意的见解：交换经济到自然经济，自由民、奴隶到依附民，人口分割制，寺院经济，士家、兵户身份的低落、依附民化等，都属于社会史研究的范畴，并且抓住了这一时期历史变化、社会经济变化的关键问题，在学术界产生了重大影响。

何先生：我在《爱国一书生——八十五自述》①中曾强调：“汉魏之际，社会经济有变化，这大约是研究这段历史的都能看到的，因为这是历史事实，但认识这变化是由古代到封建社会形态的变化而又给它以系统的理论说明，并以可靠的历史文献证成其说，大约是我第一人。是功是过，是对是错，我都要争这个第一，当仁不让。”

1934 年下半年开始，我在《中国经济》月刊和《食货》半月刊上发表的文章，已认为汉魏晋之际是中国封建社会的开始时期。1934 年 9 月出版的《中国经济》“中国经济史专号”上，刊登了我的文章《中古时代之中国佛教寺院》。在文章开头的“引言”里我就说：“中国历史的分期，至今尚无公认

① 何兹全：《爱国一书生——八十五自述》，上海，华东师范大学出版社，1997。

的定说，本篇所用中古时代，是约指从三国到唐中叶即从3世纪到9世纪一时期而言”；“中古中国的社会是封建社会”；“寺院是披着一件宗教外衣的，所以在封建关系的表现上也特别显著”。随后，我在《食货》半月刊上发表了几篇文章，大体都是阐述魏晋封建说的。在这时期，我对中国封建社会的特征——自然经济、农民的依附化和农奴化、人口分割制等，已有初步认识。在所写的文章中，对这些认识都初步有所反映。这是20世纪30年代，我对汉魏之际封建说(或称魏晋封建说)所提出的一些论点。

新中国成立后，西周封建说是中国历史分期的主导学说，史学界的长者——范文澜、吕振羽、翦伯赞，都持此说。郭沫若原持秦汉统一封建开始说，后来把封建开始提到春秋战国。毛泽东说，三千年来中国都是封建社会。西周封建说，和此最合拍(我不知道是毛泽东受范文澜的影响，还是范受毛的影响)。春秋战国开始，也还勉强，汉魏(魏晋)封建说，便成了反对毛主席的歪说。尚钺写文章支持魏晋封建说，便成了群起而攻之的靶子。我当然不敢说话了。

但肚里有话，是憋不住的，憋住难受。50年代初，我写了《汉魏之际社会经济的变化》①。在这篇文章里我讲了四个问题：一是，从城市交换经济到农村自然经济；二是，从编户齐民、奴隶到部曲、客；三是，从土地兼并到人口争夺；四是，从民流到地著。从表面上看，文章只讲事实，社会变化，一点不讲社会性质，变化的性质。

50年代中叶，毛泽东提出“百花齐放，百家争鸣”，学术界气氛比较活跃起来。就我来说，一高兴就写出了《关于中国古代社会的几个问题》那篇文章。这篇文章，我先送《历史研究》。据说尹达同志曾拿给郭老看，也不知是郭还是尹给了一句评语：“公说公有理，婆说婆有理呗！”后来，我拿回来，在山东《文史哲》上发表。

这篇文章，可说是我的《中国古代社会》一书的初稿。不过，写《中国古代社会》时，对古代社会的一些认识，多有修改。“前期古代社会”我改为“早期古代社会”；我废弃了“奴隶社会”，改为“古代社会”。我认为奴隶

① 何兹全：《汉魏之际社会经济的变化》，载《社会科学战线》，1979(4)。

社会，是不确切的。不能因为社会上奴隶多，奴隶是主要的生产劳动者，就说是奴隶社会。封建社会农奴多，资本主义社会工人多，能说封建社会是农奴社会，资本主义社会是工人社会吗?

粉碎“四人帮”后，学术再次解放。1978年，在长春召开了中国社会史分期讨论会。当时分期说的主流是郭老的春秋战国封建说。但西周封建说又东山再起，魏晋封建说也卷土重来。我在会上也做了“汉魏之际封建说”的发言。①

宁欣：何先生，最近在北京市社会科学联合会的网站上看到今年“北京市哲学社会科学优秀成果”评奖结果的公示，《何兹全文集》②被评为特等奖。作为您的学生，我感到非常高兴，并向您表示衷心的祝贺。我知道这部《文集》是您从事学术研究七十多年的结晶，分卷和篇目都是您自己动手整理拟定的，您收录和编辑时是怎么考虑的?

何先生：我的研究工作可以从发表的第一篇文章开始算起。1933年，我是北大史学系三年级的学生，在《华北日报》(11月22日)和《史学周刊》(12月6日)发表了第一篇学术论文《北宋的差役与雇役》，到2006年7月六卷本《文集》的出版，时间已经过去了73年。我的研究是从中国社会史入手，七十多年来，对社会史的关注始终是我研究的中心和重心，因此编辑文集时，就将《中国社会史论》列为第一卷。这卷收录的文章可分为几个方面：一是与汉魏之际封建说有关的代表性论文，包括《汉魏之际封建说》《关于中国古代史的几个问题》《南北朝隋唐时代的经济与社会——〈中国中古寺院经济·绪言〉》《汉魏之际社会经济的变化》等；二是我所着重关注的佛教寺院经济、依附关系的深化等问题，包括《中古时代之中国佛教寺院》《中古大族寺院领户研究》《佛教经律关于寺院财产的规定》等；三是我对重大理论问题的探讨，如《关于中国古代社会的几个问题》是对社会性质问题的研究，《关于古代史的几个理论问题》涉及阶级和国家的产生、农奴制和封建制的关系、奴隶社会的一些问题，《中国历史发展的道路和特点》《对

① 何兹全：《汉魏之际封建说》，载《历史研究》，1979(1)。

② 何兹全：《何兹全文集》，北京，中华书局，2006。

中国古代社会形态演变中三个关键性时代认识的不够》等；四是断代史中的有关问题，如众人和庶人、耦耕、质任、两汉豪族、元代社会经济等，以社会经济史为主。

第二卷《中国史综论》是论文集，分为“兵志”“人物”“玄和儒”“史与论”“序跋”五部分，是七十多年陆续发表的文章，没有归入第一卷《中国社会史论》的，就按内容编入这卷中了。

第三卷《中国古代社会》一书是为“魏晋封建说”立论的一部专著，应该也是中国史研究领域的唯一一部为“魏晋封建说”立论的专著。我将魏晋封建说立论核心归纳了几个变化，即从城市交换经济到农村自然经济；从编户齐民、奴隶到部曲、客；从土地兼并到人口争夺；从民流到地著。我认为都是围绕着社会经济结构的变化展开的。书中探讨的问题比较广泛，从涉及的历史时期看，从先秦时代国家的起源和形成谈起，到元代社会的经济，时间跨度三四千年；从大的理论问题上看，关于历史发展的道路和特点，中国不同时期的社会性质(历史分期)，阶级和国家的产生问题，农奴制和封建制的关系，如何认识奴隶社会，商品经济及其与社会生产、社会结构变迁的关系，社会史研究的主流问题，唯物史观与中国史研究的联系等都涉及了。

第四卷《中国古代及中世纪史讲义》和《中国文化六讲》。《中国古代及中世纪史讲义》是我20世纪50年代初给历史专业本科生上课时的讲义。当时北京师范大学历史系中国史由远古到鸦片战争分为两个教研室，远古到唐中叶属第一教研室，我任主任，唐中叶到鸦片战争前属第二教研室，主任是白寿彝教授。之所以称之为“中国古代及中世纪史”，是因为当时对中国古代史下限划到何时，中世纪何时开始，分期问题没有解决，于是就混称之为“中国古代及中世纪史”，不过，我在讲义中对分期还是很清楚的，把三国到唐中叶划作“中世纪初期的中国”，汉魏之际封建说，也就隐约含在其中了。我的一些观点在讲义中都涉及了，但因为时代的原因，没有展开，也有局限性。《中国文化六讲》是应邀参加台北历史语言研究所举办的傅斯年先生百年诞辰学术研讨会时，受清华大学历史研究所张永堂教授之约，为思想文化史研究生做的中国思想文化问题的讲演，辑成六讲，包括

“影响中国文化素质的两个根源”“国家形态——走向专制”“中国传统文化的几条主流”“中国的城市复兴和文艺复兴”“近代中国的新思潮”“中国文化的未来”六个主题，我讲了产生中国传统文化的土壤和环境，讲了中国传统文化的主流特点和发展，也瞭望了中国文化的未来。其中，对“中庸之道”的理解、对中国专制制度的形成和发展的阐释、提出中国的文艺复兴开始是唐朝、对明末清初以来东西文化撞击与民族觉醒的关系，以及中国文化的精髓是走向一体化、走向和平、走向世界大同等，都关涉到我对中国文化整体的认识。

第五卷《秦汉史略》和《三国史》。《秦汉史略》，最早是由 1955 年 5 月上海人民出版社出版的一本小书，在我的历史分期里，秦汉是古代社会即奴隶社会，但那时还不敢公开提出，但如果一本书要对一段历史按事实做具体的叙述，就必然会接触到这一段历史的发展规律，也就必然接触到社会性质的问题，因此，在行文中也不可避免地流露出我对秦汉社会性质的看法。《三国史》是 1984 年原教育部约定的一本高等院校文科教材，拖拖拉拉写了十来年。顾炎武曾说过：“古人作史，有不待论断而于序事之中即见其旨者，惟太史公能之。”①在中国历史上属于过渡时代的有以下几个时期：春秋战国时期，三国时期，中唐到五代时期，鸦片战争以后。其中的三国时期，是由古代社会进入中世纪封建社会的时期，站在三国时期来看前后时代的社会变化，有四条线：一是从城市交换经济到农村自然经济；二是从自由民、奴隶到依附民；三是从土地兼并到人口争夺；四是从民流到地著。这也是我分析汉魏之际社会变化、从而得出汉魏之际封建说的四条主线。

第六卷《杂著》，由几部分组成：一是《爱国一书生——八十五自述》，是我十年前对八十五年人生的回顾，正如我在“序言”中所说的“一生爱国，关心政治，又一生不离开读书作学问，这就是我”；二是我对“时势”发表的一些看法，如《太平洋地区和平和世界和平》《释“小康社会”》《中国传统文化与未来世界》《人类前景展望》等；三是“忆师友亲朋”，对我一生做人

① 顾炎武：《日知录》。

处世、培育再造、命运抉择、学术道路等有重大影响的曹香谷老师、陶希圣先生、傅斯年先生、胡适先生等，我永远怀念着他们；四是“自我学业剖析”，由三篇文章组成，《我的史学观和我走过的学术道路》《我在史学理论方面提出过的一些问题》《九十自我学术评论》，是我对七十多年学术历程的回顾和剖析，也算是一个阶段性的总结吧。

宁欣：何先生，大家都知道《中国古代社会》是您的代表作，全面阐述了您的中国古代社会发展道路、国家起源和形成、封建社会分期、汉魏之际社会变化等方面的观点。其实，就我所知，您对古代社会以后的中国社会历史发展也有自己的见解，除了散见的论文，您十几年来，还在构思《中国中世社会》，而且已经有十万余字形诸文字了，您计划将它作为《中国古代社会》一书的姊妹篇。您在构思时，对中国中世社会的社会面貌和发展变化是如何认识的？

何先生：宁可同志在《我所认识的何兹全先生的治学道路》（见《何兹全先生八十五华诞纪念文集》，1997 年 12 月中国社会科学出版社出版）文中指出：“何先生的研究，并没有到‘魏晋封建说’为止。要弄清中国封建社会始于魏晋，不仅就魏晋说魏晋，还必须看到秦汉社会是如何演化到魏晋的，还须要看到，中国的社会又是如何演变到秦汉魏晋的。这里涉及魏晋以前历史的全过程。这样，何先生的研究就从‘发展过程的完成的结果’开始，一直上溯到中国文明的源头，再顺流而下，对这一阶段社会历史整体和其中重要的方面及其发展演化作全面系统的探索，从而对之有了一个清晰深入的贯通的看法。何先生在开始论述‘魏晋封建说’的 50 年代，已经对中国古代社会的演变提出了自己的看法，而其结集，则是他在 1991 年出版的《中国古代社会》。”

我研究中国社会史的道路，正是这样走过来的，但我自己并没有意识到。宁可教授的指出，实获我心焉。我研究中国中世社会，也是循着这样的道路。

中国历史如何从古代社会走向中世社会，以及中世社会发展的特点与关键，是我一直在思考的问题。《中国中世社会》的定名，我是考虑到与《中国古代社会》一书的衔接，也表明了我对这两段历史阶段社会性质的分析。已经拟定的大纲分为四章，第一章是“古代社会走向中世纪”，主要阐述三国、两晋的历史和社会变化；第二章是“四世纪初到六世纪末的北方社会”，主要阐述十六国、北朝的历史和社会变化；第三章是“四世纪初到六世纪末的南方社会”，主要阐述东晋、南朝的历史和社会变化；第四章是“城市的复兴和依附关系的衰歇”，主要阐述隋唐时期的历史和变化。我想，这段历史时间跨度比较大，问题比较多，不准备面面俱到，还是抓住发展变化的主线，自然经济、商品经济和城乡经济的变化，土地关系和社会经济关系、身份关系的变化等这几条主线，再加上寺院经济，可以缕清从汉魏以来到隋唐时期中国社会的发展变化，也就是说，可以看到中国社会是如何从古代社会走出来的。

在《中国古代社会》一书里，我论述了魏晋以前中国社会的演变。书分三部分：一是由部落到国家；二是古代社会；三是古代到中世纪。古代社会是中心，由部落到国家是古代社会的来龙，古代到中世纪是古代社会的去脉。简单概括地说，全书对中国古代社会及其前后提出了以下一些认识。一是，殷周以前是氏族部落时代。二是，殷(盘庚)周时代，氏族已在分解，有了氏族贵族和平民，也有了奴隶、依附民。但氏族部落、部落联盟仍是社会的组成单位，是氏族部落向国家的过渡阶段。可称之为部落国家或早期国家。三是，战国秦汉时期，城市交换经济发展，农业生产也被卷入交换过程中来。交换经济进一步破坏了以血缘关系为基础的氏族组织，氏族成员解放为个体小农，小农经济构成古代社会的经济基础。交换经济进一步发展，商人兼并农民，农民破产流亡或被卖为奴隶。这是城市支配农村的时代。这也是一般称为“奴隶社会”的时代。但我摒弃了“奴隶社会”这一名称。四是，汉魏之际(三国两晋)社会由古代向中世纪转化。我提出三个方面的变化：①城乡经济的衰落；②依附关系的发展；③宗教的兴起。前面已经提到，50 年代初我写过一篇《汉魏之际社会经济的变化》。我提出四条变化：①从城市交换经济到农村自然经济；②从编户齐民、奴隶到部曲、客；③从土地兼并到人口争夺；④从民流到地著。战国秦汉城市交换经济发达，魏晋南北朝自然经济显著。变化之机在三国两晋。战国秦汉土地兼并、争夺土地现象严重，魏晋南北朝争夺对象不是土地而是劳动力、人口，变化之机在三国两晋。战国秦汉流民问题严重，魏晋南北朝劳动者依附在土地上，离开土地的自由受到限制，变化之机在三国两晋。《中国古代社会》中由"古代到中世纪"中所讲的三个方面的变化，就是从《汉魏之际社会经济的变化》中所列这四条线的变化中调整出来的。四条线归并为两条线，增加了一条"宗教的兴起"。

《中国中世社会》是《中国古代社会》的姊妹篇，两书合起来是我对中国社会发展道路的全部论述了。宋以后的社会，我有些意见，写点论文吧，已不打算写书。

宁欣：我们祝愿这部书能早日完成。何先生，您一直强调要关注大问题，要思考和研究与国家民族、社会历史密切相关的重大问题。其实，从平时您的言谈中，我们知道您的目光也不仅仅局限于历史研究领域。

何先生：我几十年来反复思考的还有几个问题：一是共产国际和马克思主义的发展历程；二是中国历史学发展的历程；三是自己的学术和人生道路；四是对自己人生的定位"大时代中的小人物"命运的反思。另外，我在抗日战争前和抗日战争前期，主编过两次刊物，写过"论国内形势"的时论文章，反映了那个时代我对中国革命和中国命运的思考，以后有机会也要清理一下。

宁欣：非常希望有机会再就这些问题向您请教。

附录：

何兹全(1911—2011)，著名历史学家。北京师范大学教授，博士生导师。1935年毕业于北京大学史学系，曾先后留学日本、美国。曾就职于《教育短波》杂志社、中央大学历史系、中央研究院历史语言研究所。1950年自美国回国，执教于北京师范大学历史系，历任魏晋南北朝研究室(所)主任、副系主任等职。担任中国秦汉史学会、魏晋南北朝史学会、唐史学会、简牍学研究会等学术顾问。曾多次赴美国、日本等国家，以及台湾、香港地区讲学。发表学术文章百余篇，出版学术专著十余部。代表作《中国古代社会》被学术界誉为"新中国史学史上的一个里程碑，反映了90年代中国史研究的最新突破，标志着中国史学研究最新水平"。六卷本《何兹全文集》是年近百岁的何兹全教授从事学术研究七十多年的结晶，2008 年被评为北京市哲学社会科学优秀成果特等奖。何兹全教授在史学理论、社会经济史研究、中国古代兵制研究、中国寺院经济研究等领域都有开拓性的建树与卓著的贡献。

原载《河北学刊》2008 年第 6 期

何兹全先生与中国社会史研究

我们都知道，何先生七十年来的研究生涯，主要开拓和关注的是三个领域：魏晋封建说、佛教寺院经济研究、兵制研究，可以说，都属于社会史研究的范畴，对社会史的研究引领了其他领域的开拓和深入。

一、何先生所感受的中国社会史研究历程

何先生选择进入社会史领域，是他把自己的学术抉择与时代命运紧密相连的结果。

从 20 世纪 20 年代末 30 年代初的中国社会史论战算起，中国社会史研究已有七十多年的历史了。这七十多年的社会史研究，何先生大致将其分作三个阶段：新中国成立前是一个阶段，50 年代初到 70 年代末是一个阶段，80 年代以后是一个阶段。这七十多年的历史，也是何先生步入史学研究的殿堂、完整地经历了迄今为止的中国社会史研究风风雨雨的学术历程。他认为自己选择历史学、学中国社会史，主要受两方面的影响：一是北伐战争失败后的思潮和反思，二是陶希圣教授的引导。

第一阶段，即新中国成立前，曾掀起社会史论战的高潮，在北伐战争失败后，学术界对革命失败的原因进行反思，在思想界出现三次论争：中国社会性质的论战；中国农村社会性质的论战；中国社会史的论战。对前两个问题的讨论，何先生表示当时他的兴趣不大，很少接触。对社会史论战，他兴趣很高，各派的文章读过很多。何先生认为：二三十年代之交出现的这三次论战，反映的是马克思主义在中国发展的一次高潮，是一次影响很大的高潮，是 20 世纪中国史学史上应该大书特书的。何先生正是从 20 世纪二三十年代掀起的社会史论战高潮开始关注社会史研究，并开始投身于对中国社会史研究的领域。何先生认为他公开发表的第一篇文章《中古时代之中国佛教寺院》①也正是他第一篇中国社会史文章。何先生在中国

① 何兹全：《中古时代之中国佛教寺院》，载《中国经济》，1934(9)。

社会史领域中具有开拓意义的研究主要集中在：魏晋封建说、中国古代佛教寺院经济、汉唐兵制研究等。

魏晋南北朝隋唐是何先生社会史研究的重点，他认为自己对这一时期提出有新意的见解有：交换经济到自然经济，自由民、奴隶到依附民，人口分割制，寺院经济，士家、兵户身份的低落、依附民化等。应该说，这些新见解都属于社会史研究的范畴，并且抓住了这一时期历史变化、社会经济变化的关键问题。

二、坚持贯通的中国社会史研究，坚持辩证唯物史观

何先生研究的重点历史时段是在魏晋南北朝，但他对中国社会史的考察着眼于长时段、看变化。

何先生社会史研究的扛鼎之作《中国古代社会》一书，从殷商的历史开始，研讨早期国家的起源和形成，而对如何评价中国社会史道路问题上，他对整个20世纪学术史进行了回顾和反思。有学者对何先生的贯通研究有如是评论：“从‘发展过程的完成结果’开始，一直上溯到中国文明的源头，再顺流而下，对这一阶段社会历史整体和其中重要的方面及其发展演化作全面系统的探索，从而对之有了一个清晰深入的贯通的看法。”

何先生针对目前有些人认为辩证唯物史观好像有点落后、不迎时了的观点，多次表示仍然要坚持辩证唯物史观，主要坚持两点：一是全面地看待历史现象和问题，二是从发展变化上看待历史现象和问题。

何先生认为分为“唯物”“唯心”，“唯”字用得不好，应该是“物”加“心”，“物”是根，“心”是叶，无根便无叶，根深叶才茂。他还经常说，看问题既要全面，还要深入，只见树木不见森林，是形容某些人看问题不全面，还要加上一句：只见树木，不见“根”，不够深入也是不行的。全面而深入地看问题，是何先生身体力行坚持的原则。

何先生对如何全面地看问题有着很深刻的理解，他说：自古就有这样一句话，说是“坐井观天曰天小。非天小也，所见者小也”。坐在井里看天，只能看到天的一部分，就说天小。不是天小，是你所看见的小。做学问，要宏观、微观结合。要能真实地看到整个社会，才能认识你看到的那一部分的社会和问题。研究任何一点一面的社会，必须有全面的观点，认识了社会的全面，才能真正认识你所见的部分。①

何先生用“根”与“叶”、“井”与“天”的关系来比喻全面与局部、宏观与微观的关系。

何先生对中国社会史的研究很好地体现了他所坚持的贯通和辩证唯物史观的立场。例如，在《对中国古代社会形态演变中三个关键性时代认识的不够》一文中，何先生指出，殷商之际、春秋战国之际及汉魏之际，是中国古代历史上的三个关键时代。这三个时代，有的是承前启后，有的是开创一个新的时代，而这三个时代也被不同的学者认定为中国封建时代的开始。学术界对之认识和估计，都是不足的、忽略或不够重视的，这都影响了我们对中国古代社会发展变化的认识。这篇文章很好地体现了何先生全面地看问题、辩证地看问题、从历史发展变化的长时段贯通研究其发展变化的观点。何先生看到20世纪80年代后，辩证唯物史观一时有陷入低潮的趋势，他认为这是学术因素以外的人为原因造成的，辩证唯物史观还有极强的生命力，是先进的。

史论关系问题在中国史学界已经争论了数十年。

何先生认为：在任何学科研究中，材料和理论、方法都是应当并重的。材料是基础，理论是提高。没有材料，研究没有对象；没有理论，研究会停滞在低水平，很难提高甚至永远提不高。理论、材料并重，本来是个不成问题的问题，但在学术界一直是个争论不休的问题。就中国社会史来说，也已争论了数十年。

何先生分析了20世纪自社会史论战以来，社会史研究道路的几次反复，关系到重材料还是重理论的争论。他指出，20世纪80年代后的社会史研究又出现重材料，重局部，重个别社会问题的研究的动向。任何一门学科都应当理论、材料并重，宏观、微观并重，不能偏重哪一方面。理论和材料就像人的两条腿，缺一不可。他说：“通观中外学术思想的历史，无论哪一门学科，往往走着一时重思想一时重材料，一时重整体一时重局

① 何兹全：《中国中古社会和政治研究丛书》总序，北京，商务印书馆，2005。

部的发展路程。孔子所说‘学而不思则罔，思而不学则殆’①，可以引申来说就是偏颇的危害。孔子高明!”

何先生在他的社会史研究中很好地体现了他所坚持的微观与宏观并重、理论与材料并重的观点。

三、社会史研究的对象和核心

《何兹全文集》的分卷和篇目都是何先生自己动手整理、拟定的，《中国社会史论》被列为第一卷，其中收录的文章可分为几个方面：一是他所首倡的汉魏之际封建说的若干代表作，包括《汉魏之际封建说》《关于中国古代史的几个问题》《南北朝隋唐时代的经济与社会——〈中国中古寺院经济·绪言〉》《汉魏之际社会经济的变化》等；二是他所着重关注的佛教寺院经济、依附关系的深化等问题，包括《中古时代之中国佛教寺院》《中古大族寺院领户研究》《佛教经律关于寺院财产的规定》等；三是他对重大理论问题的探讨，如《关于中国古代社会的几个问题》(是对社会性质问题的研究)、《关于古代史的几个理论问题》(涉及阶级和国家的产生、农奴制和封建制的关系、奴隶社会的一些问题)、《中国历史发展的道路和特点》及《对中国古代社会形态演变中三个关键性时代认识的不够》等；四是他对断代史中的有关问题的探讨，如众人和庶人、耦耕、质任、两汉豪族、元代社会经济等，以社会经济史为主。

关于社会史研究的对象是什么，社会史研究的主流是什么，社会史研究的主导面是什么，社会史研究的目的是什么，这是何先生反复强调的问题。

何先生在《何兹全文集》收录的《研究人类社会形态、结构及其发展和发展规律是社会史研究的主流》一文中，明确阐述：社会学、社会史研究的对象是社会结构、生产形态及其发展变化，中国社会史研究应以社会经济史研究为主。他把中国学术七十多年的社会史研究(包括新中国成立前和新中国成立后)，分为两条路：一条路，偏重宏观，主要研究社会形态、社会结构；另一条路，偏重微观，研究家庭、风俗、习惯、社会调查等。

① 《论语·为政篇》。

前者如社会史论战中的各派和随后出现的食货派，后者的代表则是中央研究院社会研究所。新中国成立后，第二条路即马克思主义道路形成高潮，但又受到教条主义的干扰和迫害。改革开放以后，西方社会史和社会史理论进来，后一条路又发展起来。何先生主张两者应该合一。他说，社会、社会史的内容是比较广泛的，人类衣食住行、风俗习惯、社会生活的各个方面，都是社会和社会史研究的内容，但社会结构、社会形态及其发展规律才是社会学、社会史研究的主体。掌握人类社会发展规律、发展方向，知道人类社会向何处去，这是社会学、社会史研究的主导面。掌握了这一主导面，才能更好地发挥人的主观能动性，为改造社会、改造世界做贡献，对人来说，这是最主要的科学，最大的学问。因此，他认为社会史可以研究社会生活等具体问题的方方面面，但核心和主体问题是人类社会形成和发展的核心问题，研究的目的是掌握发展规律和方向，发挥人的主观能动性，为人类社会发展做贡献。

《何兹全文集》第三卷《中国古代社会》一书，是何先生关于中国社会史研究的代表作，是为魏晋封建说立论的唯一的一部专著，是他数十年来探索和总结的心血结晶。何先生将其魏晋封建说立论核心归纳了几个变化：从城市交换经济到农村自然经济；从编户齐民、奴隶到部曲、客；从土地兼并到人口争夺；从民流到地著。可以看出，都是围绕着社会经济结构的变化展开的。

何先生探讨的问题相当广泛，从涉及的历史时期看，从先秦时代国家的起源和形成谈起，到元代社会的经济，时间跨度三四千年；从大的理论问题上看，关于历史发展的道路和特点，中国不同时期的社会性质(历史分期)，阶级和国家的产生问题，农奴制和封建制的关系，如何认识奴隶社会，商品经济及其与社会生产、社会结构变迁的关系，社会史研究的主流问题，唯物史观与中国史研究的联系等问题都涉及了。

四、对社会史研究的继续探索

何先生没有停留在以往的成果上，而是继续探索新的问题，对此前仍未解决的理论问题也不放弃。何先生着重谈到他认为社会史研究中还有几个理论理解不好，应该再做进一步探讨：①国家出现时的进步作用问题；

②“封建”一词的含义问题；③交换经济（或说商人资本）在人类历史上所起的作用问题；④农奴制在人类历史上两次出现的问题。

上述问题也都属于社会史研究的范畴。其实，关于这几个问题，何先生已经探讨得比较深入了。

关于国家出现时的进步作用问题。何先生指出，恩格斯在《家庭、私有制和国家的起源》一文中对国家的定义，引发了关于国家作用争论的两个问题：第一个问题是，国家的出现，是不是起了“调和”“缓和”阶级矛盾冲突作用？第二个问题是，国家的出现是否起了进步作用？第一个问题引起了激烈的争论，成为第三国际和第二国际一项重要理论之争。鉴于第二个问题没有人谈过，因此，何先生重点关注的是第二个问题，即国家出现时的进步作用问题。

关于“封建”一词的含义问题。正如侯外庐先生将中国学界涌现的封建诸说，形容为“语乱天下”，实际关乎中国社会的历史分期和社会性质的大问题。何先生在《漫谈“封建”》一文中，对欧洲中世纪封建的两个来源或因素（日耳曼和罗马帝国）、出现的两个时代（原始社会末期和古代社会）有详细的论述，并勾勒出中国历史发展道路的轮廓。他强调对封建形成过程中的罗马（因素）应该给予应有的重视。

关于交换经济的作用问题。何先生在论述汉魏之际封建说的多篇文章里都重点阐述过，交换经济的变化是社会发生重大变化的基本条件，他总结的战国秦汉之际社会变化的几条主线之一，就是“由城市交换经济到农村自然经济”，在这一较长的历史阶段，他认为“可以清楚地看到商业交换经济在这一段历史的发展变化中起到了极大的推动作用”①。何先生认为中古（魏晋南北朝隋唐）和前后时代的社会，走的是这样一条路线：交换经济→自然经济→交换经济，以自然经济、依附关系作为中古社会的主要特征，以此与前后时代的社会相区别。重视交换经济的作用，充分认识交换经济在社会变迁过程中的作用。

---

① 何兹全：《战国秦汉商品经济及其与社会生产、社会结构变迁的关系》，载《中国经济史研究》，2001(2)。

关于农奴制两次出现的问题。何先生指出，中国社会历史分期问题的困惑，主要是农奴制两次出现的问题上。第一次是氏族部落向国家阶级社会过渡的时期，第二次也就是何先生所认定的古代社会末期。应该说，何先生对上述问题都有自己独到的理解，提出来是因为他认为学术界的讨论不够充分，认识不足。以中国商周之际与欧洲中世纪封建社会比较，中国西周封建说抓住了周族像日耳曼进入封建的一面，而忽略了罗马一面，而罗马古代社会向封建社会转化是当时的主流。

这四个问题时代跨度很大，从国家的出现，到中国社会的几次转型。这四个问题又是有联系的，涉及人类社会进入阶级社会的源头问题(国家出现时的作用)，多次引起争论的、重要社会转型期的问题(“封建”一词的含义)，两次曲折阶段出现的情况(农奴制)，长时段的社会运转的关键因素(交换经济)。可以感受到，何先生的目光，始终关注的是社会结构、生产形态及其发展变化，聚焦在社会经济史领域。

何先生对中国社会史的研究是广泛而深入的，我没有领会好，只是谈谈学习中的几点体会。

原载《史学理论与史学史学刊》2007年卷·9月

《何兹全文集》简介[①]

六卷本《何兹全文集》是年近百岁的何兹全教授从事学术研究七十多年的结晶。

第一卷《中国社会史论》。作者反复强调他的学术道路正是从中国社会史研究起步的。这卷收录的文章主要可分为三个方面：一是与汉魏之际封建说有关的代表性论文；二是作者着重关注的佛教寺院经济、依附关系的深化等问题；三是作者对重大理论问题的探讨；四是断代史中的有关问题，以社会经济史为主。作者还对中国社会史研究的发展历程进行了总结和反思，明确指出社会结构、社会形态及其发展规律才是社会学、社会史研究的主体，掌握人类社会发展规律、发展方向，知道人类社会向何处去，这是社会学、社会史研究的主导面，人类社会形成和发展是社会史研究的核心问题，研究的目的是掌握发展规律和方向，发挥人的主观能动性，为人类社会发展做贡献。

第二卷《中国史综论》为论文集，分为“兵志”“人物”“玄和儒”“史与论”“序跋”五部分，是作者七十多年陆续发表的文章，没有归入第一卷《中国社会史论》的，就按内容编入这卷中。其中对兵制的研究，具有拓荒之功。作者抓住汉魏之际——这一中国兵制史上的大转变时代，从“世兵制”入手，再剖析“中军”，进而从中原扩展到少数民族政权，深入探讨了各族各种形式兵制的性质及发展演变。这些成果，不仅在学术上大有创获，而且堪称兵制史研究的典范。

第三卷《中国古代社会》一书，是中国史研究领域的唯一一部为“魏晋封建说”立论的专著，也是作者史学成就和史学理论的代表作。它以不可辩驳的翔实的史料为基础，真实地再现中国古代社会，并以马克思主义理

① 可参看前文《古代经济的衍化与中国社会的发展道路》，部分内容与本文有重复。

论为指导，从社会经济生活、政治形态、文化表象各个层面上，也即从经济基础到上层建筑全面探讨、评述了中国社会自商周至魏晋整体历史面貌及其来龙去脉，通过中国国家的起源、早期国家说、战国秦汉古代社会说、汉魏之际封建说等，集中阐述了他对中国古代历史发展道路的“与人不同的理解和看法”。该书被学术界誉为汉魏封建说的“扛鼎之作”。作者将魏晋封建说立论核心归纳了几个变化，即从城市交换经济到农村自然经济；从编户齐民、奴隶到部曲、客；从土地兼并到人口争夺；从民流到地著。作者认为这些变化都是围绕着社会经济结构的变化展开的。书中探讨的问题比较广泛，从涉及的历史时期看，从先秦时代国家的起源和形成谈起，到元代社会的经济，时间跨度三四千年；从大的理论问题上看，关于历史发展的道路和特点，中国不同时期的社会性质(历史分期)，阶级和国家的产生问题，农奴制和封建制的关系，如何认识奴隶社会，商品经济及其与社会生产、社会结构变迁的关系，社会史研究的主流问题，唯物史观与中国史研究的联系等都涉及了。

第四卷《中国古代及中世纪史讲义》和《中国文化六讲》。《中国古代及中世纪史讲义》是作者20世纪50年代初给历史专业本科生上课时的讲义。之所以称之为“中国古代及中世纪史”，是因为当时对中国古代史下限划到何时，中世纪何时开始，分期问题没有解决，于是就混称之为“中国古代及中世纪史”。讲义中对分期还是很清楚的，把三国到唐中叶划作“中世纪初期的中国”，汉魏之际封建说，也就隐约含在其中了。作者的一些观点在讲义中都涉及了，但因为时代的原因，没有展开，也有局限性。《中国文化六讲》是应邀参加台北历史语言研究所举办的傅斯年先生百年诞辰学术研讨会时，受清华大学历史研究所张永堂教授之约，为思想文化史研究生做的中国思想文化问题的讲演，辑成六讲，包括“影响中国文化素质的两个根源”“国家形态——走向专制”“中国传统文化的几条主流”“中国的城市复兴和文艺复兴”“近代中国的新思潮”“中国文化的未来”六个主题，涉及产生中国传统文化的土壤和环境、中国传统文化的主流特点和发展，也瞭望了中国文化的未来。其中，对“中庸之道”的理解、对中国专制制度的形成和发展的阐释、提出中国的文艺复兴开始是唐朝、明末清初以来东西文化撞击与民族觉醒的关系，以及中国文化的精髓是走向一体化、走向和平、走向世界大同等，都关涉到作者对中国文化整体的认识。

第五卷《秦汉史略》和《三国史》。《秦汉史略》，最早是由1955年5月上海人民出版社出版的一本小书。在作者的历史分期里，秦汉是古代社会即奴隶社会，但那时还不敢公开提出，但如果一本书要对一段历史按事实做具体的叙述，就必然会接触到这一段历史的发展规律，也就必然接触到社会性质的问题，因此，在行文中也不可避免地流露出作者对秦汉社会性质的看法。《三国史》是1984年原教育部约定的一本高等院校文科教材。作者在“序”中指出，在中国历史上属于过渡时代的有以下几个时期：春秋战国时期，三国时期，中唐到五代时期，鸦片战争以后。其中的三国时期，是由古代社会进入中世纪封建社会的时期，站在三国时期来看前后时代的社会变化，有四条线：一是从城市交换经济到农村自然经济；二是从自由民、奴隶到依附民；三是从土地兼并到人口争夺；四是从民流到地著。这也是作者分析汉魏之际社会变化、从而得出汉魏之际封建说的四条主线。

第六卷《杂著》，由三部分组成，一是《爱国一书生——八十五自述》，是作者十年前对八十五年人生的回顾。正如作者在“序言”中所说的“一生爱国，关心政治，又一生不离开读书作学问，这就是我”。二是作者对“时势”发表的一些看法，如《太平洋地区和平和世界和平》《释“小康社会”》《中国传统文化与未来世界》《人类前景展望》等。三是“忆师友亲朋”，是作者对其一生做人处世、培育再造、命运抉择、学术道路等有重大影响的曹香谷老师、陶希圣先生、傅斯年先生、胡适先生等的怀念文章。四是“自我学业剖析”，由三篇文章组成，《我的史学观和我走过的学术道路》《我在史学理论方面提出过的一些问题》《九十自我学术评论》，是作者对七十多年学术历程的回顾和剖析。

《何兹全文集》在以下几个方面集中体现了何兹全教授在学术上的卓越成就和贡献：

一是，始终坚持以辩证唯物史观研究中国历史，注重从长时段考察社会历史发展演变的规律，坚持微观与宏观并重、理论与材料并重，其关注和研究的问题大多是历史学的重大问题。

二是，强调社会结构、社会形态及其发展规律才是社会学、社会史研究的主体；坚持研究社会史的目的是把握社会的发展方向、为人类社会发展做贡献；主张在世界视野下研究中国历史。《何兹全文集》在史学的比较研究方面贡献卓著，有许多创造性的成果。

三是，自 20 世纪 30 年代首倡“魏晋封建说”，不断充实和完善，已经形成了中国古代社会分期研究的系统理论和体系。

四是，在中国社会史、汉唐佛教寺院经济、兵制研究等众多领域都有开拓性的研究，创见独特，学术价值甚高。

《何兹全文集》是我国历史学研究的重大标志性成果，在海内外学术界影响重大，深受专家学者的高度重视。

念兹在兹：一个世纪的坚守
——何兹全教授百年纪行

——谨以此纪念我敬爱的导师

何兹全先生经历的百年，从晚清到民国，从民国到新中国，从推翻两千多年帝制的辛亥革命，到“横扫一切牛鬼蛇神”的“文化大革命”，再到迈向世界强国之林的21世纪，真乃“三千年未有之大变局”，风生水起，潮起潮落。一路走来，一路革命，正所谓“大时代”。百年的时光，自称“小人物”的何先生从山东菏泽西当典街何家老宅走出，沿着傅斯年“六中、北大、哥伦比亚”，走出山东，走进红楼，走出国门，走进美国哥伦比亚大学霍普金斯研究院。1950年，新中国的召唤，使何先生毅然踏上归国之路，当太平洋的海风迎面拂过他的脸庞，他在想什么？是否想到他在故乡翘首以盼的娇妻幼子，是否想到他胸中的宏伟蓝图，是否想到他今后安身立命之地在何方？他当然想不到此后接踵而来的各种运动，当然想不到“文化大革命”中被扣上“CC特务”“食货余孽”的帽子，也想不到凝聚他一生心血的《何兹全文集》获得学术界最高奖项和荣誉。百年时光倏忽而逝，当何先生静静地安卧在鲜花翠柏中接受亲属、同事、学生、好友的告别时，是否感受到亲人的呼唤，是否感受到好友的追念，是否感受到学生的敬仰之情？是否还想对我们说：“我这个人的好处是有理想，有事业心，有抱负，很想为国家为人民做点事，‘天下兴亡，匹夫有责’的思想对我很有影响。一辈子做学问，一辈子不忘情国家。”

虽然自谦“小人物”，但处于大时代大变局，何先生的一生却有很多次大的坚守。

一、大节的坚守

何先生最喜欢也是唯一会唱的歌是《苏武牧羊》，但却从来没有听他唱过，连哼唱也未曾听见过，在他仙逝后我们试着放了一次，曲调悲怆而苍凉，不忍卒听。师母郭良玉先生也是山东人，但在河南上的大学，最喜欢的是豫剧《花木兰》中的《谁说好女不如男》，不止一次听她在家中大声唱，据说在公开场合也唱过，博得满堂喝彩。曲调高昂、明快，听了还想再听。唱与不唱，或低或高，两位老人的“书生本色，爱国情怀”，全蕴含在其中了。

“我生的时代，是世界、中国千载不遇的大变动时代，也是一个大浪淘沙的时代。”他在《爱国一书生——八十五自述》中对自己经历的几次重大的人生转折和抉择有如下陈述：

一是加入国民党改组派，投身革命。

1928年，何先生称之为“动乱的一年”，他认为“这一年对我来说，还有一件大事就是加入(国民党)改组派。我在改组派中虽然没有参加什么实际政治活动，但对我一生的生活甚至作学问的学术思想，都有很大的影响”。

1928年，是中国现代史上值得大书特书的年代，这一年国民党和共产党已经公开决裂，共产党人夏明翰、罗亦农、向警予和举行刑场婚礼的周文雍、陈铁军分别被国民党杀害于汉口、上海和广州。这一年，毛泽东和朱德在井冈山胜利会师，走上了武装割据的道路。这一年，蒋介石在徐州誓师，各路北伐军对北洋军阀政府发起全线总攻。这一年，清华学堂正式更名为国立清华大学，河南安阳殷墟开始发掘。这一年，奉军首领张作霖被日军炸死。这一年，何先生已经成长为不忘情国家的热血青年，他的心和热情随着北伐军的前进而沸腾。共产党和国民党的决裂离他很遥远，但发生在共产党、国民党右派、国民党改组派之间的斗争和分歧，决定了此后中国的走向和党派分野，也决定和影响了何先生此后的政治选择和学术思想。

对少年时代就加入了国民党，何先生并不避讳，他的解释是：当时国民党和共产党都是吸引进步青年的组织。1926年，他刚上中学不久，就加入了国民党。1928年，汪精卫、陈公博等人成立“中国国民党改组同志会”(简称改组派)，他们属于国民党的左派，何先生在面临人生抉择的“三岔口”时，选择了加入改组派。受改组派陈公博等人的影响，何先生成为三民主义的信徒，中国需要民族主义，以反对帝国主义的侵略和欺压；需要民权主义，以打倒军阀，实行民主；中国应该走社会主义道路，不能走资本主义道路；中国需要民生主义，以建设人民和平幸福的社会主义社会。八十多年过去了，当年的热血少年已经仙逝，而中国还在追求幸福与和平的道路上艰难前行。

受陈公博的影响，接受了唯物史观，“使我走上从物质、客观实际、社会经济来解释历史，而不从思想意志、意识形态去观察历史的道路”。八十多年过去了，一部《中国古代社会》，六卷本《何兹全文集》，处处闪耀着唯物史观“那普照的光”。

二是放弃仕途，走向学术之路。

何先生说过，对他影响最大的有五个人：何思源、胡适、傅斯年、陶希圣、钱穆。

何思源是何先生的堂兄，当年何先生考上北大后，生活费用和教育费用完全由“仙槎大哥供给”。师母郭良玉先生从小受穷受苦，经常对我们说：“你们先生（何先生），从小都是家里做好饭，摆好一大堆盛放菜饭的碟碗，只等他一人来，他每样尝一口，大家才开饭。上大学，大多是穷学生，但你们先生有仙槎大哥的资助，每年二百大洋，过的很舒服，根本不用为学费和生计发愁。”师母则从小受苦受穷，全凭个人奋斗、求学，才改变了命运。何先生后来出国留学，也仍然是得到何思源先生的资助，才得以成行。此后人生的第二次转折和第三次转折，与仙槎大哥也有密切的关系。

胡适、钱穆都是何先生在北大上学时的授业老师，乾嘉学派加新史学。

在北大上学期间，对何先生影响最大的是陶希圣，何先生确定以中国社会经济史为主要研究领域，即是受陶的影响，选择的初衷则是对第一次国内革命失败后的反思。没有想到的是在关乎大节的关键时刻，两人最终分道扬镳。陶希圣是当时在学术和政治上都有很大影响的重量级人物，号称其“五虎上将”的鞠清远、武仙卿、沈巨尘、曾謇和何兹全，有四个都跟随他投奔了汪精卫，试图以曲线救国图和平。但何先生看得很清楚，他每每回顾此事时，都会强调他当时的想法，这些想法都清楚地写在他给已到香港的陶希圣的信中：“有重庆国民党几百万大军在，对日本人可以谈和；

离开重庆，便只有投降没有和平。”何先生没有追随陶希圣，而是坚持留在重庆，与战时陪都的老百姓一起经历了那场震惊世界的重庆大轰炸，断壁残垣、尸横街巷的惨烈场面，几十年后仍历历在目。选择了重庆，也就是选择了未来，在民族危亡和个人命运的关键时刻，何先生用坚定的毅力和敏锐的洞察力，保持了民族气节。虽然陶希圣及时脱身，但其他四虎上将都限入“失节”的泥沼，受到历史的惩罚，一辈子也都处于“说不清”的尴尬境地。

傅斯年先生是何先生的同乡，籍贯山东聊城，距菏泽约一百公里，可以称之为小同乡。何先生考上北大，何思源时任国民党山东省教育厅厅长，将其托付给在北大任教的傅斯年，他成为成全何先生走上学术之路的关键人物。傅斯年在中国近代史上是值得大书特书的人物，他是震惊中外的“五四运动”的领袖之一，曾任北大代理校长，中央研究院历史语言研究所的创办人，其主张的“上穷碧落下黄泉，动手动脚找材料”至今在学界广泛流传。自诩为“爱国一书生”的何先生在“爱国”与“书斋”中寻找契合点，几经周折。傅斯年除了受人之托，对小老乡关爱有加外，也大为看好何先生在学术上的悟性和潜力。1935 年，何先生北大毕业，傅斯年即约他去中央研究院历史语言研究所工作，何先生却没有抓住这次历史系毕业生求之不得的机会。一是对历史语言研究所知之不深，以为是研究历史上的语言的，殊不知，该所不仅是现当代学术大师级人物的荟萃之所，如陈寅恪、赵元任、罗常培、李方桂、李济、董作宾等，并曾组织河南安阳殷墟考古发掘，取得世界瞩目的重大成果，在引进吸收和运用西方近代新史学、人文科学和自然科学在内的研究方法等方面，也成为现当代引领学术思潮的渊薮。几十年后，何先生提起这次擦肩而过的机缘还颇为自责。二是当时在留洋风盛行的氛围中，何思源为何先生提供了留学日本的机会，何先生自然不愿放弃，毅然东行。这一擦肩而过就是近十年的时光。

1944 年，何先生在重庆又面临人生重大选择。时任国民党山东省主席的何思源来到重庆，他看到何先生生活窘迫和前途迷茫，劝何先生和他一起回山东做官，也好有个照应，这是一条路。还有一条路，史语所已经随迁到重庆李庄，傅斯年还是所长，也欢迎何先生去做研究。何先生对师母郭先生说：“回山东，眼前光明，前途黑暗；去史语所，眼前黑暗，前途光明。”53年后，何先生对这次选择无比感慨：“这是一次一生命运攸关的重大决策。这决策，决对了，才有今天的我。”正可谓“治中西学成一家言，功在史坛称巨擘”(刘家和教授挽词)的成就，恰恰缘于这一次命运攸关的选择。如果何先生不是如此选择，可能中国历史上多了一个毫无作为的地方小官僚，但却少了一个学贯中西的“史学大师”。

三是走向新中国。

1950年，注定是中国历史上不平常的一年，对何先生又是重新选择的意义非凡的一年。当朝鲜半岛的战火熊熊燃烧，麦克阿瑟将军登上旗舰麦金利山号亲自督战，指挥着美英军队和联合国军队相继展开对金日成领导的朝鲜人民军大举反攻时，何先生已经登上从美国驶往大洋彼岸的轮船，沐浴着太平洋和煦的海风，毅然奔向新中国。等他再次踏上美国的土地时，已经是37年以后了。“有笳声入耳否？三更同入梦，两地谁梦谁，任海枯石烂，大节总不亏”(苏武牧羊歌词)，何先生回国后只会唱的一首歌，是否正表达了他义无反顾投身于新中国火热的革命和建设中的心境。选择了新中国，就选择了与中国老百姓同甘苦、共患难，当然也就无法避免作为中国知识分子此后的一路坎坷。

47年后，何先生回顾这又一次命运抉择的三岔口，仍然保持着冷静的头脑：1950年前，摆在我面前的也是摆在大部分在美国的中国留学生面前的路，有三条：一是回大陆，二是留美国，三是到台湾去。继续留在美国，毫无问题，当时何先生已经在霍普金大学国际学院取得 fellowship(研究基金)，一年2000元(约等于现在的3万元)，足可以养家糊口，工作稳定。师母当时带着芳川大哥在国内生活艰辛，也希望能到美国团聚。去台湾，也没有障碍，傅斯年在国民党从大陆大规模撤退时，已经带着史语所的大部分研究人员退到孤岛台湾，继续保留名称、编制和人员，史语所还保留着何先生的名义，傅斯年大概自认为何先生一定会再次追随他到史语所，继续完成已经开始并日渐拓展的学术研究，不仅一直为他保留着编制，还把何先生的书物都运到了台湾。回大陆，应该说是最难和最需要勇气的，何先生是几十年的国民党员，受第二国际修正主义影响颇深，曾就中国革命的道路等问题与共产党人展开过“论战”，被扣上一顶“新陶希圣主义”的帽子。但所有的顾虑都因“爱国”这两个字而无足轻重了。正如何先生所说的：“在中国，共产党已经取得政权的局势下，想国家安定，力量都用到祖国的建设事业上，使祖国富强，脱离落后受屈辱的苦海，只有牺牲脑袋里的个人民主，真诚彻底地向共产党投降，换取共产党的宽容，在共产党领导下建设祖国。”

二、学术研究的大视野

何先生行走了一个世纪，他所经历的一百年，中国和世界发生了多少事。至今，他谈起我们从书本上景仰或乐道的“大人物”，就像是谈起家常之事。陈独秀、张国焘、郭沫若、范文澜、翦伯赞、胡适、傅斯年、何思源，虽然这些人都已经过世，但他们的事业、事迹，以及他们掀起的世纪波澜，却始终伴随着他，同行百年。

何先生年轻时，好读书，不喜闲谈，凡有人来访，若无具体谈资，则不置一词，空耗时光，大小眼相瞪，直到来客自觉无趣而悻然告退。仙逝后，灵堂后告别大厅中挂的是他手不释卷的大幅照片，天上人间都是书生。

何先生在北大上学的前后同学，他列举了劳干、胡厚宣(前一班)，杨向奎、高去寻、全汉升、李树桐(同班)，张政烺、邓广铭、傅乐焕、王崇武、王毓铨(下一班)，杨志玖、孙思白、任继愈(再下一年)等，大多成为中国史学界泰斗级的人物。

何先生最好讨论大问题，动辄涉及几千年历史发展，涉及中外历史比较，涉及学派源流，涉及意识领域异同。近一个世纪的纷争都在他的视野范围和学术思考中。学术视野和学术研究因人因事是有层次之分的。何先生在学术研究中始终坚守的三点最为人称道：一是大局观，二是注重研究有关国计民生的大事，三是将中国历史放到世界史的整个进程中考察。从他所写文章的题目也可略知一二。

何先生在85岁时，对此后的学术事业还有很多规划：

一是写一本中国寺院通史，这个源头可以上溯到20世纪30年代对寺院经济的拓荒，为此何先生制订了详细的工作计划，有编写计划的缘起、具体工作计划、参编人员等。

二是抢救中国尚存的寺院，计划对中国的寺院尚存或虽不存但有记载的进行全面、大规模的考察，整理出《中国寺院大全》，这一想法是有可能落实的。20世纪80年代，何先生对我简单说了这个计划，希望我们这些学生也能参加，我很高兴，幻想着走遍中国大地的山山水水、沟沟坎坎，寻访那些或香火不绝金碧辉煌、或岁月久远断壁残垣、或隐在深山老林、或仅剩传说的那些神秘的寺院。迟迟没有下文，幻想仍是幻想。后来得知，是因为海外资助方有些强人所难的前提条件，何先生婉言拒绝，计划自然也就搁浅了。

三是续写《中国古代社会》的姊妹篇——《中国中世社会》。这一计划应该是何先生90岁以后开始着手的。我们找到了他的手稿，400字稿纸，约十万字，一笔一画，可惜只完成了绪论和第一章“古代社会走向中世纪(三国两晋)”，列出章节的还有第二章“四世纪初到六世纪末的北方社会(十六国、北朝)”，第三章“四世纪初到六世纪末的南方社会(东晋、南朝)”，第四章“城市的复兴和依附关系的衰歇(隋唐时代)”。

四是写历史通俗读物。何先生曾经说过：“将来我老了，我要写一套章回体通俗本中国通史。”这个计划一直没有着手，师母郭先生倒是写出《唐太宗演义》《唐明皇》《女皇武则天》《朱元璋外传》《中唐演义》《先秦宫廷秘史》等，都是采用章回体的通俗历史读物。

何先生几十年来反复思考的还有几个问题：一是共产国际和马克思主义的发展历程，二是中国历史学发展的历程，三是自己的学术和人生道路，四是对自己人生的定位“大时代中的小人物”命运的反思，五是对20世纪30年代以来中国革命和中国命运的思考。在他学术生涯的最后几年，他经常强调的是世界必将走向大同。

三、“小人物”的大民生

“勿以善小而不为”是引自刘备临终前给其子刘禅遗诏中的一句话。

这句话何先生和师母经常挂在嘴边、书写在纸上、落实在行动上。善事虽小，民生为大。最近在整理何先生和师母的遗物中，有很多新的发现，其中就包括几次捐献后的收据，最“古老”的就是为抗美援朝、保家卫国而捐出的19两黄金，泛黄的纸本，跟随何先生经历了“反右”的风雨，度过了“文化大革命”的艰难时光，居然还完整无损地保留下来，足以见何先生对这一纸收据的珍爱，这是当时何先生和师母的“老底”了，最困难的岁月也不曾动过的“老底”，慨然捐赠，想来深植于心底的“天下兴亡、匹夫有责”的士大夫的忧患意识所然，与全国人民“共赴国难”“保家卫国”的大义使然。当然，这一纸证明，并没有使何先生避开此后的种种“劫难”，并没有逃过“食货余孽”“CC 特务”的“顶戴花翎”。但是，“小人物”的“大民生”，还在继续。遗物中还找到捐给菏泽一中的 1 千元的证明，时间是 20 世纪 60 年代，那时的 1 千元，可以折算成一个普通教师工资的 20 倍。

最后的一次捐赠是 2008 年汶川大地震发生后，何先生捐出特殊党费 1 万元，支持灾区人民。这次，得到的是烫金大红封面的捐赠证书。斯人已逝，时光不再，但心在，精神永存。

民生为大，不废细流。何先生为人排忧解难，助人为乐，其实很多时候都体现在细微之处，无论是司机班的师傅，校内维护花草的工人，实习餐厅的小姑娘，医院的小护士，都是何先生和师母呵护和关爱的对象。司机班师傅最喜欢为“何老”出车，实习餐厅的小姑娘每到过年都会收到“红包”，医院的小护士亲热地问爷爷感觉怎么样，何先生每每都伸出左手(因中风，右手功能受损)用力握住她们伸出的手，温暖而有力，尽量不让她们为自己担心。

师母好行侠，先生好助人。何先生喜好篆刻，会刻章，在有关别人命运的关键时刻还发挥了作用。20 世纪 30 年代考上北大后，不少山东老乡为求学，老乡找老乡。考大学需要高中文凭，很多年轻学子因种种原因缺少毕业证书，有的是遗失了，有的是因战乱或其他因素未能完成学业，于是何先生就开了小作坊，用随身携带的空白毕业证书，再盖上自己刻的校长印章(没有人辨别真假)，给一些急需帮助的老乡和朋友，很多人顺利考入大学。当时借用类似做法的有不少人后来成了知名学者，也算史学界的“轶闻”吧。何先生多次和我们谈起此事，似乎还颇有“余兴”。

“日理一鸡”。何先生和师母待学生热情有加，“日理一鸡”传颂甚广，说的是，何先生夫妇两人生活简朴，饮食清淡，有人向他们请教长寿之道，答案是：棒子面粥加红薯。但却因担心学生的营养不够，经常请到家里吃饭，每每做很多菜，还不断要为学生夹菜。据我的师兄于琨奇和薛军力讲，有一次在何先生家用餐，先生和师母精心准备，并坚持让每个人吃下一只鸡，不吃不行，以至吃完都要走不动了。于是戏言："都说日理万机，我们到了何先生家是日理一'鸡'。""日理一鸡"成为何门弟子中广为传颂的"名言"，伴随着我们在何先生家的小红楼度过了数不清的美好时光。2006年，何先生唯一的爱子何芳川老师不幸病逝，2007年，何师母过世，但"日理一鸡"的传统仍然在何先生居住的小红楼持续发扬。因为父亲年纪也大了，身体不好，很多时候我要回首都师大的家照顾父亲，我就经常利用上课后的时间去看望何先生，何先生盼望着我的到来，并且和我约定，下课后一定到他家里吃饭。每当我上课的日子，他都会嘱咐保姆(岳)兰蓉，要准备好饭菜，必须有荤有素，不管我下课多晚，都一直等我一起吃。如果觉得肉菜少了，就会埋怨兰蓉，他自己其实吃得不多，但总是盯着我吃，希望我多吃荤菜。如果有其他学生来，也一起邀到桌前进餐，还会催促兰蓉加菜。弄得兰蓉每次都有些紧张，生怕饭菜准备不周而引起何先生不满。尽管我们的收入比起80年代提高了很多，但他仍然执着于把我们的肠胃塞满。据历史学院现任院长杨共乐说，他曾经在何先生和师母的"监督"下，整整吃了一大盆饺子，足够两位老人吃三天的。收入高了，生活好了，何先生仍然保持朴素清淡的饮食习惯。有客人来，年纪大了，做不动了，就请到学校的"实习餐厅"，不管剩多剩少，坚持要我们这些学生打包带走。有时候往往只剩下些汤汤水水，也要一律打走，照先生和师母的说法，"以免暴殄天物"。

在天愿做比翼鸟。何先生是山东大户人家的子弟，虽然父亲官职不显，但何思源出道早，对这个堂弟呵护有加。师母也是山东人，自幼贫寒，却很有志气，不满家庭的束缚，毅然离家，走上艰辛的求学、自立之路。两人的姻缘始自何时何事，已无法考证，我们只是隐约得知，师母郭先生在河南大学上学时，美丽端庄、聪慧而又有个性，吸引了不少追求者。但郭先生最终选择了锲而不舍、儒雅忠厚的何先生，开始了两人携手八十年的恩爱岁月。

我到北师大是1986年，两位老人已经都70多岁了，经常可以看到他们携手漫步在小红楼周围的林木丛中。我们去家里求教时，也经常看到师母郭先生给何先生按摩，先从头部起，再到肩部和胳臂，一边按摩一边唠叨："你们先生啊，就是个享福的命，从小就没吃过苦。"何先生坐在属于他的那把"太师椅"上，双目微闭，满脸笑意，享受着师母的按摩和唠叨。

2006 年爱子何芳川老师去世后，两位老人仿佛一下衰老了，相濡以沫之情更加浓郁，几乎形影不离。尤其是师母郭先生，不仅精神受到打击，身体也渐渐不支，患上绝症住进了医院后，何先生就成了"全陪"。日常治疗和护理有医护人员和保姆，何先生就是每天陪坐或陪卧在师母身边，除非有来探望的客人，何先生会起身接待，其他大部分时间，两人手拉手，互相望着对方，或说话，或不说话，就这样静静地度过两人共同的最后时光。在师母离世前的半个月，何先生用颤抖的手书写了一首诗，表达了希望和师母"化作双燕子，比翼飞宇宙"的生死相依之情。师姐薛振凯老师曾经说过，山东电视台专门到北师大拍摄何先生的专题片，最后的一组镜头是两位老人在月季花和葱茏的林木中携手渐行渐远的背影。

北大早年校歌《燕园情》中有如此一段：

> 红楼飞雪，一时英杰，先哲曾书写，爱国进步民主科学。
> 忆昔长别，阳关千叠，狂歌曾竞夜，收拾山河待百年约。
> 我们来自江南塞北，情系着城镇乡野；
> 我们走向海角天涯，指点着三山五岳。
> 我们今天东风桃李，用青春完成作业；
> 我们明天巨木成林，让中华震惊世界。
> 燕园情，千千结，问少年心事，
> 眼底未名水，胸中黄河月。

如今，何先生已经走完百年人生。如今，他和郭先生携手飞向了天堂，再续百年恩爱。

部分内容原载《人物》2011 年第 10 期
原题目为《念兹在兹：一个世纪的坚守——追忆何兹全教授》

何兹全教授《中国古代社会及其向中世社会的过渡》读后

《中国古代社会及其向中世社会的过渡》(商务印书馆2013年)一书是由两部分组成，上编《中国古代史社会》，作为专著1991年出版，在学术界产生重大影响，被誉为“魏晋封建说”的“扛鼎之作”，至今已再版三次。下编为《中国中世社会》，是何兹全教授的遗稿，首次面世。《中国中世社会》作为《中国古代社会》的姊妹篇，何先生构思已久，真正动笔应该是在20世纪90年代，即《中国古代社会》脱稿之后。何先生的计划，是将中国传统社会的发展做较长时段的研究，把自己大半个世纪以来的思考，完整系统地展现出来。《中国中世社会》正是何先生整个计划的主要组成部分。何先生为《中国中世社会》拟定的具体章节如下：

绪论

一、中国社会史研究的历史

二、《食货》半月刊的应运而生

三、重材料和重理论

四、辩证唯物史观

壹　古代社会走向中世纪(三国、两晋)

1. 东汉末年城乡经济的破坏

2. 依附关系到隶属关系的转化、贫富对立到贵贱对立的浮现

3. 国有土地和国领民户

4. 皇权、豪门强宗矛盾、斗争的又一轮

5. 空虚无救中找解脱

6. 走向没落的社会和社会意识

贰　四世纪初到六世纪末的北方社会(十六国、北朝)

1. 兵荒马乱的年代和社会

2. 拓跋氏的国家起源和封建化

3. 国有土地和国领民户

4. 豪门强宗的沉浮和强大

5. 自然经济居优势的时代

6. 寺院经济和社会

叁　四世纪初到六世纪末的南方社会(东晋、南朝)

1. 社会大动荡与东晋的立国

2. 门阀世族的盛衰

3. 豪族强宗

4. 郡县民户

5. 城市经济的发展

6. 佛教寺院社会

肆　城市的复兴和依附关系的衰歇(隋唐时代)

1. 城市经济的复兴

2. 依附关系衰歇和租佃关系的再出现

3. 均田制的破坏

4. 佛教寺院经济的转型

5. 文艺复兴曙光的出现

计划写 40 万字，每章约 10 万字。

原本构筑完整的中世社会，由于何先生的仙逝而仅完成了“绪论”和第一章“古代社会走向中世纪(三国、两晋)”。庆幸的是保留了未完成书稿的提纲，可以为后学完整体会和了解何先生对中国中世社会的学术思想提供线索和进一步思考的空间。

中国古代社会到中世社会的历史脉络及其变化是何先生关注的重点领域，将《中国古代社会》和未完成的《中国中世社会》近十万字书稿合编为《中国古代社会及其向中世社会的过渡》，既体现了何先生对中国古代社会到中国中世社会的整体思考，也是何先生八十年学术生涯心血的结晶。我们在整理和编辑中，根据遗稿编定目录时，保留“绪论”和第一章，加了一篇何先生已完成但未确定篇次的《秦汉地主与魏晋南北朝地主的不同》，附在第一章后面，并保留了完整的目录。

通过已完成的“绪论”和第一章，以及未完成的章节目录，《中国中世社会》部分大体框架已清晰可见。“绪论”部分，是统领全书的纲领，追溯了中国社会史研究的历史，回忆了《食货》半月刊的应运而生，阐述了历史研究和社会史研究应材料和理论并重的观点，强调了辩证唯物史观仍然具有前途和生命力，并回顾了自己走上中国社会史研究道路的历程。“壹　古代社会走向中世纪(三国、两晋)”，重点论述依附关系的深化和意识形态领域的“没落”，再次明确了何先生“汉魏之际封建说”的首创之功并持之以恒的观点。“贰　四世纪初到六世纪末的北方社会(十六国、北朝)”，重点论述北方社会经济因少数民族的入主而发生了自然经济占优势的逆向发展和封建化的过程，随着佛教的进入和传播，寺院经济的强势崛起成为这一时期的特点。“叁　四世纪初到六世纪末的南方社会(东晋、南朝)”，重点论述门阀士族的衰落和城市经济的兴起。“肆　城市的复兴和依附关系的衰歇(隋唐时代)”，重点论述整个社会经济的转型，导致了城市和商品经济的复兴，引发了依附关系的衰落和租佃关系的发展，寺院经济也发生了转变，中国看到了文艺复兴的曙光。何先生在思考中国古代社会及其向中世社会过渡的过程中，在分析中国古代社会的“四个变化”的基础上又提出“三个变机”，“绪论”中就此进行了阐述和归纳：“50年代初我写过一篇《汉魏之际社会经济的变化》。我提出四条变化：一、从城市交换经济到农村自然经济，二、从编户齐民、奴隶到部曲、客，三、从土地兼并到人口争夺，四、从民流到地著。战国秦汉城市交换经济发达，魏晋南北朝自然经济显著。变化之机在三国两晋。”何先生将四条线的变化合并为两条线，又加了一条，归纳为：一是，城乡经济的衰落；二是，依附关系的发展；三是，宗教的兴起。“中国中世社会”的框架也正是围绕这三条变化的线索展开和深入的。

何先生完成的部分除“绪论”外，即《中国中世社会》的“壹”，分为六部分：1. 东汉末年城乡经济的破坏；2. 依附关系到隶属关系、贫富对立到贵贱对立的过渡；3. 国有土地的扩大化和国领民户的依附化；4. 皇权、豪门强宗矛盾斗争的又一轮；5. 空虚无救中找解脱；附录一：秦汉地主与魏晋南北朝地主的不同。

通读后虽然不能完全和深刻领会，但有以下几点体会：

一是何先生延续了他的一贯原则，从长时段、从社会矛盾发展的深层原因分析社会变化，而非"表面地、浅层地看问题"。他列举了大量事例，说明"整个三国两晋时期，是自然经济大占优势的时代"，自然经济代替了自战国以来高度发展的交换经济，呈现了"社会大倒退"的现象。他指出："过去的史书记载和一般史家的理解，都把汉末城乡经济的破坏、社会大倒退到自然经济的出现，归因于董卓之乱"，即战争动乱和金融货币制度的紊乱，深层原因应从战国秦汉以来的社会性质以及社会主要矛盾中去发掘。社会性质：城乡对立，城市支配农村；社会主要矛盾：城市交换经济和小农经济的矛盾，务末的商人和务本的小农的矛盾。这些矛盾西汉初年已经显露，最终发展到东汉末年的"社会大倒退"。"汉末魏晋社会的大倒退，是战国秦汉古代社会内部所包含的矛盾的自身发展的结果，是战国秦汉古代社会的必然归宿。"上述这些是对城乡经济衰落的诠释。

二是坚持辩证唯物主义，这点在依附关系深化的论述中尤为突出。深化的表现是依附关系向隶属关系的转变，这是何先生研究魏晋南北朝社会特征提出的新观点。依附关系的深化，是何先生汉魏之际封建说的组成部分。深化的表现，何先生明确指出魏晋南北朝的"客皆注家籍"的私属人口和主人的关系，是依附关系进一步发展后的"质"的变化，也更能反映与此前秦汉制度的不同和发展，是当时社会的一项重要特征。何先生认为历史上有两个事件，对上述变化起了关键作用，其一是王莽改革中措施之一"改私属曰奴婢"，是秦汉奴主关系向隶属关系转变的开始；其二是曹魏末年"给公卿以下租牛客户"，"自后小人惮役，多乐为之"，是依附关系向隶属关系转化的关键。这一发展过程，是量的变化和量的变化在行进，最后发生质的变化。

何先生在论述中提出几个观点值得重视：

人身隶属和人口分割，是中世社会主要的独特的生产关系和剥削关系。两者不可分离，其合法化，是自三国以后，户口统计数字减少的主要原因。

"马与豪门共天下。"古代社会向中世社会转化的过程中，豪门强宗依靠人口分割合法化和大土地占有，西晋政权已经是"马与豪门强宗共天下"的局面，早于东晋初年的"王与马共天下"。司马氏的胜利，代表着豪门强宗的胜利，分权的胜利。曹氏的失败，代表着中央集权的失败。这是古代社会向中世社会转化的时代大潮使然。

魏晋的九品官人法和西晋的封国、五等爵制都是适应豪门强宗要求分权的需要，以分权迎合豪门强宗人身隶属关系和人口分割的利益。社会贵贱分野是从古代社会走向中世社会的大潮中的产物。

附录一：《秦汉地主与魏晋南北朝地主的不同》虽然是单篇文章，但仍然围绕着古代社会向中古社会转化的三个变化，从地主阶级的角度进行了深化，从两方面论证了两个时期地主阶级的不同。第一个不同，表现在社会关系、社会身份方面。秦汉时期的地主，除一部分皇家宗室和功臣封王封侯有爵邑外，地主和平民都是编户齐民，身份地位是平等的。魏晋南北朝时期的地主，在政治上、社会上都是有特权的，甚至在法律面前，他们和平民也是不平等的。他们有免役权，并可荫庇亲属、部曲、客。与一般平民有严格的贵贱之分。第二个不同，表现在使用劳动力方面。秦汉时期，地主土地上的劳动者是奴隶和来自平民的佃客和佣工；魏晋南北朝时期，则主要是部曲、佃客。奴隶是主人的财产，身份是完全不自由的。佃客和佣工是自由民，他们和地主的关系，基本上是租佃关系、雇佣关系。部曲、客是半自由的，身份高于奴隶而低于自由民、平民。他们身系于主，在地主家注籍，依附主人而没有离开的自由。

《中国古代社会及其向中世社会的过渡》一书，清晰地体现了何先生研究的思路和特点：一是注重考察中古时代中国历史的发展道路和发展规律，并将其置于世界历史发展的大框架中考察；二是注重考察社会经济领域具有关键意义的变化及其深层次原因；三是在注重考察经济基础对社会发展变化作用的同时，也注重其与社会意识、思想的互动作用。

本书的很多论点在《中国古代社会》中都已经阐述过，但正如书名一样，何先生在本书的第一部分重点阐述的是古代社会向中世社会过渡的"过渡"阶段及其特征，因此具有与《中国古代社会》一书中讨论重点的衔接，又有向下一阶段——南北朝隋唐延伸的作用。到了隋唐时期，以城市的复兴和依附关系的衰歇为时代特征，思想意识领域则以古文运动和市民小说为代表，出现文艺复兴的新曙光。虽然只是提纲，但何先生已经向我们昭示了下一个新的历史时期的酝酿和演进。

原载《北京师范大学学报》2013年第5期

二院往事——记北大历史系的几位老师

大学是年轻人梦开始的地方，但却是我从梦中归来的起点。十年的知青生活，我的青春、我的热血、我的憧憬、我的梦想，都留在了那片遥远的、沧冷的，而又令人热血沸腾的黑土地上，至今仍令我“魂牵梦绕”。

我是1978年在知青回城大潮中返回北京的，在当了一年的待业青年后，考入了北京大学历史系中国史专业。年少志高、风流倜傥的学弟曾对我说：“北大，将是我一生中的黄金时期”，而我的感受是“北大，是我终于能脚踏实地、重新修炼的殿堂”。

北大，有优雅清新的校园建筑，处处能感受到吸纳百川的学术氛围，进取创新的思维空气，引领潮流的学子心态，以天下为己任的士人情结。百年积淀，不断释放出新的活力。如果说北大是一幅中国文化的风景画，百年北大就是一幅历史长卷，她勾勒了中国从近代向现代推进的人文历史，近代以来中国知识精英对民族、对理想、对事业、对自身的思考，对所承担的责任和奋斗的努力，都凝聚在其中。

北大老师，是北大学子永恒的话题，是北大精神的不竭源泉。

记得1979年刚进学校，印象最深的是大字报，“三角地”和周围的墙上都贴满了，颇有“四大”遗风，内容不少与伙食有关。

我入学的北大，是原燕京大学的校园，历史系的办公室在二院，当然还有其他数字的院，如三院、四院，每个院都是独门独院二层小楼，二院小楼中还有其他的系。记得我在上研究生时，一周必须上的劳动课，就被安排在二院拔草。看着各位老师和少量同学出出进进。上课的教室不固定，感觉好像每上一门课，都要满校园找教室，专业课大多也不在文史楼上。

入校后，基础课都是大班上课，当时历史系分中国史专业、世界史专业、考古专业，和图书馆等系的文科专业一起上。中国通史都是在大教室上，每到上课时分，熙熙攘攘，好不热闹。

讲中国通史的老师依次是顾德融（先秦）、张传玺（秦汉）、祝总斌（魏晋南北朝）、张广达（隋唐五代宋辽金）、许大龄（元明清）几位先生。

祝总斌先生个子不高，偏瘦，人很精神，我很喜欢上他的课。他讲课从不大起大落，而是抑扬顿挫，错落有致，一如行云流水，又如和煦春风。板书柔中有刚，清新典雅，安排有序，可谓从容不迫、淡泊优雅。那个时候，学生中也有逃课的，当然没有现在盛，但祝先生开设的选修课，“爆棚”是经常的，往往要有很多加座，有时还解决不了问题。上学期间，心理曾有郁结而挥之不去，于是拜访祝先生，一经点拨，竟豁然开朗。1992年，我去福建厦门大学开会，清晨，约数好友进南普陀寺参省，香火袅袅，诵经声声，众信徒或顶礼膜拜，或擦拭打扫。后山有摩崖石刻，为该寺著名景观，有一方巨石，上刻“心即是佛”四个大字，令我驻足而感慨良久，特留影。今年，借开会之便，特地又前往观瞻，石在，字在，心之感触依旧。前几年，祝先生每天围绕未名湖跑三圈，现在，每周爬香山三次。一生二，二生三，祝先生的性情似在无限的山水之间。

张广达先生个子中等，但脑袋的比例似乎大于常人，充满智慧和理性思维。他总是匆匆忙忙，走路都是或快步或小跑，显然是想尽量弥补以前被剥夺了的时间，时间观念很强。我曾就如何学好外语请教过张先生，他的回答是：无捷径可走，唯有利用一切可利用的时间。有一次他在来学校上课途中，自行车坏在半路，他满头大汗跑进教室，原来是一路推着车跑到学校。张先生的板书经常夹杂着英文以外的字母，讲的内容涵盖很广，跳跃性很大，虽然语速不快，但精力稍一不集中，就会跟不上节奏。一堂课下来，感到非常充实，但由于自身学识有限，课后需要消化的内容也不少。我曾在张先生的一篇文章中读到他说的一段话，大意是：历史上，很长时间，高山、深谷、江河、大洋、沙漠等自然条件阻碍了不同文明之间的交流，但在科技高度发展的今天，自然所造成的障碍早已被逾越，但因人为因素而导致的冲突却在扩大，人为造成的隔阂仍在延续。排异、争执、隔阂、战争、流血，每天都在发生。张先生十数年前怆然远行，他的学术眼光穿越历史时空，飞跃过大洲大洋，但他的学术空间始终根植于中国，他的研究视角，始终聚焦于中国学术。如今中外学者在横跨大洋、穿越崇山峻岭的航班上熙熙攘攘，来来往往，我想，在海峡对面张先生的目光，一定时时凝望着中国——古老而又日新的土地，凝望着北大——古老而又日新的校园，关注着继领风骚、心高气盛的北大学子。

许大龄先生，大概是高度近视，每次上课时，总要把讲稿凑到眼前，讲课时，基本不看学生，只看讲稿，板书不多，写起来一板一眼，讲课条理清晰、扎实。他对学生非常宽容，记得期末考试，他是主考，似乎没有监考老师，大阶梯教室坐得满满当当(我当教师后，考试实行隔排坐，监考老师虎视眈眈)，卷子发下来，许先生就坐在讲台的后面，用高度近视眼专心地看一本什么书，考场充溢着轻松、和谐甚至有些兴奋的气氛，于是皆大欢喜，不止一个人得了一百分。北大老师，对学生之宽容，是有口皆碑的。我担任学习委员时，曾有一个同学认为她的期末考试得分不理想，任课老师听说后，马上表示，可以适当加分。老师的眼睛并没有盯住分数和秩序，而是给了学生很大的自我发展空间，这一传统仍在延续。听说，许先生晚年身体不好，家庭负担很重，系总支书记王春梅每周都主动给他送些可口的饭菜，闻听此情，不禁凄然。

我到高年级后，选课基本是在中国史范围，何芳川先生教世界史，只听过一次他的课，完全是慕名而去。不重内容而重感受，他高高的个子，长着一个有可能是古代中亚人的相貌(这是何兹全老先生——我的博士导师的说法，他认为他们家族可能源自中亚昭武九姓，但未经考证)，极具风度，讲话颇具感染力，感情与理性色彩都很浓重，讲到兴奋时，索性脱去外套，“堂风”竟如此潇洒。如果在何老先生家遇到何芳川先生，他总是呼我为“小妹”或“小师妹”，也总能又一次聆听他洋洋洒洒、充满理性和激情的高论。不过，我仍然坚持称他为“何老师”，在何老先生面前，则称他为“小何老师”。写到此处不禁想起同行学友，往往在愈演愈烈的友情聚会时，争“资”论“辈”，但关键之处，却从不会自乱。

王永兴先生是我的硕士导师，学风严谨，当时已经六十多岁，每次上课时，都将需要讲述的史料一丝不苟地抄写在黑板上，负责擦黑板的学生每堂课都要擦几次。上课时的开场白，往往是联系当前国内外形势以激发大家爱国与奋发之心。记得那几年正是男排冲出亚洲、女排登顶世界的关键年份，女排及她们取得的佳绩也就经常成为王先生开场白的主题。北大校园也着实沸腾过几次，通宵达旦，游行、唱国歌。一路狂欢到清华、人大和北师大，摔酒瓶、烧扫帚，甚至烧床单。记得当时北大学子喊出的口号是“团结起来，振兴中华”，风靡天下。后来，清华学子借一个什么缘由，喊出了“振兴中华，从我做起”，媒体大张旗鼓地造势，风头也不逊于北大。不过，总感到，境界似乎有区别。于是，我们每次上王先生的课，都既有学术意义又有实践和现实意义。每过一段时间，王先生都要检查和督促我们的学业，并经常用陈寅恪先生对学术的执着教育我们，使我们稍有懈怠的心又紧绷起来，继续努力，以不辜负先生的期望。

离开北大已经18年，前些时候，去中古史中心参加博士生答辩会，阎步克学兄降阶迎候，竟云“欢迎各位光临鄙校”，我笑而驳曰：“我可是回归母校，何冠以鄙字?”

原载王春梅、王美秀主编：《那时我们正年轻——北京大学历史系系友回忆录》，现代教育出版社2007年

永远的“213”——深切缅怀王永兴先生

“213”是北京大学图书馆的一个很普通的房间，但却成为我大学最后两年和研究生三年学习生活中最重要的场所。这个房间也正是我的硕士导师王永兴先生作为创办人之一的中国敦煌吐鲁番学会和北京大学中古史研究中心的“养成”之所。这个房间，是王先生和其他几位老先生经过艰苦努力而向学校争取到的，他带领着我们前后几届学生购买图书，复制照片，布置书柜，初具规模后，就成为我们学习的“乐园”。每天迎着清晨的朝阳，我们随着熙熙攘攘的学生大潮涌入图书馆，不再为“占位子”发愁，进入“213”，明亮的阳光充溢着房间各个角落，除了上课的时间，我们基本都集中在这个研究室学习。旁边是工具书阅览室，同层有出纳台，每天三段时间都长在这里，上午、下午和晚上。今年3月去日本东京开会，遇到明治大学气贺泽教授，他曾经在北京大学历史系进修过一段时期，他对“213”也有深刻的印象，尤其对我们这些“213”的学生，每天从早到晚都在“213”看书、学习、讨论问题，更是赞叹不已。记得有一段时间，北京大学礼堂(现在的世纪大讲堂就是在原址修建的)几乎天天晚上演最新的电影，我们往往选择晚场第二场，即晚九点半开始。在“213”学到九点一刻，下楼去看电影，什么都不耽误。虽然离开北京大学已经二十多年了，但每次有机会去北京大学图书馆，还是要特意“路过”一下“213”，可惜这种机会越来越少了，好在中国古代史研究中心图书馆的大门随时敞开。当然现在的中国古代史研究中心已经今非昔比了，精致的四合院式的一组建筑，前后两进院落，实用而典雅的讲演厅，丰富而前沿的图书馆，每个教师一间研究室，常令我们羡慕不已。几代学者在这里传道授业，几辈学子从这里成长，走向学术的殿堂。

在追随王先生读书的日子里，印象最深的是他的严谨学风、教风和对学生的持续激励。

王先生经常给学生讲他在给陈寅恪先生做助教时的经历。陈寅恪先生晚年双目几近失明，在清华大学教书，王永兴先生和汪篯先生做他的助手。每次上课前，陈先生都要花很长时间备课，即便是他很熟悉的两《唐书》等史料，也要重新让助手读一遍，往往是陈先生先准确地明示翻到《旧唐书》(等)某卷某页，从第几行读起，所读段落正是他上课时准备引用的史料，读完，才让两个学生搀扶着走向课堂。由此可见陈寅恪先生治学之一丝不苟的精神。王先生以陈寅恪先生为楷模，也时时这样要求自己。记得我们在大学三年级选修王先生开设的隋唐史课，每次王先生都做充分的准备，指定一个学生担任部分写板书任务，另一个学生负责擦黑板，一次课下来，要写十几块黑板的史料。两鬓染霜的老先生在台前奋笔疾书，朝气蓬勃的青年学子在下面求知若渴，学术薪火也在这种激昂的氛围中传承。

王先生对学生的激励是时时进行的。一方面是爱国主义教育，另一方面是学术方面的教诲。

爱国主义教育往往采取课前语的方式。我是1979年入学，高年级开始上王先生的选修课。1981年中国女排以亚洲冠军的身份，参加了在日本举行的第三届世界杯排球赛。比赛采取单循环制，经过了7轮28场激烈的比赛，1981年11月16日，中国队以7战全胜的成绩首次夺得世界杯赛冠军。此后，全国刮起“排球旋风”，女排姑娘成为中华“巾帼英雄”，是全中国的骄傲。我们自然也是如醉如痴，女排战斗不息，我们则观战助阵不止。北大校园也为之沸腾过几次，通宵达旦，游行、唱国歌。一路狂欢到清华、人大和北师大，摔酒瓶、烧扫帚，甚至烧床单。记得当时北大学子喊出的口号是“团结起来，振兴中华”，风靡天下，一时竟成为这段时间中国最流行的口号，女排及她们取得的佳绩也就经常成为王先生开场白的主题。主题也会随着形势的发展和报道的变换而有所不同，但以具体的事例和当代“英雄人物”激发我们对祖国的热爱和为民族献身的目的则贯穿始终。尤其是如火如荼的“女排精神”在这样一位老先生口中娓娓道来，似乎使我们和王先生的年龄距离缩小了，感觉王先生并不是钻到故纸堆中的“老先生”，而是有一颗与时代脉搏一起跳动的年轻的心。这类爱国主义教育，每次都会使我们热血沸腾，心潮澎湃，同时也感受到王先生对祖国强盛、中华民族振兴的热切期望，以及寄希望于我们这些青年学子为祖国的历史学事业做出应有的努力。

学术方面的教诲则往往采取循序渐进的方式。

王先生要求我们都在“213”读书，我们也非常愿意，其中一个原因是可以免去到图书馆阅览室“抢占座位”的辛苦和不确定性，最主要的原因则是“213”陆续购置了一批经常要用的书和敦煌卷子的照片，可以利用。王先生经常“光临”“213”，每次都要检查我们的读书学习情况，解答我们遇到的各种问题，自己也时常坐在研究室认真的读书。我们从精神上随时做好王先生来的准备，在实际行动上则表现为坚持“坐班”，不容有任何懈怠。除了“213”，王先生还经常召集学生到他家里进行辅导，虽然有的学生并不一定选修隋唐史专业，但在大学期间，有这样一位老教授时时激励和教诲，使大家都受益匪浅。谈话的主要内容基本上还是围绕着陈寅恪先生的治学精神和学术思想，询问我们的学习情况和今后的计划，布置我们看书内容，鼓励我们要持之以恒、艰苦奋斗。每次从王先生家里出来，我们都感慨万千，甚至有些惭愧，觉得多少辜负了老师的期望，没有做到更加努力，于是暗暗下决心要更抓紧时间，不能虚度光阴。我们就像一架老式钟表，这样定期和不定期面谈，不断给我们有可能稍稍松懈的神经重上发条，继续不知疲惫地向前奔走。

1979 年我进入北京大学历史系中国史专业后，对今后的专业方向没有更多的考虑，只是感觉“文化大革命”十年耽误了太多的时光，正所谓“该读书时下了乡，该工作时重回课堂”。“文化大革命”开始时，我正好是小学毕业，随波逐流，看着沉渣泛起，看着风起云涌，看着“与人奋斗其乐无穷”，最后被裹挟到“北大荒”——“战天斗地”去了。因此，文化教育和科学素养严重缺失。幸运的是，1978 年回到北京，1979 年如愿以偿地考上了北京大学历史系中国史专业。王先生大概是在 80 年代初经过邓广铭先生(当时任历史系系主任)鼎立推荐和艰苦斡旋，排除种种羁绊，从山西调到北京。王先生历经坎坷，但对学术的执着数十年如一日。记得从我们二年级起，王先生就非常关注本科生的培养工作。他主动与学生接触，了解学生的情况，鼓励学生与老师交流，欢迎学生到他家拜访，并希望有更多的学生选择隋唐史专业。王先生了解到我的家学渊源(其实，只能说是有渊源而无传承)，明确鼓励我选择隋唐史作为今后的专业方向，从此也就确定了我的学术研究领域。“213”创立后，王先生把很大精力投入到培养学生的工作中。在“213”，王先生布置我们校读《六典》，督促我们通读《资治通鉴》，指导我们以《六典》为本，参看两《唐书》对读，希望我们能为今后的研究工作打下坚实的基础。

“敦煌文书”的整理和研究，20世纪三四十年代，老一辈为此付出了艰辛的努力，并且取得了卓越的成就。但1949年以后，因为众所周知的原因，沉寂多年。王先生对敦煌文物和文书流失海外痛心疾首，对中国学术界“敦煌学”的迟滞进展而忧心如焚，在课堂上屡屡提及“敦煌，吾国学术之伤心史”这一话题，更注重的是落实在为敦煌学的发展做出不懈努力的实际行动中。80年代以后的改革开放，同时打开了学术交流的大门，也给中国大陆的“敦煌学”带来了新的生机。王先生牢牢把握住学术发展的动向，亲自开设了“敦煌文书”研究课程，他与国外的学者加强联系，购置和印制了敦煌文书的缩微胶卷及照片，指导我们读文书。从那些似乎枯燥、干涩、残缺、难懂的字句中，我们感受到历史在指尖中的流淌，也更深刻地认识到我们探索历史真相的任重道远。本科生毕业论文，我在王先生的指导和鼓励下，选择了以敦煌文书为基本依据，对唐朝敦煌地区的农田水利做些基础的研究。伯三五六〇《唐沙州敦煌地区灌溉用水章程》文书自发现以来，引起不少学者的注意。日本学者那波利贞、武藤ふみ子等人都对此件文书做过颇见功力的整理、研究工作，对于我们了解此件文书的性质、内容做出了不少贡献。我的论文就是试图在进一步整理此件文书的基础上，以其为基本线索，结合其他有关史料，对唐代敦煌地区的农业水利做一概观的描述。当时还没有出版各种精美和清晰的图录，我利用北京大学和首都师范大学(原北京师范学院)的缩微胶卷阅读器，反复地读卷子，辨认文字，释读句子，在王先生的悉心指导下，从懵懂、茫然的状态进入到略知其然的境界，历时半年，终于完成三万多字的论文，并且获得北京大学优秀毕业论文。虽然论文还有很多不如人意的地方，也只是我学术研究的起步习作，在撰写论文的过程中，王先生不仅传授给我基本的知识和技能，也传授给我对学术的严谨和专注精神。研究生阶段继续跟着王先生，我也遇到了我现在的研究生经常遇到的困惑，即如何选题的问题。当时脑子也很乱，有很多宏观设想，也有不少微观的构思，但总是飘在面上，没有抓住真正能展开研究的中心点和创新点。王先生及时加以点拨，提出是否可以以唐监察制度在前后期的变化为主要线索，重点研究后期的变化，还提示我要注意唐后期“出使郎官御史”的性质和作用。遵照王先生的指导，我理清了思路，从唐朝监察制度的构成、职能入手，分析了御史台监察职能前后期的变化以及变化的原因，重点放在唐后期监察体系的重新组合和新的职能上，对“出使郎官御史”“巡院”等，都有了新的认识。虽然做论文的过程一路磕磕绊绊，完成的论文现在看起来也是瑕疵百出，但选择从研究官制入手，也为我在攻读博士时的可持续研究奠定了基础。

在“213”学习的日子里，有快乐，也有苦恼，但我们始终怀念着这些难忘的岁月。从这里走出了近十届研究生，大多数都学有所成，成为学术科研的骨干，王先生的学生也成为京城隋唐史研究领域的重要“方面军”。王先生严谨的学风、厚重的功底、敏锐的问题意识，是留给我们的最珍贵的财富。

王先生仙逝已近一年，他给我们留下大量的学术著作，凝聚着他的心血和追求，也凝聚着他对学生的期望和托付。虽然不知道“213”今后的命运和归属，但我们的怀念是不会泯灭的。

原载《通向义宁之学：王永兴先生纪念文集》，中华书局2010年

下　篇

杂谈九则

一则：宋人热衷做房东

近读《北京青年报》登载的《宁当地主不做房东》，文中举宋朝宰相赵普为例，其实不然。宋朝都城商业繁盛，人口众多，民居、商用、官署争夺空间，土地有限与需求上涨的矛盾日益凸显。有的新任宰相在京城都无固定的栖身之所，只好租赁房屋暂住。比起唐朝皇帝动辄大笔一挥，赐某某"京城甲第一区"的气魄，实属天壤有别。宋朝皇帝也曾挥笔赐宅，但往往引起房地产争讼、拆迁纠纷，民告官案层出不穷，成为影响京城社会和谐安定的重要因素。因此，"寸土寸金"的供求矛盾，引导两宋都城的房屋租赁业如火如荼，正如宋人所言"重城之中，双阙之下，尺地寸土，与金同价"①，南宋都城杭州，房地产经营已经从城里扩展到城外的西湖区，当时人形容"湖上屋宇连接，不减城中，有为诗云：一色楼台三十里，不知何处觅孤山"②。

不仅百姓、商家、寺院看中房屋出租经营包含的巨大利润，文武官僚、贵戚宦官也无不跻身此行业大展身手。官府还专门设置了"楼店务"（后改为"店宅务"）管理公家房屋租赁业事务，房租收入成为官府从事经营性产业的重要收入。更有甚者，南宋朝后宫慈元殿及宦官等内诸司利用手中的"小金库"，投资杭州郭城内东北角的一片水域中的地面，建塌房数十所，有房屋数千间，专门出租，或住人，或停放货物③，获利颇丰。在京城经营房屋租赁业者，人称"岁入不啻百万"。

赵普因下属劝诫而放弃门面房出租，仅是个案，并不代表官僚追逐利

① 王禹偁：《小畜集》。

② 田汝成：《西湖游览志余》卷23。

③ 吴自牧：《梦粱录》。

润的行为受到普遍谴责。在关乎城市发展建设的重要时期，甚至还受到鼓励。据宋僧释文莹《玉壶清话》记载：后周世宗显德中，定都开封后，派遣周景疏浚汴口，以通漕运。周景心知汴口疏通后，舟行无阻，淮浙巨商必将运粮到京师，届时“万货临汴，无委泊之地”，于是劝周世宗令京城民“环汴栽榆柳，起台榭，以为都会之壮”。周世宗同意后，周景率先应诏，踞汴水要路，起巨楼十二间。江淮船到京后，周景所建十二间楼成为囤积大量货物之所，“岁入数万计”。这种官员牟利经商、投资经营房地产业的现象延至宋代更为普遍。

持操守者不在少数，但社会风气并不以经商为耻，却是宋代社会的特征之一。最可说明的是北宋开封城中的大相国寺，实际上是京城最大的全国商品交易集散地。大相国寺始建于北齐，屡经兴废。北宋定都开封后，城市商品经济日益繁荣。大相国寺濒临汴河，位于市中心繁华地区，占地宽阔，建有64院，三进庭院，又有长廊环绕，寺内名胜古迹冠称“十绝”，游人众多。北宋太祖赵匡胤登基后，专程到大相国寺拜访，僧人录赞宁言：见在佛不拜过去佛。此后，皇帝进庙以见在佛身份只焚香而不须拜佛，大相国寺也就具有了国家寺院的身份。北宋太宗赵光义亲自书写金字寺额，很多重大活动如皇帝宴请以及祈雨等国家行为，都在大相国寺举行。在街市、桥市、瓦市、庙市、夜市和城内外商业贸易都非常兴盛的开封府，这样一座最重要的国家寺院，竟开辟成京城最大的全国商品交易中心。

史载：“东京相国寺乃瓦市也，僧房散处，而中庭两庑可容万人。凡商旅交易，皆萃其中。四方趋京师以货物求售、转售他物者必由于此。”①房地产业获利丰厚，以至宋朝政府屡屡颁布禁限令，有的是针对“侵街”的违章建筑，有的是限制官员经营房地产业，有的是强令减免高价房租。“太平岁久”“户口日滋”“栋宇密接”“略无容隙”，形象地表明了城市空间与发展之间的矛盾。地皮涌贵，甚至连皇帝赐予的住宅也规定要纳地基税。以至赵普这样的开国元勋，也动了经营门面房的念头，应该可以理解。

① 王栐：《燕翼诒谋录》。

因此，居住在大都市的宋人不仅爱做地主，更爱做房东，利之所在，趋之若骛。官民皆如是，城市商品经济的繁盛使然也。

原载《北京青年报》2006 年 12 月 25 日《历史纵横》版

二则：论死刑不游街

2007 年公检法司联合出台《关于进一步严格依法办案确保办理死刑案件质量的意见》(简称《意见》)，规定：对被执行死刑者禁止游街示众或者其他有辱被执行人人格的行为，禁止侮辱尸体。

由此想到，对被执行死刑者游街示众、闹市问斩，可是我们老祖宗的“传统”。

《礼记·王制》云：“爵人于朝，与士共之。刑人于市，与众弃之。”表明古代先贤主张扬善与惩恶都应公之于众的原则立场。后世统治者如此施行，民众也无不以为这是惩恶扬善的最佳方式。朝野的共识使游街示众历经百代而长盛不衰，演绎得越来越“丰富多彩”，花样日益翻新，于是有凌迟处死以吸引众多的眼球，有争分受刑者之肉骨以泄愤的举动，不一而足。惩恶的举措不仅限于死刑犯本人，还推广到从犯，于是罪不至死的犯人也加入了游街示众的行列，一些现如今看来并不是刑事犯的诸如成分问题(地主资本家)、生活作风问题(破鞋)、小偷小摸问题等，也成为游街示众的由头。重则陪绑刑场，轻则陪斗、戴高帽子、挂牌子、剃阴阳头，“文化大革命”中更是被“革命群众”发展到极致，成为大众政治生活中的重要内容。

古代刑人，为警示众人，不仅要当众行刑，还要游街示众，游街称为“徇”。行刑地点往往选在人流最大、最热闹的场所，以期达到最大的震慑效果。因此，市就成为刑场的首选，而街是公共场所，又是能最大限度地承载人群流量的空间，在街上的任何活动都能发挥最强的公众效应，徇(游)街也就成了示众程序中必不可少的环节。

对重要的死刑犯人采取游街——闹市处决的方式，应该说是最重的处罚，充分利用街与市，将官府所期盼的公众视觉效应发挥到极致，从而达到最具震撼力的政治警示功能。

为了达到游街的最大效果，游的路线就很有讲究。以唐朝为例，对重要的死刑犯往往采取献(告庙社)—徇(两市)—斩(最后押赴固定刑场)的三个环节。即先在皇城内左献庙、右告社，然后出皇城经主要街道游行(徇)到两市示众，再押回皇城到西南隅刑场问斩。选定行刑场所，选择行刑路线，都是为了取得最强的公众效应，游街的路线应该是：出安上门—走春明大街(宽 120 米)—进东市北门徇市—出东市北门—走春明大街—过朱雀门步入金光大街(宽 120 米)—进西市北门徇市—出西市北门—进皇城含光门—斩于皇城西南独柳树刑场。出入皇城也可以走顺义门(西)和景风门或延喜门(东)，沿皇城东(西)墙外街向南再走春明或金光大街。游街时，民众奔走相告，争先恐后，一路跟随，如无限制，还会赶赴刑场，观看最震撼人心——人头落地的现场。于是官府追求的警示效果、民众渴望的惊悚场面，在这种徇市、徇街活动中得以实现。例如，隋末李渊斩阴世师、骨仪、崔毗伽、李仁政于朱雀街道(宽 150～155 米，相当于今天北京的长安街)，“京邑士女，欢娱道路，华夷观听，相顾欣欣”①。

《水浒全传》第 40 回描述了梁山好汉劫法场救宋江的一段场景：刑场设于闹市区十字路口，只见街上锣鼓喧天，“江州府看的人真乃压肩叠背，何止一二千人”。梁山好汉分成四伙，分别扮成弄蛇的丐者、使棒卖药人、挑担的脚夫和推车的客商，从四个路口围住刑场，不想在即将动手时，李逵从临街的酒楼上跳下来，赤膊挥舞着板斧，“不问军官百姓，杀得横遍地，血流成渠。推倒颠翻的，不计其数”，看得人血脉贲张、酣畅淋漓，成为《水浒传》中最为人津津乐道的情节之一。

清朝北京城的菜市口，客栈会馆云集，商铺茶楼林立，因是繁华之所而被作为刑场，又因是刑场，而成为当时京城的一大看点。史书上记载肃顺被判菜市口斩首，轰动全国，京师震动。北京的老百姓都把英法联军侵略北京的账记到肃顺头上了，行刑前的游街示众，从宣武门到菜市口街道

① 温大雅：《大唐创业起居注》。

两旁挤满了人，义愤填膺的，观望看热闹的，两旁酒楼茶市的人纷纷踩着桌子蹬着椅子伸长脖子，老爷、太太、少爷、小姐，贩夫走卒、行商坐贾，顾不得什么身份，都挤在一处。街道两旁人群中吐唾沫、扔果皮的不计其数，押解的刑部官员也吃了不少“挂落”。

据说八国联军初来乍到时，还习惯采用西方式的枪毙，而后竟也开始采用中国式的砍头，迅速入乡随俗。

今天还有人认为：“对犯人游街示众是一种对现代社会的治理具有积极意义的一种惩罚措施！跨马游街一族耀，囚车示众人人耻！在这个已经不知道什么是羞耻的社会，更需要采取游街示众这样的古代的积极措施，褒正贬恶，唤醒人们内心的荣辱观。”于是，我们看到卖淫嫖娼、聚众赌博、倒票黄牛、敲诈勒索、惯偷都有可能被游街示众。

历千年的游街示众，闹市问斩，演绎出多少风流人物。鲁迅笔下的阿Q在赴法场的游街途中，瞥见了路边人丛中的吴妈，为最后一次显示自己而喊出“过了二十年又是一个……”。戊戌六君子之一的谭嗣同在观者如堵的菜市口法场上，慷慨悲壮的“有心杀贼，无力回天；死得其所，快哉快哉!”的遗言。梁山好汉的江州劫法场的壮举，无一不是对这种“公众视觉暴力”的嘲讽、回应和抵制。

游街示众这种被中国社会接受和推广了数千年的行为终于被一纸文件终止了，此前有多少人在这种“公众视觉暴力”面前失掉了做人的尊严，有多少民众在这种视觉暴力的引导下误入“歧途”。游街示众为何历千年而不衰？还有多少残余及变种在泛滥和不断滋生？类似这样的“公众视觉暴力”其实不仅仅是游街示众这一种形式，是否会真正从中国人的社会生活中消失呢？

原载《北京青年报》2007年6月11日《历史纵横》版

原题目为《游街示众闹市问斩》

三则：坊市骗抢术古已有之

当今似乎成了骗子满天飞的时代，尤其大都市自古就是鱼龙混杂、魍魉出没的场所，骗子更是花样翻新，登峰造极，科技含量和人文因素兼而有之，诈骗工具及道具有手机短信、小金佛、假外币、易拉罐等，诈骗内容与方式有装神弄鬼者，自称神医者，子女遭难说，幸运获奖说，手眼通天说(可解决升学、就业、参军等)，总之，都是利用人们贪图便宜、贪恋女色、疏于防范、胆小怕事、希企捷径等弱点进行的。

由于城市居民构成复杂，人口流动性大，往往成为骗子的“天堂”。古代的城市，也是政治、经济、文化中心，尤其是都城，四方人物，荟萃于此。有冠冕堂皇的皇亲贵戚，有八面威风的文官武臣，有珠光宝气的贵妇，有一掷千金、财大气粗的商人，有风流倜傥的文人士子，也有贩夫走卒、佣力车夫、工艺人匠，更兼有恶少无赖、地痞流氓，总之应有尽有。再加上从各地乡村来的进城务工农民，投亲靠友者，进京赶考者，出差旅游者，于是，一些不法之徒聚汇在此，坑蒙拐骗、敲诈勒索、明抢暗夺，无所不用其极。

唐宋时期，都城常住人口加流动人口都超过百万，难免鱼龙混杂。有一群游手好闲之徒，专门坑蒙拐骗、为非作歹，靠吃“城市”生活。

宋人周密所撰《武林旧事》对发生在南宋都城临安府(今杭州)的五花八门的“骗局”，有形象的描述。

一种是设“美人局”，专门给好色之徒设局，主要是以貌美娼妓为诱饵，引诱青年男子，假装要做他的姬妾，然后敲诈勒索，诈取钱物。

一种是经营赌场，称为“柜房”，诱骗青少年或进城民工参赌。史载：“市人有以博戏取人财者。每博必大胜，号‘松子量’不知何物语也。”

一种称之为“水功德局”，假称能替人打通关系，那些到京城企图求官、觅举，希望得到恩泽、升迁，或者有诉讼之事，骗子们都宣称能打通关节，有强力后门，不过钱物一到手，就溜之大吉了。

一种是以买卖货物为名，以假做真，如以纸假冒衣服，以铜铅假冒金银，以土木假冒香药，“变换如神”，直看得受害者眼花缭乱，光天化日之下，诈骗却往往得手。因此，这类骗人者，被称为“白日贼”。

一种是专门在市场等人群簇拥之地，专贴近人身，扒窃衣囊及配饰，“剪脱衣囊环佩”，类似今天的剪包盗窃者。

一种是酒肆茶楼经营者与妓女勾结，诱骗外地进京人士消费珍品，抬高价格，欺诈勒索，很多人掉进陷阱。

还有溜门撬锁，飞檐走壁，穿墙入室，不一而足。

更为嚣张的是直接明抢的团伙，号称“拦街虎”“九条龙”等，称霸街市，为害一方，百姓和商贩倍受其苦，敢怒而不敢言。

他们游荡在街巷瓦肆周围，伺机作恶。

这些称霸市井的团伙至少可分为两个层次：一是家世中衰的官僚子弟；二是一些破落户、城市贫民、外来流动人员、无业游民等构成的市井“地头蛇”。谋生手段各不同，如以无赖方式倚赖政府救济，组成诈骗团伙从事诈骗活动，或用欺行霸市等手段垄断商品进城通道(环节)。

以上所述还只是民间诈骗勒索团伙，还在官府的“严打”范围内，更有甚者是依仗权势为害坊市的在官之人。

据《资治通鉴》记载，唐朝长安就有一批专门打着宫廷承差的旗号，对坊市居民巧取豪夺的“小儿”。德宗贞元末，隶属于宦官执掌的宣徽院五坊“小儿”横行长安坊市。所谓五坊，是设于内廷禁苑中饲养五种飞禽走兽供皇帝狩猎之用，一曰雕坊，二曰鹘坊，三曰鹞坊，四曰鹰坊，五曰狗坊。他们往往喧嚣市坊间，或张网于坊市井、门，宣称不得惊扰供奉鸟雀，限制住户的正常出入，以此勒索钱财；也有相聚于食市酒肆饱餐而拒绝付钱，如遇店主索钱，或直接殴打，或留一口袋宣称内有为内廷捕得的鸟雀，必须好好饲养，最后的结果都是店主告谢哀求才离去。后宪宗即位后，革除弊政，抑制宦官的权势，也打击了“小儿”的嚣张气焰，京城百姓无不拍手称快。

还有一伙人，依仗曾做过胥吏的身份，勾结官府，欺压小民。

唐朝一薛姓京兆尹(相当于北京市市长)对京城恶少曾有一次大规模的抓捕行动，一次捕获二千余人，全部仗杀，陈尸于市，市人凡有刺青者，一律“灸灭”。当时有几个亡命徒非要顶风上，一个姓张的，左臂刺上“生不怕京兆尹”，右臂刺上“死不怕阎罗王”，一个姓王的在胸腹上遍刺“山亭院池、树草木鸟兽，无不悉具”①，被薛“市长”一律仗杀，毫不留情。

而宋朝则采取“以毒制毒”的方式，从“群盗”中招纳一批人员，加入官府组成的几千人的缉捕队伍，又在城区进行广泛巡查，坚决予以“弹压”。

这些专事坑蒙拐骗、勒索抢劫的团伙在唐朝被称为“坊市恶少”“无赖”“闲人”，宋朝则称为“游手”。他们是随着城市经济的发展，城市社会生活的活跃，城市空间的开放，城市阶层的多层次，城市及周边人口流动的加速而出现的，是随着城市化的过程，一部分城市人群和外来人口逐渐边缘化的表现和结果。这也给官府如何加强和调整城市管理制度和措施提出了新的问题。

原载《北京青年报》2008 年 11 月 10 日《历史纵横》版
原题目为《偷抢拐骗》

四则：街上纷竞行李②相高

行道权在古代是很为人看重的权力，官贵享有的行道权是身份和等级的体现。皇帝的出行自然是万人仰止、无人争锋，但官贵之间为行路权而争竞的事例却历代有之，层出不穷，且花样翻新。

古代皇帝出行非常讲究气势，也有严格的规定。每当出行时，由仪仗、仪卫、车舆、冠盖、羽麾组成浩浩荡荡的队列，沿途静街，不得有人行走，所过旗亭、市楼垂帘外蔽，更不允许普通百姓居高临下观望。史书记载，隋炀帝出游时，声势浩大的仪仗队伍“填街溢路”，绵亘二十余里。他在大业二年(606 年)三月自江都(扬州)出发回东京(洛阳)，浩浩荡荡走

① 段成式：《酉阳杂俎》卷 8。

② 此处意为：出行、导从。

了一个月，四月才到，百官“自伊阙陈法驾，备千乘万骑入东京”①。伊阙在今河南省洛阳市南二十里处的龙门石窟前，因处龙门山和香山之间，两山之间一条伊水蜿蜒而过，山如城阙，水如游龙，故有“伊阙”之称。各种仪仗队伍自龙门就摆开阵势，千乘万骑护驾入东京，应该说是造足了声势，充分体现了君临天下、威风凛凛的尊严。

百官出行也有各自的阵仗。唐时的长安城，规模宏伟，街道坊市井然有序，南北十一条和东西十四条街道中，最宽的朱雀大街(也称天街、御街)宽155米。据考古发掘勘察出的数据统计，长安外郭城主干街道的总面积大约是10平方公里，占外郭城总面积的七分之一强，八分之一弱。官署云集，高官毕至，“每元日、冬至立仗，大官皆备珂伞、列烛，有至五六百炬者，谓之‘火城’。宰相火城将至，则众少皆扑灭以避之”②。凡遇高官出行，则“路傍高楼息歌吹，千车不行行者避”，“街官闾吏相传呼”③，刻意制造以势夺人的氛围。史载，温璋，唐末任京兆尹(相当于今天首都的市长)，自天街而出，将南抵五门，一条朱雀大街“呵喝风生”④。史书上描述最生动的当属温造出行，温造性格偏激，“不顾贵势”，唐穆宗朝任御史中丞时，曾在街上仗决左补阙李虞，曳中书舍人李虞仲引马，捉知制诰崔咸从人，“恣行胸臆，曾无畏忌”⑤，每出行，行李“远至两坊，谓之‘笼街喝道’”⑥。由于气派太大，引起众忿，于是皇帝下敕：“宪官之职，在指佞触邪，不在行李自大；侍臣之职，在献可替否，不在道路相高。”⑦意思是说，任职御史，职责是监察违法乱纪，中枢机构官员职责是替皇帝决策和出旨，而不应计较谁必须给谁让路。唐穆宗时鉴于官员争路愈演愈烈，曾下敕，规范路遇的先后次序，禁止喧竞，禁止行李太过，规定传呼前后，不得过三百步，限制车马过多、随从过众、大事张扬的不良作风。还有

① 《资治通鉴》卷180“隋炀帝大业二年”。

② 李肇：《唐国史补》卷下。

③ 张籍：《沙堤行呈裴相公》，见《全唐诗》卷382。

④ 李昉等：《太平广记》卷49《温京兆》。

⑤ 《唐会要》卷56《左右补阙拾遗》。

⑥ 《旧唐书》卷165《温造传》。

⑦ 《旧唐书》卷165《温造传》。

的官吏因争势争路而丢了官。例如，唐敬宗时，殿中侍御史王源植出行在街道，与教坊乐伎因互不让路发生纠纷，他认为自己受到了侮辱，导从也不甘示弱，厉言呵斥，双方可能发生了肢体冲突，造成不好的影响。王源植最后为此事从清要岗位上的殿中侍御史，被贬为昭州(今广西平乐)司马①。

如按上所述，宰相出行火炬至少五六百，中高级官吏传呼前后超过三百步者大有人在，构成的街景也颇为可观了。

北宋时，都城开封府的主干街道已嫌狭窄，坊市制的崩溃、街市的形成也使街的空间活动受到限制，甚至连皇帝的出行仪式也因为街道狭窄、人员混杂而失去了应有的庄重和威严。例如，北宋仁宗康定元年(1040年)时，车驾行幸，侍从百司官属下至厮役都“杂行道中”，而“士庶观者率随扈从之人，夹道驰走，喧呼不禁”②，皇帝出行禁街的规定显然已无法严格执行，一幅万民同乐的画面。出行的宣示功能在这一层面已经弱化，社会公众娱乐功能放大。而且，因为街道狭窄，只好对出行仪卫规模进行变通，护驾人数不得不大为减少。

为解决街行矛盾，避免纷争，宋朝对官吏出行出台了具体规定：“诸司非相统摄皆称移牒，分路者不得笼街及占中道，依秩序以分左右”③，以适应已嫌狭窄而且不断发生侵街现象的街道，整饬街行秩序。

在南方经济发达地区的城市，街行秩序恐怕就更难维系了。唐朝中期有“扬一益二”之称，“扬”是指长江下游的扬州，“益”是指长江上游的成都，繁盛已经盖过了北方的政治中心城市长安和洛阳。扬州为“歌钟之地，富商大贾，动愈百数”，史载“乔寄衣冠工商等多侵衢造宅，行旅拥弊”④。而苏州呢，白居易有诗云：“人稠过扬府，坊闹半长安。”⑤在这样的城市里，我们似乎看不到呼啸生风、争路抢道的高官权贵了，“腰缠十万贯，

① 《旧唐书》卷17上《敬宗本纪》。
② 周辉：《清波别志》卷3。
③ 《宋史》卷118《礼二一》。
④ 《旧唐书》卷146《杜亚传》。
⑤ 白居易：《齐云楼晚望偶题十韵兼呈冯侍御周殷二协律》，见《全唐诗》卷63。

骑鹤下扬州”，商品经济的汹涌大潮，使原本狭窄的街道车水马龙，谁也没有摆谱的机会和场所了。

原载《北京青年报》2009 年 1 月 6 日《历史纵横》版
原题目为《行路难——唐宋时期的行道权纷争》

五则：考课与绩效

眼下流行网上晒“工资”，于是，看出了行业的差距，看出了地区的差异，满网尽是不平、愤忿之情。其实网上晒的只是明面收入，可列入隐性或灰色收入部分是断断不能拿出来晒的，当然受贿部分更不能见阳光。古人也有工资单，不过仅限于“公务员”阶层，不妨也拿出来晒晒。

古人的“工薪阶层”应是指贵族官僚等享受国家俸禄的人，而非今天朝九晚五的小民。

俸禄的构成一般是实物加货币，相当于今天的货币工资与实物福利，不过，当时的实物是公开的，而且很长一段时间是工资的主要内容。

以汉朝为例，官品是以容量单位“石”来区别的，之所以如此，是因为不同官品享有不同的俸禄，俸禄的多少是以“石”计量的。例如，三公官品万石，刺史官品三千石，县令官品六百石，那些不入品的小吏，被称为斗宵之吏，就是因为从国家领取的俸禄太少。

再以唐朝为例，官员俸禄(工资)由禄米、人力、职田、杂给、常规实物待遇和特殊实物待遇几部分组成。

以唐朝前期京官正三品(相当于今国务院各部部长、北京市市长级别)为例：每年禄米 400 石(当时的一石，今制不到 100 斤)，职田 9 顷，防阁(杂役)38 人，每日发常食料九盘(细米二升二合，粳米八合，面二升四合，酒一升半，羊肉四分，酱四合，醋四合，瓜三颗，盐、豉、葱、姜、葵、韭之类各有差；木橦，春二分，冬三分五厘；炭，春三斤，冬五斤)，大概约合每月 8000 文；每日可享受免费工作午餐，每年元正冬至各赐绢 5 匹、金银器、杂彩不等(包括夫人)，依据品级国家配发至少五种不同场合的服装(包括全套衣帽鞋带配饰)；本人或祖父母、父母亡故，给营墓夫60人役使10天，按品级配给丧葬所需一应器物，赠绢、布、绵等100段，粟百石。遇有特殊情况，还有赏赐。俸禄的总趋势是人力和实物工资的一部分逐渐被货币取代。一般官吏每三年考核一次，业绩突出者可加俸禄，反之则减扣。

当然，官吏还有其他待遇，如亲属免役、住房、乘车、受田、子孙享受优先入学和做官等优惠和特权。每年可享受公休假(汉朝是5天一休，唐朝是10天一休)。家里父母亡故，享受“丁忧”一年。

随着商品经济的发展，官吏的工资结构也发生变化，主要趋势是实物和人力比例逐渐减少，货币比例上升。原来的一些实物和人力工资都以货币的形式替代了。工资形式的转化不仅仅是官员的收入形式问题，随着货币性收入比重的加大，促使官员及其家属的很大一部分消费需求需要通过市场才能满足。因此，工资结构的变化，也反映了商品经济的发展。

不同部门和地区的实际收入是有很大差别的，一般说来，地方主管衙门、财政税收部门、工程兴造部门、司法部门、选举考核部门等，工资外的实惠很丰厚，行贿受贿的现象极为普遍。官员的非正常收入往往远远超过工资单上可以见阳光的部分。例如，白居易，皇帝念他家贫，又有老母需要奉养，于是允许他在正常调动时自选职位。白居易放弃了清要之职，而选了京兆府户曹参军一职，相当于今天的北京市财政局长，“俸钱四五万，月可奉晨昏；廪禄二百石，岁可盈仓囷”，于是脱贫奔了小康。这是阳光下的“工资单”，其他实惠并不在内。

官员的非正常收入，一是来自对小民的搜刮，二是来自下属的孝敬。孝敬最典型的莫过于“冰敬”和“炭敬”，就是任职地方的外放官员冬夏两次向京官中的关键人物和部门“进贡”，以求保住官位，进而谋求晋升。有诗云：“赤日炎炎似火烧，京里老爷锦扇摇。欲得晴空展双翅，纳来寒玉配君腰”，这是“冰敬”；又云：“瑞雪逍遥下九重，行衙吏部挂彩灯。频叩朱门献暖炉，玉做火塘熔炭红”，这是“炭敬”。此外，外官离京向京官辞行，送“别敬”，过年送“年敬”。清朝有官员外放，临行送出别敬一万多两银子。流传甚广的民谚“三年清知府，十万雪花银”就是指正常工资外的隐性收入，应该说，都不是通过正常渠道获得的。

很多人的收入是无法见阳光的，因此，工资单不晒也罢。

原载《北京青年报》2007 年 3 月 26 日《历史纵横》版

原题目为《晒晒古人的“工资单”》

六则：论天下真宰相

论起天下真宰相，老百姓肯定首先想到的是唐太宗时期敢于直言进谏的魏徵，北宋末年力主抗金的李纲，他们不仅在民间口碑极佳，在官方记载中也是正面英雄人物的形象，流芳千古，名垂青史。

不过，这些老百姓和史官眼中的真宰相，似乎并不都是皇帝当时最信任的人，他们的命运也往往坎坷而多难，令老百姓痛心疾首，令读史者掩卷叹息。例如，魏徵在唐创业过程中，是太子李建成的僚属，在李建成与李世民(唐太宗)展开争夺继承人的斗争中，屡屡为李建成出谋献策，并建议及早除掉李世民以绝后患。李世民发动“玄武门之变”，最终登上帝位，不仅没有制裁魏徵，反倒非常器重和赏识他，并委以重任。魏徵前后上疏二百余条，被唐太宗誉为可以“明得失”的一面镜子。但死后不久，唐太宗就忿而砸毁了亲手为魏徵书写的墓碑，终止了公主与魏徵长子的婚约。再如，宋朝名相李纲，力主抗金，但始终得不到君主的信任与倚重，遂抑郁而亡，留下“六代兴亡如梦，冉冉惊时月”“纵使岁寒途远，此志应难夺”等凄凉而悲愤的词句，令后人感慨万千。记得小时候看过《岳飞传》的连环画，有李纲为促皇帝抗击金兵而进谏，为表示决心，不惜以年迈之身而滚钉板，百姓义愤填膺，而皇帝仍然与投降派的大臣无动于衷。朝廷和民间对这些名相的态度为什么会有这么大的差异呢？确实值得我们思考。

或许我们可以以唐朝德宗皇帝和宰相卢杞的关系为例。

唐德宗李适是个很想有作为的君主，他生活在动荡的安史之乱(镇守河北辽东地区的胡族将领安禄山和史思明于755 年发动的叛乱)平复后的时代，看到国家从鼎盛的开元天宝盛世，走向江河日下的衰败，耳闻曾祖父唐玄宗仓促逃难、痛失爱妃(杨贵妃)的惨状，经历了祖父唐肃宗和父亲唐代宗收拾残破的窘迫，看到君权受制于权臣、宦官、藩镇而不能自拔，内心的苦闷、激荡和煎熬可想而知。唐德宗即位后，决心重振朝纲，宰相的人选自然是重中之重。他所选任的宰相中，有须眉端美、风骨峻峙、文藻雄丽的杨炎，因提议和主持"两税法"(赋税制度的重大改革)名震天下；有门第、人物、文章皆为时人推崇，以"龙章凤姿之士"自诩，人称"三绝"的李揆；还有诡异莫测、仙风道骨的李泌，匡复唐室、历仕三朝、审时度势；更有铮铮直言、屡屡上书直陈弊政而闻名天下的陆贽。但德宗评价最高的却是为朝野鄙夷、人人皆曰可诛的卢杞。

卢杞何许人也？以至德宗皇帝如此推崇，念念不已。隋唐时期，天下四大名族崔、卢、李、郑，卢氏名列第二，盖过已经成为皇族的李氏。卢杞的祖父，唐玄宗时期的宰相卢怀慎，清廉刚直，有开元良相之美誉；父亲卢奕，玄宗天宝时期为东台御史中丞(相当于监察部副部长)，后因坚守岗位而被安史叛军杀害。出身名族的卢杞，有祖、父的荫庇，仕途一帆风顺，一路升迁做到吏部郎中(相当于人事部副部长)。

遗憾的是，当时唐人看重的三事：文才、气度、风仪，卢杞都有欠缺。若论文才，卢杞凭借门荫出身而入仕途，但比起"金榜题名"进士出身的杨炎等人，自然不可同日而语，唐人流传至今的诗歌数万首，并不见卢杞著一词，文才已输众宰相。再看风仪，史载，卢杞不仅面貌丑陋，还泛着青蓝色，路遇时，很多人都以为撞见了鬼，且穿衣无品位，吃饭不讲究，士大夫视之为"异类"。卢杞的气度，也是"有口皆碑"。著名的大书法家颜真卿(书法颜体的创始者)，因敢于直言，卢杞认为有碍于己，于是建议德宗派遣颜真卿以劳军为名出使已经发动叛乱的李希烈军中，实为绝境，有去无回，壮烈牺牲。杨炎以卢杞陋貌无识，同处台司，心甚不悦，卢杞心知肚明，找个机会在皇上面前奏他一本，就被贬官远逐到崖州(今海南三亚一带)。嫉妒有"三绝"美誉的李揆，就鼓动德宗把他打发充任外使，出使吐蕃，让他忍受路途遥远，路况恶劣的险境。杜佑(著名诗人杜牧的祖父，本人因著《通典》而留名青史)因受到德宗的恩宠，也遭到卢杞的陷害，被贬到饶州(今江西鄱阳)。

史书对卢杞的评价是“矫诬阴贼，排斥忠良，朋附者欬唾立至青云，睚眦者顾盼已挤沟壑。傲很背德，反乱天常，播越銮舆，疮痍天下”①。简单说，就是排挤贤能，迫害忠良，搅乱军政，弄权祸国，奸诈阴险，品德败坏。

卢杞的作为引起天下公愤，于是本来就按捺不住的强藩，终于借讨伐卢杞起兵，并扬言不除卢杞则不退兵，德宗被逼无奈，在众多朝臣的劝说下，只好忍痛把卢杞降职并贬到远州，以解燃眉之急。但卢杞却对自己东山再起很有信心，其实是对德宗很有信心。官僚士大夫为此而忧心忡忡，朝野不宁，生怕卢杞卷土重来。当知道卢杞还没有等到回朝的那天就在贬所染病身亡，大家才松了一口气。后世史官毫不犹豫地把卢杞列入了奸臣列传。

但吃了卢杞挂落的德宗并没有因此醒悟，仍然对他念念不已，在与大臣讨论天下真宰相时，对卢杞的评价竟然是：清忠强介。即清正廉洁，忠贞刚强，耿直不阿。还很不理解众人皆言卢杞为奸邪之人，而自己为何没有丝毫察觉呢？大臣回答：“卢杞奸邪，天下人皆知；唯陛下不知，此所以为奸邪也！”②史载“德宗默然良久”，看来仍然不能同意，说明德宗最欣赏和最怀念的还是卢杞。反观德宗对其他宰相的评价，多有微词。例如，杨炎傲气十足，视德宗为童子，出言往往不逊；崔佑甫性情偏激，学问欠缺，往往词不达意，难与决策；陆贽虽建议良多，忠正不二，但激言切切，使德宗感到掣肘过多，事无所从，不能随心所欲；李揆则纵然有“三绝”集于一身，又善于辞辩，但锐于名利，深为物议所非。

由此，我们知道，皇帝心中、朝臣共识、史官笔下、百姓口碑，这中间是有着很大差距的。

原载《北京青年报》2010 年 10 月 25 日《历史纵横》版

原题目为《谁是天下真宰相》

① 《旧唐书》卷 135《卢杞传》。

② 《旧唐书》卷 135《卢杞传》。

七则：勤政楼与白矾楼

勤政楼，位于唐代都城长安东侧“三大内”之一的兴庆宫西南，据说是唐玄宗为了表示兄弟之间的友爱之情而专门建造的。建筑为二楼连体结构，两侧分别题有“勤政务本之楼”和“花萼相辉之楼”。白矾楼（后改名丰乐楼）则是北宋东京开封城与宫城东华门隔街相望的一座酒楼，经营有方而闻名遐迩，顾客盈门。两者本风马牛不相及，但因都与皇帝搭上了关系，成为文人笔下的轶闻与野史。

唐代都城普通居民建楼是受到严格限制的，“天下士庶公私第宅，皆不得造楼阁，临视人家”①，因此富商大贾即使家财巨万，若想追求私人住宅的华丽壮观，也只能是在装修上下功夫，而不能起楼。对因为扩大经营面积而建造楼屋的邸店，也一律严加处罚。普通民居建筑更是不能高于宫城，否则就是违反了法律。如果登高而俯视宫中，则判徒刑一年，若俯视殿中，处罚还要加重。当然那些目无法纪的公主、贵族、高官，大肆建造别墅豪宅，肆无忌惮。例如，长宁公主、安乐公主“竞起第舍，以侈丽相高，拟于宫掖，而精巧过之”②；长宁公主下嫁时“造第东都，作三重楼以冯观，筑山浚池。帝及后数临幸，置酒赋诗”③；武则天时的权臣许敬宗“营第舍华僭，至造连楼，使诸妓走马其上，纵酒奏乐自娱”④。

宫城和皇城的建造是不受限制的，各主要城门也都建有城门楼。皇帝平时身居宫中，当有重大活动时，如即位、立太子、大赦和赏赐、送行和迎接、国家祀典、节庆娱乐、宣慰和献俘仪式以及有关佛事的活动等，都会现身不同的城门楼。史载，唐太宗曾在承天门（楼）宣布立晋王李治为太子，唐睿宗即位后，曾在承天门楼上宣布大赦，唐玄宗曾在开远门楼上观看献俘仪式，唐宪宗曾御通化门楼为李吉甫饯行。

---

① 王钦若等：《册府元龟》卷61《帝王部·立制度二》。

② 《资治通鉴》卷209“唐中宗景龙二年秋七月癸巳”。

③ 《新唐书》卷83《诸公主·长宁公主》。

④ 《新唐书》卷223上《许敬宗传》。

安史之乱爆发后，唐玄宗携杨贵妃、杨国忠及公卿卫士仓皇出逃，途中遇马嵬之变，大宦官李辅国联合禁卫军将士杀死杨贵妃和杨国忠，回兵北上拥戴太子李亨即位，遥尊已逃到蜀地的唐玄宗为太上皇。玄宗回到长安，父子重逢，两相尴尬，在李辅国的主张下，将玄宗安置在偏离政治中心的兴庆宫。失去了帝位，也失去了爱妃，“夕殿萤飞思悄然，孤灯挑尽未成眠”①，郁郁寡欢的太上皇登临西南隅勤政楼，俯视着对面喧嚣热闹的东市，观看街道上来来往往的行人，思绪万千。楼下市人及街中往来者，看见昔日“三郎天子”，不禁怀念开元天宝时的盛世辉煌，喜极而泣，感慨万分，“不期今日再得见太平天子”，众人仰视楼上“传呼万岁，声动天地”②。群众的山呼万岁，却引来了肃宗和李辅国的警惕，为防有变，将玄宗迁往大内，又将身边的亲信如高力士等流放远方，彻底截断了玄宗与民众的联系，虽然联系的方式只是高居门楼上的互动。不久，玄宗抑郁而亡。看来，贵为太上皇，楼也不是随便能登的。

白矾楼与皇帝也是有一段历史因缘的。白矾楼只是北宋都城开封府中72家正店之一。北宋东京商业性的酒楼、歌楼，遍布城中大街小巷，可以千万数，九桥门街市酒店，“彩楼相对，绣旆相招，掩翳天日”③，马行街“夜市酒楼极繁盛处”④，各具其妙，各展风采。白矾楼优越的地理位置和独具匠心的经营方式，决定了它的不同凡响。白矾楼位于东京开封城景明坊，与进出大内的东华门隔街相望。楼的名称“或者以为楼主之姓，非也。本商贾鬻矾于此，后为酒楼。本名白矾楼”⑤。酒楼客人主要是来往京城的商贾，但也不乏进城公干的官吏、军将，人气极旺。酒楼的装饰和经营方式独领京城时尚，楼群的格局是“三层相高，五楼相向，各用飞桥栏槛，明暗相通，珠帘绣额，灯烛晃耀”⑥。据明人冯梦龙所辑《古今小说》中“杨

---

① 白居易：《白氏长庆集》卷12《长恨歌》。

② 李昉等：《太平广记》卷188《李辅国》。

③ 孟元老：《东京梦华录》卷2《酒楼》。

④ 蔡条：《铁围山丛谈》卷5。

⑤ 吴曾：《能改斋漫录》卷9《白矾楼》。

⑥ 孟元老：《东京梦华录》卷2《酒楼》。

思温燕山逢故人”一篇中提到白矾楼：“原来秦楼最广大，便似东京白樊楼一般；楼上有六十个合儿，下面散铺七八十副卓凳。”可见规模不小。东京酒楼普遍雇佣“三陪女”以招徕顾客，白矾楼当然也不例外，“入其门一直主廊约百余步，南北天井两廊皆小阁子。向晚灯烛荧煌，上下相照，浓妆妓女数百聚于主廊，□面上以待酒客呼唤。望之宛若神仙”①。坊间野史轶闻，盛传当时名动京师的名妓李师师就在“矾楼”与风流天子宋徽宗赵佶幽会，据传还有秘密通道从大内直达白矾楼，最终是爱美人而丢了江山。这样一个繁华富丽的大酒楼，却还有违章建筑，其中“内西楼”最高处可“下视禁中”，即可以登高临视大内。不管是唐律还是宋律，都有明文规定，俯视大内是要判刑的。唐朝长安宫城两侧都是宽阔的街道，民居不许向街开门，对起楼有严格的限制，不仅是临视大内要判刑，私宅起楼临视别家住宅，也会遭到投诉。曾有李晦，虽贵为宗室，但私宅所盖的楼可以俯瞰邻近的酒肆，酒肆老板特地等候李晦，对他说：“微贱之人，虽则礼所不及，然家有长幼，不欲外人窥之。家迫明公之楼，出入非便，请从此辞”②，李晦当天就拆毁了自家的楼阁。不过，白矾楼并没有因此遭到毁拆，只是限制顾客“禁人登眺”。看来，因为唐宋城市管理的尺度有了天壤之别，坊间盛传的宋徽宗通过秘密暗道与李师师幽会于矾楼，也就并非空穴来风了。

原载《北京青年报》2011年12月5日《历史纵横》版

原题目为《登临大内，有罪》

八则：古代的地方“驻京办事处”

当今议论的沸沸扬扬的驻京办事处，虎踞龙潜，此起彼伏，屡禁屡置，已经成了京城一道“亮丽”的风景线，省市一级不啻遍地开花，再下到

① 孟元老：《东京梦华录》卷2《酒楼》。

② 《旧唐书》卷60。

县级甚至是乡级也林林总总，这还是属于国家各级行政部门，再有那些知名和不知名的企业公司，更是数不胜数了。据有人统计，大概已达五千之多。其实，驻京办事处并不是现代社会的产物，二千年前的汉朝已经出现，汉文帝刘恒据史载就是在驻京办事处里即位的，此后开创了历史上著名的“文景之治”。

自从秦始皇建立大一统的中央集权制国家后，中央和地方的关系就随时处在需要调整又互相博弈的状态中。中央为了控制地方和掌握地方的情况，规定每年地方长官或其代表，必须进京“上计”，汇报一年的政绩、税收，并将推荐的人才贡举到中央。而地方为了伺知中央的动向、联络中央各有关部门，也为了本地区进京办事的方便，就在京城设立临时的办事处。秦朝享国短促，史料阙如，地方是否已经在京城设立办事机构，具体情况不清楚，但汉朝开始已经设立，史料记载凿之确确。唐朝是“驻京办事处”的全盛时代，宋朝以后则逐渐走向衰落。

汉朝继承了秦朝的制度，地方行政实行郡县二级制，此外还有各诸侯的封国，因此，又为郡国并行制。最早的地方驻京办事机构，称“邸”，根据不同的行政单位，有郡邸、国邸，县以下的单位大概还没有资格在京师设邸。虽然是地方驻京机构，但有两件事不同于全盛时期的唐代，一是各邸的主管长官是大鸿胪（汉代九卿之一，掌管礼仪、诸侯王国、少数民族和地方事务），具体事务则由大鸿胪的属官“郡邸长丞”分管；二是各郡国派驻京师的邸的最高长官，郡邸为守丞，国邸为长史，并不常驻京师，而是由各邸的较低级别的留守官吏负责邸内事务。也可以说，中央和地方的关系还比较简单，基本在中央的控制和管理下。据《汉书》记载，齐国设有“齐邸”，燕国设有“燕邸”，诸侯王进京后的一些活动就在所属的邸进行。汉武帝时为了加强对地方的监察，设置了十三部州刺史，东汉时刺史已经成为地方上的一级长官了，也就有了进京奏事的邸。东汉灵帝时，皇权式微，军阀割据，群雄竞起，各地驻京办事处竟然达到“百邸”之多，当然，那时的大鸿胪已经控制不了这些军阀的驻京机构了。

唐朝是驻京办事处最活跃最盛的时期。据史载，各地在京设立的办事处，最多时达到四五十个之多，而且占据了京城最繁华的几个坊，大批办事人员在京常住，于是置房产，包二奶，纳小妾，流连烟花柳巷，参与商业经营活动，乐不思蜀。不过唐朝初年，地方在京城的邸还是属于联络处的性质，主要是为各地进京汇报工作和述职的官员提供落脚之处。这些邸也大都是由中央建造的。唐朝中叶爆发的安史之乱，不仅改变了中央和地方的关系，也使得驻京办事处上了一个新台阶。

与前朝相比较，安史之乱后的唐朝驻京办事处的变化和发展有几个特点：

一是设置驻京办事处的主要是各地雄踞一方的藩镇。级别高，有雄厚的军事实力做后盾。

二是名称和隶属的变动。唐代宗于大历十二年(777年)，敕令原来各藩镇在京城设置的“上都邸务”机构中负责人“留后使”，一律改名为“上都进奏院官”，被认为是驻京办事处正式名称改为“进奏院”之始。进奏官由藩镇委派，不再隶属中央任何一个部门，但御史台置台巡驱使官一员，凡公事，进奏官按规定应向台巡驱使官通报，进奏官还须每天在御史台“应奏公事”①。即进奏官的对公机构是御史台，每天需要在御史台“点卯”，听取来自中央的指示，接受御史台的监督。

三是单独置印。唐德宗时曾“收诸道进奏院官印三十悉毁之”②，说明此前至少有三十枚进奏院官印在行用。既然设置官印，就证明有相对独立对外从事行政和经济活动的权力，然而前朝没有相关记载。

四是人员增加。进奏院除了正式编制人员，还因各种需要而在京城雇人协助处理有关事宜，有的属于长雇性质，说明日常事务比较繁杂，有限的在编官吏已经应付不过来了。不过，进奏院的编制情况如何，我们并不清楚，只知道，进奏院设进奏官主持日常事务，宪宗时曾有成德军进奏院中的恒州兵卒“行止无状”③。这些士卒是以什么身份盘桓在进奏院，史焉不详。可能藩镇派遣来协助处理日常事务，也可能是临时进京公干。不管何种情况，进奏院显然是有一定的规模，可以容纳当镇来京人员，同时也

① 《五代会要》卷17《御史台》。

② 《旧唐书》卷13《德宗本纪下》。

③ 《旧唐书》卷129《张延赏传》。

需要一定数量的支应人手，即便不在正式编制内。唐朝人孙棨所著的《北里志》里提到了一个名叫庞佛奴的人，“佣书徐邸”，应该是受雇从事与文书文字有关的工作，后被邸将正式招入为副将。唐武宗时征讨叛藩，负责讨伐的其他藩镇观望不前，于是派遣御史中丞(相当于监察部副部长)李回为催军使，为壮声势，史载“有邸吏五十导从”①。显然是带有示威性质的“导从”。但这五十邸吏是否是五十个藩镇的代表，还是某些藩镇派出了不止一人的代表，史焉不详，但至少说明进奏院的数目不在少数。

五是职能扩大，更多地参与经济活动。进奏院显然已经不是仅限于被动地承担接待和传达沟通任务的机构了，虽然我们没有详细的材料说明这点，但只鳞片爪也能看出些端倪。最早的汇票——飞钱，就是唐朝进奏院为方便本地商人进京交易而开展的业务。当时各地商人进京交易量很大，携带金属货币非常不方便，又因金属货币紧缺，朝廷严格限制铜的流通，于是进奏院就开展了一项创造历史的业务——变换。具体做法是：各地商人到京后将货币交到本地进奏院，领取凭证，回乡或到各地都可凭此证券在相关机构兑换现金。史称：“以轻装趋四方，合券乃取之，号‘飞钱’。”②不少富家也从事这项业务。虽然还只是汇票性质，但古人已经将最早的纸币雏形追溯至“飞钱”。当时中央政府希望控制货币流通和贮藏，于是令商人到户部度支盐铁三司(中央财政部)“飞钱”，但商人竟然“无至者”③。宋朝太祖沿用飞钱法，鼓励各地商人运钱进京到本地驻京机构“便换”，对京城的商品交易起到了很好的促进作用。

唐朝城市社会正是由封闭逐渐走向开放的时期，尤其是唐中叶以后，各种限制趋于松弛。众多的进奏院，对拉动京城的消费、活跃市场起了不少推动作用。餐饮娱乐业、房地产业和各类服务业受益最为显著。

房地产业的红火，与进奏院也有一定关系。进奏院需要选址买房，又通过便换业务替藩镇在京城积蓄了大量货币，有的多至数十万贯，于是藩帅们竞相在京城购置房地产，推高了京城的房价。宋人宋敏求所撰《长安

① 李昉等：《太平广记》卷498《催阵使》。

② 《新唐书》卷45《食货四》。

③ 《新唐书》卷45《食货四》。

志》一书，记述了很多唐朝藩帅在京师购置的宅子。

对餐饮业和娱乐服务业，进奏院的贡献也不小。进奏院大多集中在长安东城偏北的崇仁坊和平康坊，这两坊离尚书都省(相当于今天的国务院)和政治中心——大明宫较近，又临近东市(主要的两大市场之一)，皇亲国戚、达官贵人的住宅也大多选在这一带。因此，既是政治中心圈又是商业繁华区。虽然长安有宵禁的规定，但这两坊却因商业和娱乐业的兴盛，"昼夜喧呼，灯火不绝，京中诸坊，莫之与比"，每天车水马龙，"遂倾两市"①。再加上平康坊是隶属教坊(集中管理倡优、教授歌舞的官署)的妓女聚居处，往往成为赴京举子、新第进士、京都侠少、地方幕职官吏等流连之所。两坊的红火与进奏院的常驻也有很大关系，迎来送往，推高人气。进奏官由于是常驻，又天天沉浸在温柔之乡，那些年稍长而色未衰的妓女，大部分都被这些邸将包养，有的大概是名正言顺的"外室"(二奶)，有的没有任何名分，只是"私蓄侍寝者"②，还有的索性跟随卸任的邸将"衣锦还乡"。中央对官吏的种种限制条文，主要是针对在京任职的官员，驻京办事处反倒是一块自由的沃土。

唐朝后期，藩镇坐大，皇权式微，进奏官也仗着本镇的强势而气焰嚣张起来，往往成为藩镇向朝廷邀功的代言人。例如，卢龙节度使杨志诚从检校工部尚书升迁为检校吏部尚书，相当于从建设部部长(职级，并不实际任职)转迁为人事部部长，杨志诚的进奏官徐迪居然到宰相处抗议，威胁说：我们只知道尚书改仆射(相当于国务院总理级别)是升迁，不知道工部改吏部算什么，如果使臣来进奏院宣布任命诏敕，恐怕进得来出不去。嚣张之极，而宰相却无可奈何。威胁未达到目的，杨志诚公然退还了朝廷颁发的委任状和随赐物品，扣留使者，皇帝只好再派使臣将总理级别的右仆射授予他。

当朝廷决定对某些叛逆的藩镇用兵讨伐时，进奏官也就成了朝廷向藩镇示威的替罪羊，或严加监管，或借机处罚。

---

① 宋敏求：《长安志》卷8《崇仁坊》。

② 孙棨：《北里志·海论三曲中事》。

可知，进奏院是藩镇与中央博弈的重要棋子，他们的兴衰起伏正是中央与地方关系的真实写照。

进奏院到宋朝又为之一变。

宋太祖深知藩镇对中央集权的危害，演了一出著名的“杯酒释兵权”，彻底解除了藩镇的军权，也就消除了地方坐大的隐患。进奏院仍然存在，但已经变为隶属中央的机构，进奏官的任免也逐渐归属中央。宋代以后，历朝统治者都更加重视加强中央集权，藩镇势力恶性膨胀的局面也退出历史舞台，进奏院依托藩镇而托大、在京城异常活跃的场景直至清朝末年都不曾再现。

原载《北京青年报》2011 年 1 月 24 日《历史纵横》版

原题目为《驻京办的“黄金时代”》

九则：从卖炭翁到特需采购

卖炭翁，伐薪烧炭南山中。
满面尘灰烟火色，两鬓苍苍十指黑。
卖炭得钱何所营？身上衣裳口中食。
可怜身上衣正单，心忧炭贱愿天寒。
夜来城外一尺雪，晓驾炭车辗冰辙。
牛困人饥日已高，市南门外泥中歇。
翩翩两骑来是谁？黄衣使者白衫儿。
手把文书口称敕，回车叱牛牵向北。
一车炭，千余斤，宫使驱将惜不得。
半匹红绡一丈绫，系向牛头充炭直。

这是唐代大诗人白居易所作叙事诗《卖炭翁》，对中唐时期，因宦官专权而导致的政治黑暗，官僚腐败，大小宦官恃强凌弱，对普通百姓强取豪夺，给予了有力的鞭挞，家喻户晓，脍炙人口，传诵千年而不衰。这首诗的历史背景是：唐德宗时期，宦官权力逐渐膨胀，掌握了负责为内廷采购的权力，称“宫市”。具体描述了在一个寒冷的冬季，大雪纷飞，一个老翁，步履蹒跚，满面尘灰，两鬓苍苍，为了糊口，不得不上南山伐木烧炭，冒着大雪，穿着单薄的衣服，赶着牛车到长安城中卖炭。不料正碰上出外采买的大小宦官(黄衣使者白衫儿)，拦住牛车，宣称是为宫中采买，老翁辛辛苦苦拉的约重千斤的一车木炭，只得到“半匹红绡一丈绫”的可怜报酬。其实，白居易的《卖炭翁》暴露的只是冰山一角，宦官借“宫市”之名，掠夺百姓，花样繁多。据史书记载，主持内廷采买的宦官为“宫市使”，属下数百人，号称“白望”①，专门在长安的东西两个市场压价采买，还强迫商贩交纳入门费和脚价钱(运输费)，经常有商贩货物被强征空手而归。因此，每到看见这些宦官出宫，商贩们都望风关门撤摊，避之犹恐不及。更有甚者，一些并非担任采买任务的宦官，游走于市场，“多诈称宫市，肆夺人物，百姓怨苦”②。“宫市”不仅扰乱市场，也使百姓苦不堪言，成为德宗朝民怨最大的弊政，曾经有人“以麻辫发，持竹筐苇席哭于(长安)东市”③，痛斥“宫市”的种种危害，冒死进谏，力主废罢。

人们在欣赏《卖炭翁》这首诗时，往往激起对宦官当道的无比痛恨，对普通百姓悲惨遭遇的深切同情。这首诗还被选入中学课本，作为让青少年了解民间疾苦的“史诗”。

诗歌流传已经逾千年，诗人、史家、读者都站在批判的立场上，但也都没有注意到，恰恰是这首诗给我们透露了唐中后期商品经济发展引起的财政体制和内廷供给体制的重大变化的历史信息。

在批判的同时，我们也要思考一下，为什么原来身居内廷的宦官能走出宫门？原来内廷供给体制是计划调拨，到底发生了哪些变化，才使宦官可以公然借“宫市”之名到市场强取豪夺呢？

唐朝前期，内廷的日常供给基本依靠计划调拨。负责供应的基本有两套系统，一是中央部门，一是京城地方机构。唐朝中央机构主干是三省六部九寺五监，中书省、门下省是中枢决策机构，尚书省和所属六部是行政

---

① 《旧唐书》卷140《张建封传》。

② 王钦若等：《册府元龟》卷18《帝王部·帝德》。

③ 《资治通鉴》卷224“唐德宗贞元八年九月癸未”。

执行机构。九寺是太常、光禄、卫尉、宗正、太仆、大理、鸿胪、司农、太府；五监是国子、少府、将作、都水、军器，寺监是负责某一方面事务的部门。具体到内廷的供给，主要是由几个不同的部门分工负责。九寺中的司农寺，掌管国家仓储、皇家苑囿园池、宫苑养殖、种植等事务，负责供给内廷所需的果蔬、主食食料、肉食、调料、冰块、薪炭、日常用品等；五监中的少府监，掌百工技巧，即官府手工业，负责天子器玩、驾御车辇、冠冕、组绶、后妃服饰、宫中蜡炬等物品的供给；此外，太府寺掌管的钱帛、金玉、彩画，将作监掌管的丧葬仪物、杂器等，都同样承担内廷供给的职能。如果内廷有临时需要，也会由京兆府(相当于北京市)派人负责到市场采购。例如，薛矜，开元中为长安尉，主知“宫市”，经常要到东西二市为内廷采购①。

唐玄宗时，唐朝进入了全盛时期，杜甫一首《忆昔》充满了对那个曾经逝去的黄金时代的盛誉：“忆昔开元全盛日，小邑犹藏万家室。稻米流脂粟米白，公私仓廪俱丰实。九州道路无豺虎，远行不劳吉日出。齐纨鲁缟车班班，男耕女织不相失。”商品经济的发展促进了城市市场繁荣，国泰民安，一片歌舞升平的景象，统治阶级的消费需求和消费欲望也空前膨胀。尤其是玄宗皇帝李隆基，有名的“三郎太子”，风流倜傥，懂音律，会享乐。他很喜欢巡视宫中府库堆积如山的金银财宝，还喜欢与杨贵妃等三姐妹在宫中举行各种宴会，计划供给的物品自然无法满足需要，于是就设立了一个官职，叫“内中市买使”②，专门负责为宴会采购时鲜果蔬食料。第一个担任这个职务的并不是宦官，而是靠着杨玉环等诸杨姐妹推荐飞黄腾达的杨国忠，他因认真谨密而受到玄宗皇帝的赏识。

安史之乱爆发后，玄宗匆忙逃往四川，大宦官李辅国联合禁军将领，在逃亡途中发动“马嵬驿之变”，杀死杨贵妃和杨国忠，辅佐太子李亨即位，从此，宦官逐渐控制了内廷。内廷采买的权力也就转到了宦官手中，正式设置了“宫市使”。大宦官攫取的权力日益膨胀，他们把持和统领中央

① 李昉等：《太平广记》卷331《薛矜》。

② 《旧唐书》卷106《杨国忠传》。

禁军，控制了内廷的财政大权，还参与机密，权倾朝野。白居易的《卖炭翁》正是对大小宦官恃强凌弱，为虎作伥，借“宫市”的幌子，为害京城，扰乱市场，欺压小民的猛烈鞭挞，淋漓痛彻。

但《卖炭翁》一诗也给我们透露了历史变革的信息。

唐朝中期以后，商品经济的发展活跃丰富了包括京城在内的大小市场，以往的计划调拨体制已无法满足内廷各种宴会和日常生活的奢华需求。内廷对市场的需求极为迫切，与市场的联系更加广泛，内廷人数的增加，更加大了对市场的需求量。不经由寺监或府县供送系统，而由内廷委派专人负责到京城市场采购，并为此设立了专门的使职，杨国忠是首任，当时的使名为“内中市买”使，后才改为“宫市使”，采买资金则应该主要来自日益膨胀的皇帝私设“小金库”。据史载，玄宗天宝年间，财政大臣王鉷为谄媚求荣，极尽搜刮之能，“岁贡额外钱百亿万，贮于内库，以供宫中宴赐”①。此后，内廷和市场的联系越来越密切，采购的范围更广，负责采购的宦官人数也明显增加。

唐肃宗以后，内库收入大为增加，后宫各宫、院所领(内)库自主权加大，直接到市场采买的份额不断增加，已不完全依靠计划调拨。各宫、院都设有专门负责采买的使职，不再由中央掌权宦官充任。因此，勒索、强夺，也有可能是各宫、院下属出外采办的宫市使及典属所为，那些负责采办的低级宦官各恃所依，嚣张于京城市场，如白居易《卖炭翁》中鞭挞的宦官形象。

唐朝都城长安的外郭城，设有两个固定的市场，即东市和西市，东都洛阳城则设有三个市场，南市、北市和西市，按规定，商品交易都应该在市区进行。因此，“宫市”采购也以市场为主，《卖炭翁》的故事就发生在某市场的南门外。北宋时期，商品交易已经不限制在固定的市场，都城开封府就是一个大市场，封闭的坊市制度已经突破，临街都是店铺，具有皇家寺院性质的大相国寺成为全国最大的商品集散中心，走街串巷的小商小贩，不再受限制，外郭城城关形成各具特色的批发市场。唐玄宗时期，杨

① 《资治通鉴》卷215“唐玄宗天宝四载冬十月丁酉”。

氏姐妹、诸贵戚在皇帝的默许下，以进食相尚，必然要争奇斗鲜，即时采自市场，才能出奇出鲜。这种风气一直延续到宋代，于是造就了北宋东京东华门外和南宋临安和宁门外民间“宫市”市场的形成、喧闹与繁盛。东华门是北宋开封城宫城的东门，据《东京梦华录》描述，不少商家和摊贩，专门做“大内”生意，争相在东华门外设摊，成为京城最热闹的市场，“凡饮食时新花果、鱼鰕鳖蟹、鹑兔脯腊、金玉珍玩衣着，无非天下之奇”①，由于内廷各宫竞相购买，价格也水涨船高。据《梦粱录》描述，南宋都城临安(杭州)内城北门和宁门外，每天早晨都排满了等待上早朝的大臣们，但早上也是早市买卖兴旺的时段，有专做大内生意的，“饮食珍味、时新下饭、奇细蔬菜，品件不缺，遇有宣唤收买，实时供进”②，也有专做上朝官员早餐生意的，摊贩们熙熙攘攘，早朝官员甚至无处立足，只好由金吾卫(负责京城警戒)摆上红漆杈子，禁止摊贩越界，以保证上朝官员的地界。据载，内廷各宫，竞相采购时新珍味，比计较价格，加价竞购，还有专供宫廷买卖的“杂卖场”③。

宋人鉴于唐朝“宫市”之弊，尤其注意严格限制宦官的权力，内廷采买事宜不再由宦官单独主持。但内廷采买过程中的扰市、压市、欺市等非市场因素仍不同程度存在，只是形式与唐“宫市”所为又有不同。总体上看，宋朝内廷与市场联系更为紧密和广泛，内廷供应体制更趋细密，中央有专门拨款用于内廷采购，内廷各部门(宫)都有相对独立的采购部门、专职采购人员和内库设置。内廷所需，各地贡送、主管部门供给和自行采购的物品内容也有明显的区分。

宋代，不论是皇室后宫，还是官府机构，与市场的关系都更为开放，官府在房地产业、房屋租赁业、餐饮业、服务业、医药业等领域，大规模地参与市场竞争，后妃、大宦官、皇亲国戚、高官中“下海经商”的都不乏其人。通过市场采购物资和劳动力，满足官府、军队及公共事务的需要，也成为宋代供给体制中占有主导地位的方式。

---

① 孟元老：《东京梦华录》卷1《大内》。

② 孟元老：《东京梦华录》卷8《大内》。

③ 《宋史》卷161《职官一》。

《卖炭翁》实际上从一个侧面反映了在商品经济浪潮的冲击下，内廷供送体制也在逐渐发生变化，宦官倚仗“宫市”强取豪夺不是孤立事件，也不能仅从人为因素找原因，其背后应该有着更深刻和更广泛的体制转换因素。我们应该从更深的层面思考，唐宋时期，官手工业从顶峰走向衰落，白银货币化程度加深，城市商品经济发展刺激内廷对市场需求增加，政府市场采购份额逐渐加大，采购范围逐渐拓宽等，都是促使政府财政体制变化过程中供应体制由供送制为主逐渐向采购供送并举过渡的积极因素。但在面对市场的政府行为及其运作中，非经济因素困扰、阻碍市场的培育与市场经济的正常发展以各种形式长期存在，非经济因素对市场经济干扰具有顽固性及持久性，体制转换中“卖炭翁”们付出的代价，就不是偶然，而具有其历史的必然性。作为伟大的现实主义诗人——白居易，通过《卖炭翁》等诗不仅给我们提供了现实主义的批判，也给我们透露了很多时代变革的信息，并给我们提供了进一步思考的启示和巨大空间。①

原载《中华遗产》2011年第10期

原题目为《谁打劫了卖炭翁——走向市场的内廷》

① 本文参用了《内廷与市场：对唐朝“宫市”的重新审视》，载《历史研究》，2004(6)。

一九八三年中国敦煌吐鲁番学研究概述

1983年是我国敦煌吐鲁番学研究的重要一年。本年8月，召开了中国敦煌吐鲁番学会成立大会、1983年全国敦煌学术讨论会。会上，季羡林做了《关于开展敦煌吐鲁番学研究及人才培养的初步意见》的报告，他从八个方面论述了开展敦煌吐鲁番学研究的问题，其中特别提到了人才的培养，并把它作为一项战略问题看待。

本年的学术研究，较前几年有了很大的发展，发表了很多文章，出版了一些专辑和专书。现分两部分介绍如下。

一、刊布有关敦煌吐鲁番学研究成果的专辑和专书

本年内出版的有关敦煌吐鲁番学研究的各类专著约20种，其中唐长孺主编的《敦煌吐鲁番文书初探》和北京大学中国中古史研究中心编撰的《敦煌吐鲁番文献研究论集》(二)，集中体现了1983年学术研究的成果。其他专辑、专书则从不同的角度研究探讨了敦煌吐鲁番学的各类问题。

唐长孺主编的《敦煌吐鲁番文书初探》一书①，共汇集武汉大学历史系魏晋南北朝隋唐史研究室的同志近年来的研究论文17篇。

陈仲安《麹氏高昌时期门下诸部考源》。在这篇文章中，作者在分析了吐鲁番出土的麹氏高昌王朝残奏的署名格式后，指出，麹氏王朝在文书制度上远承魏晋。作者还根据出土的造寺碑、墓表、墓志以及文书，认为麹氏王朝没有台省建制，即不具备尚书、门下、中书的完整体制，并考证了其不建台省制的历史原因。同时，作者论述了麹氏王朝重要职官的职责及历史渊源。

朱雷《论麹氏高昌时期的“作人”》。作者在文中对出土文书记载的“作

① 唐长孺：《敦煌吐鲁番文书初探》，武汉，武汉大学出版社，1983。以下所引著述凡未标注年份的，均为1983年版，特此说明。

人”的身份进行了详细考证，他认为“作人”一词在麴氏高昌时期实际上含着三种性质迥异的身份：一种是作为高昌政权征发的各种徭役的担当者；一种是寺院中的雇佣劳动者；一种是类似部曲或宋齐“十夫客”的封建隶属者。文章重点研究了第三种性质的“作人”的特点、隶属关系和经济地位诸问题。

卢开万《试论麴氏高昌时期的赋役制度》。作者在文中着重论述了麴氏高昌王朝的赋役制度与内地不同的地方特殊性，指出：“计田输银”不是以土地面积大小计算，主要以土地肥瘠不同类型计算，属北凉计赀制度的沿袭，并且有以酒纳租的现象。调分大小，据地而征。徭役较复杂，但计田承役制度独具特色，也应渊源于北凉计赀制度。将租、调、役分成俗道(僧)两类，也是不同于内地的特点之一，反映了高昌地区寺院经济的发达。同时，作者还对这一时期的各项税收进行了研究。

唐长孺《唐贞观十四年手实中的受田制度和丁中问题》。作者运用吐鲁番出土的唐贞观十四年(640 年)手实残卷，分析研究了唐初西州地区仍袭前朝受田制和丁中制的现象及原因，指出：贞观十四年手实中的“合受田八十亩”不合乎唐令规定，而符合北魏受田规定；贞观十四年至永徽二年(651 年)行之于西州的丁中制与武德令不合，而远承西魏、周、隋；受田制在贞观时改从唐令，丁中旧制一直沿袭到永徽二年，这点可能和西州地区兵役、力役的繁重有关。

唐长孺《唐西州诸乡户口帐试释》。作者对吐鲁番新出土的 17 件户口帐进行了系统整理，论述了这批户口帐的形式、性质和内容，他指出：这批户口帐为唐代计帐提供了重要线索，这种户口帐为本州制定分类统计型计帐提供了诸色户口的数字和帐后变化等资料；更为可贵的是，这批户口帐在一定程度上为我们提供了有关唐初西州社会结构的统计资料，对于唐代全国社会结构的研究也许足资旁证。户口帐还反映了唐朝全套的地方行政、土地赋役制度和军事制度在西州顺利实施的情况。

陈国灿《唐代的民间借贷——吐鲁番、敦煌等地所出唐代借贷契券初探》。作者在文中按剥削的内容、手段和特点，将唐代民间借贷类型划分为四种：生息举取；质押借贷；物、力偿付借贷；无息借贷。作者分析了各种类型的剥削率，同时对民间借贷与土地的关系、便贷契与举取契的区别、债务者与债权者的关系诸问题进行了探讨。

程喜霖《从吐鲁番出土文书中所见的唐代烽堠制度之一》。在文中，作者认为：吐鲁番地区出土的大量唐前期的烽铺文书，是研究唐代边防镇戍烽堠极其珍贵的材料。作者考证和论述了唐代烽铺的建制、上烽制及伊、西、庭三州烽铺诸问题，指出：唐代烽燧制度渊源于汉，烽铺地方化倾向是唐代烽燧制度有别于前朝的主要特征；唐代烽燧制度比之汉代更加完善了，它与唐朝的政治、经济、军事制度一样起着承前启后的作用。

陈国灿《从吐鲁番出土的"质库帐"看唐代的质库制度》。作者在文中总结了吐鲁番出土的这批帐历的共同特点及性质，考证了其时间和地点，全面论述了唐代质库的经营，指出：唐代质库内有一套完整的工作程序和制度，质库经营的发达和完备，正是封建商品经济活跃的一种反映。在唐代，质库制度是作为封建剥削制度的一种补充而出现的。

黄惠贤《〈唐西州高昌县上安西都护府牒稿为录上讯问曹禄山诉李绍谨两造辩辞事〉释》。作者对该文书进行了校录、定名工作，叙述了该文书的内容，并探讨了文书中所涉及的胡汉借贷及西域贸易、交通、唐官府民事审讯等诸问题。

鲁才全《唐代前期西州宁戎驿及其有关问题——吐鲁番所出馆驿文书研究之一》。作者在文中就西州馆驿的设置特别是宁戎驿的情况进行了考证和研究，分析了驿丁和驿长的有关问题，指出：西州在唐管辖时，馆驿制度与内地州县相同，这表明唐朝对于西部边疆实施着有效的控制和管理。

卢开万《唐高宗永淳年间西州高昌县百姓按户等储粮的实质》。作者对吐鲁番出土的《唐高宗永淳元年(682年)西州高昌县下太平乡符》进行了分析，认为：百姓按户等储粮事，其实质是一种界于民间原始义仓与封建国家直接掌握的正式义仓间的储粮备荒措施。这种措施的目的是防止灾荒，使均田制下属于狭乡区域的高昌地区均田农民能够保持再生产，以保持政府课役的正常进行，使中西交流畅通。

黄惠贤《从西州高昌县征镇名籍看垂拱年间西域政局之变化》。作者认为：唐咸亨元年(670年)至长寿二年(693年)间，西域发生的第一个重大事件是唐政府第二次设置安西四镇，并以碎叶代焉耆，此后，安西都护府曾一度移镇碎叶；第二个变化是以金山都护镇抚碎叶以东、天山北路，作者并阐述了围绕着四镇与安西都护府的废置以及西域诸势力与唐廷之间的和战所反映的西域政局形势及变化。

唐长孺《唐西州差兵文书跋》。作者对金祖同《流沙遗珍》所收录的唐代差兵文书进行了研究，指出：第一，该文书所反映的差兵年代应为垂拱二年(686年)或二年左右；第二，为应付当时的军事形势，差兵和征发杂役已打破了那种富裕者尽先拣点的原则；第三，对三卫的重视，表明在唐初，世袭的将门子弟仍被认为是理所当然的军队骨干，这点与后期不同。

陈国灿《对唐西州都督府勘检天山县主簿高元祯职田案卷的考察》。作者缀合了流散各地的22件文书，并对全案内容进行了综合分析，认为：贞观十四年唐军攻克高昌后，在西州也推行了均田制，在边远的天山县仍然可以觉察到统一国家制度、法令的存在。作者指出：由于赋役杂征的苛重，大小地主对公田的兼并、侵渔，造成均田制实行过程中的种种弊端，这类弊端是制度和法令所不能解决的。

杨德炳《关于唐代对患病兵士的处理与程粮等问题的初步探索》。作者在文中指出：唐代士兵若有疾病，主司必须提供"医药救疗"，若士兵行军途中患病则付州县疗治，即"放留"；镇戍的兵募年满放归时由政府发给程粮，分发程粮是以"粮递"的形式送到士兵手中的。

朱雷《敦煌所出〈唐沙州某市时价簿口马行时沽〉考》。作者指出：唐代市场中的"口马行"，是一种贩卖奴婢及马匹之类畜产的组织，其中"口"即唐律所云之"贱口"，亦即奴婢，"马"即马之类畜产，因两者在法律上的地位相近而归为一行，反映了残酷的阶级压迫。

孙晓林《唐西州高昌县的水渠及其使用、管理》。作者全面叙述了唐代西州高昌城周围的灌溉渠系、浇灌制度和灌溉渠整修的规定，认为：唐西州水利灌溉事业比前朝有了进一步发展，西州地区社会经济发展和水利灌溉事业的发展有密切的关系。文后附有西州城周围灌溉渠系示意图。

《敦煌吐鲁番文献研究论集》第二辑，北京大学中国中古史研究中心编，北京大学出版社出版。这是继第一辑(中华书局1982年出版)之后的又一本敦煌吐鲁番研究专辑，本辑共收入文章20篇，记35万字。

邓广铭在本辑序言中回顾了北京大学对敦煌学的资料整理和文献研究的历史和前辈学者刘复、向达、王重民等人对此的贡献，并介绍了北京大学中国中古史研究中心设立的宗旨、研究课题和今后的计划。

王重民遗稿《记敦煌写本的佛经》。作者全面介绍了敦煌千佛洞所藏的2万件汉文写本佛经的收藏和整理情况，分析了不同时代经卷所具有的各自特点，并阐述了这些特点与当时的政治、经济、军事、文化以及地理交通等各方面的关系。最后指出：敦煌写本佛经的史料价值非常巨大，研究者应充分发挥这一大批写本的作用。

姜亮夫《敦煌学之文书研究》。作者认为敦煌学研究中对文书的研究是其重点，文书研究考证方法，应以乾嘉以来诸老所开创之正字考证诸法为基本方法，指出：这种方法是我国对古文献研究的传统方法；他同时还介绍了一些就专攻敦煌文书所发现的问题如何解决的方法。

季羡林《新博本吐火罗语A(焉耆语)〈弥勒会见记剧本〉1.3 1/2、1.3 1/1、1.9 1/1、1.9 1/2四页译释》。作者按照内容排列页码顺序，确定幕次，译成汉文，同时对译文进行了详尽的注释(包括语法解释和内容解释)；有些不见于其他已知残卷的词，作者则核对回鹘文译文以及梵文和汉文相当的章句，加以揣测，确定词义。

王仲荦《〈新集天下姓望氏族谱〉考释》。作者确定斯二〇五二号文书《新集天下姓望氏族谱》为唐德宗时代的作品，并依据《广韵》《元和姓纂》《古今姓氏书辨证》《战国策》《新唐书》《风俗通》等十几种古代史籍以及一些碑铭、墓志、题记和敦煌文书，对该文书中所包括的九道九十一郡七百七十个姓氏和郡望逐条考释，归纳了这些州郡和姓氏的渊源及演变，指出，在这个《氏族谱》中旧有郡姓几乎都被保留下来，同时又涌现很多新的郡姓(包括一些已成为当地望族的汉化鲜卑姓氏)，有些是魏晋南北朝史书未曾提到过的。作者认为：族谱的变化，标志着庶族地主在逐渐抬头，门阀士族在逐渐衰落。

周祖谟《记吐鲁番出土急就篇注》。作者介绍了西汉人史游所编《急就篇》流传的原因及各种版本和注本，并比较了吐鲁番出土的北魏写本、颜师古本和松江本的异同，证明此写本属另一传本；还根据此写本文辞比较简单、方言较多和每引《诗经》文句的几个特点，推测可能是北魏时崔浩所作。

左景权《法国所藏敦煌汉文文书新目释例》。作者积几十年功力，新编成《法国所藏敦煌汉文文书新目》。作者就新编与王重民《伯希和劫经录》(收入《敦煌遗书总目索引》)和法国国家图书馆敦煌汉文写本目录(迄今只第一分册刊布于世)的异同加以比较，并对新编凡例详加说明。

唐耕耦《敦煌四件唐写本姓望氏族谱(?)残卷研究》。作者对敦煌出土的四件姓望氏族谱残卷(甲・北图位字七九；乙・斯五八六一、伯三一九一；丙・斯二〇五二；丁・伯三四二一)进行考释，认为：第一，残卷甲所载郡姓系辑自唐初或唐以前的各种著作；第二，考证残卷乙的时代在甲后；第三，残卷丙的作者可能是陇右道人，撰写时间晚于乙。作者指出丙卷的郡姓明显增多，一方面说明唐中后期崇尚郡望的社会风气仍然很盛行；另一方面又说明庶族地主兴起，世家大族衰弱，士庶界限逐渐消失。

王永兴《试论勾官——唐代官制研究之一》。作者运用出土文书及文献资料，论述了唐代勾检制的两大系统、各级官府之间的勾检关系及勾检系统中两个领导机构等问题，阐明了勾检的内容和它的重要意义。他指出：勾检制或勾检官制是唐代行政制度及官制的特点之一，也是优点之一，是唐代封建国家行政制度的组成部分。勾检制和勾检官制的正常实行，是唐代前期富强繁荣的重要条件之一。

姜伯勤《上海藏本敦煌所出河西支度营田使文书研究》。作者对该件文书所出地区、年代及性质做了进一步探讨，认为该文书反映了河西营田由镇戍兵屯田转变为用傔募方式招农民强户营田的这一历史转折。

卢向前《马社研究——伯三八九九号背面马社文书介绍》。作者指出：该文书是一份唐玄宗开元十四年(726年)二至四月沙州敦煌县勾征开元九年悬泉府马社钱案卷。通过对这一案卷的考察及参照其他文献材料，可知，马社是府兵制度中官营的带有迷信色彩的民间互助团体，马社的设立是由唐代马政“牧于官而给于民”的特殊性质决定的；马社是官马缺乏的一种补充形式；马社是以祭祀马神的形式出现的，而后逐渐演变成官府征领钱物的一种手段，这种转变当在武则天时期；马社的组织形式完全是借用了府兵的编制，而折冲府的府兵则是马社的当然成员。

安家瑶《莫高窟壁画上的玻璃器皿》。作者从莫高窟400余个洞窟壁画上收集隋—西夏时期的85件玻璃器皿画面进行研究，指出：壁画玻璃器皿的主要器形的百分之六十七都可以在我国相应时期出土实物中找到类似的对照物，这批壁画玻璃器皿具有相当的史料价值。85件壁画玻璃器皿的画面中，有69件表现萨珊、伊斯兰的风格，这是西亚玻璃制品经过丝绸之路输入我国的又一证明。

祝总斌《高昌官府文书杂考》。作者对吐鲁番出土的官府文书中某些公文用语(记识奏诺奉行、辞、列辞、启、敕)，程序和类别加以考释，指出：从十六国至隋唐时期，高昌地区不但在政治上一直归属于内地中央统一政权，而且在文化上、文书制度上也与内地浑为一体，从而再一次证明新疆很早就是祖国不可分割的一部分的事实。

王永兴、李志生《吐鲁番出土〈氾德达告身〉校释》。作者根据伯二八一九号背所载的唐制授告身式以及其他材料，整理研究了有关氾德达的两件制授告身式文书，并据第二件文书研究了唐代前期四镇的置废问题，重点在于推定唐于上元(674—676年)至调露元年(679年)之间有过一次恢复四镇之举。

刘俊文《吐鲁番新发现唐写本律疏残卷研究》。作者对73TAM532号文书进行考释和研究，认为：该卷是西州都督府的法曹作为档案抄存的律疏写本的一部分，内容是律疏卷六名例中的“称日者以百刻”条和“称加者就重次”条的各一部分；该卷依据的底本是开元二十五年(737年)颁行的《开元律疏》；该卷书写年代当在开元二十五年九月至天宝元年(742年)二月之间，对于唐代法制史和唐律的研究以及对今传本《唐律疏议》的校勘都有重要的价值。

许福谦《吐鲁番出土的两份唐代法制文书略释》。作者对吐鲁番出土的72TAM230：46(1)和72TAM230：46(2)两件文书进行了整理、录校工作，作者确定这两份文书撰成于唐高宗咸亨元年(670年)至上元二年(675年)之间，其性质是重修的度支式。作者还解释了诸驿赐物、报蕃物、纲典、僦勾等几个疑难名词。作者指出：文书中所反映的诸驿所需钱物取给地方和方法，对唐前期诸驿财务制度可起补充和证明作用；此外，文书表明了租调折纳他物，至迟到高宗时期，已成为唐租庸调制的一个显著特点。

齐东方《吐鲁番阿斯塔那二二五号墓出土的部分文书的研究——兼论吐谷浑余部》。作者研究了1972年吐鲁番唐代墓葬出土的新资料，主要解决了以下问题：第一，确定了这是一份武则天晚期瓜、沙等州唐代官府的军事文书；第二，对文书内容做了仔细考释，确定这是关于吐谷浑归降唐朝事件的记载；第三，根据文书提供的新资料，结合敦煌文书及文献，对吐谷浑余部与唐朝、吐蕃的关系以及吐谷浑国灭亡后在西北地区的历史做了探讨，尤其是对吐谷浑国灭后"余部"的疑案，发表了新的看法。

周一良《敦煌遗书论文集序》。作者指出：王重民先生在敦煌写本遗书研究方面取得成果的经验有两点：一是，古典文献方面的学问和造诣是他所研究敦煌遗书取得成就的根本；二是，青年时期工作所在的北平图书馆，给他学术研究上的成长，提供了极为有利的条件。

左景权《〈大正新修大藏经〉第八十五卷—旧刊新评—〈敦煌文书学发凡〉之一章》。作者在充分肯定日本学者矢吹庆辉所编《〈鸣沙遗韵〉·图录及解说》(即《大正新修大藏经》第八十五卷)这一巨著所发挥的重要作用的同时，指出此卷尚有可议之处。

饶宗颐《说鍮石——吐鲁番文书札记》。作者用吐鲁番出土文书及其他文献材料，考证了鍮石的含义、用途和不同称呼。

荣新江《敦煌卷子札记四则》。作者运用敦煌出土文书，探讨了归义军时期的几个问题：第一，区别了敦煌的两个张氏；第二，通过对张球和张景球两者家世和履历的分析，认为不能将两者视为一人；第三，考定了曹议金的卒年；第四，考定了《瓜沙古事系年》的成书年代。

《敦煌研究》试刊第二辑，敦煌文物研究所编，甘肃人民出版社出版。该刊主要发表敦煌文物研究所研究人员的最新研究成果，同时刊载国内其他学者的有关文章，并报道国内外敦煌学研究的学术动态和进行一些资料性的介绍。每期附有若干幅图版。

《敦煌学辑刊》总第三期及创刊号(总第四期)，兰州大学历史系敦煌学研究室主办的学术性刊物。主要刊登有关敦煌吐鲁番遗书中的经济、政治、地理、文学、艺术、宗教和考古等方面的研究论文；同时刊载有关学者和论著(包括译著)的介绍、国内外研究动态等。

《王梵志诗校辑》，张锡厚著，中华书局出版，任半塘为该书作序，并审校全稿。作者依据敦煌遗书28种不同的写本，以及散见于唐宋诗话、笔记小说内王梵志的遗诗，经过钩沉辑逸、校定考释，整编成王梵志诗的全集。该书分卷基本上依据王梵志诗原卷编次顺序，书后附有《王梵志诗语词索引》。

《敦煌遗书总目录索引》，中华书局出版。原书由商务印书馆1962年出版，这次中华书局重印时，对原书部分错漏做了修改；修订前，曾分别征求了刘铭恕和刘修业的意见。

《吐鲁番出土文书》第四册、第五册，该书由国家文物局古文献研究室、新疆维吾尔自治区博物馆、武汉大学历史系魏晋南北朝隋唐史研究室协作进行整理编辑，唐长孺主编，文物出版社出版。这是继《吐鲁番出土文书》第一册、第二册、第三册之后的又一批文书整理汇编。第四册共收入哈拉和卓墓出土文书18件和阿斯塔那墓出土文书164件，第五册共收入阿斯塔那墓出土文书175件。

《敦煌学论文选》上集，兰州大学历史系敦煌学研究室、兰州大学图书馆合编，兰州大学图书馆印制。该集登载了新中国成立前后各方面有代表性的论文21篇，书后附有新中国成立前后敦煌学著述和论文目录索引。

《新疆考古三十年》，新疆社会科学院考古研究所编，新疆人民出版社出版。该书总结了新疆三十年在考古方面取得的重要成果，同时也包括对吐鲁番出土文书的整理和研究论文等内容。

二、散见于各期刊上的有关敦煌吐鲁番学研究的论文

1983年敦煌吐鲁番学研究的论文较前几年显著增多。据统计，1983年敦煌学术讨论会提交的论文近90篇，本年度的唐史学会年会论文中也有

少部分涉及敦煌吐鲁番文献的，加上公开发表的文章总计达200篇。这充分显示了我国敦煌吐鲁番学研究的广阔前景。

（一）历史

均田制历来是唐史研究的重要课题之一。韩国磐在他的《关于吐鲁番出土的唐代户籍残卷中的几个问题》①一文中就吐鲁番地区受田数量之少提出问题，作者认为当地田土少，只能按狭乡的原则办理，而实际受田还要少得多；作者认为该地区的永业田与口分田实际上就是一回事。对此，宋家钰说得更明确。他在《唐代户籍上的田籍与均田制——唐代均田制的性质与施行问题研究》②一文中指出唐代户籍里出现的永业、口分田都是民有的私田，官府的所谓收授，实质上是将一部分民有土地改授给另一些民户，或本户内继承，这并没有改变土地的私有性质。杨际平《从敦煌户籍看唐代均田制下土地还授的实施问题》③一文在谈到永业田性质的问题上持相同看法，并由此证明敦煌地区乃至全国并没有进行经常性的土地还授，户籍上记载的还授只是账面上的调整，不反映实际情况；安史之乱以后土地的还授更无法进行。与上述论点相反，袁昌隆《初授的永业田不是均田农民原有土地——永业田性质探讨之一》④一文中认为北魏至隋唐的永业田是指国家将无主的荒地授予农民的土地，它属于国家所有，而不是民户的私田。

关于西州地区的“常田”“部田”，黄永年在他的《唐代籍帐中“常田”“部田”诸词试释》⑤长文中做了详细的研究。作者认为常田是质量较好的耕地，部田则是质量较差的耕地。文书上用“常田”“部田”标志土地优劣，“是为了计算赀财，以定户等第，然后按户等高下向户主征税”。韩国磐也对“常

① 韩国磐：《关于吐鲁番出土的唐代户籍残卷中的几个问题》，载《中国社会经济史研究》，1983(2)。

② 宋家钰：《唐代户籍上的田籍与均田制——唐代均田制的性质与施行问题研究》，载《中国史研究》，1983(4)。

③ 杨际平：《从敦煌户籍看唐代均田制下土地还授的实施问题》，载《中国社会经济史研究》，1983(3)。

④ 袁昌隆：《初授的永业田不是均田农民原有土地——永业田性质探讨之一》，载《社会科学》，1983(6)。

⑤ 黄永年：《唐代籍帐中“常田”“部田”诸词试释》，见《文史》第19辑，北京，中华书局，1983。

田”“部田”进行了探讨，结论与此相似(见韩国磐上文)。此外，两位作者还对文中出现的“潢田”“卤田”“陶”等十余个名词进行了考释。

关于唐代的社会经济制度，王珠文有《关于唐代定户等及户令中几个问题的研究》①，对唐代制定“三等户”“九等户”的时间以及“三比”“五比”“九比”的含义进行考证，指出唐代定户等的资产不包括土地。作者又在《关于唐代户税的几点意见》②对“大税”“小税”和“别税”进行了研究，证明两税法的夏秋二征制应源于前期户税的两征制；西州地区的户税可以折纳柴。

杨际平《敦煌文书安环清卖地契的性质和年代——与余也非先生商榷》③针对余也非的观点④，指出安环清文书是卖地契而不是租佃契，其时代是吐蕃占领瓜沙时期，不是宋代。

朱雷《唐“籍坊”考》⑤在日本学者池田温研究的基础上对唐代的“籍坊”进行分析。作者指明“籍坊”是保存户籍的机构，同时还具有记载、调查、核对户籍等事项的职能。在另一篇《吐鲁番出土文书中所见的北凉“按赀配生马”制度》⑥中，作者论述了北凉的“按赀配生马”制度，该项制度规定百姓根据“赀簿”为政府养马。这种制度只见于高昌地区。

对西北历史的研究，也是近年来研究者注意的课题。陈守忠的《公元八世纪后期至十一世纪前期河西历史论述》⑦讨论了安史之乱后吐蕃对河西陇右地区的占领，以及由此引起的吐谷浑、党项、回鹘、沙陀诸族的迁徙，又对当地的瓜沙归义军、甘州回鹘和凉州的蕃汉三个政权做了较详细

① 王珠文：《关于唐代定户等及户令中几个问题的研究》，载《山西大学学报》，1983(2)。

② 王珠文：《关于唐代户税的几点意见》，载《北京师范学院学报》，1983(1)。

③ 杨际平：《敦煌文书安环清卖地契的性质和年代——与余也非先生商榷》，载《四川大学学报》，1983(4)。

④ 余也非：《宋元私田地租制度》，载《四川大学学报》，1981(3)。

⑤ 朱雷：《唐“籍坊”考》，载《武汉大学学报》，1983(5)。

⑥ 朱雷：《吐鲁番出土文书中所见的北凉“按赀配生马”制度》，载《文物》，1983(1)。

⑦ 陈守忠：《公元八世纪后期至十一世纪前期河西历史论述》，载《西北师范学院学报》，1983(4)。

的研究。刘光华在《敦煌上古历史的几个问题》①中对“敦煌”一名的由来与范围、《尚书》记载的“三危”、《左传》记载的“瓜州”以及敦煌地区的上古居民、建郡年代等问题进行了较详细的考证。

王冀青的《有关金山国史的几个问题》②，运用敦煌文书对河西地区上承张氏下启曹家的金山国的创建者、金山国与回鹘的战争、金山国与西方的关系等问题进行了探讨。

姜亮夫在他的《瓜沙曹氏世谱》③一文中则对归义军曹氏的世系进行考证。作者认为曹议金是张氏女夫，曹氏代张是张氏诸婿帮助的结果。该文考证出曹议金有四妻，即张、李、索、宋；有四子，即元端、元德、元深和元忠。对此，孙修身《谈与瓜州曹氏世谱有关的几个问题》④提出不同看法。作者认为曹代张主要原因是张承奉违背父祖遗训而不受人们欢迎的结果，加之曹氏是当地望族，本身又有能力，因而很快取代张氏而成为归义军政权的首领。曹议金有三妻而不是四妻，这就是李、索、宋三氏，没有张氏，因而也谈不到有元端这一子。

此外，吴震在《吐鲁番文书中的若干年号及相关问题》⑤一文中考证了十六国时期至高昌章和之间有关的年号和相应的问题。程喜霖的《从吐鲁番出土文书所见的唐代烽堠制度之二——唐代烽铺的管理》⑥一文，是他关于这方面研究的第二篇文章(第一篇见《敦煌吐鲁番文书初探》)。

(二)少数民族历史和语言

西北少数民族的历史和语言研究，是近年敦煌吐鲁番学的一个重点。

杨际平在《吐蕃时期敦煌计口授田考——兼及其时的税制和户口制

① 刘光华：《敦煌上古历史的几个问题》，载《敦煌学辑刊》，1983(总3)。

② 王冀青：《有关金山国史的几个问题》，载《敦煌学辑刊》，1983(总3)。

③ 姜亮夫：《瓜沙曹氏世谱》，载《浙江学刊》，1983(1)。

④ 孙修身：《谈与瓜州曹氏世谱有关的几个问题》，载《社会科学》，1983(5)。

⑤ 吴震：《吐鲁番文书中的若干年号及相关问题》，载《文物》，1983(1)。

⑥ 程喜霖：《从吐鲁番出土文书所见的唐代烽堠制度之二——唐代烽铺的管理》，载《武汉大学学报》，1983(5)。

度》①中对吐蕃占领时期的两份敦煌残卷进行了研究。他的结论是：吐蕃将当地居民按“将”“部落”的形式进行编制，实行计口授田和“突税”制，但不久以后，所授的土地即转为私有。

孟凡人在《唐代回鹘控制北庭的过程》②中详细探讨了回鹘控制北庭的整个过程，作者将回鹘的活动分为准备、渗透、控制和占有四个时期，指出正是由于回鹘控制了北庭，后来才能顺利迁入西域，成为今日新疆地区的一个重要民族。

汤开建、马明达在《对五代宋初河西若干民族问题的探讨》③中探讨了河西汉族的“吐蕃化”、回鹘势力对瓜沙州的渗透、甘州回鹘与肃州龙族的关系以及河西吐蕃部落的分布及政治中心的东移等问题。

殷晴在《于阗尉迟王家世系考述》④一文中从尉迟氏族源的传说到尉迟政权的结束，论述了于阗王国长达一千余年的历史，证明于阗长期与中央朝廷保持友好关系。黄盛璋在他的《和田塞语七件文书考释》⑤一文中着重考证了伯二九五八号的7件塞语文书，对其中涉及的沙州曹氏、甘州回鹘、西夏和于阗的历史地理也有所论述。

关于《弥勒会见记剧本》的残卷，本年有好几篇文章进行了研究。李遇春、韩翔《新疆焉耆县发现吐火罗文A(焉耆语)本〈弥勒会见记剧本〉残卷》⑥介绍了这个剧本的发现过程和流传情况。季羡林在他的《谈新疆博物馆藏吐火罗文A〈弥勒会见记剧本〉》⑦一文中，对此进行了系统的论述。该文首先介绍了这个剧本的流传；其次对剧本的内容加以解释，指出这个剧本有助于确定吐火罗文的词义，推动比较文学研究的发展。在后一部分

① 杨际平：《吐蕃时期敦煌计口授田考——兼及其时的税制和户口制度》，载《社会科学》，1983(2)。

② 孟凡人：《唐代回鹘控制北庭的过程》，载《新疆社会科学》，1983(3)。

③ 汤开建、马明达：《对五代宋初河西若干民族问题的探讨》，载《敦煌学辑刊》，1983(总4)。

④ 殷晴：《于阗尉迟王家世系考述》，载《新疆社会科学》，1983(2)。

⑤ 黄盛璋：《和田塞语七件文书考释》，载《新疆社会科学》，1983(3)。

⑥ 李遇春、韩翔：《新疆焉耆县发现吐火罗文A(焉耆语)本〈弥勒会见记剧本〉残卷》，载《文物》，1983(1)。

⑦ 季羡林：《谈新疆博物馆藏吐火罗文A〈弥勒会见记剧本〉》，载《文物》，1983(1)。

里，作者联系公元2世纪的《舍利弗剧》证明剧本这种文学体裁在中国起源很早，尤其在新疆受到特别欢迎。此外，斯拉菲尔·玉素甫、多鲁坤·阚白尔《哈密本回鹘文〈弥勒会见记〉第三品(1—5叶)研究》[①]对这个剧本第三品的前五叶(共十面)进行了翻译和校释。

对藏文的研究，王尧、陈践著有《敦煌古藏文〈礼仪问答写卷〉译释》[②]一文，作者将P.T.1283号文书定名为《礼仪问答写卷》，并进行了讨论，指明该文书是藏族的礼仪规范。文后有译文和注释。王尧、陈践又写有《敦煌吐蕃文书第P.T.1291号〈战国策〉藏文译文证补》[③]一文，用藏文材料补证了《战国策》一书。

(三)宗教

宗教在古代敦煌吐鲁番地区很有影响。目前关于这方面的研究正在逐步展开。

关于佛教，陈国灿的《吐鲁番出土的〈诸佛要集经〉残卷与敦煌高僧竺法护的译经考略》[④]，对20世纪初日本大谷探险队在我国新疆吐鲁番的吐峪沟古寺院遗址获得的一件《诸佛要集经》残卷的年代、译地以及敦煌高僧竺法护的译经活动进行了详细的考证，并附有竺法护部分译经年表。史苇湘有《刘萨诃与敦煌莫高窟》[⑤]一文。该文着重论述了并州沙门刘萨诃在敦煌地区的活动，指出他在敦煌、河西、陇右的群众中很有影响，与乐僔、法良齐名。

方南生在《〈双恩记〉创作年代初探》[⑥]一文中对《大方便佛报恩经》的讲经文《双恩记》的创作年代进行了考证。作者认为这份讲经文可能产生在盛

---

① 斯拉菲尔·玉素甫、多鲁坤·阚白尔：《哈密本回鹘文〈弥勒会见记〉第三品(1—5叶)研究》，载《民族语文》，1983(1)。

② 王尧、陈践：《敦煌古藏文〈礼仪问答写卷〉译释》，载《西北史地》，1983(2)。

③ 王尧、陈践：《敦煌吐蕃文书第P.T.1291号〈战国策〉藏文译文证补》，载《青海民族学院学报》，1983(3)。

④ 陈国灿：《吐鲁番出土的〈诸佛要集经〉残卷与敦煌高僧竺法护的译经考略》，载《敦煌学辑刊》，1983(总4)。

⑤ 史苇湘：《刘萨诃与敦煌莫高窟》，载《文物》，1983(6)。

⑥ 方南生：《〈双恩记〉创作年代初探》，载《社会科学》，1983(5)。

唐末或中唐大历、元和年间。项楚在《〈维摩碎金〉探索》①认为《敦煌变文论文录》中的《维摩碎金》应定名为《维摩诘讲经经文》，并对作者沙门匡胤及写经背景、年代、抄写时间做了考订。

关于摩尼教，林悟殊撰有《敦煌〈摩尼光佛教法仪略〉的产生》②一文。作者分析了敦煌发现的汉文摩尼教经《摩尼光佛教法仪略》产生的时代背景和内容，认为该经不是中亚摩尼教经的汉文译本，而是唐玄宗时代在华的摩尼传教师奉诏撰写的一个解释性文件。

(四)文学和语言

敦煌写卷有相当部分涉及文学内容，在这方面，诗和变文占有突出位置，而研究的领域也以这两方面为宽。

张鸿勋在他的《试论敦煌文学的范围、性质及特点》③一文中将敦煌文学分为诗文、俚曲小调、小说、讲唱文学几类，作者认为敦煌文学是指保存在敦煌遗书内、唐五代时期流行在当地的以上述内容为主体的文学作品。它的性质和特点，一是俗文学(与民间文学差不多)，二是受各民族、各种宗教的影响，三是受当时各种政治、社会势力的影响。张锡厚在《敦煌文学的民间风格》④一文中着重讨论了敦煌文学的民俗性，它直接或间接地影响了后代诗词、小说和戏曲文学的发展。作者又在《论王梵志诗的口语化倾向》⑤一文中着重论述了王梵志五言诗的民间风格。

关于诗的研究，主要有高国藩的《谈敦煌唐人诗》⑥、匡扶的《王梵志诗社会内容浅析》⑦和李鼎文的《读逸名〈敦煌廿咏〉》⑧等。第一篇对舒学《敦煌唐人诗集残卷》中59首逸名诗进行了研究；第二篇讨论了王梵志诗反映的社会内容；第三篇则对王重民遗著、刘修业整理的《〈补全唐诗〉拾遗》中

---

① 项楚：《〈维摩碎金〉探索》，载《南开大学学报》，1983(3)。
② 林悟殊：《敦煌〈摩尼光佛教法仪略〉的产生》，载《世界宗教研究》，1983(3)。
③ 张鸿勋：《试论敦煌文学的范围、性质及特点》，载《社会科学》，1983(2)。
④ 张锡厚：《敦煌文学的民间风格》，载《文史知识》，1983(4)。
⑤ 张锡厚：《论王梵志诗的口语化倾向》，载《文艺研究》，1983(1)。
⑥ 高国藩：《谈敦煌唐人诗》，载《社会科学》，1983(3)。
⑦ 匡扶：《王梵志诗社会内容浅析》，载《西北师范学院学报》，1983(4)。
⑧ 李鼎文：《读逸名〈敦煌廿咏〉》，载《西北师范学院学报》，1983(4)。

《敦煌廿咏》25 首诗进行了论述。此外，还有毛水清的《〈唐诗写本残卷〉校考札记》①等。

至于词、曲、赋、话本、音韵等研究的文章较少，我们见到的有柴剑虹的《列宁格勒藏敦煌〈长安词〉写卷分析》②，周丕显的《敦煌俗曲分时联章歌体再议》③，张锡厚的《羽毛如利剑，精诚化鸳鸯——敦煌写本〈韩朋赋〉浅析》④和《敦煌话本研究三题》⑤，以及姜亮夫的《瀛涯敦煌韵辑补逸》⑥、龙晦的《唐五代西北方音与敦煌文献研究》⑦和张鸿勋的《敦煌讲唱文学韵例初探》⑧等。

在变文研究方面，研究者主要对王重民等编著的《敦煌变文集》一书进行订误或补遗。郭在贻发表了两篇文章，一篇是《敦煌变文校勘拾遗》⑨，一篇是《敦煌变文校勘拾遗续补》⑩，共提出 80 余条意见。袁宾的《敦煌变文校勘零札》⑪也校正了 40 余条。祝敏彻的《敦煌变文中一些新生的语法现象》⑫和李思明的《〈敦煌变文集〉中的量词》⑬从语言学的角度对变文进行了研究。此外，郑文在《〈王昭君变文〉创作时间臆测》⑭中对《王昭君变文》的创作时间做了考订，作者认为该变文是在唐宣宗大中初年(847 年)或以前创作的。

(五)艺术

敦煌艺术的研究文章，有段文杰的《略论敦煌壁画的风格特点和艺术

---

① 毛水清：《〈唐诗写本残卷〉校考札记》，载《南宁师范学院学报》，1983(1/2)。

② 柴剑虹：《列宁格勒藏敦煌〈长安词〉写卷分析》，载《北京师范大学学报》，1983(4)。

③ 周丕显：《敦煌俗曲分时联章歌体再议》，载《敦煌学辑刊》，1983(总 4)。

④ 张锡厚：《羽毛如利剑，精诚化鸳鸯——敦煌写本〈韩朋赋〉浅析》，载《名作欣赏》，1983(3)。

⑤ 张锡厚：《敦煌话本研究三题》，载《社会科学》，1983(2)。

⑥ 姜亮夫：《瀛涯敦煌韵辑补逸》，载《敦煌学辑刊》，1983(总 4)。

⑦ 龙晦：《唐五代西北方音与敦煌文献研究》，载《西南师范学院学报》，1983(3)。

⑧ 张鸿勋：《敦煌讲唱文学韵例初探》，载《敦煌研究》，1983(试刊 2)。

⑨ 郭在贻：《敦煌变文校勘拾遗》，载《中国语文》，1983(2)。

⑩ 郭在贻：《敦煌变文校勘拾遗续补》，载《杭州大学学报》，1983(3)。

⑪ 袁宾：《敦煌变文校勘零札》，载《社会科学》，1983(6)。

⑫ 祝敏彻：《敦煌变文中一些新生的语法现象》，载《社会科学》，1983(1)。

⑬ 李思明：《〈敦煌变文集〉中的量词》，载《安庆师范学院学报》，1983(1)。

⑭ 郑文：《〈王昭君变文〉创作时间臆测》，载《西北师范学院学报》，1983(4)。

成就》[1]，这篇文章对十六国时期至元代的敦煌石窟壁画的内容和风格进行了综合研究。作者认为，敦煌壁画的艺术成就，主要表现在造型与变形、描线和赋彩、装饰性构图和以形写神、吸收外来艺术等方面。在他的另一篇《唐代前期的敦煌艺术》[2]一文中，从洞窟形制到塑像、壁画内容，描述了敦煌艺术的民族风格，认为这种风格的形成一是传统文化的影响，二是中原佛教艺术西传的推动力量，同时也吸收了外国艺术的有益因素。作者还写有《张议潮时期的敦煌艺术》[3]一文，对张议潮时期的敦煌洞窟、壁画艺术进行了研究。此外，洪毅然在《简谈艺术与宗教——从敦煌壁画看"宗教艺术"的基本演变规律》[4]中着重从理论上探讨了艺术与宗教的关系。

讨论敦煌壁画的文章较多。萧默的《唐代建筑风貌——从敦煌壁画看到的和想到的》[5]、郎绍君的《早期敦煌壁画的美学性格》[6]和李浴的《简谈敦煌壁画的艺术本质及其现实意义》[7]分别论述了敦煌壁画的艺术特色和反映的风貌。方萌的《莫高窟艺术中的动物画》[8]、刘玉权的《漫谈莫高窟早期壁画中虎的形象》[9]专门讨论了壁画中的动物形象。乌密冈的《敦煌图案的组织结构与纹样》[10]和陈麦的《敦煌图案的魏唐风格》[11]则专门研究了壁画图案。此外，还有贺世哲的《敦煌莫高窟壁画中的〈维摩诘经变〉》[12]、欧阳琳

① 段文杰：《略论敦煌壁画的风格特点和艺术成就》，载《敦煌研究》，1983(试刊2)。

② 段文杰：《唐代前期的敦煌艺术》，载《文艺研究》，1983(3)。

③ 段文杰：《张议潮时期的敦煌艺术》，载《敦煌学辑刊》，1983(总3)。

④ 洪毅然：《简谈艺术与宗教——从敦煌壁画看"宗教艺术"的基本演变规律》，载《西北师范学院学报》，1983(4)。

⑤ 萧默：《唐代建筑风貌——从敦煌壁画看到的和想到的》，载《文艺研究》，1983(4)。

⑥ 郎绍君：《早期敦煌壁画的美学性格》，载《文艺研究》，1983(1)。

⑦ 李浴：《简谈敦煌壁画的艺术本质及其现实意义》，载《美苑》，1983(3)。

⑧ 方萌：《莫高窟艺术中的动物画》，载《飞天》，1983(3)。

⑨ 刘玉权：《漫谈莫高窟早期壁画中虎的形象》，载《飞天》，1983(1)。

⑩ 乌密冈：《敦煌图案的组织结构与纹样》，载《美苑》，1983(3)。

⑪ 陈麦：《敦煌图案的魏唐风格》，载《新美术》，1983(1)。

⑫ 贺世哲：《敦煌莫高窟壁画中的〈维摩诘经变〉》，载《敦煌研究》，1983(试刊2)。

的《敦煌壁画中菩萨造型的依据》①、王庆明的《敦煌壁画临摹随感》②和王伯敏的《敦煌莫高窟壁画变色记略》③等文。

敦煌艺术的研究，庄壮在《丰富多彩的敦煌音乐》④一文中，较全面地介绍了壁画中反映的乐器、乐队和乐舞，以及写卷中记载的乐谱、歌词等。陈应时的《〈敦煌琵琶谱的解读〉译后记》⑤、席臻贯的《〈佛本行集验·忧波离品次〉琵琶谱符号考——暨论敦煌曲谱的翻译》⑥等文着重从译文的角度讨论了敦煌曲谱问题。

在舞蹈方面，季羡林在《敦煌舞发展前途无量》⑦一文中高度评价了唐代敦煌地区的舞蹈；其他如叶宁的《敦煌舞和敦煌学》⑧《探索敦煌舞专辑》⑨等也从不同角度对敦煌舞蹈进行了研究和探讨。

关于吐鲁番艺术研究的文章则很少。我们见到的有刘凤君的《试释吐鲁番地区出土的绢画伏羲女娲像》⑩和李铁的《高昌乐舞图卷》⑪等。

原载《中国敦煌吐鲁番学会研究通讯》(内部发行)1984年第1期
与李鸿宾合作

---

① 欧阳琳：《敦煌壁画中菩萨造型的依据》，载《飞天》，1983(2)。

② 王庆明：《敦煌壁画临摹随感》，载《新美术》，1983(1)。

③ 王伯敏：《敦煌莫高窟壁画变色记略》，载《新美术》，1983(2)。

④ 庄壮：《丰富多彩的敦煌音乐》，载《中国音乐》，1983(4)。

⑤ 陈应时：《〈敦煌琵琶谱的解读〉译后记》，载《民族民间音乐》，1983(3)。

⑥ 席臻贯：《〈佛本行集验·忧波离品次〉琵琶谱符号考——暨论敦煌曲谱的翻译》，载《音乐研究》，1983(3)。

⑦ 季羡林：《敦煌舞发展前途无量》，载《舞蹈论丛》，1983(4)。

⑧ 叶宁：《敦煌舞和敦煌学》，载《舞蹈论丛》，1983(4)。

⑨ 叶宁：《探索敦煌舞专辑》，载《阳关》，1983(6)。

⑩ 刘凤君：《试释吐鲁番地区出土的绢画伏羲女娲像》，载《新疆大学学报》，1983(3)。

⑪ 李铁：《高昌乐舞图卷》，载《新疆艺术》，1983(1)。

十年来国内外部曲佃客制研究简述(1988年)

中国古代社会中的部曲、佃客制问题，是中国古代经济史研究的一个重要方面，20世纪20年代以来，国内外学者就部曲、佃客的产生、发展、演变、衰亡以及与之有关的一系列问题进行了深入、广泛的探讨和研究。自1927年中国学者何士骥发表第一篇专论《部曲考》①以来，迄今这场讨论已持续了半个多世纪，成果蔚为可观。大致而言，讨论主要围绕着以下几个方面展开(以介绍近十年研究情况为主)。

一、部曲、佃客的形成及身份地位问题

1949年前开始的讨论，就涉及"部曲"一词的来源及转变。杨中一认为，"部曲"一词，西汉时已出现②，源于军队编制，后演变为军队或士兵的通称，最后成为私属的代名词，史家普遍赞同此说，但也有人认为所谓部曲之"曲"就是军队编制采取"乡曲"组织的意义③。"客"原是自由民身份，有食客、宾客等称谓。客与部曲的身份地位在东汉中后期至魏晋南北朝发生了很大变化，"文化大革命"前，何兹全、唐长孺、王仲荦、束世征、朱大渭等已就这一问题进行深入探讨，"文化大革命"后，在原有基础上讨论进一步展开。唐长孺认为作为封建依附民的客，其卑微化与普遍使用于农业生产在魏晋间即已完成，而部曲则晚在南北朝沦落为使用于农业生产的依附者。两者地位、身份的变化有先后之分，但其身份是一致的，即基本上都是依附豪强、纳太半之赋的④，类似农奴的分成制佃农。姜伯勤采用中西比较研究方法考察了部曲、佃客制与英国维兰制的异同，他认为：部

① 何士骥：《部曲考》，载《国学论丛》，1927(1)。

② 杨中一：《部曲沿革考略》，载《食货》，1935(3)。

③ 柯友根：《南汉部曲初探》，载《厦门大学学报》，1963(2)。

④ 唐长孺：《魏晋南北朝时期的客和部曲》，见《魏晋南北朝史论拾遗》，北京，中华书局，1983。

曲与佃客是不同的，两者最大的区别在于前者是贱奴，后者为良人。他列举了许多史实说明佃客身份在国家法律上与部曲身份有高低贵贱之别，如东晋南朝的“土断政策”，私属(客)随时可以自行著籍为编户，这就说明客的身份在法律上仍同编户一样属于良人。隋唐之后，部曲、佃客并未走上合流，相反，佃客良人身份更为明显。不过，他也承认在私家习惯中，佃客却处于强烈的人身依附地位，与部曲并无二致。他把佃客身份上所表现出来的矛盾性解释为“中国佃客制在法典化过程中受到既有传统，法律观念和国家权力的影响”，这种交叉影响既表现在阻止佃客由“良人”下降为“贱人”，又表现在佃客对私家的人身依附关系上①。彭神保认为，部曲从事耕田是历史事实，如《梁书·张孝秀传》《陈书·高祖纪》中都有记载，但他不同意那种把部曲的性质归结为部曲武装——武装耕作者——专事耕作者、最后部曲取代了佃客的说法。他指出，虽然可以初步认为部曲中有耕种土地、直接从事农业生产者，但这部分部曲同土地没有必然联系，他们不同于封建大土地所有制下的佃客同其耕种的土地所发生的那种关系，部曲主要还是用于军事，或为军事服务。因此，他认为从魏晋南北朝直到唐代，佃客与部曲同时存在，两者在来源、归宿上各有自己的含义，不能混淆，吐鲁番出土文书已经证实了这一点。南炳文则就部曲、佃客是否能与农奴画等号进行了探讨。他认为：东晋南北朝的佃客是农奴，部曲则不能认为也是农奴，硬要在两者之间画等号，除了模糊封建军队的本质外，还忽视了部曲内部的等级差别。部曲的身份是复杂的，既有属于统治阶级的将校，也有地位十分低贱的士兵，其中虽也有部分近似农奴(佃客)的人，但他们只占部曲总数的极小部分，从整体上看，部曲是作为封建地主阶级迫害劳动人民的工具。他举了一则史料以兹说明，“梁代之有国，少汉之一郡，大半之人，并为部曲。不耕而食，不蚕而衣，或依将帅，携带妻累随逐东西，与藩镇共侵渔，助守宰为蟊贼，收缚无罪，逼迫善人，民盖流离，邑皆荒毁”②。这段史料曾被持同样观点的人屡次引用，但也有人对其

① 姜伯勤：《中国佃客制、部曲制与英国维兰制的比较研究》，载《历史研究》，1984(4)。

② 何之元：《梁典·高祖事论》。

普遍意义提出异议。

国外的讨论主要是在日本学者中展开的，他们把有关问题大多放在对身份制的研讨中进行，主要是围绕部曲的身份地位问题进行研究。一般认为中国自秦汉以后形成的身份制，以良、贱两个层次区分士庶人民与官私隶属之人，部曲作为一种特定身份的代称也就形成了。部曲的性质应分为两个方面的问题：一是，部曲的阶级属性；二是，部曲的法律地位、社会身份。关于第一个问题，西嶋定生指出：奴隶与奴婢是两个不同的概念，过去一直混淆不清，前者应属经济的范畴，指一种阶级，后者应属社会、政治的范畴，指一种身份，所以有必要澄清[①]。这个观点也适用于与奴牌经常相提并论的部曲。关于部曲的阶级属性，西嶋定生[②]，仁井田陞[③]，崛敏一(《部曲、客女身份成立之前提》，1984年)，山根清志(《唐之良贱制问题》)等人主张唐末古代社会(即奴隶制社会)结束说，因此认为汉至唐国家的基本生产形态为奴隶制，在大块土地上从事耕作的主要是奴隶，而后汉以后成为私属代称、从事农业生产的部曲(包括客女)属于奴隶性质。宫崎市定、宇都宫清等人主张六朝隋唐的生产形态是封建制，此时期的部曲即相当于农奴或隶农。滨口重国(《唐王朝之贱人制度》，1966年)和大泽正昭(《唐律中的"部曲"》，1978年)亦同意此说。第二个问题，也就是说，在以良、贱两个层次来体现的身份制中，部曲属于哪一种。一般认为部曲的身份属于私贱民(贱民有官、私之分)，在唐代部曲是一种高级贱民，地位高于奴碑，低于良民[④]。但也有少数人主张部曲、客女属于良民，如草野清之文和越智重明1963年及1980年之文均是。关于部曲的法律地位，日本学者的意见也不尽相同，主要焦点集中在国家法律是否不问良贱，均普遍适用。

① 西嶋定生：《シンポジウム古代オリエントにおける奴隷の問題》，载《日本オリエント学会月報》，1960(3)。

② 西嶋定生：《シンポジウム古代オリエントにおける奴隷の問題》，载《日本オリエント学会月報》，1960(3)。

③ 仁井田陞：《中国法制史》，牟发松译，上海，上海古籍出版社，2011。

④ 见宫崎、滨口、崛敏一、西嶋文，亦见1970年尾形勇关于良贱之论文。

二、部曲、佃客制与人身依附关系的问题

东汉魏晋南北朝时期，一个突出的历史现象就是人身依附关系的出现和逐步强化，部曲、佃客的身份地位的转变也正是在这一过程中完成的。20世纪50年代，何兹全将这一历史现象放在社会阶级关系变动这一大的历史背景下进行考察，他指出：奴隶阶级的解放成为主人的部曲、客，自由民向豪族的依附也成为主人的部曲、客，部曲含义的变化正是在占有大量半自由的依附民即部曲、客的豪族兴起这一背景下实现的①。唐长孺②和朱大渭③等都探讨了客(包括佃客)的身份地位降低、人身依附关系的建立及加强、佃客与主人和国家之间的关系等问题。20世纪70年代末，讨论继续进行。何兹全在过去研究的基础上进一步指出：部曲、客的依附意义开始于东汉，但依附关系确立的最主要标志是公元196年曹操的许下屯田。屯田客被军法部勒，固定在土地上，没有随意离开的自由，这意味着国家领有下的农民在身份上大量向农奴转变的开始。至此，依附关系开始作为一种具有普遍意义的生产关系出现了。简修炜等从生产关系的量变这一角度探讨了部曲和部曲制度，认为在部曲制度的四大特征(依附性、宗法性、地方性、且耕且战)中，依附性具有决定性的意义④。以后，他又在《有关魏晋南北朝时期佃客的几个问题》(与张耕华合作)⑤一文中对把宾客向佃客、私荫客的转化看作是奴隶社会自由民向封建社会依附民的变化的论点提出异议，理由有三：其一，依附民阶层在秦汉时代已经存在，那么封建依附农民的产生至少在魏晋南北朝前；其二，编户并不能等同于奴隶社会的自由民，编户是国家户籍名称，实际上包括了不同阶级、不同阶层的人员，而自由民则是奴隶社会中的一个阶级；其三，如果上面的结论能

---

① 何兹全：《关于中国古代社会的几个问题》，载《文史哲》，1956(8)。

② 唐长孺：《西晋户调式的意义》，见《魏晋南北朝史论丛续编》，北京，生活·读书·新知三联书店，1959。

③ 朱大渭：《孙恩徐道覆起义的性质及其历史作用》，见《历史论丛》第1辑，北京，中华书局，1964。

④ 简修炜、章义和：《部曲和部曲制度的历史考察》，载《历史教学问题》，1985(6)。

⑤ 简修炜、张耕华：《有关魏晋南北朝时期佃客的几个问题》，载《江海学刊(文史哲版)》，1987(3)。

成立，那么隋唐时取消荫客、给客制，高颎颁行“输籍之法”，浮客“悉自归于编户”，岂不是封建依附民向奴隶社会自由民转化吗？他们的论点主要是针对魏晋封建论而言。田余庆则认为：封建依附关系初见于战国，在秦和西汉时逐渐定型，东汉以后以豪强地主役使部曲、佃客的形式出现。与欧洲中世纪的粗略比较，中国的部曲也是半自由的、终身的、世袭的，在很长的时间里，他们的身份和地位并没有法律规定。魏晋以后，衰弱的国家政权几乎失去对自耕农的广泛控制力量，不得不利用依附关系为自己谋利，因而出现了相当数量的国家依附农民。他认为中国封建社会依附关系发展是缓慢的，国家权力对它的干涉是造成中国封建社会长期性的重要原因之一①。简修炜还撰文指出：魏晋南北朝是地主封建制，而不是农奴制，决定地主封建制的是地主土地私有制和在此基础上形成的租佃制，而不是有无人身依附关系，因此部曲、佃客制这种具有依附特征的制度不是当时的主导生产方式②。看来，在这个问题上，对依附关系的存在没有异议，但对封建依附关系的出现、依附性劳动者的性质、部曲及佃客在生产中的作用等问题，分歧很大。

日本史学界与我国研究角度有所不同，一般没有从依附关系角度阐述部曲、佃客的转化问题。大多数史学家认为中国中世纪(汉唐时代)为奴隶制或(庄园)农奴制，主要劳动者为部曲或奴隶，佃客不是主要劳动者，佃耕经济也不是典型的经营形式，虽然也讨论了各种“客”和部曲的私属化问题，但对部曲、佃客制的依附关系问题没有展开讨论，对汉唐的佃客更是涉及不多。

三、关于部曲、佃客制的演变与衰落问题

史家对部曲、佃客制的形成及确立虽有分歧，但其兴盛是在魏晋南北朝时期，隋唐以后走向衰落，则为大多数论者首肯。20 世纪 70 年代以前，有人已注意到了部曲、佃客制的演变及衰落，但两者在隋唐时期的演变、衰落的原因和过程及其中所体现的社会意义尚无人专文探讨。70 年代末，

① 田余庆：《秦汉魏晋封建依附关系发展的历程》，载《中国史研究》，1983(3)。

② 简修炜：《汉唐间封建生产关系的变革》，载《华东师范大学学报》，1983(5)。

学者们逐渐注意到上述问题，开始进一步深入研讨。万绳楠提出“南朝田庄中部曲组织消亡”的观点，将公认的部曲消亡的下限时间大大推前。他认为：以聚族而居为基本特征的汉魏田庄，都有部曲(家兵)，随着宗族的瓦解，这种部曲组织在南朝田庄中消失了，南朝史料中所见的部曲，其性质已非家兵，而为国家的军队。南朝佃耕已经广泛地被田庄拥有者所采用，租佃也在南朝出现了。他提出雇佣和租佃是南朝田庄主剥削客户的两种新的方式①，这与简修炜上述的魏晋南北朝时是半自由的租佃关系占主导地位的观点有些相近。彭神保认为隋唐时期佃客地位有所上升，他们稍有些自由，不少人有自己的户籍，随着唐代租佃关系的发展，不少佃家、佃客同田主的关系转向经济方面，如租佃文书中对佃客的限制虽仍很严格，但佃客对佃主在经济上的依附性强，人身依附关系则削弱了，甚至有些地方看不出佃客与田主有什么人身依附关系，但部曲的地位在唐代却很低。按《唐律》规定，部曲属于主人私户，没有自己独立的户籍。《唐律疏议》中的户婚律所列贱民、贱类只有部曲而不包括佃客，可见唐时佃客、部曲已是两个不同的概念(同前)。南炳文认为部曲从部队的编制单位演变为农奴是在南北朝末年之后(同前)。严耀中则提醒在讨论佃客的发展演变时要注意“即使同一称谓也会随时光流逝而改变其内涵”，魏晋南北朝时的佃客并非指汉时已有的租佃关系下的农民，而是指这时并不耕种官员和豪强大地主土地的荫户。后来，佃客的性质发生变化，与作客、奴客混同，共同成为地主土地上的劳动者，被统称为客户，五代以后又复称为佃客，其间变化不小。因此，仅仅根据史籍上的佃客、部曲字样就下结论，往往会得出不正确的结论②。黄佩瑾考察了汉唐间以部曲、佃客为中心内容的农奴制人身依附关系的发展历程，认为两汉只是其萌芽和产生的阶段，魏晋南北朝才是其形成与发展阶段，隋唐达到典型状态，宋以后逐步衰落。他的观点异于我国史学界大多数学者所持观点，与某些日本学者的看法相近。他把部曲、佃客制衰落的下限定在宋以后，是目前所见到的国内学者

① 万绳楠：《南朝田庄制度的变革》，载《安徽师范大学学报》，1980(2)。

② 严耀中：《魏晋南北朝“佃客”辨》，见《魏晋南北朝史考论》，上海，上海人民出版社，2010。

论点中最晚的断限①。李伯重认为唐代部曲身份不是直线下降的，其实际身份反而较前代有所提高，正由于他们身份提高，因而来源日益狭窄，使私人占有数量减少，在社会生产中的地位和作用下降，从而逐渐消亡。造成这一变化的原因，首先是由于部曲争取解放的斗争，其次是由于唐代生产关系中更多地体现出其成熟时期的特点，即超经济强制有所减弱而经济强制相对增强，人身占有也较前松弛。均田制瓦解后，地主招收佃客成为合法，租佃关系得到长足发展。生产关系的这些变化使部曲必然会随着旧的生产关系而退出历史舞台②。张泽咸鉴于唐代部曲尚无专文论及，以及学者对唐代部曲分歧颇著，撰写专文《唐代的部曲》③，论述了北朝、隋唐以来部曲性质的流变。他认为：《唐律》中有关条款可与出土文书相印证，说明唐代确有部曲存在，但没有资料直接证明他们是典型的农奴，只是一种合法的封建依附者。中唐以后现实生活中部曲已经消失的结论未必妥当。赵宋时残存有若干部曲，但已不像唐代那样具有普遍的社会意义。辽、金存在较多的部曲是和统治族所处的社会状况密切相关。随着时代的前进，部曲逐渐消失。简修炜、章义和全面考察了部曲制的衰落过程。他们指出：南北朝时期，部曲制度开始衰落。北魏政权的部曲制度继续发展了一段时间，但到北魏和北周，地方武装逐步中央化，部曲成为国兵。同时在地主庄园中，地主利用部曲从事农耕。在南朝，衰亡进程要比北方快一些。这些情况的出现，是与南北朝的宗法大土地所有制的凝固状态发生变化和寒门地主地位上升直接相连的。

由于日本学者将部曲(包括奴婢)问题放在良贱制度研究中讨论，所以在讨论部曲的演变及衰亡时，他们主要围绕唐宋间的社会变革对良贱制的影响以及良贱制废止的下限等展开研究。以宫崎市定为代表的一派(京都学派为主)主张在宋代以后良贱制便消失了，在独裁君主之下，树立了万民皆为平民的原则。从此，奴婢、部曲等贱民身份不再存在，过去庄园制下的隶农(即部曲)获得解放，代之而起的是佃户制。这种佃户制，其本质

① 黄佩瑾：《魏晋南北朝的农奴制人身依附关系》，载《历史研究》，1985(2)。

② 李伯重：《唐代部曲奴婢等级的变化及其原因》，载《厦门大学学报》，1985(1)。

③ 张泽咸：《唐代的部曲》，载《社会科学战线》，1985(4)。

是自由农民与地主之间所缔结的自由的佃耕契约关系，此即以宋之后为近世(近代资本主义)说的主要理论根据之一。以西嶋定生、仁井田陞、崛敏一、尾形勇等人为代表的一派(东京学派为主)，则认为宋以后，官贱民之官户、杂户以及私贱民之部曲、客女虽消失，但官私奴婢仍继续存在；另一方面，良民亦发生分化，直到清末宣统元年(1909年)公布"禁革买卖人口条款"以后，良贱制才完全废止。两派虽在良贱制的废止年代和宋以后的社会性质等问题上观点不同，但一致认为，私贱民中的部曲、客女至少在形式和称谓中在宋以后便不复存在了。

此外，不少中日学者还在专著及其他论文中多方探讨了部曲、佃客制的有关问题，对与此有关的诸多具体史实进行了考订和研讨，因篇幅所限，就不一一介绍了。

综上所述，我国老一辈史学家在原有研究基础上不断完善和更新自己的观点，并和中青年史学工作者一起向更深、更广的领域开拓。在研究的广度上，将部曲、佃客制的研讨拓宽到"文化大革命"前几乎无多涉及的北朝、隋唐时期，甚至拉长到宋、辽、金时代，并注意到其演变的阶段性。在深度上，则深入探讨了部曲、佃客的内涵、身份的时代性，南北地区的不同社会背景对部曲、佃客制的影响，以及《唐律》所反映的社会实际状况等问题。新整理出的出土文书也大大有助于对具体史实的考订，再加上比较研究的方法更多地被运用，也有助于我们在更大的范围内考察、分析问题。研究成果的数量亦大为可观。

在社会分期问题上的不同看法，形成了对汉唐社会性质，依附民及劳动者性质、身份地位、在生产中的作用等问题的不同认识，因此，在分析部曲、佃客时，各家分歧较大，目前，这种分歧尚难弥合，有待于不断深入开展研究。

日本学界的研讨亦有其特点。他们研究的起步时间与我国大致相同(20世纪20年代末，玉井是博发表《唐代贱民及其由来》，第一次论及这个问题)，高潮当在六七十年代，论著数量多于我国国内，基本形成两派(基于对社会分期的不同看法)，主要是把部曲放在对中国古代身份制(良贱制)的讨论中进行和展开的，对佃客制的讨论则囿于认识上的原因而不够充分。此外，日本史家大都以《唐律》为研究部曲的第一手资料，体现了他们重视法典研究的特点。但总的来说，研究角度与我国有所不同。

部曲、佃客制问题既是一个专题，又是一个牵扯面相当广的多元性课题，它与社会分期、社会阶级关系变动、依附关系的形成和发展、生产者身份的确定等一系列重大历史问题相关联，因此，很多学者在经济史、法律史、军事史等论著中不可避免地要涉及这个问题。所以，我们研究部曲、佃客制问题，不仅可以推动对社会经济史纵向发展的研讨，也可以澄清某一时期社会断面各种复杂的阶级关系的脉络。因此，我们期待着更新的研究成果不断出现，使之对中国古代经济史的研究起到重大的推动作用。

原载《中国史研究动态》1988年第11期

与薛军力、夏露合作

隋唐五代史综述(1997年)

本年度隋唐五代史研究呈平稳态势，论文约200余篇，专著和论文集数部。由于处于世纪之交的特殊时期，总结百年来的隋唐五代史研究学术成果、如何从整体上评价隋唐五代史的历史地位，以及将其放在更长的历史时段考察，成为近年的热点。敦煌藏经洞内文献重见天日已达一个世纪，敦煌学历经百年沧桑走向了全面辉煌，如何使敦煌文献在隋唐五代史的研究中发挥更大的作用，是继去年后本年度的另一热点。传统的领域因有所拓展和新的视角而隐隐呈现出新气象，社会史、文化史、民族史等领域的研究仍受到更多的注意，论题也更为宽泛。但五代十国史的研究尚未摆脱“薄弱”的境地。

一、综合性研究

唐史学会高级研讨班本年度研讨的主题之一为唐朝的历史特性与综合国力，其中有几篇力作颇引人注目。吴宗国《唐代的特性》①认为：唐朝处在中国封建社会前期已经结束，后期刚刚开始的转折时期。一般地主土地所有制的蓬勃发展和政治制度以及各项制度的不断的全面的变革，构成了它的基本特性。正是这样一个特性，决定了贞观之治、开元之治和元和中兴，决定了唐朝政治、经济、文化等各个方面的发展。东晋十六国以来的民族融合和唐朝与各民族关系的进一步发展，唐与亚洲各国经济、文化交流的加强，给唐朝的发展增加了活力，使之更加丰富多彩，生气勃勃。胡戟《汉魏隋唐历史底蕴的初探——历史大势、礼仪制度与士人的追求》②一文从政治、经济、统治集团、文化心态等方面力求全面审视处于中国专制主义中央集权社会前期的秦汉至隋唐间1128年的历史大势。认为：唐高宗显庆四年至唐亡的两个半世纪，是士族门阀经济、政治失势以后，处于向

① 吴宗国：《唐代的特性》，见《唐研究国际学术会议论文汇编》(内部刊行)。

② 胡戟：《汉魏隋唐历史底蕴的初探——历史大势、礼仪制度与士人的追求》，见《唐研究国际学术会议论文汇编》(内部刊行)。

科举官僚政治过渡的后门阀社会阶段，也是中国中古社会的转型期。这时期礼仪制度的趋同的政策取向，展示了五胡民族与汉族融合和国家重新统一的历史大势，而一切历史轨迹又都呈现为文化的积淀，其根本内容是人们对自身价值追求的热情和成效所反映出来的人的觉醒与人权进步状况。此后，整个中华民族失去了汉唐的魄力精神。文章颇具启发性，为我们重新认识这段历史开拓了思路。葛承雍《唐代综合国力散论》①，杜文玉《唐宋经济势力比较研究》②，牟发松《开元盛世与唐代的历史转折》③等文，也使我们能从不同角度探讨唐代的历史特点。

二、经济史

经济史属传统的研究领域，曾为学术界热门论题的均田制，近年稍显沉寂，似因无新材料而落到“题无剩义”的境地。但也有人指出：“沉寂并不意味着漠不关心，而是一种沉思。”短暂沉寂之后新的论争又起。杨际平《也谈唐代西州的土地管理方式——再论唐代西州的两种授田制度》④，就卢向前近年发表的一组论述西州田制的系列文章，提出了不同见解。针对卢文认为“部田”属“曲氏高昌从中原引进的新名词”，是指那些“少高卬，不易浇溉之土地”的观点，杨际平仍坚持认为部田“源于过去的屯田部”。他认为唐代西州存在着均田制与官田授田制这样两种不同的授田制，在应授田对象、应授田标准、编制有关文书手续以及田土分布情况诸方面都迥然不同，不同意卢文将其合而为一的观点。

商业史的研究近年日益受到重视，多角度地研究逐渐展开。巫宝三《唐代重商思想的兴起》⑤分析了中国“重商思想”在唐代兴起的由来、表现、

① 葛承雍：《唐代综合国力散论》，见《唐研究国际学术会议论文汇编》（内部刊行）。

② 杜文玉：《唐宋经济势力比较研究》，见《唐研究国际学术会议论文汇编》（内部刊行）。

③ 牟发松：《开元盛世与唐代的历史转折》，见《唐研究国际学术会议论文汇编》（内部刊行）。

④ 杨际平：《也谈唐代西州的土地管理方式——再论唐代西州的两种授田制度》，载《中国社会经济史研究》，1997(4)。

⑤ 巫宝三：《唐代重商思想的兴起》，载《中国经济史研究》，1997(3)。

历史作用等问题，指出："重商思想"的概念是指中国封建社会时期"抑末"(抑工商)思想和政策中出现的一种经济思想，与欧洲封建社会末期出现的重商主义经济思想是有区别的。抑末思想和政策，始于秦，盛于西汉，到唐代开始转变，出现了重商思想。这一新思想的出现，改变了人们对工商业的态度和认识，关系到工商业在封建社会经济体制中所起的作用，具有重要的历史意义。文章依次剖析了崔融、刘秩、刘晏、韩愈、白居易、令狐楚等人在与旧的抑末思想的对立和斗争中，表现出重商主义的新思想，他们的意见和主张，是时代要求的呼唤，已形成一种思潮，并直接影响到国家财经政策的制订。但唐代理财家和思想家在流通过程中取得的反对传统的抑末思想和政策的胜利，随即又被封建经济体制所束缚了。

以往唐代藩镇与商业的关系学界没有给予足够的关注，因而也影响对唐后期商业实际面貌的整体认识。张剑光《唐代藩镇割据与商业》①一文论述了唐代藩镇割据势力对商业活动的重视，商人与藩镇的相互借重关系，指出：商品经济的发展，商人地位的提高，藩镇对商业利润的需要，构成唐代藩镇重视商业的社会条件，但商人对当时的政局不可能有多大影响，因而不同意有的学者提出的"在中央和地方发生矛盾和冲突的时候"，商人"必然成为割据势力的基础"②的观点。李志生《唐代工商业者婚姻状况初探》③从社会史的视角介入工商业，她认为唐代官府工匠仍属贱民，私营手工业者和商人虽然脱离了贱籍，但在一般人的观念中，他们的身份依然较为低贱。工商业者在应举、入仕、婚姻等方面仍然受到很多歧视。在婚姻方面受到歧视最突出的表现是规定手工业者须"当色为婚"，若要与士族、士人联姻则相当困难。由于财富的积累和人们对财富观念的变化，唐代商人的社会地位已有长足的提高，但身份还是低于一般良人。商人身份的双重性使得他们的婚姻也呈现出双重性和多样性。士族拒绝与商人为婚，而某些官场失意、企图仰仗商人资财伺机东山再起的官僚则乐于与商人结亲。唐代工商业者的身份处于不断变化时期，随着时间的推移他们的地位

① 张剑光：《唐代藩镇割据与商业》，载《文史哲》，1997(4)。

② 魏承思：《略论唐五代商人和割据势力的关系》，载《学术月刊》，1984(5)。

③ 李志生：《唐代工商业者婚姻状况初探》，载《人文杂志》，1997(3)。

不断提高，受到的限制不断减少，婚姻状况也在不断发生。

人口问题是20世纪80年代以来经济史研究新开拓的领域之一，亦成为经济史研究向纵深发展的契机。周边少数民族人口问题研究是唐代人口史研究中的难点之一，崔明德《唐代西北少数民族人口初探》①一文对迄今学术界尚无专文论述而在唐代民族史及民族关系中占有重要一席的西北少数民族人口的数量、结构、特点、人口移动的主要走向及特点、降户反叛的原因以及唐与少数民族争夺人口的斗争等若干问题进行了研究。由于西北少数民族本身的特点，人口统计的流动性、变动性远远大于以农耕为主的汉族，史料记载又多不具体和较为零散，更加大了对这一问题研究的难度。崔文在这一领域的拓荒之功值得肯定。

陈勇近年以区域经济研究为基点，对长江下游进行了系统研究，本年度发表的与刘秀兰合作的《唐后期长江下游户口考》②是其系列文章之一。该文通过对唐后期中央财政所倚重的两浙、宣歙、淮南等道户口的考察，认为：元和时官方统计的在籍户数与此前相比有明显下降，但并不意味着上述地区实际人口真正减少。由于社会环境相对安定，北方人口南迁，经济实力较强，运输道路的转移，良吏的治理等原因，使长江下游诸道人口减少的程度远远低于全国平均数。由于浮寄户与逃户的大量存在，这一地区的户口不仅没有大幅度减少(如官方所统计)，反而呈增长趋势。这一研究更加深了我们对杜佑在《通典》一书中论列的唐后期在籍人口与实际人口之间的矛盾关系的认识。十国史的研究更具有区域性特点。研究浙江地方史的学者，多认为吴越国之所以国运长久，能在恢复、发展唐末以来浙江及苏南太湖流域社会经济方面发挥重要作用，主要是因为钱镠及其继承者们贯彻执行了“保境安民”的基本国策。对此，李志庭提出了不同意见，他在《也谈钱镠“保境安民”国策》③一文中指出：钱氏吴越坚持的是“善事中国”“勿废臣礼”，是为对付吴(南唐)而采取的一种远交近攻的策略，实际上兵戈不息、赋役苛繁，称其“保境安民”并无充分依据。

① 崔明德：《唐代西北少数民族人口初探》，载《历史研究》，1997(5)。
② 陈勇、刘秀兰：《唐后期长江下游户口考》，载《中国史研究》，1997(4)。
③ 李志庭：《也谈钱镠“保境安民”国策》，载《中国史研究》，1997(3)。

以往人们较多关注于唐代的财政改革，但隋朝国库积蓄之富堪称历代王朝之最，末年，“天下储积可供五十年”，其原因何在呢？赵云旗《论隋王朝的殷富与财政改革的关系》①一文从隋朝财政改革的角度，集中分析了均田制、赋役制、仓廪制改革及推行“大索貌阅”制、财政节减政策对国家财政积蓄的积极历史作用，认为上述改革都是从不同的渠道和方面调节社会集团的利益分配，以此来解决所存在的各种社会矛盾，从而提高了生产力，推动了社会经济发展，保证了国家的财政积蓄。

三、政治史

本年度政治及制度史研究有以下几篇值得重视的文章。三省制度的来源、演变及发展历来是唐史研究中的重要课题，吴宗国《三省的发展和三省制的确立》②分别探讨了尚书省、门下省和中书省是如何从南北朝尚处在发育状态并逐渐突破这一过渡模式的过程，隋代三省制的最终确立以及在中国古代政治制度史上的划时代意义。针对将北周制度排除在三省制发展过程之外的传统说法，即杜佑《通典》中所论：“故隋氏复废六官，多依北齐之制”，他强调指出：隋官制实吸收南北各朝的积极成果而加以总结，三省机构是以北周六官为基础而加以分解、改造，并非打破原有机构重起炉灶，一切重来。官名依前代之法，其中也包括一些北周的官名。韩国磐《唐初三省长官皆宰相——〈论唐代宰相中书门下二省制〉读后》③认为，尚书省长官从唐初起就不是宰相之说法不确。从武德元年到唐太宗去世，尚书仆射不加衔即为宰相，高宗继位后到武则天去世，仆射须加同三品等衔方为宰相，这是将三省长官以外官员加衔为宰相之法用到仆射身上，使仆射仍为宰相之职。及至神龙、景云时，仆射有不加衔者即不能履行宰相之职。此外，韩文对中国历史有所谓“宰相集体制”、政事堂“实际上是‘宰相三省制’破坏以后自然而然形成的一种适应‘宰相二省制’格局的附生制度”

---

① 赵云旗：《论隋王朝的殷富与财政改革的关系》，载《汕头大学学报》，1997(3)。

② 吴宗国：《三省的发展和三省制的确立》，见《唐研究》第3卷，北京，北京大学出版社，1997。

③ 韩国磐：《唐初三省长官皆宰相——〈论唐代宰相中书门下二省制〉读后》，载《厦门大学学报》，1997(4)。

等观点也提出了不同意见。刘后滨《论唐高宗武则天至玄宗时期政治体制的变化》[①]尝试把政治制度置于整体政治社会的演进之中加以考察，认为：传统界定的互相配合、互相制衡的三省制，只存在于隋唐之际一个很短的时期，是整个帝制时代前期宰相制度向后期宰相制度过渡的一个特例，随着政治体制和统治形势的变化，三省制向中书门下兼掌决策行政的体制转化，形式上又回到了秦汉魏晋以来传统的宰相制度，但相权已被严重削弱。韩昇《魏晋隋唐的坞壁的村》[②]考察这一时期基层组织的变化，该文认为：从秦汉乡亭里到隋唐村落制，是中国地方行政制度的一大转变。五胡入据中原与坞壁的普遍兴起，把中国社会瓦解到无以复加的地步。而坞壁的崛起，造成新的豪强门阀政治格局，由此产生的乡村组织为国家政权所吸收改造，是中央集权加强与门阀政治衰落的演进过程，表现出国家内在统一的深入发展。该文从基层组织入手，研究地方行政制度以及国家统一的内在因素，为我们研究这段历史提供了新的视角。

鉴于"学者们在探讨中国古代政治制度史时，对政权组织延革倾注了极大的心力，而对构成古代政治主体的'政治人'(即政治主体——官僚阶层)则缺乏通贯和具体的分析"，李湜所撰《唐太宗与东南文人》[③]试图扭转这一偏差。文章认为：从《诗经》时代到20世纪初，中国的政治主体走向大致以唐代为分界线，前后经历了贵族政治和文人政治两大不同的历史阶段。贞观时期，唐太宗改革"关中本位政策"，大批非关陇集团的东南文人被拔作朝廷大臣，以此为契机，中国古代的政治主体走向发生了根本性的变化，中国的封建政治由此步入了文人政治的新纪元。唐初的东南文人自觉不自觉地成了中国文人政治的首批弄潮儿，他们亦因此与开创文人政治的唐太宗结下了不解的缘分。文章的观点颇具启发性，但也有可斟酌之处。

① 刘后滨：《论唐高宗武则天至玄宗时期政治体制的变化》，见《唐研究》第3卷，北京，北京大学出版社，1997。

② 韩昇：《魏晋隋唐的坞壁的村》，载《厦门大学学报》，1997(2)。

③ 李湜：《唐太宗与东南文人》，载《中国史研究》，1997(2)。

何汝泉《汉唐财政职官体制的三次变革》①整体考察了汉唐时期中央财政职官体制的三次变革的演变轨迹、变革性质和意义，指出：发生在唐中期的第三次变革，是为适应国家政治经济的变化而出现的，表现为户部理财演变为使职理财。使职理财持续三百多年，起过积极作用，具有历史的正当性和优越性，但深受其变革自发性的影响。

政治体制改革以及反腐倡廉是近年政治史的热点问题之一。贾三强的《武则天时代的廉政建设》②、李文才的《试论会昌时期的吏治建设》③即是对这方面问题的探讨。

四、民族史、边疆史

本年度民族史以及相关的边疆史研究成果不少，与此前相比更加深入。张广达、荣新江《八世纪下至九世纪初的于阗》④从考证、论定和阗地区出土的汉文和于阗语文书的年代入手，并结合相关史籍和出土文书，综理了安史之乱后处于吐蕃统治下的于阗地区政治历史变迁，并列出大事年表。本文揭示出不少前所未明的史实，特别是对唐朝史料中记载的关于安西四镇的陷蕃问题提出全新的看法，相信该文对澄清这段混乱的历史，解开八、九世纪西域史研究的关节所在极为重要。吴玉贵《凉州粟特胡人安氏家族研究》⑤指出：侨居唐朝的最著名的粟特胡人家族之一凉州安氏家族，见于北魏，兴于隋末，盛于唐，衰于五代。隋末唐初，以安氏家族为代表的粟特胡人在凉州具有十分重要的地位，甚至直接左右着河西的局面，李轨政权的成败，在很大程度上取决于他们的向背，安兴贵家族在唐朝统一河西的过程中曾起了关键性的作用。作者希望通过对凉州安氏家族的研究，更好地了解西域胡人在隋唐朝社会中的生活状况，从而进一步加

---

① 何汝泉：《汉唐财政职官体制的三次变革》，载《西南师范大学学报》，1997(1)。

② 贾三强：《武则天时代的廉政建设》，载《西北大学学报》，1997(2)。

③ 李文才：《试论会昌时期的吏治建设》，载《中国史研究》，1997(1)。

④ 张广达、荣新江：《八世纪下至九世纪初的于阗》，见《唐研究》第3卷，北京，北京大学出版社，1997。

⑤ 吴玉贵：《凉州粟特胡人安氏家族研究》，见《唐研究》第3卷，北京，北京大学出版社，1997。

深对中国古代文化多元性的认识。杨铭《吐蕃经略西北的历史作用》①在前人研究的基础上，力求对唐代吐蕃经略西北的历史过程及其作用进行全面的考证和客观评价，指出：吐蕃经略西北地区的政治作用在于维系了唐退却后西北地区的地域完整性，客观上起到了抵御大食东进的作用，密切了同西北各族的关系，西北各族的政治、经济、文化对吐蕃社会以较大的影响。在吐蕃统治时期，蕃、汉及其他各族形成民族杂居互处、语言、文化、艺术互相交融的局面，进一步印证了“吐蕃化”是唐末、五代河西民族关系的主要特点之一。李鸿宾《唐代墓志中的昭武九姓胡》②一文依据周绍良主编的《唐代墓志汇编》一书，撷取若干例证，并辅以其他材料，分析了粟特人入华以后在唐朝的活动及发展特点。

总体来看，上述研究与此前相比更为深入，但多集中在西、西北和北方的民族及边疆，对西南、东南地区的研究尚嫌不足。

五、社会史、文化史

唐代西北地区的地方大族，与中原相比，带有明显的地域、民族、文化特点，他们的活动和兴衰与西北政局交互影响。刘安志《唐朝吐蕃占领沙州时期的敦煌大族》③一文探讨了长期垄断敦煌地区的政治、经济命脉，并对河西地区的历史产生过重大影响的敦煌大族，在唐代中叶吐蕃占领沙州前后的活动及表现，以及由此所产生的作用和影响。对于我们进一步认识近二百年的归义军史，了解9至11世纪初叶丝绸之路的再度畅通以及沿边地区的历史文化与当地大族的关系颇有启迪。希望此文能推动对其他边疆地区、民族地区当地大族研究的更进一步开展。

唐代史书对唐代不同时期的士风都有形象描述。士风是文人士子心态的表象反映，每一时期士风的形成都有其多方面、深刻的原因。杜晓勤《唐开元中前期士风之变》④一文指出：开元中前期良好君臣关系的重建、文人政治格局的初步形成、对儒学经世精神的重视成为影响当时士子心态

---

① 杨铭：《吐蕃经略西北的历史作用》，载《民族研究》，1997(1)。

② 李鸿宾：《唐代墓志中的昭武九姓胡》，载《文献》，1997(1)。

③ 刘安志：《唐朝吐蕃占领沙州时期的敦煌大族》，载《中国史研究》，1997(3)。

④ 杜晓勤：《唐开元中前期士风之变》，载《中国史研究》，1997(1)。

形成的较直接的因素。与武后、中宗朝士人相比，开元士人不但普遍具有更为强烈的功名意识、进取精神，而且其人生理想也更加雅正，具有明确的政治理想。

探讨文明文化的交流与交融是本年度文化思想史研究的特点。张弓《汉唐佛寺：华梵文明的遇合与化新——〈汉唐佛寺文化史〉自序》①一文，论述了辉耀古代世界的两大文明系——南亚的古印度文明与东亚的华夏文明在中国遇合后的长近千载的交融历程中，华夏社会对以佛为媒介的古印度文化因素，鉴别，扬弃，代换，涤新，充分展示出中华文明长于消化吸纳外来文化因素的特长。葛晓音《论唐前期文明华化的主导倾向——从各族文化的交流对初盛唐诗的影响谈起》②针对长期以来史学家只注重搜寻唐代文化风俗"胡化"的具体例证，而没有分析它们在总体文化中所占的比例大小和层次的深浅，从而给人造成唐代社会开元前后普遍"胡化"的笼统印象的现象，通过初盛唐诗歌对唐前期风俗"胡化"的反映，指出唐前期文明的主导倾向仍是华化。

六、其他

如何更好地利用敦煌文献和石刻资料开展历史研究，是近年学术界关注的论题。荣新江《归义军史研究——唐宋时代敦煌历史考索》③，是在整理考察敦煌文献的基础上，从事历史研究的重要成果之一。此外，郝春文《关于唐后期五代宋初沙州僧俗的施舍问题》④，郑炳林《唐五代敦煌的粟特人与佛教》⑤，余欣《唐代民间信用借贷之利率——敦煌吐鲁番出土借贷契券研究》⑥等论文也为两者的有机结合做出了努力。继张国刚主编的《隋唐

---

① 张弓：《汉唐佛寺：华梵文明的遇合与化新——〈汉唐佛寺文化史〉自序》，见《唐研究国际学术会议论文汇编》(内部刊行)。

② 葛晓音：《论唐前期文明华化的主导倾向——从各族文化的交流对初盛唐诗的影响谈起》，载《中国社会科学》，1997(3)。

③ 荣新江：《归义军史研究——唐宋时代敦煌历史考索》，上海，上海古籍出版社，1996。

④ 郝春文：《关于唐后期五代宋初沙州僧俗的施舍问题》，见《唐研究》第3卷，北京，北京大学出版社，1997。

⑤ 郑炳林：《唐五代敦煌的粟特人与佛教》，载《敦煌研究》，1997(2)。

⑥ 郑炳林：《唐五代敦煌的粟特人与佛教》，载《敦煌研究》，1997(4)。

五代史研究概述》①之后，我们又看到胡戟主编的《隋唐五代史论著目录(1982—1995)》②面世，本书作为中国社会科学院历史研究所魏晋隋唐史研究室主编的同名目录③的续编，收录了自1982年至1995年中国(包括港台)所发表的有关隋唐五代史论著目录13万条，不仅使研究者受益匪浅，也使我们在20世纪即将结束时，能以此为基础，全面审视百年来的学术动态及研究概貌。

近年学术研究的规范化以及与国际学术研究接轨也是人们关注的话题。重视书评和加强书评在学术研究中的分量和数量，是创造学术争鸣氛围，活跃疏通学术交流渠道，提高学术研究综合水平不可或缺的积极因素。《唐研究》第3卷共发表20篇书评，占全书分量六分之一左右，应该说是个很好的趋势。如何使书评更具有学术性、探讨性、兼容性，是进一步拓宽书评领域并使之向纵深发展的必要条件。对妇女史研究的日益重视在唐史研究中也有反映，但本年度多集中在个别研究上，总体把握似嫌不足，尚需研究者予以注意。

原载《中国历史学年鉴1998》，生活·读书·新知三联书店2000年

① 张国刚:《隋唐五代史研究概述》，天津，天津教育出版社，1996。

② 胡戟主编:《隋唐五代史论著目录(1982—1995)》，西安，陕西师范大学出版社，1997。

③ 中国社会科学院历史研究所魏晋隋唐史研究室主编:《隋唐五代史论著目录》，南京，江苏古籍出版社，1985。该目录所收范围为1900年至1981年。

沙州归义军节度使始末

[日]藤枝晃著　宁欣译

序　说

归义军节度使，是自唐大中五年(851年)至北宋皇祐年间(1049—1052年)，约两百年间占据敦煌(沙州)的地方政权或小王国。唐朝向西的发展，是前古未有的。但自安史之乱后，国力开始衰弱，陇右、河西、安西等地，即今天的甘肃、新疆两省之地，被从南方入侵的吐蕃占领了。武宗、宣宗朝时，吐蕃在此地的统治开始动摇，沙州土豪张议潮叛离吐蕃，归附唐朝，于大中五年，被任命为归义军节度使，此后，张氏家族一直承袭节度使之职，直至唐亡。张氏家族最后一任节度使名叫张承奉，从唐末到五代的梁，号称金山白衣天子。进入五代，曹氏取而代之，仍被授予归义军节度使称号，并号称敦煌王，向五代和宋的中原各朝进贡，同时，也继续向北方的契丹朝贡。11世纪中叶，归义军被西夏吞并，结束了其两百年的历史。

张、曹二氏所占据的沙州，即是汉武帝开拓的“河西四郡”，亦是唐人称之为“五凉”之地的最西端的城市，所谓的西域三道岔口的要冲之地。沙州北与伊吾(哈密)相连，西北通向高昌，西南从鄯善通往于阗，被称作“西域咽喉之地”①。经由河西地区，即自东经过五凉诸城：凉、甘、肃、瓜，到沙州，是自古以来中国本土与西域相连接的常道。除这条干线外，还有位于北侧的，从灵武、宁夏一带，横穿今天宁夏的沙漠地带——曾是公路，以及位

① 《隋书》卷67《裴矩传》引《西域图记》序：“发自敦煌，至于西海，凡为三道，各有襟带。北道从伊吾，经蒲类海……至拂菻国，达于西海。其中道从高昌，焉耆，龟兹，疏勒，度葱岭……至波斯，达于西海。其南道从鄯善，于阗，朱俱波，喝槃陀，度葱岭……至北婆罗门，达于西海。……故知伊吾、高昌、鄯善，并西域之门户也。总凑敦煌，是其咽喉之地。”

于南侧的，从河湟地区经由西宁，通过柴达木地区，到东土耳其斯坦这两条路，古今无异。上述的两百年间，北路，被称为“回鹘道”，唐朝已经出现。南路，北宋时才被频繁利用。但是，这两条路并不经常被利用，经由中部的河西地区之路，自古一直是主要干线，这是没有异议的。

从而，河西地区经常成为中国历朝经营西域的前进基地。州县制一直推广到伊州、西州，处于完成了向西方发展的唐的统治下，这个地区得到高度重视，当然是毋庸置言的。作为全国节度使的先驱，景云元年(710 年)或二年①在凉州设立了河西节度使。这个节度使，在名称上应看作是归义军节度使的前身，它的起源，可追溯到唐初武德二年(619 年)的凉州总管府。凉州总管府领辖凉、甘、瓜(此处瓜州即敦煌)②、肃四州；武德七年，改称都督府，除凉、肃、甘、沙、瓜五州之外，伊、芳、文三州亦归入其统辖之下；据咸亨元年(670 年)制，在原芳、文二州改置雄州(《旧唐书》卷 40《地理志》)。河西节度使除领有五州之外，伊、西二州(《新唐书》卷 67《方镇表》)以及凉州的赤水军、沙州的豆卢军，此外十军十四守捉的守备兵也归其所属(《新唐书》卷 50《兵志》)③。此后不久，伊、西二州移属于北庭节度使(《新唐书》卷 67《方镇表》上元二年)。虽然有过这样多的变迁，但凉州总管府、都督府，以及河西节度使所辖的主体是五凉诸州，其使命是确保安西、北庭的立足点五凉地区——东西交通干线(本稿中，我屡次使用“河西”一词，即指《旧唐书·地理志》所载的河西道七州中，除新疆地区的伊、西二州之外的凉、甘、肃、瓜、沙五州地区，与“五凉”同义，特此说明)。

在《旧唐书》卷 83《地理志》的“序”里，说明河西节度使的任务，是为

① 岩佐精一郎在《河西節度使の起源に就いて》(《东洋学报》廿三之二及他的遗稿集所收)文中，考证为景云元年。

② 《旧唐书》卷 40《地理三》“沙州”条：“隋敦煌郡。武德二年，置瓜州。五年，改为西州。贞观七年去‘西’字。”

③ 武德五年(622 年)瓜州设置的已被撤罢，贞观中，又设置了都督府(《旧唐书》卷 40《地理三》)。永徽二年(651 年)，在沙州也设置了都督府(《唐会要》卷 70)。

十军十四守捉是军事上的制度，州是行政上的制度。因为节度使同时握有政、兵两权，所以在河西节度使辖下，凉州刺史兼赤水军使、甘州刺史兼节度副使(《新唐书》卷 67《方镇表》)、瓜州刺史兼墨离军使、沙州刺史兼豆卢军使。上述例子可见《沙州都督府图经》、《旧唐书》卷 103《张守珪传》等。

"断隔羌胡"。夹河西狭长地域，北边，最初是突厥，后来是以回鹘为主的游牧民族，驰骋于从宁夏到内蒙古的沙漠地带；南边，是以吐蕃为主的山岳民族，盘踞于从青海到西藏的高原地区。他们把保有东西交通线利益作为目标，不断从南北两面对五凉地区进行夹击。其甚者，回鹘于开元十五年占领了凉州，在中唐时代，河西地区还被吐蕃统治了百年时间。河西节度使、防御北边的朔方节度使、防御西边的陇右节度使相并列，而防御着来自两面的威胁。

五凉诸城，建立在沿祁连山山脉北麓散布的绿洲地带。城市存立的基础是农业。在这块缺乏雨水的地区，从这些城市建立初期，就大规模经营水利事业。[①] 从据说是开元年间写成的《沙州都督图经》中得知，敦煌挖掘了七条灌溉渠。凉州等河西东部地区畜牧业也很兴盛，汉代有"凉州之畜天下饶"(《汉书·地理志》)的赞语。唐代在此地设置八监，饲养了三十二万匹马。[②] 另外，如本稿所论及的，在五代宋初，从这个地区向中原输送了大量马匹。城市繁富的根源，就在于它是东西贸易的转运站(关于这些城市的建立，松田寿男先生已做了精密研究[③]，请参照)。以实行人工灌溉的农业为基础，凭借东西贸易的转运而致富，这种情况与今新疆地区的各个城市是完全相同的。就城市本身的性质来讲，河西的每个城市，都可以称作是位于西域地区、以沿交通路城市为中心的一个区域性王国。因此，有时河西能成为中原的一部分的同时，有时也应看作是西域的延长。[④]

关于居民，不限于敦煌，河西一带地区众多民族杂乱而居，有"夷夏杂处"之称，可以说，完全处于民族杂居的状态。敦煌写本中，也有"河西

---

① 《史记》卷29《河渠书》、《汉书》卷29《沟洫志》记述武帝时"自是之后，用事者争言水利。朔方、西河、河西、酒泉，皆引河及川谷以溉田"，提到这个地区企图大规模地进行水利开发之事。也可参照王国维的《西域井渠考》(《观堂集林》卷13)。

② 《新唐书》卷50《兵志》："(天宝)十三载，陇右群牧使奏：马牛驼羊总六十万五千六百，而马三十二万五千七百。"

③ 松田寿男：《漢魏時代に於ける西北支那の開發》，载《东亚论丛》，第3辑。

④ 参照羽田亨博士：《西域文明史概论》，6～7页。

诸州，蕃、浑、嗢末、羌、龙狡杂，极难调伏”[①]的记述。从北方的沙漠地区，南方的山岳地区，或遥远的岭西地区，居民不断向这个地区迁徙。例如，在敦煌出土的户籍簿中，明显有很多伊朗姓人，这是无可隐讳的事实。[②] 从焉耆移居五凉诸城的龙族，在敦煌文书中也屡屡可见。[③] 唐朝还在这个地区安置了很多漠北和山南的部族。[④] 河西节度使下属最大的赤水军，是以降唐的安修仁的军队为基础组建而成的(《唐会要》卷 78)，安姓，大概是胡人，他的部下，汉人也比较少。而且赤水军以契苾、思结、浑等部族作为补充(《新唐书》卷 215 上《回鹘传》)。其他诸军肯定大体也是同样情况。河西节度使下属的七万三千戍卒，其中大部分大概不是汉人。据传，河西陇右节度使哥舒翰为平定安史之乱而败死，河西诸胡部落便纷争自立(《资治通鉴》卷 218)。由此可知，这个地区的异族势力是多么根深蒂固了。

正如松田先生所指出的[⑤]，河西是个具有极强独立性的地区，在中原混乱之时，盘踞此地而独立者屡见不鲜。众所周知，五胡十六国时期，迭次建立了前凉、后凉、南凉、西凉、北凉，即所谓的五凉王国；更早时代的王莽之乱时，盘踞此地的有窦融；还有隋末之乱时，李轨占据凉州，统治了河西地区。河西地区与中原相距较远，又被陇坻山脉和黄河隔断，故受中原骚乱的影响较少，为保护交通路平时设立的守卫部队，河西独立时也可原封利用，并能凭借东西交通的中转而获利致富。前面所提到的窦融

① 羽田亨博士：《唐光启元年書寫沙州伊州地志残卷に就いて》，见《小川博士还历纪念史学地理学论丛》，150 页，大英博物馆藏 Ch. 936。

② 那波利贞博士：《正史に記載せられたる大唐天寶時代の戸数と口数のと関系に就きて》，载《歷史と地理》，33 卷 4 号。石田幹之助：《唐代の戸籍に見ゆる敦煌地方の西域系住民に就いて》，载《史学杂志》，48 编 7 号。

③ 参照前述羽田博士论文 150 页。

④ 关于诸蕃归附唐朝移居这个地区之事，《册府元龟》卷 977《外臣部》“降服”条中，可见贞观二十二年的契苾何力、开元二年的葛逻禄、开元十一年的吐谷浑等数例，而且这些也不是全部。还请参照孙楷第：《唐写本张淮深变文跋》第 2 节《唐末甘州回鹘与安西回鹘》，载《集刊》，七本三分。

⑤ 松田寿男：《漢魏時代に於ける西北支那の開發》，载《东亚论丛》，第 3 辑。

自己也说过：天下安危未可知，河西殷富，带河为固，张掖属国①精兵万骑，一旦缓急，杜绝河津足以自守，此遗种处也(《汉书》卷53《窦融传》)。归义军节度使在其初期，处于唐的保护下，统治河西道一带，与回鹘和吐蕃的势力做斗争；中期以后，仅是一个保有沙、瓜二州绿洲的小王国。从表面上看，这期间发生了很大变化，但是，从其实质来看，建国于河西一隅，凭借东西贸易以获利，仍应看作和诸国同样性质的一个河西王国②。而且，从归义军的存续时间看，前述的五凉王国都是十几年或几十年就灭亡了，而它却持续了两百年，比五凉王国全体存续时间还长得多，这是很引人注目的。

沙州只不过是个很小的地方小城市。归义军时代的人口，今天还没有弄清楚。据两唐书《地理志》所载的开元年间统计，包括所属县，仅有一万六千人，河西道的第一大城市凉州，天宝年间也不过只有十二万人口。因此，它的独立是不强固的，即使与中原地区有某种程度的隔绝，但由于依存于东西方贸易，必然受到中原和西域势力的影响。如前所述，此地区与北方的沙漠地区和南方的山岳地区交往密切，而且没有自然屏障，加之国内包含众多的民族，对周边形势是极为敏感的。归义军是在吐蕃势力后退和回鹘势力分散，旧有势力的均衡状态被打破，发生混乱之际，从中作为新兴势力而产生出来的，它初期的历史，就是在这种混乱中与周围各种势力做斗争的历史。唐末，回鹘的西迁大致完成，这个地区建立起新的秩序，混乱暂时得到治理，归义军在东西贸易的舞台上极为活跃，虽然此后相继发生了西夏的兴起和契丹统治北方等大事件。位于交通要冲上的归义军，与这些势力的来往斗争当然是很频繁的，

① 关于“属国”，桑原隲藏博士的《隋唐時代に支那に来往せる西域人に就いて》(《东洋文明史论丛》，295～296页)及手塚隆义的《前漢の投降胡騎について》(《蒙古》，第2号)中有说明。

② 关于河西王国，松田寿男在《河西王國と高昌國》(《世界历史大系》，第4卷，511～515页)中已首先提到，此后，又在他所撰写的诸论文中，预告近期要发表有关五凉王国的专考。

还有，松田将“河西王国”一词用作对五胡十六国时的五凉王国的称呼，在本文中，则用于对占据河西的所有各国的泛称。

这两百年的历史，并不单调，从民族斗争历史的角度上看，也包含着种种问题。

前述的五凉王国和其他政权，靠近河西地区的东端，占据凉州等地建国，扼西域入中原之咽喉，所占领地区的疆域与中原的势力范围相接。同上述状态不同，占据五凉地区西端的归义军，在其中期以后，中原势力已远远地推到东方，和中原地区处于多重隔绝的状态。在这点上，归义军和一般的河西王国有很大的差别，或许也可以认为它失去了河西王国的重要的特征之一。如前所述，河西是西域的延长，因此，归义军大致具备了河西王国的性质，换一个角度看，中原人被诸外族包围，与中原隔绝，在东西交通路上的绿洲建立国家，维持中原文化，我认为与天山南路的高昌王国颇有相似之处。① 自古以来，位于交通要冲的敦煌同时作为文化的辐辏地而知名。这在五凉王国时期尤其明显。西域南道的佛教和北道的佛教汇合于敦煌，由此产生出的河西佛教，近来引起佛教史学家的注目。鸠摩罗什在此地居住多年，得到后凉太祖吕光的认可，从这个事例也可判断，五凉时代，寄居在这个地区的印度西域的高僧硕德为数不少。此外，通晓三十六国语言，翻译了大量佛经的竺法护，就出生于敦煌，他是月支人血统，这可以说更好地体现了敦煌的性质②。但是，如果把归义军时期的敦煌看成是上述意义的文化辐辏地——西方文化东来的门户，我认为是不恰当的。当然，由于受到吐蕃民族的长期统治，此后与回鹘和其他外族的密切交往，吸收外族文化的痕迹也是很显著的。但是，从整体来看，在这种异族之间立国的归义军的汉人们，是如何热心维持中原文化的传统，如何吸收中原的新的文化这方面，我认为更应受到重视。因此，在把归义军看作河西王国之一的同时，把它作为与高昌王国相类似的，位于西域的汉人殖民王国来进行考察，也是必要的。

---

① 松田寿男前述论文(《河西王國と高昌國》)及他的《中央アジア史》(同书第十卷)，106～108页。大谷胜真：《高昌國に於ける儒學》，见《服部先生古稀祝贺纪念论文集》。

② 石滨纯太郎：《敦煌石室の遺書》，14～15页。

归义军节度使的历史引起学界的注目，是在敦煌石室遗书问世之后。中国史籍中，关于归义军的记载很贫乏，而且错误也很多，在敦煌遗书问世之前，只有清朝的徐松涉及这个问题①。伯希和所发现的文书被运到北京时，罗振玉、曹君直(元忠)、蒋斧等人对文书进行了解释和考证，从中接触了一些归义军的史实②，从此开始了这方面的研究。于是，罗振玉写了《张议潮传》《瓜沙曹氏年表》两篇文章，大略叙述了归义军两百年的历史。③ 对此，已故的滨田博士和中国的王重民、孙楷第等，就罗先生未能目睹的部分敦煌文书，发表了各自的新见解。④ 英国的翟理斯也利用伦敦所藏的敦煌文书发表了归义军史事的概略。⑤ 此外，羽田博士的《敦煌遗书》、刘复的《敦煌掇琐》等公开发表，由此众多的有关归义军的文书，为世人所知。最近，那波博士又抄录回来巴黎所藏的敦煌文书的大部分，在他近期发表的论文中，将其大部分加以引用和介绍，在京都大学的讲课和讲读中，也介绍了不少。不只是敦煌写本，由于徐松所辑《宋会要辑稿》的出版，使宋代以后的归义军历史昭然若揭。但是，斯坦因收集的敦煌文

① 徐松：《西域水道记》卷3，同《索勋碑跋》，见烟画东堂小品本《星伯先生小集》。

② 罗振玉：《莫高窟石室秘录》，同《鸣沙石室佚书》《同续编》《敦煌石室遗书》；蒋斧：《沙州文录》(《敦煌石室遗书》所收本，甲子年罗氏刊本)；王仁俊：《敦煌石室真迹录》；曹君直(元忠)：《沙州石室文字记》。

曹氏名元忠，因和本文归义军节度使曹元忠同名，为避免混乱，故以字称呼。

③ 《张议潮传》《瓜沙曹氏年表》两文，前者最初作为《南阳张延绶别传》的附录而发表。其后，两文被收入《国学丛刊》第6及11卷，又都被收入《雪堂丛刻》第16册。前者与《张延绶传》附刊本相比多少做了些改订，此外，还以《补唐书张议潮传》为题，收入《永丰乡人杂著》，内容未加改订。后者也被收入《七经堪丛刊》。此处所引页数依据《雪堂丛刻》本。

④ 滨田耕作博士：《大英國博物館スタイン氏發掘品過眼録》，载《东洋学报》，8卷1、3号；王重民：《金山国坠事零拾》，载《国立北平图书馆馆刊》，9卷6期；孙楷第：《敦煌写本张淮深变文跋》，载《集刊》，七本三分。

⑤ Lionel Giles, A Topographical Fragment from Tunhuang, Appendix B. History of the Tunhuang Region from the Eighth to the Eleventh Century A. D. (*BSOS.*, VII-3), pp. 556-572.

书，由翟理斯加以解说介绍①，只到五代中叶，还没有涉及以后的部分，就爆发了第二次世界大战，不清楚是否有续刊，真是遗憾至极。

本稿综述了归义军两百年的历史，将来，当更多文书被介绍于世，及伯希和教授抄回的敦煌石室壁画题铭②得以发表之际，当然不少见解需要修正。但把归义军节度使也看作河西王国之一，并和高昌王国比较加以讨论，就我所知，还未见过前例。因此，只能参照今日所能利用的有限的敦煌文书，删改旧稿。可以说，本文只是一份中间报告，恳请博雅之士不吝指正。

我打算把归义军节度使两百年的历史分为两个时期进行考察。前半期，是得到唐朝的支持，统辖河西道一带，称霸的时期；后半期，是在瓜、沙二州的小天地里，经营和平的小王国时期。换言之，前期是张氏一族掌握政权的时期；后期是曹氏掌握政权的时期。但是，这种划分与前面的划分是不完全一致的。之所以如此，是因为在张氏当政时期，已经失去了河西东部，还没有进入五代时，后半期的小王国时代实际已经开始了。因此，关于这个过渡时期，在叙述上可能会发生交错现象，这点恳请读者谅察。

几年前，本文初稿起草之时，狩野博士刚刚回国，将抄录的伦敦所藏的敦煌文书手稿惠示于我，那波博士也将大量手抄本惠示于我，在此表示深深的感谢。特别是那波博士允许我在本文中引用了很多他手抄本中从未发表过的文书，更是不胜感谢。

上编　唐末河西地区的形势——张氏时代的归义军

一、张氏的世系

据传，张议潮的祖父张孝嵩(一说张嵩)，是开元时期的安西都护，曾因武勇而扬名于西域，大概是“龙舌张氏”一族。张孝嵩以监察御史的身份

① Do., Dated Chinese Manuscripts in the Stein Collection. (*BSOS.*, VII-4), pp. 809-836; (ibid., VIII-1), pp. 1-26; (ibid., IX-1), pp. 1-26; (ibid., IX-4), pp. 1023-1045; (ibid., X-2), pp. 317-344.

② 王重民：《巴黎敦煌残卷叙录》附录，3页。

驻扎在安西。[①] 开元三年，拔汗那受到大食和吐蕃联军的进攻时，张孝嵩率军奔赴岭西救援，降伏大食等八国。但由于他行为不检点，下凉州狱，被贬为灵州兵曹参军(《资治通鉴》卷211)；此后，代郭虔瓘任安西副大都护"兼北庭节度使"。开元十年，助小勃律攻破吐蕃，转太原尹。[②] 后来，任沙州刺史之前，消灭了当地的恶龙，被赐予"龙舌张氏"的敕号。这个传说，伦敦所藏的敦煌写本《敦煌录》[③]《敦煌地志残卷》[④]以及《太平广记》卷420《龙部·沙州黑河》[⑤]都有同样的记载。传说的内容，三者之间多少有些出入，现摘录《敦煌录》如下：

---

① 关于御史大夫驻扎安西之事，松田寿男：《碛西节度使考》上(《史潮》，3年2/3号)，第三章有论述。

② 《旧唐书》卷103《郭虔瓘传附张嵩传》有记载，但不详细。这个事件，《新唐书》卷216下《吐蕃传》、同书卷221下《西域传》"小勃律国"条及《资治通鉴》卷212有记载。还有关于安西副大都护兼北庭节度使一事，请参照前举松田寿男：《碛西节度使考》下，第六章。

③ 《敦煌录》在Lionel Giles，Tun Huang Lu(*JRAS.*，1914)中载有写本的照片，并载有翟理斯的解读，他的读法，胡适在同一杂志的1915年号里有所纠正(Suh Hu Notes On Dr. Lionel Giles，Article On"Tun Huang Lu")，此外，还被收入罗振玉的《敦煌石室碎金》中。

④ Lionel Giles，A Topographical Fragment from Tunhuang.(*BSOS.*，VII-3) pp.545-572."玉女泉"条如下：玉女泉，县西北七十里，蛟龙曾穴此也。唐贞观，刺史张孝恭铸铁爟之，龙乃飞出，手赐子孙，今长安有龙舌，代见存，今有子孙，官在言。这段文字前面的"兴湖泊"条的注有误，抄写了这样的一半，与"(原文)欠女泉县西北七十里挍龙曾冗此外也之龙乃出手剑斩"比较的话，上述的记载肯定有误脱。翟理斯解读如下，唐贞观刺史张孝恭、铸(祷之讹)织(旨之讹)肴之。龙乃出，手剑斩，赐子孙，今长安有龙舌(伐见?)存。今有子孙官在言(焉之讹)。但是，这段文字中，"龙舌"一词的来源还是不清楚，可能还有脱文或省略之处。

考虑《太平广记》卷420中《沙州黑河》全文如下：

> 北庭西北沙州有黑河，深可驾舟，其水往往泛滥，荡室庐，潴原野。由是西北之禾稼尽去，地荒而不可治，居人亦远徙，用逃垫溺之患。其吏于北庭沙州者，皆先备牲酎，望祀于河浒，然后敢视政。否即淫雨连月，或大水激射，圮城邑，则里中民尽鱼其族也。唐开元中，南阳张嵩，奉诏都护于北庭，挈符印至境上，且召郊迎吏，讯其事。或曰，黑河中有巨龙，嗜羔特犬彘，故往往漂浪腾水，以觊郡人望祀河浒，我知之久矣。即命致牢醴，布筵席，密召左右，执弓矢以俟于侧。嵩率僚吏，班于河上，峨冠敛板，罄折肃躬。俄顷，有龙长百尺，自波中跃而出。俄然升岸，目有火光射人，离人约有数十步，嵩即命彀矢，引满以伺焉。既而果及于几筵，身渐短而长数尺。方将食，未及，而嵩发矢，一时众矢共发，而龙势不能施而摧。龙既死，里中俱来观之，哗然若市。嵩喜已除民害，遂以献上。上壮其果断，诏断其舌，函以赐嵩，且子孙承袭在沙州为刺史，至今号为"龙舌张氏"。

城西八十五里有玉女泉。人传颇有灵。每岁，此郡率童男女各一人充祭湫神，年则顺成；不而，损苗。父母虽苦生离，儿女为神所录，欢然携手而没。神龙中，刺史张孝嵩下车求瘼郡人告之。太守怒曰：岂有川源妖怪，害我生灵！遂设坛备牲泉侧，曰："愿见本身，欲亲享神。"乃化为一龙，从水而出。太守应弦中喉，拔剑斩首。亲诣阙进上。玄宗嘉称再三，遂赐龙舌，敕号"龙舌张氏"，编在简书。

《太平广记》记载，其子孙代代承袭沙州刺史之职。在下面引用的《张淮深墓志铭》的第1～2行，叙述其祖先曰：

其先曰季出间嵩北都节度留守支度营田转运等使。

这段有误脱，意思不通，如上述《太平广记》的记载是可信的话，这里的北都节度大概是北庭节度使之误，或是北庭都护节度的脱漏，应是指前面提到的孝嵩。但是，伦敦的《敦煌地志残卷》中将此作为贞观年间的刺史张孝恭所为，因此，很难断言议潮确实是孝嵩的子孙。

张议潭是议潮的兄弟，两唐书和其他一些史料有义泽、义潮的记载，

(续注)这段记载之所以认为沙州位于北庭西北，并在其管辖之下，因为这是由唐末或宋初对边境地理不熟悉的人写的，再加上孝嵩曾作为北庭都护而有名，因此造成了混乱。

还有，在《敦煌录》中记载此为玉女泉发生的事，《太平广记》中记载此为黑河发生的事，两书有些不同。

此外，上文结尾提到的其子孙承袭沙州刺史是确实的吗？或是唐末张氏统治沙州之时，将孝嵩之事附会在一起，我认为还是有疑问的。前面所引的《敦煌地志残卷》中，消灭玉女泉恶龙的故事，记载为"贞观刺史张孝恭"，也应加以考虑。如果这个传说是真实的，将这样的勇武传说附会于勇士张孝嵩身上，而且唐末张氏又代代承袭归义军节度使，因此，如《太平广记》中所记载的一样，治理当时沙州的张氏，有可能就是他的子孙，这种说法也可以成立。

沙州有世称"草圣"的后汉张芝的子孙，开元二年，在此地任刺史的杜楚臣发现了张芝习字用的墨池，因此，以张芝的十八代孙张仁会为首，汇集张姓之人举行了祭祀，并在此处建立了张芝庙，此事可见《沙州都督府图经》。本文所引的淮深墓志铭的记载，如果与孝嵩没有关系，那么议潮也许就是这个张氏。

在《李氏再修功德记碑》[1]和敦煌写本中记载为议潭、议潮，我认为是正确的。据《张氏勋德记残卷》[2]记载，议潭的官职为沙州刺史，此后，由淮深继任，议潭入朝长安，七十四岁卒于长安，卒年不详。

第一任节度使议潮，于大中五年(851年)被任命为归义军节度使，大约十年后，于咸通二年(861年)或四年收复凉州，大体上成功地平定了五凉全土。随后，咸通七年(866年)，议潮令议潭之子淮深据守沙州，议潮翌年二月到阙下，一直留居长安，于咸通十三年(872年)在长安去世。《张氏勋德记残卷》第1～2行，记述了他临终的情况：

> (前缺)安万年县阳宣坊之私第也。诏赠太保。敕葬于素浐南原之礼。

据说沙州人在州城东建立了祭祀他的庙。[3]

关于其后的归义军节度使，《新唐书》卷216下《吐蕃传下》记载：

> (咸通)十三年卒。沙州以长史曹义金领州务，遂授归义军节度使。后中原多故，王命不及。甘州为回鹘所并，归义诸城，多没浑末(译者按：没字后应为句号，浑末为下句开头)(《资治通鉴》卷252记载略同)

此外，关于张承奉的记载，下面引用的《旧唐书》和五代史中仅各见一条。对此，徐松依据《李氏再修功德记碑》和《索勋纪德碑》进行了考证。[4]除以前所研究的外，在敦煌写本发现后，人们又试探着进行了很多研究，对这一期间的史实进行了种种判明，得知在本族之间也发生了承袭节度使

---

① 参照388～389页(即272～273页)。

② 羽田亨与伯希和合编：《敦煌遗书》活字本，第1集。

③ 王重民的《金山国坠事零拾》中所引的《沙州百姓上回鹘天可汗书》如下："且太保弃蕃归化，当尔之时，见有吐蕃节儿镇守沙州。太保见南蕃离乱，乘势共沙州百姓，同心同意，穴白趋却节儿，却着汉家衣冠，永抛蕃丑。太保与百姓重立咒誓，不看□□，百姓等感荷太保今为神主，日别求赛，立庙见在城东。"

从本文所引的《张氏勋德记》看，议潮曾赠官太保，此处的太保即指议潮。

④ 参照前注徐松：《西域水道记》卷3。

职位的争夺。下面，概略叙述归义军节度使的卒立世系。

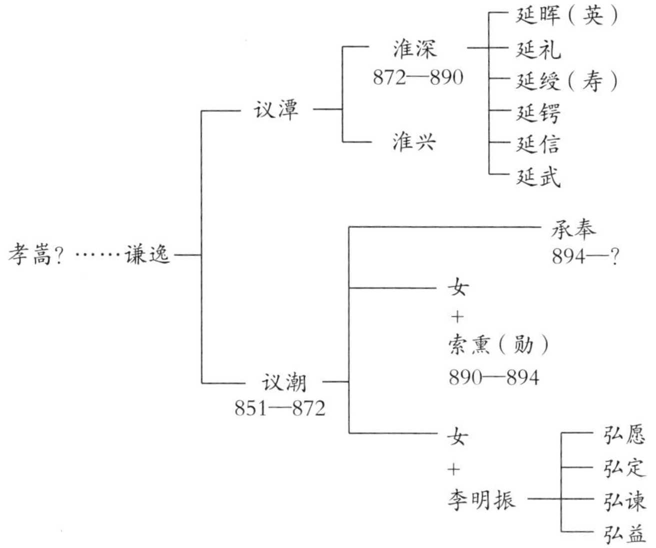

张氏世系图①（图中数字为节度使在任期间的公元纪年）

如徐松、罗振玉等人所指出，《新唐书》以及《通鉴》的记载有明显的错误，把在咸通十三年承袭议潮之后的人当作曹义金。实际上继议潮之后的是议潭之子淮深，他任节度使至大顺元年（890 年）。关于淮深，他的造像

---

① 谦逸及淮深六子姓名，依据前面所引的《张淮深墓志铭》。淮深的长子延晖和三子延寿，在《张延绶别传》（《鸣沙石室佚书》所收）中分别记载为延英、延绶。但是，第四子延锷，在后面的注 36（即 271 页注②）中所引的其写经自署为延锷，故墓志铭的字是正确的。《张延绶别传》的撰者张某，可能是他的儿子，为避讳吧。承奉暂且作为议潮的孙子。

李明振和其四子的名字依据《李氏再修功德记碑》。

此外，斯坦因所集的佛画 Ch. Liv. 007（依据本所所藏照片 14A）中有如下的题记：

记

弟子张淮兴书表庆

□乾宁四年正月八日

织星光佛并五星

（从左至右书写）

这个淮兴可能是淮深的弟弟或从兄弟。暂且作为弟弟列入世系图。

此外，这个题记，也被收录在 A. Waley，*A Catalogue of Paintings Recovered From Tunhuang by Sir Aurel Stein*，XXXI.，p. 51. 以及滨田博士：《大英國博物館夕仁氏發掘品過眼録》下，载《东洋学报》，8 卷 3 号。

记以《张氏勋德记》为题而发表。此外，敦煌写本中，还有他的《墓志铭》写本以及其第三子延绶的传记(《鸣沙石室佚书》所收)。这个《墓志铭》，仅见于《敦煌石室贞迹录》王仁俊的跋文中，伯希和、孙楷第、王重民等也加以引用①，本文还未发表，因此依据那波博士的手抄本移录于下：

(巴黎国立图书馆伯希和蒐集文书二九一三号)

河西归义军节度使检校司徒南阳张府君墓志铭。

节度掌书记兼御史中丞柱国赐绯鱼袋张景球撰。

府君讳淮深，字禄伯，敦煌信义人也。其先曰季，出问嵩北都节度留守，支度、营田、转运等使。祖曰谦逸，工部尚书。考曰议潭，赠散骑常侍。并修礼乐，文武盛材；俱事我唐，光荣帝里。府君伯大中七载，便任敦煌太守，理人以道，布六条而土鼓求音；三事铭心，避四知而宽弘得众。乾符之政，以功再建节髦。特降皇华，亲临紫塞。中使曰宋光庭。公之异化，绩效难穷，备之碑石。公以大顺元年二月廿二日殒毙于本郡，时年五十有九，葬于漠高乡漠高里之南原，礼也。兼夫人颍川郡陈氏，六子长曰延晖、次延礼、次延寿、次延锷、次延信、次延武等，并连坟一茔，以防陵谷之变。其铭曰：

哀哉运戏，蹶必有时。言念君子，政不遇期，坚(竖)牛作孽。君主见欺。殒不以道，天胡鑑知。南原之礼，松楸可依。千古之后，世复何之。铭于旌表，用防改移。年月日题记。②

既然称淮深为"府君伯"，大概他是议潭的长子。"大中七载，便任敦煌太守"，应是咸通七载之误，《张氏勋德记》中，记载淮深受父之任，出任沙

① 前注20(即264页注④)王、孙两人即王重民、孙楷第的论文，也被*BEFEO.*，VIII，p.522所引用。

② 译者按：录文参见《敦煌社会经济文献真迹释录》，第5辑，161页。

州刺史即是指此时，或是此前的事，不太清楚。① 因此，咸通十三年(872年)议潮死后，朝廷于乾符年间(874—879年)派遣使节宋光庭，正式任命淮深为节度使。"公以大顺元年二月廿二日殒毙于本郡。""言念君子，政不遇期。坚(竖)牛作孽。君主见欺。殒不以道。"这段记载值得注意，提到了淮深被某人或亲人杀死一事。虽然没有指出是谁，但从前后联系看，可能杀他的是索勋。②

据《纪德碑》(《西域水道记》卷3、《西陲石刻录》所收)载，索勋是张议潮的女婿，就任瓜州刺史，景福元年(892年)被任命为归义军节度使。在敦煌出土的文书中，有索中丞被任命为瓜州刺史的辞令③，正如诸家已做

---

① 《国学季刊》二卷四号的《巴黎图书馆敦煌书目》下中有：二七〇九瓜州刺史改沙州刺史张淮深书(残)。

罗振玉说："听说在巴黎有《诏张淮深守瓜州敕》"(见《张议潮传》，6页)，大概指的就是这个。那波博士的手抄本中只有断片如下：

敕沙州刺史张淮深所奏目行甲兵兼收瓜州并(以下阙)

如上所述，淮深并没有从瓜州刺史转为沙州刺史。

② 墓志铭的这句话，大概是用坚(竖)牛谋杀其父叔孙豹和异母兄的故事(《左传·昭公四年》)做比喻，说淮深是直接被他的儿子或兄弟所杀，或者杀他的是索勋，引用这个故事是否表示为亲人所杀，不太清楚。但是，即使是前种情况，我认为索勋肯定也参与其间。

罗振玉的《张议潮传》第4页里"淮深卒，弟淮继"，是因为将《李氏再修功德记碑》中的淮深继任者的官号读为节度使，如本文中所说，不应信从。

斯坦因获得的文书中，收录了淮深的第四子延锷书写的经册(Ch. XVIII002)，收录于A. Waley, *Catalogue*, CDXXXI, pp. 261-262, 本所还收藏有他在扉页绘画上的题记的照片(270F)如下：

时当龙纪二载二月十八日，弟子
将仕郎守左神武军长史兼御史
中丞上柱国赐绯鱼袋张延锷敬
心写画此经一册，此皆是我
本尊经法及四大天王六
神将等威力，得受　宪
衔兼赐章服，永为供养记。
表兄喜首同心勘〔校〕

这样看来，这个经是在赐予上述官号不久时写的，龙纪二载是大顺元年，那么这个经是在他的父亲淮深被暗杀的数天前写的。

③ 《瓜州牒状》，见《沙州文录》，18页。《敦煌石室真迹录》丙等书收录。

过的考证，索中丞应是索勋。据翟理斯的解释，斯坦因搜集的敦煌写本的一件断片 S.1156 中，记载了索勋于光启三年(887 年)派遣了请求任命他为节度使的使节。[①] 沙州的张淮深和瓜州的索勋，进行了数年的相互争夺，可能索勋暗杀了淮深，成为节度使。

索勋任节度使期间，进行了修订户籍的工作，今天巴黎、伦敦所藏的敦煌文书中，都可看到附有大顺二年(891 年)的户籍[②]，还有那波博士曾引用的巴黎国民(译者按："民"字，应为"立"字)图书馆藏五五二九号敦煌文书三十三件中，有附有天复(901—903 年)年月的《墓地所有权诉讼文书》[③]，记有"从曹僧宜买了半亩土地，作为兄之墓地，故尚书阿郎再制户状时，将曹僧宜原有的土地授给朗神达，这之际产生了误会，主张这块墓地是属于朗神达的"。这份再制户状，我认为是指大顺二年的事。

不久，索勋被李明振的夫人(张议潮之女)所杀，张氏再度掌握了政权。记载这期间事情的是《李氏再修功德记碑》。这个碑，是议潮的第十四个女儿的丈夫李明振[④]死后，对他修复李家佛洞之功的赞语，刻在李家佛洞前所立的《李府君修功德碑》的背面，徐松曾在《西域水道记》和《敦煌县志》里加以介绍，拓本的照片也曾发表过[⑤]。碑的第一、二行被磨掉了，敦煌写本里抄有这个碑文的卷子的最后几行残缺了，现在，将两者合并，碑的全文便可复原了。但问题是，碑的末尾施主姓名部分，仍然不明。这块碑建立的年代是：

---

① Lionel Giles, A Topographical Fragment from Tunhuang, Appendix B. (*BSOS.*, VII-3), p. 567.

② 巴黎的(文书)Pelliot 3384，被仁井田陞博士的《唐宋法律文書の研究》，725～726 页，刘复的《敦煌掇琐》中辑所收；伦敦的(文书)，为罗福苌的《沙州文录补》，14～15 页，以及其他书所收，同时其影印件被罗振玉《贞松堂藏西陲秘籍丛残》第 2 册所收。

③ 那波利贞博士：《中晚唐時代に於ける僞濫僧に關する一根本史料の研究》，见《龙谷大学佛教史学论丛》，20～21 页。

④ 那波利贞博士的《唐代の社邑に就きて》(《史林》，23 卷 3 号)525 页所引的伯希和六一九二号，大中十二年四月一日日期附的社司转帖中，出现的"社官李明振"，大概就是此人。

⑤ E. Chavannes, *Dix inscriptions chinoises de l'Asie centrale d'après les estampages de M. Ch. -E. Bonin*, Paris, 1902, p. 77.

□□□季岁次甲寅拾月庚申朔伍日甲　（以下缺）

人们一向认为这是乾宁元年(894 年)所立。但是，乾宁元年虽是甲寅之岁，而唐历中，十月朔日并不是庚申，这样就产生了疑问。然而，这个时期，敦煌地区使用着与唐不同的历法，在敦煌写本中屡次发现这种例子，而且，甲寅二字可以很清楚地判读，还是应作为乾宁元年。即此碑立于淮深死(890 年)后四年，索勋任命(892 年)之后二年，下面所引的《旧唐书》记载张承奉任命是(900 年)前六年的事。文中所叙述的夫人事迹如下：

> 夫人南阳郡君张氏，即河西万户侯、太保张公第十四之女……先君归觐，不得同赴于京华，外族流连，各分飞于南北。于是兄亡弟丧，社稷倾沦，假手托孤，几辛勤于苟免。所赖太保神灵，辜恩剿毙，重光嗣子，再整遗孙。虽手创大功，而心全弃，致见机取胜，不以为怀。乃义立侄男，秉持旄钺，总兵戎于旧府，树新绩于新墀。内外肃清，秋豪屏迹。①

还记述了其长子弘愿任节度副使兼沙州刺史，次子弘定，三子弘谏分别任瓜州刺史和甘州刺史。碑的末尾的两行(?)比原来文字小，记载了几个人的官号姓名，可能是建立者，但磨损严重，几乎不能判读。从拓本的照片中，仅还拾得以下三十来个字：

> (前缺)宋国……(缺八九字)……伊西□州节度使张淮□*妻弟前沙瓜伊西□州△……(约缺四十字)……西等州节度使兼御史大夫(以下缺)

① 王重民：《敦煌本歴日の研究》，载《东方杂志》，34 卷 9 期。

有 * 标记的字，徐松、罗振玉二人解读为深字[1]，有△标记的字，在照片上完全不能解读，罗振玉解读为“妻弟前瓜沙伊西□河□节度检校□尚书兼御史大夫张淮氵”，徐松的读法有所不同，特别是罗氏读为“节度”的地方，他读为“□徙□”，不能以罗氏为准。

关于这个碑记载的内容，历来有各种各样的解释。为了避免烦琐地逐一介绍，这里只与斯坦因发现的一件文书 S.4470[2] 相比较，据此在某种程度上能解释这个碑文。这件文书书写在律疏的背面，记载了长史司马夫人[3]，施主本身代表两个家族全体布施布、面粉等物，末尾有：

乾宁二年三月十日弟子归义军节度使张承奉、副使李弘颙□□

弘颙是弘愿之误。这样，上述碑的末尾“……西等州节度使兼御史大夫”，肯定是指张承奉。张承奉其人，《旧唐书》卷 20 上《昭宗纪》中有记载：

> （光化三年（900 年）八月）己巳，制前归义军节度副使、权知兵马留后、银青光禄大夫、检校国子祭酒、监察御史、上柱国张承奉为检校左散骑侍，兼沙州刺史、御史大夫，充归义节度、瓜沙伊西等州观察处置押蕃落等使。

《新五代史》卷 74“四夷附录吐蕃”条也有记载：

> 沙州，梁开平中（907—910 年）有节度使张奉，自号“金山白衣天

---

① 徐松：《西域水道记》卷 3；罗振玉：《西陲石刻录》。

② Lionel Giles, A Topographical Fragment from Tunhuang, Appendix B.（*BSOS.*, VII-3）, p. 567; Do., Dated Chinese Manuscripts in the Stein Collection, IV.（*BSOS.*, IX-4）, p. 1042.

③ 所谓的长史司马夫人是指李明振的夫人，即拥立承奉有功劳的弘愿的母亲。

子”。(《旧五代史·吐蕃传》同)

后面这段记载之所以称张奉，是避五代汉隐帝之讳。碑文中，称夫人“重光嗣子，再整遗孙”，是指承奉为节度使，弘愿为节度副使，兄弟分别担任沙、瓜、甘州的刺史吧。“兄亡弟丧，社稷倾沦”之句，我认为是指淮深兄弟，“义立侄男，秉持旄钺”，应是指承奉，是淮深的侄子还是夫人的侄子不清楚。上举《旧唐书》中称承奉为前归义军节度副使，碑文中有“义立侄男”，大概承奉是淮深属下的节度副使。此外，有人认为乾宁元年所立的这块碑，出现了淮深的名字，不可理解，如果考虑到剥落部分有“故”字的话，还是可以解释的。徐松等人将“伊西等州节度使”和“归义军节度使”区别开来，但是这个节度使在《新唐书》中称作归义军节度使，在《旧唐书》卷18下本纪及其他史料中，称瓜沙伊西等州节度使，是对军名和州名的不同称呼方式，因此，徐松等人的说法我不能赞同。在敦煌文书中，两种称呼方式也都同时使用。

承奉于天祐二年(905年)将国号称为西汉金山国，自称金山白衣王或金山白衣天子，在位至梁的乾化年间(911—915年?)。随后，曹议金继立为节度使，将政权从张氏手中移到曹氏。(这段时期，王重民认为是从贞明五年(919年)到同光元年(923年)，见下列论文23～25页，但是如下面所述，这是基于对伯希和二九九二号文书的误解，因此不能信从。)关于承奉的事迹，王重民在《金山国坠事零拾》中(《北平图书馆馆刊》九卷六期)，依据巴黎国民图书馆的敦煌写本，做了详细叙述。同时，我在下面的章节中也有所涉及。

二、归义军节度使

如本稿开篇所述，张议潮归附唐朝正是乘当时占据中国西北一带的吐蕃衰乱之机。因此，在叙述张议潮起事之前，必须先描述一下统治这一地区的吐蕃的势力。

中唐时，是吐蕃前所未有的大发展时期。由于安史之乱，唐将河西、陇右地区的戍兵抽调走，造成这方面的守备力量薄弱，于是，吐蕃乘机逐渐对唐从陇右到河西的诸州进行蚕食。凉州于广德二年(764 年)陷落(《元和郡县图志》卷 40),河西节度使杨志烈逃到甘州,在当地被沙陀人杀死。继任的杨休明逃到沙州,并在此地设置了使府。① 关于沙州在周围诸州都失陷于吐蕃之后②,仍坚持长期抵抗的情况,据《新唐书》卷 216 下《吐蕃传》记载,吐蕃赞普徙帐南山,令尚绮心儿围攻沙州,沙州刺史周鼎向回鹘请援,救兵不至,鼎欲焚城东奔,部下不从。都知兵马使阎朝杀鼎自代,固守州城。从被围始十一年后,粮械皆竭,降于吐蕃。《新唐书》将此事系于元和十四年(819 年)吐蕃入侵盐州之后,穆宗即位(820 年)之前,但从各种材料推断,沙州陷落当发生在建中年间(780—783 年),或最迟不

① 《旧唐书》卷 196 上《吐蕃传上》:

> 广德二年(764 年),河西节度使杨志烈被围,守数年,以孤城无援,乃跳身西投甘州,凉州又陷于寇。

可知他逃到甘州被沙陀所杀。《新唐书》本纪中记载永泰元年(765 年)"十月,沙陀杀杨志烈"。代立的杨休明于大历元年(766 年)移到沙州,《新唐书》卷 67《方镇表》"河西"栏、"同年"条记载"河西节度徙治沙州"。《资治通鉴》卷 224 载"(大历元年)夏五月,河西节度使杨休明徙镇沙州"。休明大概与志烈同族吧!此后,蔡某又取代了杨休明。大历十一年立的《李府君修功德碑》中,有"节度观察处置使蔡国公。周公"之语。颜真卿的《宋广平碑》侧记以及《旧唐书》卷 12《德宗纪》中,都称周鼎为节度使。伯希和的《敦煌图录》*Les Grottes de Touen-houang*, VI. PI. CCCLXIX, CCCLXX(两图中,前者被误题为《索勋碑》),以及罗振玉《西陲石刻录》所录的《大唐都督杨公颂》,被认为是指前所述的杨休明。但这个碑和后述注 50(即 277 页注①)所引的《旧唐书》中,记载休明为伊西北庭节度使,休明以伊西北庭节度使的名义驻在沙州,此外,河西节度使也在沙州,因此,上所述的大历十一年碑上,就看到了两个节度使名字。蔡某的名字《资治通鉴》中没有记载,大概是代休明继任伊西北庭节度使之人。

② 据《元和郡县志》卷 40,甘州的陷落是在永泰二年(766 年),瓜州的陷落是在大历十一年(776 年),北边的伊州,据《唐光啓元年書寫沙州伊州地志殘卷に就いて》(《小川博士还历纪念史学地理学论丛》所收羽田博士论文第 5 页第 37 行以及 *BSOS.*, VI-4, PI. X)载"宝应中(762 年阳四月—763 年八月)陷蕃",比它们时间还早。自天宝末年起,刺史袁光庭固守伊州,这一事实于建中二年(781 年)被报知唐,光庭被赠予工部尚书(《资治通鉴》卷 227)。

超过贞元初年。① 根据建中四年(783 年)唐蕃盟约，大致以六盘山脉一线划定两国的国境。断绝了一切后顾之忧的吐蕃，于贞元年间，更进一步挺进，攻陷安西、北庭，其势力竟达天山山脉的另一侧，以致和当时正处于东进之势的大食发生了冲突。② 关于在吐蕃统治下的五凉地区的汉人的状况，《新唐书·吐蕃传》在记述沙州陷落之事后，接着

---

① 颜真卿在《宋广平碑》侧记中，记述了他的第八子冲的事迹："吐蕃围城，兵尽矢穷，为贼所陷。吐蕃素闻太尉名德……遂赠以驼马，送还于朝。大历十二年十一月，以二百骑尽室护归。"大历十二年沙州已落入吐蕃之手是误记。罗振玉认为，"周鼎之死当在大历十二年以后。沙州的陷落则在八年后(这是罗氏的疏漏，《新唐书·吐蕃传》记载为十年后)的贞元元年(785 年，同样，应是贞元三年)以后"(《张议潮传》，1～2 页表)。此外《元和郡县志》卷 40 记作建中二年(781 年)。

杨休明、周鼎等的事迹传入唐是在唐与吐蕃的关系已恢复平稳的建中三年，《旧唐书》卷 12《德宗本纪上》曰：

(建中三年五月)丙申，诏："故伊西北庭节度使杨休明、故河西节度使周鼎、故西州刺史李琇璋、故瓜州刺史张铣等，寄崇方镇，时属殷忧，固守西陲，以抗戎虏。殁身异域，多历岁年，以迨于兹，旅榇方旋，诚深追悼，宜加宠赠，以贲幽泉。休明可赠司徒，鼎赠太保，琇璋赠户部尚书，铣赠兵部侍郎。"皆陇右牧守，至德以来陷吐蕃而殁故，至是西蕃通和，方得归葬也。

仅从这段记载来看，是否是在阎朝降吐蕃后不清楚。但在翟理斯介绍的沙州地志残卷中，记有沙州的寿昌县于建中初陷于吐蕃，因此，大约与此同时沙州州治也被降伏了，如此，上述的《元和郡县志》记作建中二年是依据某些确凿的材料也就可以解释了。不然的话，吐蕃在贞元初年，降伏沙州后，又对北庭发动攻击(贞元五年)的见解也可以成立，但还是前一种说法较为稳当。

敦煌文书中记有"大蕃国某年"的最早的卷子，是大英博物馆藏的斯坦因搜集文书 S 二七二九号，附有"大蕃国庚辰年五月廿三日沙州□"日期(*BSOS.*，VII-4，p. 560；ibid.，IX-1，p. 23)。庚辰年相当于贞元十六年(800 年)。斯坦因搜集的《金刚般若经》(S. 3485)的末尾记有"大蕃岁次己巳年七月十一日王土浑为合家平善国下投乱敬写"(*BSOS.*，VII-4，p. 561；ibid.，IX-1，p. 22)。己巳年是贞元五年(789 年)或大中二年(849 年)，不太清楚。翟理斯还认为不能以净名经(S. 3475，*BSOS.*，IX-1，p. 15)的辰年作为 776 年。有贞元年号的文书有数通，其中，贞元十九年书写的劝善经(S. 1349，S. 3792，*BSOS.*，X-1，p. 24)中记有"贞元十九年甲申岁正月廿三日"，但贞元十九年不是甲申，甲申是贞元二十年，因此可知敦煌误用了一年干支。关于这种误用干支的例子，请参照那波利贞博士：《唐寫本唐令の一遺文》四，载《史林》，21 卷 4 号，798 页。

② 请参照内藤虎次郎博士：《唐蕃會盟碑について》，见《研幾小录》；以及田坂兴道：《中唐時代に於ける西北邊境の情勢に就いて》，载《东方学报》(东京)，十一册之二。

记述曰："州人皆胡服臣虏，每岁时祀父祖，衣中国之服，号恸而藏之。"可看出，吐蕃在此地数十年统治的结果，这个地区的人民已经在某种程度上吐蕃化了。敦煌文书中也有若干例子，关于这点，将在本稿的末章叙述。

河西地区略图(略)

这样，吐蕃统治自河西延及塔里木盆地，导致它与当时称霸漠北的回鹘势力也接触了。以河西为中心，唐、回鹘、吐蕃三方势力鼎立的状态，持续了数十年。关于这期间中国西北一带的形势，可参见去年发表的田坂兴道的力作《中唐時代に於ける西北邊境の情勢に就いて》(《东方学报》(东京)十一册之二)。

840年至850年左右，即武宗、宣宗之时，回鹘离散，吐蕃势力凋落，三方鼎立的均衡状态被打破，陷入了混乱状态。这种状况，将在下节中叙述。这时，唐首先收复与吐蕃交界的沿边地区；此外，由于张议潮的归附，重新获得了河西走廊地带。吐蕃自会昌二年(842年)达摩赞普卒后，发生内乱，洛门川①讨击使论恐热发动叛乱，与鄯州(西宁)的吐蕃守将尚婢婢相争。唐朝方面，早在会昌四五年就有夺还河湟地区之议②，进至大中三年(849年)，沿国境线的秦、原、安乐(威)三州及石门、木硤等七关

---

① 洛门川，《新唐书·吐蕃传》记作落门川。关于它的位置，《资治通鉴》卷246胡注记述曰：

> 洛门川在渭州陇西县(今县)东南。汉来歙破隗纯于落门，即此。

《元和郡县志》卷39"渭洲陇西县"条也有同样记载，记作：渭州，陇西县(今县)西五十里(商务印书馆《古今地名大辞典》中作五里，恐是脱十字吧)。

两唐书《吐番传》等，论恐热记作尚恐热。《资治通鉴考异》卷21中曰：

> 《补国史》曰：恐热姓末，名农力。吐蕃国法，不呼本姓，但土族则曰论，官族则曰尚。其中字即蕃号也。热者，例皆言之，如中华呼郎。

恐热应作"论"或作"尚"，不清楚。

② 《资治通鉴》卷247"会昌四年"条记载：

> 朝廷以回鹘衰微，吐蕃内乱，议复河湟四镇十八州。乃以给事中刘濛为巡边使，使之先备器械糗粮及诇吐蕃守兵众寡。

但《资治通鉴考异》所引的《实录》，记载濛为巡边使是次年(五年)二月之事。

遂摆脱吐蕃羁绊，归附于唐。[①] 另外，张议潮于沙州举兵收复河西道西部，我们可看到吐蕃势力已全面后退。

议潮归唐之事，两唐书以及其他诸史籍的记载多少有些出入。这是因为作为编纂正史的第一手资料的实录，唐宣宗以后付阙，两唐书及《资治通鉴》等，只好以杂多的稗史野乘作为资料来编辑唐末部分[②]，由于资料的不完备，所以造成上述的记载多有出入。关于议潮归附始末，《资治通鉴考异》卷22中有详细考证，《通鉴》的记载比其他史书更可信。[③] 以《资治通鉴考异》所引的实录为据，参酌其他史料，议潮归附始末如下：张议潮乘吐蕃内乱，谋归附唐朝，暗中与城中有力者策划，于大中二年(848年)毅然举义旗，驱逐吐蕃镇将[④]，成功地占领了沙州，接着又收复了瓜州。

斯坦因所获写本(S. 3329)中，对此事有如下记载[⑤]：

> 敦煌、晋昌，收复已讫，时当大中二载……沙州既破吐蕃，大中二年遂善押衙、高进达等驰表函入长安城，以献天子。

这样，在继续驱逐吐蕃的同时，如上所述，派使者赴长安归附唐朝。由于途中道路尚不安全，所以派遣了十组使者，各自走不同的道路。其中

---

① 《旧唐书》卷18下《宣宗本纪》，同书卷196下《吐蕃传下》，《唐会要》卷97等，都记载尚(论)恐热以三州七关降唐。《资治通鉴》编者在《考异》卷22中，认为三州七关与论恐热无关。应从此说。

秦州是甘肃省天水县西的上邽城。原州是固原县。威州(安乐州)请参照后段。

② 赵翼的《廿二史札记》卷16《新唐书》有："唐实录国史凡两次散失。"

③ 殿版《旧唐书》卷18下《宣宗纪》卷末的考证，清代编纂官认为如此。

④ 下面所引的敦煌写本《沙州百姓上回鹘天可汗书》中，为大中三年。

⑤ Lionel Giles, A Topographical Fragment etc., Appendix B. (*BSOS.*, VII-3), p. 562. 翟理斯将敦煌、晋昌解为县名，但这件文书的笔者大概是作郡名使用的。

一组，首先平安地到达了唐的天德军。① 从天德军的位置来看，他们走的是横穿今天宁夏的沙漠之道——当时的回鹘道②。次年(五年)二月③，天德军的报告到达长安，使者接受了任命议潮为沙州防御使的诏书后，返回。随后，议潮派遣其兄议潭，携河西道瓜沙伊肃等十一州地图和户籍到长安，议潭于十月到达长安④。不久，翌年(六年)十一月，在沙州设置归义军节度使，议潮被任命为检校吏部尚书兼金吾大将军归义军节度使兼十一州营田处置观察使等。在这种情况下，唐在名义上恢复了对河西道的主权。

《新唐书》卷8《宣宗本纪上》载曰：

(大中五年)十月，沙州人张义潮，以瓜、沙、伊、肃、鄯、甘、

---

① 这时的天德军，位于今日包头的西边，当时的西受降城之地，正当通往漠北的要冲。请参照和田清博士：《豊州天德軍に就いて》，载《史林》，十六之三。

伯希和搜集的写本，有断片如下，这应是叙述这些使者们到达天德军之事。据那波博士手抄本介绍如下：

(伯·二七四八号背面)
大中四年七月廿日，天德
已下七人至，忽奉
赐臣金帛锦綵
象荣赐菏泽承
诚观诚惧顿首
当回业使细人□
拟接掠所以淹
等七人于灵州□
腊啮浑不知季
不敢说实情住
知不达
六人奉河西地图
上今谨遣定远

② 田坂兴道：《中唐時代に於ける西北邊境の情勢に就いて》，载《东方学报》(东京)，十一册之二，587页及613页注8。

③ 胡刻本以下的《资治通鉴》将之误为正月。

④ 《杜樊川文集》卷20有《沙州专使押衙吴安正等二十九人授官制》《敦煌郡僧正慧菀除临坛大德制》，是这时的资料。

据上述注59(即本页注①)所引二七四八号文书，献图经户籍是议潮入朝前的事。

河、西、兰、岷、廓十一州归于有司。

同书卷67《方镇表》也列有上述归义军所领的十一州，但如下面我将要提到的，关于这十一州的内容是有疑问的。另外，从同书卷216下及《通鉴》所记载来看，归义军势力确已达到这些地区，归附唐朝，但这时，正如前面所述，只不过是向唐献上了图经和户籍。关于此点，《唐会要》卷71《州县改置下》"沙州"条明确记载如下：

大中五年七月，刺史张义潮遣兄义潭，将天宝陇西道图经、户籍来献，举州归顺。

可知这个图经和户籍是天宝年间制成的。①

另一方面，张议潮继续驱逐附近地区的吐蕃势力。《新唐书》卷216下《吐蕃传下》载曰："缮甲兵、耕且战，悉复余州。"

沿西域北道，距沙州最近的伊州，在张议潮占领沙州后不久也被他收复。敦煌写本《光启元年书写沙州伊州地志残卷》②第37～39行如下：

（伊州）贞观四年，首领石万年，率七城来降我唐，始置伊州。宝应中陷吐蕃。大中四年，张义潮收复，因沙州州户居之。羌龙杂处约一千三百人。

可知占领伊州是在大中二年收复沙州、瓜州后不久的事。伊州距河西最近，占有很重要的位置，从上述记载可推知，最早是由イラン移民建立

① 但此段引文前有"天宝末陷西戎"之句，这应看作因为携来的是天宝年间的图经户籍，吐蕃占领地也是天宝之时呢？还是意味着由于天宝末陷落了，所以将吐蕃占领以前的天宝时的图经户籍携来呢？不知孰是。

② 这是羽田亨博士根据《唐光啓元年書寫沙州伊州地志殘卷に就いて》（《小川博士还历纪念史学地理学论丛》所收）介绍的，此外，Lionel Giles，A Chinese Geographical Text of the Ninth Century.（*BSOS.*，VI-4）中收录了照片，由翟理斯进行了译读注解。

的城镇①，因此在通商方面也有很重要的作用。宋太宗时，王延德途经此地，据传闻陈姓州将自开元时期以来，一直统治此地。但是，吐蕃侵略此地时，刺史是袁光廷②，又如下面所引史料，大中十一年，刺史为王和清，因此，陈氏大概是后起的。

关于此后十年间左右的归义军，中国史籍中没有记载，大概仍是与吐蕃及其他部族进行反复斗争。敦煌写本中有下面所引伯希和二九六二号《仆射变文》，记载了大中十、十一年左右，归义军与回鹘及吐谷浑作战之事。此外还有一件断片如下：

> 大中十二年八月二日，尚书大军发讨番开路。四月上碛（以下阙）（北京图书馆藏，菜字二十五号，《敦煌杂录》下所收）

所谓的尚书，即议潮，如上所引他被赐予检校尚书的称号(《唐会要》卷71《州县改置下》)。

咸通二年(861年)或四年，议潮成功地占领了河西道第一要冲的凉州。《资治通鉴》卷250“咸通四年三月条”载曰：

> 归义军节度使张议潮奏自将蕃、汉兵七千克复凉州。

《新唐书》卷216下《吐蕃传下》将此事记在二年。无论孰是，于大中二年(848年)举义旗的议潮，用了大约十年的时间，将其势力扩展到河西道东端的凉州。③ 这意味着河西走廊已置于他的统治之下，是极为值得重视的事件。唐朝一方为了维持凉州——确保东西交通路，也给予了归义军很

① 请参照前述羽田亨博士论文，148～149页。

② 请参照注49(即276页注②)。

③ 孙楷第认为，《张淮深变文》(尚书变文)中“河西沦落百年余，路阻萧关雁信稀，赖得将军开旧路，一振雄名天下知”就是指凉州，从而将归义军控制凉州作为淮深之功(《敦煌写本张淮深变文跋》，《集刊》，七本三分，387页)。但上述之句指的是归义军收复河西，我认为很难解释为只是指对其中凉州的占领。

大的援助。《新五代史》卷74《四夷附录三》“吐蕃”条载，后唐明宗时，由凉州派出的使者拓跋承谦对明宗的一段谈话，据此可知，当时(按：指议潮复凉州后)唐朝曾派郓州天平军二千五百戍卒戍守凉州。斯坦因所获敦煌写本《观世音经》(S. 4397，*BSOS.*，IX-4，p. 1306)载曰：

> 广明元年肆月拾陆日，天平军凉州第五般防戍都右厢厢兵马使梁矩，缘身戍深蕃发愿写此经。

这是由这些戍兵中的一人写成的经，可证实上述使者谈话内容的真实性。

《旧唐书》卷38及据认为是据此成书的《新唐书》卷67《方镇表》中，都记载了设置凉州节度使之事。《旧唐书》记载如下：

> 上元年后，河西、陇右州郡，悉陷吐蕃。大中、咸通之间，陇右遗黎，始以地图归国，又析置节度。
>
> 秦州节度使。治秦州，管秦、成、阶等州。
>
> 凉州节度使。治凉州，管西、洮、鄯、临、河等州。
>
> 瓜沙节度使。治沙州，管沙、瓜、甘、肃、兰、伊、岷、廓等州。

《新唐书》卷67《方镇表》的记载也大致相同。咸通四年[①]，置凉州节度使，将归义军节度使管下的十一州(沙、西、伊、瓜、肃、甘、鄯、河、兰、廓、岷[②])中的河、鄯、西州，移属凉州(我认为这个西州和甘州是必须设置的)。有疑问的是，除此之外，没有直接的史料证明在凉州设置了

---

① 罗氏说《方镇表》作咸通三年(《张议潮传》，3页)，但《新唐书》的任何一种刊本都作咸通四年，我认为罗氏有误。

② 十一州的位置如下。沙州＝敦煌县，西州＝新疆吐鲁番的イディクト・シャーリ，伊州＝新疆哈密，瓜州＝甘肃省安西州西南十公里，肃州＝酒泉县，甘州＝张掖县，鄯州＝青海省西宁县，河州＝甘肃省临夏县，兰州＝皋兰县，廓州＝青海省贵德县东北(请参照《蒙古学报》，第1号，榎一雄论文，154～155页)，岷州＝岷县。

节度使。两唐书、《通鉴》等书也没提到议潮曾兼凉州节度使。从各种史实推测，凉州处在归义军势力范围内是没有疑问的。① 如果设置凉州节度使，当然会由议潮兼任了。如果这样的话，议潮除原有的十一州外，再加上凉州管下的凉、洮、临三州，名义上共领有了十四州，这与《李氏再修功德记碑》等史料中称议潮为"十一州节度"不符。五代、宋时，归义军仅领有沙、瓜二州时，也号称"十一州节度曹大王"②，由此看来，十一州应该是归义军所领的最大范围。如依《方镇表》所云，就应称为十四州吧！是否可以这样考虑，大中五年献十一州图经、户籍时，凉州包括在内，咸通时占领凉州后，也并未重新设置凉州节度使。《新唐书》本纪及《方镇表》中，大中五年列举了十一州州名，未包括凉州。这是编者的所为呢？抑或是吞并凉州后所领的十一州，《实录》等书③仍记载为大中时所领而由此产生的误解呢？

如前所述，议潮除收复五凉全土外，还将山南的鄯州也纳入其势力范围。后于咸通七年(866 年)，又推进到廓州(青海省贵德县东北)。其余的地方，他的势力恐怕是没有达到，可以说，初期的归义军，实际的势力范围大体仅限于这些地区。即以五凉为主体，包括山南的青海盆地和被称作

① 《新五代史》卷 74《四夷附录·吐蕃》中，记述了后唐长兴四年，从凉州入朝的拓跋承谦的话中，说到议潮驱逐了凉州的吐蕃，被任命为节度使之事。但这段话与沙州事件混同了，时代也距离较远，很难以此为据。

《李氏再修功德记碑》中提到李明振被宣宗授予凉州司马。这是咸通年间收复凉州以前的事，人们会产生这只是名义上的官职，而实际上他并没在凉州任职的疑问。但是文书接着又记述了他实际居凉州并从事征战之事。后面所引的《官酒户文书》中提到凉州使者来到沙州之事。此外，中和元年(881 年)敦煌的沙门悟真撰写的"前河西节度押衙……甘州删丹镇遏充凉州西界游奕……使康通信邈真赞"(《敦煌石室遗书》所收)及本文所引的凉州戍卒的写经都被藏于敦煌石室，可见凉州是处于沙州势力范围内的。

② 例如，敦煌写本《曹夫人赞》(《沙州文录》，22～23 页)、太平兴国八年的ミユゼ·ギメ藏《地藏十王图》题记(松本荣一博士：《敦煌畫の研究》图版，一〇四、一〇八)等。

③ 《资治通鉴考异》卷 22 引：

十一月，义潮遣兄义泽，以本道瓜沙伊肃等十一州地图户籍来献。

附记：本稿所引用的西文杂志的简称，均依据本研究所刊行的《东洋史研究文献类目》。

西域北道门户的伊州。此外，与西域中道的要冲、后作为回鹘根据地的西州也有联系，但这不应视为是归义军的所领区域吧！但归义军在这些缘边地区的统治维持到何时呢，是有疑问的。只是归义军所领的主体是东西交通要路的五凉地区，直到淮深末年仍确保其地，这点可以以下面所引的光启三年(887 年)的《官酒户文书》为证。

这样一来，统治如此广阔地区的结果，必然导致与诸外族势力的接触变广了，而与他们的交往和战争不得不频繁了。唐朝盛时，为确保河西地区，尚且必须煞费苦心。归义军兴起之际，恰恰处于这一地区的势力关系大转换时期。例如，南边，吐蕃内乱的余波波及此地；北边，回鹘继续向西域的迁徙运动，遂占领西州，进而竟占据了距沙州不远的甘州。

篡夺者索勋代张淮深自立，以归义军内部的反复内乱之时作为转机，发生了第二阶段的势力关系的变化。前所述的回鹘占据甘州，是最显著的事件，这是因为沙州已断绝了与河西地区东部的联系，归义军只不过成为仅拥有沙、瓜二州的小王国，它的历史正进入了新的阶段。这样，产生出的新的势力关系，暂时维持安定，此后短期内没有发生显著变化。从更大的背景来看，是否可以把这段时期，即从归义军的兴起到甘州丧失这个期间，换言之，即打破了以前的唐、回鹘、吐蕃鼎立的局面，归义军开始统治河西地区看作为新秩序确立的过渡期也许较恰当。

这个时期归义军与诸外族的关系将在下面论述。

三、环绕归义军的诸外族势力

如“序说”所言，河西地区包含着众多民族，环绕归义军东面的是党项，从东南到南方一带是吐蕃聚居，归义军的初期，正处于占据塔里木盆地的吐蕃势力尚未后退，回鹘进而向安西及甘州迁徙之时。从现在能见到的敦煌写本中可以看出，张氏时代的归义军，与这些内外诸蕃的来往斗争是极为频繁的。下面提到的伯希和二九六二号写本《仆射变文》，是以张议潮为主人公的变文，我认为孙楷第没提番号、取名为《张议潮变文》的文书，就是指这件。① 这是叙述大中十年、十一年时，张议潮讨伐占据鄯善的吐谷浑、讨伐伊州附近的吐蕃(吐谷浑)和回鹘，还提到回鹘进袭伊州地区之事，都语及他的武勇事迹。前一章所引的北京菜字二十五号《讨蕃开路》的断片，也提到议潮和外族的战事，或许也可能是这件变文的断片。此外，孙氏名为《张淮深变文》的写本(后面所说的《尚书变文》)内容是否确实是叙述淮深之事值得怀疑，但这件文书是叙述议潮或淮深中的某一个与回鹘作战的武勇事迹。除这种直接提到与外族作战的材料外，在《张氏勋德记残卷》中，叙述淮深在议潮手下任沙州刺史时的功绩也有如下记载：

> 河西并复，犹杂蕃、浑，言音不同，羌、龙、嗢末，雷威慴伏，训以华风，咸会训良，轨俗一变。

可以推知，归义军草创之初，为了压服居住在辖区内诸蕃，做了不少努力。上述残卷在反复提及淮深的武功之后，又说道：

> 坐筹帷幄之中，决胜千里之外，四方犷扞，却通好而求和；八表来宾，列阶前而拜舞。北方猃狁，款少骏之駃蹄；南土蕃浑，献昆岗之白玉。

这段文字记述了归义军通过武力压服周围的诸蕃族，淮深的第三子延绶的传②开头提到他父亲淮深“仆射(淮深)之政，远蕃归仁，塞下清晏”之语，因是残片，意思不很通顺。《索勋记德碑》也反复提到索勋的武功，可以看出，被吐蕃、回鹘以及其他势力所包围的归义军，与这些诸蕃经历了多次战争，这些和与战，对归义军来说，是极为重大的事情。不过，从几

---

① 孙楷第的《敦煌写本张淮深变文跋》(《集刊》，七本二分)385页引《张淮深变文》，记载征吐蕃、吐浑，经过西桐，因此，这一定是指伯希和二九六三号文件。

以下所引全部依据那波博士的手抄本。

② 《张延绶别传》，见罗振玉：《鸣沙石室佚书》。

件敦煌写本书仪来看①，这类文章，有规定的文范，也可以看作这类记载是按照并列这种规范文句而成的，把这种对诸蕃族(作战的)武勋作为规定的语句中可以察知张氏时代归义军的情况，我认为显然也可以将此与曹氏时代的祈愿文一类中以“国家泰平，道路安全”作为规范文句做对比。

归义军的前半期，与诸外族的这种战斗，非常频繁，一般认为这是这个时期归义军所具有的特色，但归义军并不只是单纯与外族作战。归义军存立的第一个条件，是确保五凉的交通路，我认为这些战事可能就是涉及五凉地区的统治权，归义军与诸势力的摩擦或者是这些势力关系转变之际，产生混乱状态的原因。前所引的《张氏勋德记》等，目的就是记载归义军有效地战胜了诸外族，使境内静谧，导致诸外族入贡的文章，显示了归义军节度使的使命是统治五凉地区，确保交通贸易。可知归义军的频繁战斗的另一面还有上述目的。因此，虽然都是外族，但不仅有对五凉地区图谋攻击的骚扰者，也有的部族在归义军统治下或与其协力下，从事交通贸易。

归义军前半期交通贸易上的活动，主要将在下章涉及，本章下面为了阐明在这一势力关系转变的过渡期之际，被置于诸外族势力之间的归义军的立场，准备叙述一下归义军与诸势力的和战状况。但是，关于唐末西北边境的形势，一般的中国史籍只有极零散的记载，特别是正史的外国传，《唐会要》《册府元龟・外臣部》等几乎没有什么记载，现在，借助若干敦煌文书，加以补充，按各个种族分类，尽力尝试究明这一期间的历史。

吐蕃　毋庸置言，张议潮兴起之时，面对的最强敌人就是吐蕃。议潮起兵之前，河西地区是处于吐蕃统治之下的，归义军的独立运动，换言之，就是把吐蕃势力从河西地区驱逐出去的运动。如前所述，议潮将其势力扩展到凉州花费了十余年。唐末，归义军的势力开始衰弱，吐蕃又迅速在河西东部恢复了势力。由此看来，归义军在极盛时，南边和东边也一定存在着相当强大的势力的威胁。

① 参照那波利贞博士：《佛教信仰に基きて組織せられる中晚唐五代の社邑就きて》上，载《史林》，24卷3号，544～548页。

关于吐蕃，必须首先注意到由于论恐热的叛乱，使吐蕃丧失了对河湟地区的统治，而被唐朝所夺取这一事件。

如前所述，从武宗会昌年间，廓州洛门川的论恐热和鄯州的尚婢婢之间相争，在议潮归附唐朝的大中四年(850 年)，尚婢婢战败，使其部下拓跋怀光留守鄯州，自率三千人逃到甘州之西。据说，此后论恐热屠杀了鄯州、廓州附近的很多老百姓。《新唐书·吐蕃传下》载“大略鄯、廓、瓜、肃、伊、西等州”，并没提到归义军和他们的交战，看来，论恐热到达伊、西州的说法是夸张了，大概也就限于鄯、廓州附近。① 此外，鄯州的拓跋怀光，逐渐培植了自己的势力，恐热受其压制，势力不振，会昌五年，恐热入唐朝贡，请求册立他为河渭节度使，未获允许，部下发生叛离，恐热逃到廓州。十几年之后，咸通七年(886 年)，鄯州城使张季颙和押领拓跋怀光，战败并杀死廓州的论恐热。《通鉴考异》卷 23 所引的《实录》里，记载了张议潮奏上此事，由此可知鄯州在当时已处于归义军的统治下，这时廓州亦被归义军吞并。

鄯州、廓州东南的河州(甘肃省临夏县)、渭州(甘肃省陇西县西南五十里)一带，由吐蕃酋长尚延心占据，大中末或咸通初，他降附于唐的秦州，被任命为河渭都游奕使。这个河州，包括在前列的归义军十一州之内，《通鉴》著者解释说：“议潮统治汉民，尚延心统治蕃族。”(《通鉴考异》卷 22)但是这个地区处于交通干线以外，议潮的势力没有达到，这种解释，大概更稳妥些。《旧唐书》卷 182《高骈传》、《新唐书》卷 224 下《高骈传》及同书卷 216 下《吐蕃传中》记载，这时的秦州刺史高骈，诱降了尚延心及浑末部万帐，受到懿宗嘉赏，但《资治通鉴》卷 249 依据《国史补》，将此功归为李承勋，作为他在转任泾原节度使的大中十一年(857 年)以前的事。不知孰是，总之河渭二州是由归附唐的吐蕃占据着。对付这种

① 关于论恐热的叛乱，《旧唐书》《唐会要》没有记载，《新唐书》卷 216 下《吐蕃传》和《资治通鉴》的记载大致相同，据《资治通鉴考异》卷 22 所记论恐热的事情，《补国史》中记载颇详，可能全是依据《补国史》写的。关于论恐热的凶残，《资治通鉴》中有“大掠河西鄯廓等八州”之语。这个“八州”，是否是原文不知道，此处应理解为“鄯廓州附近的数州”。关于这个事件与西州事件相混同，请参照前述的“西州回鹘”条。

局面的秦州防御使，于咸通四年升格为天雄军节度使(《新唐书》卷67《方镇表》)。

此后，张氏末年，归义军的势力开始衰弱，吐蕃就在河西的东部一带恢复了势力，灵武节度使向唐朝报告了占据贺兰山附近的一个部族窥伺凉州之事①，此外，唐于大中三年收复的三州七关中的原州，又再度落入吐蕃手中(《新唐书》卷40《地理志》)。史籍中虽然不载，但应考虑到，在归义军盛时，吐蕃肯定也发动了若干次对五凉地区的夺还行动，归义军或唐的衰落时期，他们收复的当不仅是凉州。

浑末(嗢末)　由于归义军的兴起，吐蕃势力从河西地区后退，原隶属于吐蕃的浑末部族，将其势力扩展到河西东部一带。关于浑末，《新唐书》卷216下《吐蕃传下》以及《通鉴》卷250记载：浑末亦曰嗢末，吐蕃奴部也，虏法出师必发豪室，皆以奴从。平居散处耕牧。及恐热乱无所归，共相啸合数十人，以嗢末自号，居甘、肃、瓜、沙、河、渭、岷、廓、叠、宕间(《新唐书》)，吐蕃衰弱者反依附之(《通鉴》)，其近蕃牙者，最勇敢而马尤良(《新唐书》)(译者按：作者将几书材料合述，译文将其分别注明出处)。

如前所述，河渭都游奕使尚延心，其属下有很多浑末部，《资治通鉴》卷250咸通三年(862年)记载了这个部族第一次入唐朝贡。前所引的敦煌文书里，也载有“河西诸州，蕃、浑、嗢末、羌、龙杂处”。此外，后面所引的(伯希和二五六九号)《官酒户文书》中，也记载了接待凉州嗢末使者之事。可知他们很多人，居住在归义军管辖地域内。

吐谷浑　从五胡十六国时期到唐初，据青海而立国，在东西交通上异常活跃的吐谷浑，由于受到唐和吐蕃的相继压迫，遂于龙朔三年(663年)被吐蕃灭亡，可汗率其本部逃到浩亹水(大通河)之南的鄯州境内，随后又

① 《资治通鉴》卷265：“天祐三年(906年)春，正月，壬戌，灵武节度使韩逊奏吐蕃七千余骑营于宗高谷，将击嗢末，及取凉州。”

宗高谷，据此条胡注，大概位于贺兰山的西侧(《读史方舆纪要》卷62)。

由于吐谷浑长期处于吐蕃的统治下，在敦煌文书中所指的吐谷浑(吐浑、退浑)，有称吐蕃的例子，也有的习称为“蕃浑”。可能这个地区的汉人，对此并没有明确的区别，如此处所说的吐蕃，到底是指什么，有疑问。但至少，在河西东部地区，即使没有真正的吐蕃，也可以看作吐蕃统治下的某个部族。

迁到灵州，咸亨三年(672年)，唐朝将他们安置在故鸣沙县城安乐州。① 从《新唐书》卷221上《吐谷浑传》可见，余众移居凉、甘、瓜、沙等州，内附者相当多。如前引的《张氏勋德记残卷》中也载有“河西并复，犹杂蕃浑”，看来在归义军时期，散居在其管辖地域内的吐谷浑仍然很多。②

托马斯注意到斯坦因搜集的这时期的藏文文书中屡次出现(Ha-ża)部族，他介绍了很多与此有关的文书。③ 托马斯认为这是占据鄯善一带的一个部族，众所周知，其实这是吐谷浑的藏名，中国史籍中作为吐谷浑的别名阿赀(柴)虏的对音，上述诸文书所载，吐谷浑被吐蕃打败后，其中的一部在吐蕃的西北边距沙州不远一带还保存了相当势力。④ 在上述文书中，有一件敦煌出土的，从670年起连续78年有藏文纪年的文书，文书名从头到尾出现，其中丑年(689年)记载了吐蕃王女チ・ワン Btsan・mo Khri. Baṅs，嫁给ア・シセ(Ha-ża)王的事情⑤，可知吐谷浑在本部迁徙后，其中的一个分支还具有不容轻视的势力。

刚才提及的伯希和二九六二号写本，交相用散文和韵文两种形式，叙述了主人公仆射(张议潮)打败吐谷浑和回鹘的武勇事迹。据那波博士手抄本来看，此件文书首尾均残，现仅存五十行(此外，现存第一行的前一行，

---

① 关于安乐州的位置，据《元和郡县图志》卷4“灵州鸣沙县”条，它位于当时鸣沙县治(灵州西南一百二十里)东二百里，《资治通鉴》卷285“开运三年六月”胡注，认为同后晋的威州(宋的环州，通远军甘肃环县)，似乎有误。

吐谷浑的迁移，据《新唐书》卷221上《吐谷浑传》，同书卷37《地理志》。

② 最近发表的那波博士的《敦煌發見文書に據る中晚唐時代の佛教寺院の錢谷布帛類貸附營利事業運營の實況》(《支那学》，10卷3号)159～161页引用的伯希和二九三二号的佛寺借贷的原簿残卷，一一记载了负债者的住所，这些地名大概都取自敦煌县内的乡名或渠名，其中记有“退运某某”的有若干人。大概可以理解为浑的假借字，我认为这些人是居住在敦煌的退浑族，可知这个地区混住的居民不少。

③ F. W. Thomas，Tibedtan Documents Concerning Chinese Turkestan I：Ha-ża.(*JARS.*，1937)，pp. 51-85. 本稿中引用的藏文标音，均依照托马斯的方法。

④ P. Pelliot，Les noms tibétains des T'ou-yu-houen et des Ouigours.(*JA.*，10-XX，1912)，pp. 520-525.

Do.，Note Sur les T'ou-yu-houen et les Sou-p'i.(*TP.*，II-XX，1921)，pp. 323-331.

山本達郎：《Drug-gu'(Drug-gu，Drug)に就いて》，载《东洋学报》，26卷1号。

户田茂喜：《吐谷浑の西藏名と中國史傳》，载《东洋学报》，27卷1号。

⑤ F. W. Thomas，ibid.，p. 54，*Chronicle*，II. 45-55.

末尾二字能读)。主人公张议潮被称为仆射，因此，我现在暂时命名为《仆射变文》，此文书的 1～6 行如下：

诸州吐蕃兵马还来，劫掠沙州，奸人探得事宜，星夜来报，仆射“吐浑王集诸州蕃贼，欲来侵凌抄掠，其吐蕃至今尚未齐集”。仆射闻吐浑王反乱，即乃点兵，鏨凶(西?)门而出取西南，上把疾路进军，才经信宿，即至西同侧近，便拟交锋，其贼不敢拒敌，即乃奔走。仆射遂号令三军，便须追逐，行经一千里已来，直至退浑国内，方始迩趚。(下略)

所谓的“西同”，在《尚书变文》中记载为“西桐海”，是指距敦煌西南不远的一个湖。① 据此不到一千里的退浑国，正是托马斯所说包括チェルチェン、ラャルクリク、ミーランの鄯善附近，和距沙州不远的ア・シセ的根据地是一致的。② 可知，归义军兴起时，他们仍占有这个地区。前所引的《张氏功德记残卷》中“南土蕃浑，献昆岗之白玉”的句子，即使是范文，虽然语句华丽，也可以得知于阗的特产玉经过吐谷浑之手而运到沙州来。

《仆射变文》第 21～23 行，还记述了居住在伊州西面的纳职县的回鹘和吐谷浑③入寇伊州，议潮于大中十年六月六日将他们击走之事，可知吐谷浑竟然也分布到北方的伊州附近。

从《仆射变文》中可反映，这个部族似乎是个好战的民族，但他们原来并不如此，他们的祖先在吐浑国的极盛时代，作为其组成部分，占据西域南道一隅，活跃于转运贸易的舞台上。这时归义军的勃兴，侵犯了他们从转运贸易中获得的利益，这类战斗，应该看成由此而产生的新旧两个势力之间的摩擦。

---

① 孙楷第：《敦煌写本张淮深变文跋》(《集刊》，七本二分)，再请参照本文注 73 (即 286 页注①)。

② F. W. Thomas，ibid.，p. 83.

③ 据《唐光啓元年書寫沙州伊州地志殘卷に就いて》(*BSOS.*，VI-4，plate XI，p. 820. 又，《小川博士还历纪念史学地理学论丛》)记载，纳职县位于伊州西一百二十里，据斯坦因的探查，其遗址在现在哈密正西十英里处的 Lapchuk Oasis(A. Stein，Serindia，pp. 1156 1157).

党项　党项盘踞在五凉地区的东方地域——从邠、宁、鄜、延、灵、武，自河西东部到麟、府之间，即甘肃省东部、陕西省北部及绥远(译者按：民国时省名)、宁夏两省的边缘地区。大中初年，其南山部和平夏部侵入唐的邠宁地区，大中四年(850年)，宰相白敏中亲自出任邠宁节度使，将之平定。但此后，党项叛服无常，大中六年毕诚代为邠宁节度使，大中九年，将之平定(《资治通鉴》卷249)。《李氏再修功德碑》中，关于议潮的女婿凉州司马李明振，说道"一度着戎衣，河兰殄勍寇，瀚海馘獯戎"，大概是记述他和党项作战之事。僖宗朝以后，唐的威势开始衰落，党项逐渐变得强有力了。五代后唐明宗时，凉州派往后唐的使者说："唐亡，天下乱，凉州以东为突厥、党项所隔。"①(《新五代史》卷74《四夷传附录吐蕃》)

在张氏时代，党项与归义军似乎并没有发生特殊的关系。五代以后，党项强大起来，扼从五凉地区至中原的咽喉之地，因此，和归义军有了密切的接触，最后，归义军被他所吞并，这将在下编论及。

西州回鹘　张议潮在沙州兴起之时，恰值回鹘族丧失了漠北的霸权地位，部族四散，其中一部进入塔里木盆地，终于取代了原先居住在此地的イラン居民，建立"土耳其人之国"的大迁徙时期。关于这支西奔的回鹘，《旧唐书》卷195《回纥传》中在回鹘被黠戛斯所败，四面奔散的记载后，有如下一段：

> 有回鹘相驱职者，拥外甥庞特勤及男鹿并遏粉等兄弟五人、一十五部西奔葛逻禄，一支投吐蕃，一支投安西。

在记载南奔回鹘的灭亡②后还有如下一段：

---

① 这个突厥，也有人认为指回鹘(原田淑人博士：《西域發見の繪畫に見たる服飾の研究》，7页注②)。回鹘分散在各地，因此被这样认为。也可能此处所说的是指突厥。从凉州到长安途中的要冲武州(萧关)，原是以突厥降户所置的城镇(《新唐书》卷37《地理志》)，此外，在甘肃东部也有两三个突厥降户设立的城镇。

② 《资治通鉴》卷248"大中二年"条载：

> 其别部庞勒，先在安西，亦自称可汗，居甘州，总碛溪诸城。

《旧唐书·回纥传》接着这段引文写道："其后嗣君弱臣强，居甘州，无复昔时之盛。"我想这是和甘州回鹘的事混同了。

在外犹数帐，散藏诸山深林，盗劫诸蕃，皆西向倾心望安西庞勒之到，庞勒已自称可汗，有碛西诸城。

回鹘为黠戛斯所败是在开成五年(840年)，即武宗即位前后的事(《新唐书·回鹘传》)，但他们进入安西也就是今新疆地区①和吐蕃领地的确切时期不清楚。② 庞特勤于大中十年(856年)，被唐册立为怀建可汗，当时的《议立回鹘可汗诏》(《唐大诏令集》卷128所收)中提到，他流寓安西，颇得人心，很多部族集于其下，形成了相当的势力，由此看来，回鹘这时已经迁移到今新疆地区多年了。③《新唐书》卷215下《突骑施传》记载：

---

① "安西"作为地名，起源于安西都护府或安西节度使的简称。在唐代，将之用为地理名称，狭义是指"安西都护府或安西节度使的治所(初是西州，后为龟兹)"，广义是指"安西都护府或节度使的辖区"，即龟兹、于阗、疏勒、碎叶(或焉耆)这四镇地区。如加上碎叶，就包括到塔里木河以外，如加上焉耆，就相当于除今新疆地区的西州之外的地区和城市。最初(治所)被设立在西州，或许也包括西州。

虽是指同样的地域，但如上所说，安西除含有制度上的意义外，一般表示"大唐帝国极西的地域"之义。进而，在中唐以后，还用于"过去安西节度使统治一带的大唐势力所及的极西地区"之义。"平时安西万里疆，今日边防在凤翔"(白居易：《凉州使》)、"道边双古堠，犹记向安西"(张籍：《凉州词》)、"安西门外徹安西"(吴融：《安西门诗》)等，都表达了这种意思。具体的还是指中国所辖的东土耳其斯坦(今新疆地区)。回鹘所奔安西，大概就是指的这个地区。

《旧唐书·回纥传》、两唐书的本纪等记载："回纥绝安西诸国入贡之路"，似乎所指的更广，与"西域"一词的差别，是语感的问题，前者(安西)代表实力所及诸国，后者(西域)代表一切西方诸国。

② 《资治通鉴》将之系于大中二年正月，但是在叙述奔东南的一个分支的结局后，附上两唐书《回纥传》的关于庞特勤的记载，因此，不能以《资治通鉴》为据。

③ 会昌四年左右，奔东南的回鹘可汗企图迁往安西，为唐朝方面得知。《资治通鉴》卷248"会昌四年秋"条载：

李德裕奏：据幽州奏事官言，诇知回鹘上下离心，可汗欲之安西。

《会昌一品集》卷6《与黠戛斯书》中也提到此事(据《册府元龟》卷980，为会昌五年九月)，不知是这时回鹘在安西地区的势力已经形成，东方的可汗准备投靠它，还是只是想改变方向西逃。

大历后，葛逻禄盛，徙居碎叶川，二姓[黑姓及黄姓①]微，至臣役于葛禄。斛瑟罗余部附回鹘。及其破灭，有特庞勒居焉耆城，称叶护。

这个特庞勒应是庞特勤之讹，据此可知他占据了焉耆城，他最初跑到的葛逻禄原居于北庭之西，金山之北，如上所述于大历(766—779年)后，向西迁移。

上面所提到的册立怀建可汗之事，据中国史籍记载，大中十年(856年)看，决定册立庞特勤为可汗，这年冬，使者到灵武去时，恰好回鹘的使者来了，因此，第二年十一月，任命御史中丞王端章为册立使，但由于受到黑车子的阻碍，中途返回，十一年十月归来，被贬为贺州司马。② 敦煌写本《仆射变文》中，也记载了王端章的一些事情。这份文书的第39～49行，记载了王端章一行，行至雪山(伊州北面，当时的折罗漫山)③南畔时，遭到回鹘一千余骑的袭击，国册、敕信等物被夺，一行中的押衙陈元弘只身逃到沙州界内。《仆射变文》是一种俗文学，不能说记载的全是历史事实，但是这条材料在时间上也与史籍相符，由此看来，好像不是凭空而谈的。

前所引的变文中，还记载了回鹘和吐蕃占据着伊州西面的纳职县，构成对伊州的威胁，大中十年六月，议潮对之加以讨伐。变文第49～50行记载了在议潮进攻威胁王端章的回鹘之前，五百余帐回鹘于大中十一年八月进迫伊州。

如上述，这时伊州一带已经受到这支回鹘的威胁。之所以称这支回鹘

① シヤヴァンヌ将这二姓解为咄陆和拏失毕二姓(E. Chavannes, *Documents sur les Tou-Kiue Occidentaux.*, p. 85, n. 3)，但从前后接续情况看，解成黄、黑二姓为好。

② 据《资治通鉴》卷249及《唐大诏令集》卷128《议立回鹘可汗诏》(大中十年三月)，同书卷128《遣使册回鹘可汗制》(大中十年十二月)，同书卷129《大中十一年册回鹘可汗文》(大中十年十二月)。《资治通鉴》将其系于十一月，今据此。王端章，《资治通鉴》记为卫尉少卿，《仆射变文》及上列的诏制等，作御史中丞。

③ 《后汉书》卷2《明帝纪》"永平十六年"条，唐章怀太子为"天山"作注：

天山即祁连山，一名雪山，今名折罗汉山，在伊州北。祈音时。

《光启元年书写地志》中记为罗漫山。(*BSOS.*, VI-4, plate XI)

为“背叛回鹘”“背逆回鹘”，是为了与另一支和唐或归义军保持和亲关系的回鹘相区别。

除前面提到的《仆射变文》外，还有一件我现在暂时定名为《尚书变文》(伯希和三四五一号)的敦煌写本。孙楷第定名为《张淮深变文》①。把张淮深作为主人公，这是值得怀疑的②，因此，不敢延用。为了和前面所提到的以议潮作为主人公的二九六二号《仆射变文》相区别，把这件称之为《尚书变文》。它和《仆射变文》一样，是以散文和七言韵文互相连缀的所谓变文形式的俗文学，首尾均残，现存百余行，其内容梗概如下：

> 尚书沙州将，打败回鹘，受到朝廷褒赏，并宥回鹘，但此后，回鹘王子为将，又来袭击沙州，因此，尚书邀击于沙州之西，大败之。(译者按：不是文书原文)

这个变文没有附日期(这份文书因为是残卷，也许前后有日期。但与《仆射变文》每件事都记有日期相比较，有显著的差别)，与《仆射变文》相

---

① 孙氏论文中，只有考证，没有写本的原文，据那波博士的讲读用教材得见全文，它和《仆射变文》一起最近将由那波博士以某种形式加以发表，届时可看到全文。

② 孙氏判断他为淮深的首要根据是“自从司徒归阙后，有我尚书独进奏，持节河西理五州”之句，孙氏认为这是指议潮于咸通八年入朝后，淮深守沙州之事(见孙氏前列论文，385～386 页)。参照本文注 67(即 282 页注③)

议潮被称为司徒的例子，迄今为止所知的敦煌文书中不见记载。但是在他即将入朝前的咸通五年的绢绘四菩萨图题记(大英博物馆藏 Ch. Iv. 0023. "Thousand Buddha" PI. XVI)中，他被称为司空，卒后赠太保。因此，大概是他入朝后登上三师之位的。如这样的话，那就是在议潮咸通八年入朝后。咸通十三年卒，有可能赠太保。

但是，终身入朝长安的并不只是议潮一人，还有他的哥哥议潭(《张氏勋德记残卷》)，也可能司徒是议潭，尚书是议潮。“廓靖龙[沙]□□□、破却吐蕃收旧国，黄河西□□□□，诸蕃纳职归唐化”之句和“河西沦落百年余，路阻萧关雁信稀，赖得将军开旧路，一振雄名天下知”之句等，我认为是说议潮。议潭死后不过只被赠予工部尚书，称为司徒是不恰当的。

淮深虽有司徒称号(墓志铭)，但看来没有入朝长安。从文章的内容看，也不能认为是索勋以后的事。

此处的司徒，如果不用于严格意义的话，将其看作是指议潭，尚书是指议潮，大概最稳当吧。

比，虽然《尚书变文》伪作的痕迹很重，但我认为不是完全捏造的，大概也是有事实根据而写成文的。

《尚书变文》只提到回鹘自西来攻，但战前回鹘占据何处不清楚。《仆射变文》中，记述了伊州受到威胁，而《尚书变文》叙述了沙州遭到袭击之事，值得重视。

中国史籍关于归义军的记载中，有咸通七年(866 年)自北庭入据西州的回鹘的信息，如下：

> (咸通)七年，春二月，归义节度使张议潮奏北庭回鹘固俊克西州、北庭、轮台、清镇等城。(《资治通鉴》卷 250)

《旧唐书》卷 19 上本纪、《新唐书》卷 216 下《吐蕃传》、同书卷 217 下《回鹘传》、《唐会要》卷 97《吐蕃》、《册府元龟》卷 973 等，记载仆固俊战胜论恐热。但是如前所述，论恐热占据的是廓州，因此他的敌人是张季颙、拓跋怀光，这两个事件，由张议潮同时向唐做了报告，因此，著者混同了两者。《唐会要》中还提到议潮差遣仆固俊，桑田六郎指出[①]，这是有疑问的。但据《通鉴考异》卷 23 所引的《实录》，提到议潮表贺仆固俊收复西州等地，因此，仆固俊也不会是与归义军和唐室无关系的回鹘。《通鉴》和《新唐书・吐蕃传》称他为北庭回鹘，似乎与占据焉耆的庞特勤(怀建可汗)不属于同一支。

仆固俊占据西州，被看作是西州的回鹘势力的创设。[②] 杜牧《樊川文集》卷 20 有《西川回鹘授骁卫大将军制》一文，说到西州牧首[③]颉于伽思俱宇合逾越密施莫贺都督为云麾将军守左骁卫大将军。杜牧于大中五年八月拜考功郎中知制诰，自吴兴归长安，翌年卒。前面提到的制文应是大中五年冬左

---

① 桑田六郎前列论文，119 页。

② 羽田亨博士：《九姓回鶻とToquz Oyuzとの關係を論ぢ》，载《东洋学报》，9 卷 1 号，57 页。

桑田六郎前列论文，119 页。

松田寿男：《宋代の西域》，见《世界历史大学》，卷 6，522 页。

③ 四部丛刊本《樊川文集》中，误为“西州放首”，依《全唐文》改为“牧”。

右成文。① 制文中并没有回鹘字样，但从其名字来看，颉于伽思正是标题上所指的回鹘。这样看来回鹘在距咸通七年前十几年的大中五年(851 年)，已占据了西州，其后回鹘一度失去西州。咸通七年，仆固俊又将其夺回。

大中五年，是张议潮派遣使者到长安之年，上述的制文与给沙州使者们的授官制文一起都被载入《樊川文集》，这个西州(译者按：指上述制文中的颉于伽思)回鹘也许是与沙州使节相随入朝的。如果如此，议潮在大中四年收复伊州的同时，他的势力大概也扩展到了西州。

总而言之，可知，议潮在任期间，位于今新疆地区的回鹘势力已相当强大，有的分支与归义军有些联系，另外，也有的分支对沙州、伊州构成很大威胁。《尚书变文》中，还记述了回鹘最初致款于瓜州，伺其疏忽，开始进攻。由此看来，也有时战时和的分支。但是回鹘迁徙之际的混乱得到治理，他们找到了安居之地，开始活跃于贸易舞台上，从而他们和归义军的关系很快稳定下来。下面提到的《官酒户文书》，记载了西州回鹘派遣的商队，于淮深任职期间的光启三年(987 年)，停留在沙州之事。这是因为当时的回鹘全体已经有了一定程度的秩序，或是居住在西州的回鹘和沙州张氏有着特殊的和亲关系，不太清楚。但是，我认为这个记载很值得重视。

甘州回鹘　回鹘占领甘州似乎晚些，大概是因沙州发生内乱，回鹘乘归义军的统治动摇之隙占据了甘州②。

① 仓石武四郎博士：《杜樊川年谱》，载《支那学》，3 卷 11 号，78 页。《樊川文集》卷 17—20 所收的制都是大中五年归京后成文的。只是，有一份《新罗王子金元弘等授太常寺少卿监丞簿制》，《海东绎史》中记载他是在开成五年被授予此官，最近出版的《朝鲜人名辞书》也依据此书。因此，同集中好像也有这个时期以外的文章。但是，《三国史记·新罗本纪》卷 11“文圣王十三年”(唐大中五年)条，有入朝使阿飡元弘归朝的记载。因而，可以判定《海东绎史》所载有误，这也是大中五年的制文。

日野开三郎认为，杜牧知制诰是开成中的事(《东洋学报》，27 卷 1 号，5 页)，不知依据何在。

② 孙楷第认为，乾宁元年(894 年)的《李氏再修功德记碑》中，称李弘谏为甘州刺史，因此，这时甘州还没落入回鹘之手。天祐三年(906 年)成文的《龙泉神剑歌》中，提到了沙州和甘州回鹘的战争，因此，回鹘是在这期间占领了甘州。后者是没有问题的，但前者是实际上作为甘州刺史而赴任呢？还是只是徒有称号，不得而知，因此，囿于没有其他证据，不能依据此说。

《通鉴》卷252乾符元年(874年)末，记载了唐派遣册立使到回鹘，但回鹘为吐谷浑和嗢末所败，去向不明，使者徒劳而归。从有关吐谷浑和嗢末的记载看，甘州回鹘被打败一事发生在河西一带或其北边。《通鉴》乾符二年十一月记载："回鹘还至罗川。十一月遣使者同罗榆禄入贡，赐拯接绢万匹。"罗川，胡注认为隋代的罗川即唐的宁州贞宁县(甘肃省正宁县)，孙楷第从此说，解释为这时回鹘已致款贞宁县，但我认为如桑田六郎所说应为合罗川(额其纳河)之误[①]。所谓"还"之词，如可以理解为回鹘的一部分，再度占据了他们曾作为根据地公主城之意的话，就不应理解为前面提到的怀建可汗所率的一部分再次东迁了。从中国史籍[②]中可看到，到了宋代，这一代仍有回鹘居住。总之，距五凉不远，常有一支不那么强大的回鹘在这时期出没，他们曾入据甘州。甘州，距回鹘根据地之一的公主城不远，原为防备回鹘而在北边设立的安北都护府，于垂拱元年一度移到甘州的删丹县(《元和郡县志》卷4《关内道》)，看来，甘州很早就是与回鹘关系匪浅之地。

王重民介绍的附有辛未年(911年)日期的《沙州百姓上回鹘天可汗书》中记有[③]：

> 至大中三年，本使太保[张议潮]起敦煌，甲□□却吐蕃，再有收复，尔来七十余年，朝贡不断。太保功成事遂，仗节归唐，累拜高官，出入殿庭，承恩至重，后□□疾，帝里身薨，子孙便镇西门，已至今□中间遇天可汗居住张掖，事同一家，更无贰心。东路开通，天使不绝。此则可汗威力所置，百姓□甚感荷，不是不知。

回鹘占据甘州的初期，和沙州的关系也很和平，沙州的使者和唐朝的使者都受到可汗的保护，可自由通过。但如王重民据《龙泉神剑歌》[④]所得

---

① 桑田六郎前列论文，115页。

② 《宋会要辑稿·蕃夷七》之一二："雍熙四年八月二十一日合罗川回鹘等四族首领遣使朝贡。"《宋史·回鹘传》将此处的"等"字误作"第"字。

③ 王重民前列论文，载《北平图书馆馆刊》，9卷6期，18～19页。

④ 王重民前列论文，载《北平图书馆馆刊》，9卷6期，17～18页。

出的结论一样，从张承奉继金山白衣天子位以后，两地的关系交恶，屡动干戈。《沙州百姓上回鹘天可汗书》如下继续载道：

> 近三五年来，两地被人斗合，彼此各起仇心，遂令百姓不安，多□煞伤，沿路州镇，逦迤破散，死者骨埋□□，生者分离异土，号哭之声不绝，怨恨之气冲天，耆寿百姓等披诉无地。

承奉曾向南蕃(吐谷浑?)求救，由于害怕回鹘生气，在上述的《上天可汗书》中，承奉不断辩明此事，并以可汗为父、白衣天子承奉为子的条件，催促甘州方面尽快答复他的和平要求。

张承奉时代沙州和甘州的关系，王重民的研究中，有很好的论述，因此，详细情况请参照他的文章。①

如刚才所提及的，在甘州，回鹘势力的确立，在归义军历史上，是应受到极度重视的事情，由于被回鹘势力中隔，沙州断绝了和河西地区东部的联系。这样一来，由归义军统治的河西地区的统一被破坏了。这个地区，出现了沿交通线小政权分立的形势，由此开始了下一阶段的历史。这种形势出现后，处于衔接位置上的沙州和甘州两政权之间，当然会产生特殊的关系，这点将在下篇论述。

其他　除以上所叙述过的之外，归义军统治区域内外，还居住着各种各样的蕃夷。有的居住在城郭，在归义军的统治下经商；有的散居郭外，逐水草而生；有的完全汉化了，从事农耕。例如，羽田博士曾注意到的龙族②，在敦煌文书中出现过，他们居住在各城镇，五代人高居晦在《于阗纪行》(《新五代史》卷74)中记载，沙州之西，有仲云族，是剽悍之民。但是，这些蕃夷都散居各地，从事和平生业，或只不过是小集团，并不具有对归义军的存立构成威胁的大的势力，我认为还是应将注意力放在回鹘、吐蕃和吐谷浑为宜。

---

① 只是我不同意他在研究中将22～23页所引的伯希和二九九二号书状，认作是曹议金之物。这将在本文下编中论及。

② 羽田亨博士：《唐光啓元年書寫沙州伊州地志殘卷に就いて》，149～150页。

四、归义军和唐的关系

前面的几章，叙述了归义军的兴起及其周围的诸外族的动向，为了究明唐朝末期以归义军为中心的中国西北一带的形势，还必须探讨归义军和其最有力支持者唐室之间的关系。归义军与唐室的关系和与其他诸外族自然发生的关系不同。因此，专立一章。关于前面没有充分论述的归义军在交通、贸易方面的活动，准备在本章论及，以此结束上编。

归义军的出现，过去一般都单纯地认为是唐对西北方面失地的恢复。[①]节度使在名义上是唐的地方官。的确，归义军被唐朝授予了节度使、刺史以下的官职，但把它视为一般的唐的州县，就太轻率了。这时期，唐朝的国运已经接近尾声，连中国内地“自国门以外，皆分裂于方镇矣。故兵之始重于外也。土地民赋非天子有，既其盛也，号令征伐非其有”(《新唐书》卷50《兵志》)，这是藩镇极度跋扈的时代，天下有势力的节度使，已非国家的官吏，恰同诸侯一般。即使在唐朝盛时，河西边境设有与内地不同的行政组织也是必要的，那么，在这种形势下，认为归义军受到唐朝的有效统治，是不妥当的。《新唐书》卷40《地理四》“陇右道”条载：

> 大中后，吐蕃微弱，秦、武二州渐复故地，置官守。五年，张义潮以瓜、沙、伊、肃、鄯、甘、河、西、兰、岷、廓十一州来归，而宣、懿德微，不暇疆理，惟名存有司而已。

这明确指出唐朝对河西只不过是名义上的统治。

前所提到的咸通四年张议潮入朝之事，《旧唐书》卷19上《懿宗纪》记载：

> (咸通七年)七月，沙州节度使张议潮进甘峻山青骹鹰四联、延庆节马二匹、吐蕃女子二人。僧昙延进《大乘百法门明论》等。

---

① 参见罗振玉：《张议潮传》；孙楷第：《敦煌写本张淮深变文跋》等。

地方官入朝献上土产，不管是多么珍贵的物品，也没有记录在正史本纪上的例子。张议潮的入朝，唐室是把他作为外蕃朝贡而对待呢？还是由于这本因编纂上的杜撰而受到非难的《旧唐书》，史官误记此事呢？肯定是其中之一。即使是后者，史官仍是把他认作了外蕃。这就是我之所以在本稿的开头，指归义军节度使为“地方政权或小王国”的原因。

但是，如果把归义军看作纯粹的独立政权也失之妥当。唐朝对归义军的保护支持，某种程度上也是实质性的，归义军对唐朝的态度亦极为恭顺。从下面的几个事例中便可察知。

《新唐书》的编者以宣宗时代作为唐朝衰落之始，但《旧唐书》的编者在其书《宣宗纪》卷18下赞中写道：

> 李之英主，实惟献文。粃糠尽去，淑慝斯分。河、陇归地，朔漠消氛。到今遗老，歌咏明君。

赞赏宣宗果断的性格和收复了西边失地，把宣宗朝看作稍稍挽回衰运的时代。这个观点正确与否另当别论。① 这两件事正是宣宗之所以被世人称为“小太宗”的原因，看来他对西部边疆问题采取了颇积极的态度。议潮归附的前年，收复三州七关地区之时，“山南西道、剑南山川边界有没蕃州县，量力收复。其兵士委本道差遣。如要钱物接借，亦具闻奏”②。从这段记载中，也可窥见唐的态度之一端。随后，大中五年(851年)，唐将上述三州七关之一、通往五凉的要冲萧关县升格为武州③，难道不也可以认为是对西方政策的一个体现吗？这种积极政策的结果，必然增加了国家财政支出。据《新唐书》卷54《食货志》记载，为了供给河湟戍兵的费用，盐铁转运使裴休将开成以后由州县经营的矿山，复归盐铁转运使经营，派作国

① 参照冈崎文夫博士：《新唐書に就て》，载《史林》，21卷1号。

② 《收复河湟德音》，见《唐大诏令集》卷130。

③ 《新唐书》卷37《地理志》：“武州，中。大中五年以原州之萧关置。”

用，还开辟了很多矿山。①

唐朝对所有西方问题都如此关心，因而对归义军的态度也同样是积极的。上述的《新唐书·食货志》，提到宣宗时代河湟的守备，大概不包括归义军在内，但是如前所述，在懿宗时代(?)，为了守卫凉州，中央派遣了郓州天平军的士兵，这表明中央政府也分担了河西地区的防卫。可知，唐对归义军的支持，在某种程度上也是实质性的。”②此外，从中央派往沙州的使节似乎也很频繁，前面所引的《上回鹘天可汗书》中“东路开通，天使不绝”之句，还有很多敦煌文书和碑文等，也都屡次记录这些使节的事，即为嘉赏战胜回鹘所派的使节(《尚书变文》)，为任命淮深所派的使节(《张淮深墓志铭》)，为任命索勋所派的使节(《索勋纪德碑》)，乾宁元年派的使节(《李氏再修功德记碑》)，《光启元年书写地志残卷》中所载的灵州宣慰使，下面引的《官酒户文书》所载的宣徽使等，仅今天所知的，整个张氏时代，不乏其例，这些使节中，可能也有定期派遣的使节，《尚书变文》和《李氏再修功德记碑》明确记载因沙州发生了某事件而特派了使节。由此可知，沙州如发生大事，中央每次都派遣使节，据此，也可探知唐朝对归义军的关心程度。此外，归义军设置初期，议潭入朝长安；咸通七年，议潮入朝长安，两人一同在长安终其一生。《张氏勋德记》中，叙述议潭的入朝“先身入质，表为国之轮忠”，由此看来，可知议潭是作为宣誓忠诚的人质

① 《资治通鉴》卷249“大中七年末”载：

度支奏：“自河、湟平，每岁天下所纳钱九百二十五万余缗，内五百五十万余缗租税，八十二万余缗榷酤，二百七十八万余缗盐利。”

这段记载表现了由于收复河湟地区，扩展了领土，国库的收入增加了的语气。但是按《新唐书》所说应理解为由于河湟地区的军备，增加了支出，为了供给所需军备，而增加了收入。如上列的《收复河湟德音》所载，从大中三年起，免征河湟地区五年赋税，因此，大中七年中央不会从此地获得收入。《资治通鉴》卷249“大中十一年冬十一月”条载，秦成防御使李承勋的部下对他说的话，其中有“明公首开营田，置使府，拥万兵，仰给度支。将士无战守之劳，有耕市之利”一段。因而，可知这时河湟地区的守备，需要大量的官费。

② 这件事在决定归义军对唐室关系上是极重大的事，从前面引的广明元年的写经来看，郓州兵被派到凉州是无疑的。但何时被派去的不清楚。有人认为也是为帮助归义军而被派去的，但那时凉州已脱离归义军，直接归中央了。因此，也应看作是派去的守备兵。

而入朝的。为了羁縻归义军，唐采取了上述的各种措施。

河湟地区为唐所开辟，并且由归义军维持河西地区的秩序，自然而然，通河西的交通变得频繁起来。如前所述，从唐朝屡次派遣使节，不用说，沙州一方也不断派遣朝贡使①，这就证明当时一般的交通是如何频繁地进行了。如前章《甘州回鹘》一项所述，即使回鹘占据甘州后，双方的使者仍通过此地往来。那波博士曾将发表过的各种文章的文范，加以筹集，其中，有题为《东行亡文》的一篇文章。② 这是追悼派往朝廷的使者在途中死亡之文，连这种文章的范文都预先准备，可以说明当时有众多的使者，冒着旅途的危险，被派遣到中央去。那波博士所介绍的法国第三九二八号敦煌文书中，载有僧侣请求允许到五台山巡礼旅行的请愿书，这份文书如果是这个时代的③(译者按：指归义军时期)，可知除了使节和商队的往来之外，也有这种私人的旅行。表现这时期河西地区交通状况的一件文书，根据那波博士的手录，在此介绍一下。

(伯希和收集文书三五六九号)④

官酒户马三娘，龙粉堆。

去三月廿二日已后，两件请本粟叁拾伍驮，

合纳酒捌拾柒瓮半。至今月廿二日，计卅一日，

① 前章 509 页(即 298 页)所引的《沙州百姓上回鹘天可汗书》中也提到，张议潮兴起后七十余年间朝贡不绝。

② 那波利贞博士：《佛教信仰に基きて組織せられる中晚唐五代の社邑就きて》下，载《史林》，24 卷 7 号，778 页。

③ 同《中晚唐時代に於ける僞濫僧に關する一根本史料の研究》，见《龙谷大学佛教史学论丛》，24 页。这份请愿书的收信人被称作“仆射”。在唐代的敦煌文书中，节度使被称为“仆射”的有两三例。《张延绶别传》中，呼其父淮深为“仆射”(见原文 495 页，即 286 页)。同一写本 1～11 行中提到淮深是“河西节度金紫光禄大夫检校尚书左仆射河西万户侯南阳张公字录伯”，因他曾被赐予检校尚书左仆射的官位，也可以被称为“仆射”。另外，上列论文 35 页所引的陈情书，如作为光化三年(900 年)成文的话，承奉这时也被称为“仆射”。曹氏时代，节度使被称为大王或三师、三公的其中之一等，或更高职位。从而，如果这份旅行请愿书是向地方官府提出的话，就不可能是五代以后的事。

④ 译者按：录文参见《敦煌社会经济文献真迹释录》，第 3 辑，622 页。

伏缘使客西庭、擦微、及凉州、肃州、蕃

使繁多，日供酒两瓮半已上，今准本数

欠三五瓮，中间缘有四五月艰难之(乏)

济，本省全绝，家贫无可吹饳，朝

优败阙。　伏乞

仁恩，支本少多，充供客使。伏请

处分。

牒　件　状　如　前，谨牒。

光启三年四月　日龙县丞牒。

付　阴　季　丰　算　过。廿二日、准深

押衙阴季丰。

右奉　判令算会，官酒户马三娘、龙粪堆，

从三月廿二日于官仓请酒本贰拾驮，

又四月九日请酒本粟壹拾伍驮，两件共

请粟叁拾五驮。准粟数合纳酒捌拾柒

瓮半，诸处供给使客及设会赛神、一一

逐件算会如后。

西州回鹘使上下叁拾伍人，每一日供酒捌㪷陆胜。

从三月廿二日至四月廿三日，中间计叁拾贰日，

计供酒肆拾伍瓮伍㪷贰胜。璨微使上下

陆人，每一日供酒壹斗陆胜，从三月廿二日，至四月

廿三日，中间计叁拾贰日，供酒捌瓮叁㪷贰胜。

凉州使曹万成等三人，每一日供酒玖胜，从三月

廿二日至四月廿三日，中间计叁拾贰日，供酒肆

瓮半壹㪷捌胜。　又凉州温末及肃州使，从四月一日

到，下檐酒壹瓮，料酒从四月二日至四月十五日

發，中间壹拾肆日，上下壹拾壹人，每一日供酒贰㪷

肆胜，计供酒伍瓮半陆胜。三月廿三日锡匠

王專等支酒壹瓮。四月十日赛官羊神用酒

壹瓮。　　　　四月十四日夏季赛祆用酒肆瓮。

四月十四日夏赛祆用。　　　右奉

处分。

十五日上窟用酒两瓮。十七日祭雨师用酒

两瓮。廿一日都香(乡)口赛青苗神用酒壹瓮。

廿二日，西衙设回鹘使用酒叁瓮。已上诸处

供给，计用酒捌拾壹瓮半贰胜，准粟数

使用外，余欠酒伍瓮伍㪷捌胜。

右通前件酒一一检判凭算会如前，

伏请处分。

牒 件 状 如 前，谨 牒。

光启三年四月　日押衙阴季丰牒。

从文书的内容看，所谓的官酒户，是为了接待和祭祀等必须向官府纳酒者，官府预支给一定的粟米作为原料①。这里没有记载是何处的官府，但看作归义军节度使大概不会错。当然不会是河西地区以外。所谓的擦微使，大概是宣徽使的假借字吧。上面的这份文书的内容是官酒户马三娘、龙粉(粪)堆等，从光启三年三月二十二日到四月二十日之间，纳入的酒数与预支粟米相比，还有若干不足，由于家计拮据，请求官府再多少支给些粟米，对此，当值官在第二天即二十三日，审查了纳酒数，计算出正确的欠额。从文书记载来看，从中央派遣的宣徽使一行六人和西州回鹘使者三十五人，在这段时期，一直停留在沙州，从后者有三十五人来看，我认为大概是商队。此外，凉州使者，凉州温(嗢)末族使者，肃州使者等，也停留在沙州，并都受到官府的供给。这时的中原，继黄巢之乱后又发生李克用叛乱，僖宗蒙尘凤翔，各地群雄并起，归义军正处于张淮深和索勋对立之时，在这种不

① 这时期，敦煌地区的佛寺同样也存在贷给民间粟米，让其酿造酒的现象，最近那波博士发表的《敦煌發見文書に據る中晚唐時代の佛教寺院の錢谷布帛類貸附營利事業運營の實況》(《支那学》，11卷3号，174～179页)谈到此种状况。

安定的形势下，想不到还进行着如上所述的交通往来。

总而言之，这个时期，河西地区暂时处在归义军的统治之下。由于它的保护，可以说交通贸易都开展得很活跃。河西地区一贯依靠东西交通维持，自然而然地会发生种种势力关系的混乱，而受到很多内外制约。在这个时期而经营如此兴盛的交通贸易，应引起重视。同时，这种状况也显示了唐和归义军有着非常亲密的关系。归义军对唐室的依附很深，唐室对归义军的支持也很热心，我认为这是归义军与包围他的回鹘、吐蕃及其他势力有效地相对抗，维持河西地区，并成为西北的一支强大势力的因素之一。即可以认为，归义军作为河西方面汉人势力的代表，得到唐的有力援助，从某种意义上说，归义军处于被唐保护的地位，在这个地区扩张了势力。

张淮深死后，沙州不断发生内乱，归义军对河西地区的统治逐渐衰弱，和东方的联系也就不畅通了。随后，由于承奉建立独立的西汉金山国，唐和归义军之间的这种关系，从名义上而言，甚至也完全断绝了。在中央，正值黄巢之乱，大唐帝国进入了其崩溃时期，各地群雄纷起，位于唐西部边境的两蕃即占据凤翔的岐和从南方侵入而来的蜀，在河西和中原之间构筑了巨大的障壁。河西方面，也由于回鹘占据了甘州，使归义军的统治不能达到河西的东部，在这里出现了沿交通路各地小政权分立的形势。《新五代史》记述了这种混乱状态，“回鹘、党项、诸羌夷，分侵其地，而不有其人民”。岐王(原凤翔节度使)李茂贞，于乾宁二年(895 年)任命其部下胡敬璋为河西节度使(《通鉴》卷 260)。从当时李茂贞的实力来看，这种任命并不只是名义上的，可能河西的一部分或实际上已处于他的统治之下了。然而，李茂贞对河西确有领土野心，这是不能否定的。①

这样，归义军也不过成为河西建立的众多小政权之一了，在这种新形势下，开始了下一阶段的历史。

---

① 胡敬璋不久转任延州保塞军节度使，实际上是否赴任河西值得怀疑。但是，如本稿下编第二章所说，当时李茂贞似乎掌握了和西方交易的统治权。

下编　东西交通路上的敦煌——曹氏时代的归义军

一、曹氏的世系

进入五代，曹氏取张氏而代之，承袭了节度使，或号称敦煌王、瓜沙州大王，一直延续至宋代。在叙述曹氏时代的归义军历史的时候，首先必须大致明了曹氏的卒立世次。

涉及曹氏时代归义军的史料，五代的记载见《新五代史》卷74《四夷附录・吐蕃》①，宋代的记载见《宋史》卷490《沙州传》、《文献通考》卷335《沙州》等，此外，五代的记载还见于《册府元龟》，宋代有《续资治通鉴长编》，另外辽时有关曹氏归义军的记载，也散见于《辽史》本纪及属国表里。归义军和东方诸王朝的交往有时出现中断时期，因此在这些记载归义军世系的史料中，有很多谬误和遗脱，但由于利用了敦煌文书，已经可以对过去的史料加以充分的考证研讨，并且，由于近年来，徐松辑《宋会要辑稿》的刊行，也能增加若干的新史实。

曹氏大概是中原人。当时西域的九姓昭武之一的曹氏即撒马尔罕东北的曹国 Kabuhan 出生的很多人，移居中原，自称曹氏，特别是在敦煌地区，居住着很多这类的曹氏。② 敦煌写本《曹良才画像赞》③中记载说：

> 公乃是亳州鼎族。因官停彻流沙，谯郡高原任职。

---

① 《旧五代史》卷138《吐蕃传》和《新五代史》卷74《四夷附录・吐蕃》几乎完全相同，这大概是在编纂《永乐大典》之际产生的过失，正如《旧五代史》的复原者在注记中所云：

> 案：此传多与欧阳史同。疑《永乐大典》传写之误也，今无可复考，姑仍其旧。

② 桑原隲藏博士：《隋唐時代に支那に来往せる西域人に就いて》，见《东洋文明史论丛》，354～355、383页。

石田幹之助：《天寶十載の丁籍に見ゆる敦煌地方の西域係住民に就いて》，见《加藤博士还历纪念东洋史集说》，85～87页。

③ 《沙州文录》，23～24页。

因此，这个曹氏，不是西域人，我认为大概是亳州(谯郡，安徽省亳州)籍贯的汉人。

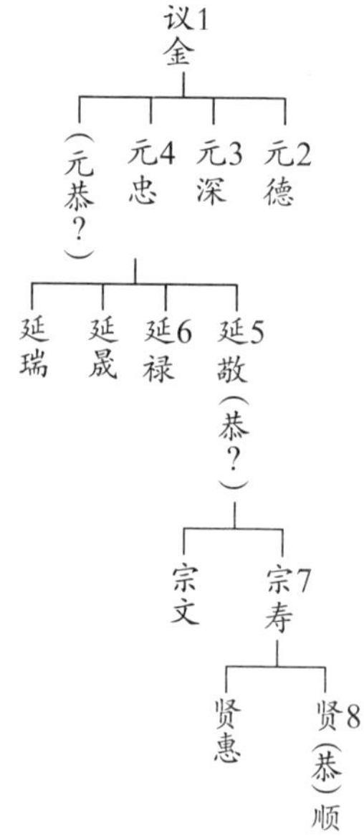

曹氏世系图①

曹氏第一代节度使叫曹议金。中国的史籍中，很多地方记载为义金，所见的敦煌写本中，记载为议金，应是正确的。据罗振玉等人的说法，曹议金取代金山白衣天子张承奉而立是五代梁时期。今天北京、伦敦等地所藏的几卷敦煌写本《佛说佛名经》，是议金的长子曹元德让人写成的(或曹

① 由于曹氏节度使死后承袭的时期大多不明确，因此，不能像上编的张氏世系图一样，记载在位期间。请看下面第三章的有关年表。

第五代节度使延恭，原名延敬，为避宋太祖的祖父敬之讳，赐名延恭。后周显德二年(955年)任瓜州团练使《新五代史》之本纪及《四夷附录》中的元恭，看来大概是延敬之误(注127，即311页注①)。此外，《宋史・太祖记》等在建隆二年的入贡记载中，将延敬记为延继，大概也是为避国讳吧。

延晟，在《长编》中被记作延晨，据罗氏考证，延晟是正确的。宗寿的弟弟宗文，被记为宗久(《宋会要》)、宗允(《文献通考》《宋史》)等，不知孰是。

除此世系图所列的人以外，伯希和所获文书中，还有《曹仁贵仲秋状》《曹仁贵献物状》(《沙州文录》《敦煌石室遗书》等所收)等书状，其头衔，有"权知归义军节度兵马留后守沙州长史"，而且还盖有"沙州朝贡使印"(《沙州文录》中读作"沙州节度使印"，据那波博士说，是朝贡使)。文书中没有附日期，而且与他类似姓名的人也没有，因此没有列入世系图。

元德写的)[①]，其各卷的卷尾有题记如下：

(原卷复印略)

敬写大佛名经二佰八十八卷。惟愿城

隍安泰、百姓康宁

府主尚书曹公、已躬永寿、继绍长年、

合宅支罗、常然庆吉于时大梁贞明

六年岁次庚辰五月十五日写记

可知，贞明六年(920年)曹氏已经自立了，“府主尚书曹公”应是指议金。仅就现在所知，关于张承奉西汉金山国的文书，从甲戌年(梁乾化四年，914年)以后就没有了。[②] 关于曹氏的文书，上述贞明六年以前的没有，只能说曹氏取代张氏的时间是在这期间的事。

《新唐书》卷217下《吐蕃传下》记载，曹议金是张议潮下属的归义军长史，淮深死后，他成为留后。但是，从议潮自立到贞明、同光相距时间较长，有关曹议金取代张氏的记载，《新唐书》作者误记为取代的是张淮深。议金是在后唐庄宗的同光二年(924年)甘州回鹘朝贡之时，随之而第一次朝贡，与张氏同样，被拜为归义军节度、瓜州等州观察处置等使。

我认为，议金死于清泰三年(后晋天福元年，936年)之时。《旧五代史》卷79《晋书本纪》中记载：

(天福五年)二月丁酉朔。沙州归义军节度使曹议金卒，赠太师。

① 这时书写的《佛名经》二百八十八卷中，现知伦敦(*BSOS.*，X-2，pp.325-326)藏有卷第四(S.4240)、卷十五(S.3691)，已故罗振玉藏有卷第九(《瓜州曹氏年表》，1页)，北京图书馆(许国霖：《敦煌写经题记》，7页)也藏有一册(羽字24号，卷次不详)。以上诸册，都记载了本稿所引的题记。

这个经，是依元德的发愿书写的，这可根据插入本文的照片(据本所所藏《敦煌佛画》照片149)。在经文的末尾写有“曹元德礼已”便可得知。

② 滨田耕作博士：《ヌタイン氏發掘品過眼録》上《西汉敦煌国王许出家敕书》(六)，载《东洋学报》，8卷1号，122页。

以其子元德袭其位。

《新五代史》卷 74《四夷附录·吐蕃》等史料，也同样记载此事为天福五年(940 年)，上述的记载，是来自沙州的报告到达朝廷，朝廷授予议金赠位的日期。联系看一下前后的事情，天福三年，晋派遣到于阗的使臣张匡邺等，在途中访问了沙州。作为回礼，沙州派遣了入贡的使节，与甘州回鹘的答礼朝贡使同行。上述的记载，很清楚是关系到这次朝贡。如果这样，曹议金死的确切时间是何时呢，从敦煌文书来看，记有清泰三年日期的《武达儿状》，记有清泰四年日期的《僧龙訔等上司空牒》①都是上给某司空的，可知这个司空是掌权者。这个司空，和在长兴四五年(933—934 年)的《曹议金疏》②中，分别附于天公主、夫人之后的司空：

司空助治，绍倅职于龙沙。诸幼郎君，负良才而奉国，
司空英杰，尽六艺之幽悬。诸幼郎君，穷九流之奥典。

这两个司空肯定是同一个人，看作是议金的长子元德大概不会错吧。《册府元龟》卷 972 记载："(清泰二年)七月，沙州刺史曹义金献马三[百?]匹。"这个使者是在清泰三年的前一年，由曹议金派遣的，因此，议金之死，可以定为清泰二三年间。元德统治时间大概不长。前面所提到的张匡邺一行，返回中国时，沙州使节是由元德的弟弟元深派遣的③，此外，晋的使节一行中的高居晦，其旅行记(《新五代史》卷 74)中，也未见元德的名字。敦煌写本《曹良才画像赞》是一篇悼念现任节度使的长兄、字良才的人的文章，此人就任节度使不久就夭折了。良才，大概就是指元德。

---

① 《沙州文录》，19 页；《敦煌石室真迹录》戊等。

② 羽田亨、伯希和合编：《敦煌遗书》活字本，第 1 集。

③ 《新五代史》卷 9《晋出帝纪》："(天福七年十二月)丙子，于阗使都督刘再升。沙州曹元深、瓜州曹元忠，皆遣使，附再升以来。"

此外，还介绍了元深祈愿这名使者途中平安、早拜天颜疏，此疏附有"天福七年十一月二十二日"年月日期(《敦煌遗书》活字本，第 1 集)。

元深在任期间也不长，如前边提到的，他在天福七年十二月，首次向晋朝派遣了朝贡的使者，天福八年正月，他正式被任命为节度使。下一批从沙州派遣的朝贡使，于开运三年二月到晋时，他的弟弟元忠已经继任了。元忠曾作为元深的属下治理瓜州，他成为节度使后，似乎其子延敬(?)守卫着瓜州。① 元忠统治时间稍长一些，一直到宋初。他在任期间，后周曾于显德二年(955年)赐印给他，中国的史料有此记载(《新五代史》卷74等)，巴黎的敦煌文书二一五五号、伦敦的文书S四六三二号②等盖有"归义军节度使新铸印"，大概就是这个印。此外，元忠所雕刻的"毗沙门天王像"及其他的木版，也广为世人知晓。

到宋代，为避宋太祖祖父敬之讳，延敬被赐名延恭(《资治通鉴长编》卷3，建隆三年正月丙子，以下简称《长编》)。他是代元忠而立的，他接任的时间，已故滨田耕作博士根据伦敦所藏的四通连贴的祈福疏，考证为是开宝七年(974年)二月到开宝八年五月中间的事。③

大概延恭不久也就为其弟延禄所代。建隆三年以后到太平兴国五年(980年)，大概曹氏与宋朝的联系中断了④，宋朝方面的史料，在太平兴国五年这一年才第一次记载了元忠之死，没有提到延禄称留后、延恭自立之事(参照第三章年表)。

咸平五年(1002年)，延禄被同族的宗寿杀死，《宋会要辑稿·蕃夷五》之二详细记载了此事的始末，如下：

五年八月，权归义军节度兵马留后曹宗寿遣牙校阴会迁入贡，且言，为叔归义军节度使延禄、瓜州防御使延瑞将见害，臣先知觉，即投瓜州。

---

① 《新五代史》卷74《四夷附录·吐蕃》记载：

知瓜州曹元恭为瓜州团练使。

此后不久，在宋建隆二年又出现"瓜州团练使曹延敬"(《长编》)，因此，如罗振玉所说，这应看作延恭之误。大概是宋代在编纂五代史之际，为避国讳，改敬为恭，进而将延误作元。

② *BSOS.*，VII-3，p. 570.

③ 前列滨田耕作博士论文，载《东洋学报》，8卷1号，123～124页，《曹氏祈福疏》(《东亚考古学研究》所收的此文，重要的地方有误排现象，需要注意)。

④ 参照后文88页(即320页注①)、90页(即322页注①)以及第三章。

盖以当道二州八镇军民自前数有冤屈，备受艰辛，众意请臣统领兵马，不期内外合势，便围军府。延禄等知其力屈，寻自尽。臣为三军所迫，权知留后，兼差弟宗久权知瓜州讫文表求降旌节，制遏藩戎。朝廷以其地本羁縻，而世荷王命，岁修职贡，乃授宗寿金紫光禄大夫、检校太保使持节沙州刺史、兼御史大夫、归义军节度、瓜沙等州观察处置押蕃落等使，封谯郡开国侯，食邑一千户，赐竭诚奉化功臣；宗久检校尚书左仆射、御史大夫、知瓜州军州事；宗寿子贤顺为检校兵部尚书、衙内都指挥使，妻纪氏封济北郡夫人。宗寿即延禄族子，养教之也。

如上所载，宗寿是延禄的族子，由延禄抚养，他呼延禄为“叔”，由此看来，大概是延恭的儿子。上所载的宗寿之子贤顺，于大中祥符七年(1014年)代任为节度使，宋朝的史料有所记载，此后，他的名字在辽、宋的史料中出现过数次。

《辽史》中，宗寿、贤顺分别记载为寿、顺，前者是避兴宗之讳，后者是避景宗之讳。[①] 贤顺有时也被记载为恭顺。[②] 关于贤顺，《辽史》卷12《圣宗本纪三》有如下的记载：

(统和六年六月)乙酉，夷离堇阿鲁勃送沙州节度使曹恭(贤)顺还。授于越。

人们对这段文字记载有疑问。[③] 统和六年(988年)，即宋的端拱元年，正是延禄在任期间，称恭顺为节度使就不合理了。

不仅是《辽史》，大体上中国史料中，“归义军节度使”经常省略为“归义节度”，上述记载中的“沙州节度使”也可以照此理解，或是脱掉一个使字，作为“由沙州节度使派遣来的使者”之意，那么，这就可以读为“夷离堇的阿鲁勃，去送自沙州而来的使者曹恭顺，自沙州返回，因功被授予

---

① 宗寿朝贡辽一事，要早于兴宗时代，在编纂《辽史》原稿之际，省略了“宗”字，大概应该这样理解。

② 下面第三章所引《韩橁墓志铭》及《辽史》卷12《圣宗纪》等。

③ 罗振玉：《瓜沙曹氏年表》，9页。罗氏将此文误读为“授曹恭顺越”。

越之位”。按辽制，有才能的人犯了罪，免官，派遣到远方当使者，如平安完成使命，可以恕罪，并任官。这种例子屡见不鲜①，我想这也是其中一例。

宋、辽史料中记载归义军节度使名字的有，宋的《续资治通鉴长编》卷101天圣元年(1023年)闰九月，辽的方面有《辽史》卷16本纪开泰九年(1020年)七月，最后记载的名字都是贤顺。此后，在瓜沙二州入贡的记载中，看不到节度使的名字了，但《宋会要辑稿·蕃夷五》之三却有庆历二年(1042年)沙州北亭可汗王入贡的记载②，此外，下面还将提到，在辽代，任命韩橁等人遥领沙州。曹氏大概是从贤顺以后就灭亡了，此后在曹琮镇守秦州期间，为了对抗西夏，策划怀柔吐蕃之时，沙州镇国王子起而响应，提议征讨西夏。③ 从他送交曹琮的文书中“我本唐甥，天子实我舅”这段话来看，这个沙州王子大概不是曹氏的后裔，而是回鹘的一个土酋。敦煌文书中所见的曹氏历代节度使，用了敦煌(郡)王、托西大王、曹大王、谯郡王等称号。元忠死后，宋朝赠予他敦煌郡王称号，延禄于咸平四年，

---

① 《辽史》卷16《圣宗本纪七》“开泰九年十月戊寅”：“国家旧使远国，多用犯徒罪而有才略者。使还即除其罪。”

② 《宋会要辑稿·蕃夷五》之三“沙瓜二州”条记载：“庆历二年(1041年)二月，沙州北亭可汗王遣大使密、副使张进零、和延进、大使曹都都、大使翟入贡。”这个北亭可汗，同书《蕃夷七》之二六《历代朝贡表》中也出现过：“(康定)二年(1040年，即庆历元年)十一月十五日，北亭(庭)可汗奉表贡玉、乳香、硇砂、名马。”

这个可汗到底是什么来历不清楚。此外，前面庆历二年的记事，我读作“沙州和北亭(庭)可汗王”。

③ 《宋史》卷258《曹彬传附琮传》：“(曹)琮欲诱吐蕃，犄角图贼。得西川(州)旧贾，使谕意。而沙州镇王子，遣使奉书，曰：‘我本唐甥，天子实吾舅也。自党项破甘凉，遂与汉隔。今愿率首领为朝廷击贼。’帝善琮策。”

这段记载，在《长编》中，附在“庆历元年夏四月甲申，琮自秦州转为陕西副都部署”之后，而且，前面提到的沙州镇王子，被记作“沙州镇国王子”。这个事件发生的年月，如《长编》这段记事中所注，是在曹琮驻守秦州期间(前后四年)，因此，可知是距前面提到的庆历元年相距不远。《西夏纪》《西夏书事》等记载此事，《长编》将之系于庆历元年四月是不妥当的。此外，这两书中，有“已而以兵攻，沙州不克”，我认为是无根据的记载。

被宋正式封为谯郡王。但更早的，从第一代议金开始，曹氏业已代代称王了。①

节度使的正室，大概与回鹘可汗的妻子同样，都被称为“天公主”。这个称呼敦煌文书中出现过若干次，过去被解释为嫁给敦煌王的于阗国王之女。② 这种例子也有，但是，现在已知的文书中都按节度使、天公主、夫人、诸子、妇的顺序排列记载③，如伯希和文书三二六九号④：

> 司徒(现任的节度使——原作者加)鹤寿宝位，定千载遐降。国母天公主延龄，禄宠厚，万年莫竭。刺史郎君，英俊负忠孝，理于王庭。小娘内外，芳颜永阴，长于闺阁之福会也。

从这个例子来看，将天公主解释为大王的正室似乎比较妥当。于阗王之女被称作天公主，是嫁给沙州曹氏，并成为其正室者。

---

① 例如，长兴四五年的《曹议金疏》(《敦煌遗书》活字本，第1集)中，为“河西归义军节度使检校令公大王曹议”，这大概是最早的称王记载。但是，曹议金在初期，似乎还没有王的称号，本文所引的《佛名经》中，为“府主尚书曹公”，伦敦所藏《佛名经》(S.6255，*BSOS.*，VII-3，p.563)同样，为“府主太保曹公”。

从宋代起，正式授予曹氏王号，本文所记载的咸平四年是第一次，《长编》卷48注有明确的记载如下：

> 《实录》云：加归义节度使检校太尉。今从《会要》及《本传》，于是始封王爵也。

敦煌文书中所见的节度使的散官封号，与中国史籍中所载的相比，前者一般都高。也可能这种称号是根据他们的请求而授予的。

② 羽田亨博士：《敦煌遗书》活字本，第1集解说，3～4页。王国维：《于阗公主供养地藏菩萨画像跋》，见《观堂集林》旧版卷16，增订版卷20。

③ 伯希和二七〇四号《曹议金疏》，见《敦煌遗书》活字本，第1集；伯希和四六三八号《曹夫人谗》，见《沙州文录》等所收。

④ 那波利贞博士：《佛教信仰に基きて組織せられる中晚唐五代の社邑就きて》下，载《史林》，24卷4号，113页。此外，此件文书，“治”和“民”字缺笔，敦煌文书中，如伦敦的S.4473号《大晋皇帝祭文》里，“民”字仍缺笔(*BSOS.*，X-2，pp.339-340)，唐亡后，唐的国讳字仍缺笔的例子屡屡出现，这个不能作为年代判定的依据(请参照陈垣：《史讳举例》卷47《翌代仍讳例》)。因此，姑且将此件文书认作曹氏时代的东西。另外，从下面第四章所引的千佛洞第七十四窟的“大朝大于阗国天册皇帝第三女天公主李氏”这句话来看，天公主不是于阗的公主，理解为沙州的天公主，我认为似乎更恰当。

此外，在曹氏时代，适合于节度副使资格的人，似乎一般是节度使的弟弟或长子，统领瓜州。曹议金时期，出现过瓜州刺史慕容归盈的名字①，但如上所述，元深任节度使时，他的弟弟元忠是瓜州刺史，元忠代元深而立后，他的儿子延恭，成为瓜州团练使。这个制度，一直延续到曹氏的最后一任节度使贤顺，他的弟弟贤惠在其属下知瓜州。②

二、五代宋初的东西交通路

曹氏时代的归义军，是占据沙、瓜二州绿洲的小王国。被认为是五代或宋初写成的敦煌写本《西天路竟》中载有“玉门关西一百里，瓜州前方二日行程之所，即沙州国境界”③，可以得知曹氏领土的东境。归义军以这块小天地作为立足点，追逐着东西方贸易转运利益。这样，归义军与沿东西交通路建立同样王国的甘州、西州的回鹘和于阗等一起，向中原的朝廷和

---

① 《册府元龟》卷169、卷965、卷972。

② 曹氏时代的节度使与瓜州刺史或团练使、防御使之间的关系如下：

节度使　瓜州

议金——慕容归盈

元德——?

元深——元忠

元忠——延敬(元恭?)

延敬——?

延禄——延晟、延瑞

宗寿——宗文

贤顺——贤惠

③ 西天路竟一本，东京至灵州四千里地。

灵州西行二十里至甘州，是汗王。又西行五日至肃州。又西行一日至玉门关。又西行一百里至沙州界。又西行二日至瓜州。又西行三日至沙州。(下略)

(Serindia，Vol.，PI. CLXVII)

把上面这段材料看作是五代或宋初之物，有以下几个理由。第一，起点提到东京。国都是汴京，而被称为东京的只能是北宋或五代。第二，经由灵州。如本文中所说，经由灵州之道，从五代到宋初是最普通的道，从至道、咸平时，就根本不使用了。第三，“(甘州)是汗王”之句，这肯定是说甘州是回鹘可汗王的根据地，大概是“是可汗王地”的脱字。这是甘州成为回鹘的占领地、沙州国领有瓜州和沙州时期，因此，这份文书不可能是五代或宋初以外的东西，而且，是经由灵州之道不被利用之前的东西。

另外，标题中的“竟”字，是宋的国讳字，并没有缺笔，因此，也可以考虑是北宋之前成文的，但是讳字是否那样严格地被履行是有疑问的，因此，不能断言。

契丹朝贡，这种状态一直延续到被西夏灭亡为止。

归义军在东西交通贸易方面的活动，与上面所举的其他诸国有着密切的关系。因而，为了了解归义军后期的历史，必须弄清楚当时的背景，即当时的东西交通状况和中国西北一带的形势。然而，过去对这方面没有过多的深入研究。这段历史夹在唐朝向西方的发展和元朝大帝国这两个繁荣时期之间，海上交通也在此时日渐繁荣，但此时期来往于这个地区的东西交通乍一看似乎不景气，这可能是对这个问题没有深入研究的原因。但是，这个时期，在东方，正值中国的历史由中世纪向近世转换的完成时期；在中亚细亚，正值土耳其人确立其土耳其斯坦统治时期，同时，也是西方的伊斯兰教传入中亚细亚时期。如此说来，这个时期东西交通的历史应该说具有颇为重大的意义。而且，这个时期的很多问题还没有解决，没有动手研究。以后有机会再详细说明，在这里，至少概略叙述一下，对于归义军的历史背景，是有必要的。

如上篇所述，沙州东面的甘州，由于被回鹘占据，瓦解了归义军在河西地区的统治。这个地区，出现了每块绿洲都被小王国割据的局面。而且，自沙州以西，回鹘向今新疆地区迁徙之际产生的混乱大致刚平息，这里又建立了绿洲小王国。这样从河西到今新疆地区的交通路上，小王国星罗棋布，他们参与东西贸易，这种状态，一直持续到西夏兴起。下面，介绍一下这些国家的主要情况，然后叙述一下通过这个地区所开展的交通贸易的状况。

高昌和龟兹　由沙州向西望去，沿西域北道首先必须注意的是高昌和龟兹两国。如本稿上编中所述，在沙州归义军出现的前后，西域北道地区，回鹘人也建立了政权。这个时期，上述的高昌和龟兹这两个国大概是较强的，而且天山以北的北庭（ベシバリク、新疆吉木萨尔）地区，似乎是高昌国的势力范围，这个时期的中期，高昌国被龟兹国所吞并。

《宋史》卷490为这两国立有《高昌传》和《龟兹传》，此外，还有《回鹘传》，这其间发生种种混乱，因另文有所论述①，详情请看另文，现在，只是叙述一下其大略。

高昌回鹘，在宋代有时称为西州回鹘，在辽代，又被称为和州回鹘，阿萨兰回鹘，可汗称号为 Arslan khān，因此，契丹所称的阿萨兰，是其音译，宋代音译为阿厮兰汗，意译为师子王。唐朝，公主下嫁回鹘的可汗，因此，历代的回鹘可汗常都自称是中国天子的"外甥"，呼中国朝廷为"舅中朝"，即使到了宋代，依然不只是高昌国，所有的回鹘可汗都承袭了这一称呼。

高昌回鹘频繁向契丹朝贡，《辽史》本纪及属国表中记载，从国初到统和十四年(996 年)期间，总计朝贡 13 次。反之，中原方面的史料中，高昌回鹘的朝贡记载却极少。只在五代后周的广顺元年(951 年)，看见一次，进入宋代，在太平兴国六年(981 年)アルスラン汗进行了第一次正式的朝贡，对此，宋朝派遣王延德到高昌，他随同高昌答礼使于太平兴国九年(984 年)返回。除了一系列的交涉外，还进行了私人贸易，不过只有两次。而且，其路程并不经由河西，而是横穿唐代所谓的回鹘道——宁夏的沙漠，当时鞑靼或阻卜的居住地，途中经过エチナ(额其纳)河畔的公主城。

咸平四年(1001 年)以后，高昌回鹘好像已经不向宋朝入贡了，从这个方向来向宋朝入贡的回鹘，号龟兹回鹘。龟兹回鹘有时也因袭唐代的旧称，叫安西州回鹘。宋朝的史料中，亦简称为西州回鹘、西州龟兹等。可汗称作尅(克)韩王。这就是西方的伊斯兰史家(所说的"领有キュセン Kusān Kūšān 城的タガズガズ(Tarazraz＝回鹘)")②。从这时以后，《辽

---

① 拙稿：《高昌回鶻と龜兹回鶻》，载《东洋史研究》，7 卷 2/3 号

此外，以西州回鹘和甘州回鹘为主的研究，有王日蔚的《唐后回鹘考》，载《史学集刊》，1 期。他搜集了很多种正史、《册府元龟》中的记载，却没能利用宋代极重要的史料《续资治通鉴长编》，由于成文在《宋会要辑稿》出版之前，也没能利用此书，这对于王氏所研究的朝贡的频率和朝贡的性质可以说是很大的缺陷。

② C. Barbier de Meynard et Pavet de Courteille, Macoudi, *Les prairies d'or*, T. I., p. 288, p. 358.

这个 küsän 或 küšän 是指龟兹，正如羽田亨博士在《吐鲁番出土回鶻文摩民教徒祈愿文断简》(《桑原博士还历纪念东洋史论丛》)，及在《大月氏及び貴霜に就いて》(《史学杂志》，41 编 9 号)中所论证过的。

史》中几乎也看不到阿萨兰回鹘的名字了，看来，大概高昌国已被龟兹国吞并了。宋朝史料中，多次出现龟兹回鹘朝贡的记载。他们为抵达宋，常常经由河西，其朝贡和归义军等同时进行。

于阗 其次，位于西域南道西边的于阗是第一要冲。于阗自古以来，作为玉的产地，为汉土所知，中国所用的玉，全部产自于阗。并且，在归义军时期从西方诸国输入中国的物品中，玉和马相并列，数量最多。西方的绿洲诸国都将于阗的玉销往中国。如此，于阗在东西交通贸易上占有的地位，必须引起高度重视。

唐时，知道于阗王姓伏阇或姓尉迟毗沙 Vijaya。安史之乱后，这个尉迟氏的音信就断绝了。到了五代，有自称李圣天的国王，向中国朝贡，一直持续到宋初。这个李氏到底属于什么种族，史籍中没有记载。李氏是唐的国姓，李圣天自称是唐的宗属(《宋史》卷 490《于阗传》)，唐朝赐予蕃族国姓的例子是很多的，看来，这个李氏也应是这类情况。李氏出现时期正值回鹘向今新疆地区浸透之时，如果加以综合考察的话，这个李氏也许是其中的一个分支吧。即使不是，他也肯定是由于回鹘在迁徙之际发生混乱后，而占据此地区的。① 李圣天的名字，最早出现在中国史籍中是后晋的天福三年(938 年)(据敦煌文书记载，在此之前，于阗好像就曾向中国朝贡②)，这时，晋曾派遣使节张匡邺一行到于阗，再加上高居晦的记载，可知，当时(天福四五年左右)，于阗是同庆二十九年，因此，李氏建立的于阗国最迟也应上溯到后梁时，而且，李圣天的名字，宋初仍可见到，或许这不是王的名字，而是称号。③

宋初也有几次于阗入贡的记录，到开宝四年(971 年)为止，关系暂时中断，大中祥符二年(1009 年)以后，号称黑韩王的人，又开始朝贡，即是回鹘的カラ・カーン(イレク・カーン)家族，他作为カーシユ・ガル(疏勒)王，以回鹘族第一个改宗伊斯兰教的ユスフ・カラ・カーンYusuf Qara Khān 为祖。据伊斯兰史家的记载，他的弟弟或从弟ユスフ・カドル・カ

① 《册府元龟》卷 965、《旧五代史》本纪等。

② 《曹议金疏》，见《敦煌遗书》。

③ 参照王国维：《于阗公主供养地藏菩萨跋》，见《观堂集林》卷 20。

ーンYusuf Qadr khān(1023年死)，与于阗的佛教徒激战后，夺取了这个地区。[1] 李氏最后一次向宋朝贡时，“破疏勒国，得舞象一，欲以为贡，诏许之”(《宋史》卷490《于阗传》)，这件事记载了カラ・カーン家族与李氏于阗战事的消息。

于阗和辽的交往很少。在李氏时代，统和七年(990年)二三月和翌年(统和八年)二月，两次向辽朝贡，到カラ・カーン朝代，仅于开泰八年(1019年)有一次朝贡的记载(《辽史》本纪及属国表)。这从地理位置上考虑是很自然的。

在归义军灭亡之前，李氏和カラ・カーン朝代都向中原入贡，时常经由沙州，因此，自然而然沙州曹氏与他们结成了特殊的关系。这将在下面的章节另述。

自沙州转眼东望，河西走廊上，有甘州、凉州两个要冲，后来从这两州通往鄯州之路成为交通线路，这条道路具有重要的意义，但因为是在归义军灭亡之后，才成为重要的交通路，这里只打算叙述甘州和凉州的有关情况。

甘州回鹘　本稿上编的第五章中已经叙述过，位于自沙州通向中原之路的甘州，成了回鹘的根据地。归义军派往东方朝廷的朝贡使，经常与甘州回鹘的朝贡使同行。与归义军的灭亡大约同时，甘州也遭到了同样的命运，两者的境遇极其相似。甘州与归义军的关系，另文论述，现在打算主要简单论述一下它与东方的关系。

甘州回鹘，也向中原的历代朝廷及契丹两者朝贡，最主要的进贡品是马和玉。甘州回鹘称中原朝廷作舅中朝，可汗自称外甥，这点也与高昌回鹘等相同，在五代、宋的诸史籍中，单称“回鹘”，一般都是指甘州回鹘，与沙州以西的诸国相比，它向两个朝廷的朝贡也非常频繁，这从地理位置而言，也是当然的，但同时，它也受到位于其东方的党项的很大制约。

唐朝末年，甘州与中原的交通往来，是通过李茂贞所建立的岐国之间进行的，直到五代的梁末为止，甘州回鹘在史籍中很少出现。[2] 后唐兴起，岐灭

① M. F. Grenard, La légend de satok Boghra khân et l'histoire. (*JA.*, 9-XV, 1900), pp. 86sq.

② 后梁乾化元年(911年)有朝贡的记载，从大体上讲，必须看作例外。还请参照本文87页(即325页)。

亡，通往中原之道一经开通，他们的交通就突然活跃起来，向中原入贡的记载可以说几乎每年史籍中都可看到，同时，他们也尝试与新兴的契丹朝廷接近，会同七年(943年)，向契丹请求通婚，是第一次，此后又有数次朝贡，见《辽史》本纪及属国表。这种状态，一直延续到宋初，将近五十年时间。太祖开宝二年(969年)，宋的灵州官吏由于没有受到妥善的接待，与他们发生了纷争，他们产生了不满，因此，数年间断绝了入贡。① 为此，太宗一即位，就特地派遣了使者，敦促他们朝贡。② 宋的端拱、淳化时，即辽圣宗统和六七年时宋辽关系恶化，辽和党项接近，甘州只向辽朝贡。此后，随着宋、辽、西夏三国之间的关系的变化，甘州处于一种有时向宋朝贡，有时向辽朝贡的状态。西夏占领灵州后，进而显示西进之势。甘州联合西凉府的吐蕃，反抗西夏的压迫。大中祥符八年，凉州一度被西夏夺取，甘州马上将之夺回，继续抵抗。这期间，辽于统和二十八年(1010年)和太平六年(1026年)，两次向甘州派遣征讨军③，可知它也企图夺回通商权。甘州于宋的天圣六年(1028年)，最终归属了西夏。(《宋史》卷485《夏国传上》)

凉州　位于甘州东五百里的凉州，是河西的第一要冲，进入宋代，此

---

① 《续资治通鉴长编》卷10“开宝二年十一月庚申”条载：

> 回鹘使者，道由灵州，交易于市。知州段思恭，遣吏市硇砂，吏与使者争直忿竞。思恭释吏不问，械系使者。数日始贳之。使者归，愬于其国。回鹘可汗遣使赍牒，诣灵州，询械系之由，思恭自知理屈，不敢报。自是数年，回鹘不复入贡。

事实上宋朝的史料，此后至太平兴国五年(980年)，都看不到回鹘入贡的记载。《宋史》卷490《回鹘传》记载：

> 开宝中，累遣使贡方物。其相鞠仙越亦贡马。

对比看一下《宋会要辑稿·蕃夷四》“回鹘”，可知是用“累”字表现开宝元年及二年的朝贡，不能理解为整个开宝年间(968—976年)都进行朝贡。这应该说是《宋史》编者的疏忽吧。这期间，他们曾几次向契丹朝贡。

② 《宋会要辑稿·蕃夷四》之二：“太宗太平兴国元年冬，遣殿直张璨，赍诏谕甘、沙州回鹘可汗外甥，赐以器币，招至名马美玉，以备车骑琮璜之用。”

《宋史·回鹘传》中，将此事记为二年冬。

③ 《辽史》卷14及卷17《圣宗纪》，卷70《属国表》和卷93《萧图玉传》及《萧惠传》。

统和二十八年(1010年)的事件，与大中祥符元年(1008年)报告到宋朝关于西夏攻取甘州失败的事件(《长编》卷68“三月戊辰及五月”)大概是有关系的。

《萧惠传》中记载：“太平六年讨回鹘阿萨兰部，征兵诸路。独阻卜酋直剌后期，立斩以徇。进至甘州，攻围三日，不克而还。”是将甘州和阿萨兰即高昌搞乱了。

地被称为西凉府。凡占有位于河西东端此处的人，便能掌握东西交通的关键，而且能制河西以西诸国以死命。不仅如此，这个地区出产大量当时中国最切实需要的马。从而，周围的诸势力与土著势力之间，为保有凉州，不断发生战争。

这个时期，吐蕃和其他游牧民族，在这一带沿边逐水草而居，在凉州由姓折逋的六谷部，中国人称之为“吐蕃之别种”①的土豪统治，此外有数百户汉人或居住于城郭，或耕作于郊野②。土著势力就有这两种。

位于凉州的外侧，与此地有利害关系的，有中国和西夏。中国方面，灵州和泾州这两个镇首先必须引起重视，从中原到凉州，一般利用经由环州（通远军，甘肃省环县），自灵州（宁夏灵武县西南）以西通向凉州之道和自泾州（甘肃省泾川县北五里）经由唐的原州（镇戎军，甘肃省固原县），向西北之道。③ 灵州、泾州两镇成为中国经营凉州的基地。也就是说，灵州的朔方节度使和泾州的彰义军节度使，通过与凉州的联系，享受由管理通

① 《宋会要辑稿·方域二一》之一四“西凉府”。

② 后唐明宗时，据凉州孙超派遣的使者说（《宋会要辑稿·方域二四》《宋史·吐蕃传》）：

凉州……旧有郓人二千五百，为戍兵。及黄巢之乱，遂为阻绝。（孙）超及城中汉户百余，皆戍兵之子孙也。（《新五代史》卷74略同）

《宋会要辑稿》和《宋史·吐蕃传》中进而还说道：

郭外数十里，尚有汉民陷没者耕作。余皆吐蕃。

③ 经由灵州之道，正如注142（即315页注③）中所引的《西天路竟》，注151（即320页注①）中所引的段思恭和回鹘的纷争，再加上五代晋高居晦的《于阗纪行》（《新五代史》卷74）中所见到的，是从灵州出发，宋代的乾德四年，很多僧人赴天竺时，还是通过“朔方路”（《宋史》卷492《吐蕃传》、《宋会要辑稿·方域四》、《长编》）。大概就是这条道。

经由泾州之道，沿汧山山脉之北的泾水，伸向西北，即位于清代左宗棠改修的陕甘公路的北路。后周时，大概形成了这条道。《册府元龟》卷956《外臣部·总序》载：

（周）太祖又自泾州安国镇至西凉府，沿路三处置州，以吐蕃首领为刺史，以总之。（《新五代史》卷74略同）

《宋会要辑稿·方域二一》“西凉府”条及《宋史》卷492《吐蕃传》载：

开宝六年，凉州令步奏官僧吝氈、声逋胜拉蹋二人，求通道于泾州，以申朝贡。诏泾州，令牙将至凉州，慰抚之。

由于通往灵州之道被封锁（参照注151，即320页注①），所以依靠通泾州之道。

商而产生的利益，经常派其部下作为其利益的代表者，驻扎此地。①

此外，除这些地方政权外，中央也直接派遣这类的驻在官。

除了上面提到的中国一方的诸政权外，凉州还受到来自东北的西夏的压迫，最后结局，西夏获得胜利，终于吞并了凉州。

《新五代史》卷74《四夷附录·吐蕃》，叙述了凉州政权的变化。据此可知，除土著、汉人、吐蕃的土豪而外，还有从灵州、泾州派遣的驻在官，交相君临此地，此后，后周世宗时，第一次由中央任命了节度使，这其间，他们相互之间发生了种种纷争，但谁都没有持久。进入宋代，土豪折逋氏的葛支、阿俞丹、俞龙波(游龙钵)、潘罗支、厮铎督相继而立，太宗、真宗时，中央还派遣了丁惟清驻守此地。阿俞丹自立时，宋朝正值太宗时，党项李继迁背叛了宋，对西凉开始施加了强大的压力。六谷部对此进行了顽强的抵抗，屡次向宋提议，共同对党项出兵，李继迁最终在与六谷部的战斗中阵亡。六谷部成为宋的有力的藩屏。对于六谷部共同出兵的提议，宋朝始终没有同意，因此，它与甘州回鹘联合，继续对西夏进行了多年抵抗后，于大中祥符八年(1015年)曾一度被西夏征服，翌年，甘州回鹘立刻从西夏手中夺回此地。但此后，西凉府的势力衰弱了，它所具有的对抗西夏、藩屏宋朝的地位便让给了青唐羌的唃厮啰。

党项和吐蕃　除上述的绿洲诸国外，沿交通路，还分布着许多游牧部族，其中特别应该引起注意的是党项和吐蕃，尤其是党项，如上篇所述，党项分布在从甘肃东部、宁夏地区到陕西北边，吐蕃很多居住在甘肃东部。从西方要进

① 两节度使虽只是名义上的，但他们各自兼带河西节度使和安西四镇节度使的称号，可以说两镇是向西发展的基地。

后晋天福年间，灵武节度使冯晖的部下吴继勋刚夺取凉州，第二年，泾州节度使的部下陈延晖马上赴凉州驻扎(《新五代史》卷74)，可知这是灵、泾两镇之间的通商路争夺战。《资治通鉴》卷267还记载了岐王李茂贞企图征讨灵州。这种争夺战，应看作是在两镇之间直接进行的。而且，这时还有梁势力下的某些藩镇奔赴灵州救援，这样，这些基地也成为各个政权之间争夺的对象。

《资治通鉴》卷286："契丹主以……汉将……史诠为彰义节度使。……史匡威不受代。"

看来契丹也介入了这种争夺战。

入中国，利用横穿西夏之道，须经过党项平夏部所在地而通往中原。[①] 如通往灵州，须经过庆州的东山部所在地[②]，如通往泾州，须经过吐蕃诸族所在地。[③] 他们大概有时是这些商队的向导，有时又是征税者和屡次掠夺者。[④] 而且，输入中国的马匹，大部分产自这些地区。[⑤] 这些马除了由他们自己带入中国或由中国一方的官员买进以外，很多马还由西方诸国从他们手中买下而输往中国的。

以上这些诸国，排列在交通路上，他们之间的联系也非常紧密。中国史料记载，这些国的朝贡经常同时进行，由此可察知，这些国经常共同组

① 宋王延德的《高昌纪行》(《宋史》卷490《高昌传》，《文献通考》卷336，《挥麈前录》卷4所收。《长编》所收的缺前半部分)记载，从党项平夏部的根据地夏州出发。

② 《新五代史》卷74《四夷附录》"党项"条载：

其(党项)在灵、庆之间者，数犯边为盗。自河西回鹘朝贡中国，道其部落，辄邀劫之，执其使者，卖之佗族，以易牛马。

此外，还多次看到，在灵州，西方诸国的朝贡使遭到党项掠夺的记载。

③ 如看注156(即321页注③)所引《册府元龟》之文，后周时在泾州和凉州之间设置的三个州，是以吐蕃酋长为刺史的。

④ 例如，注159(即本页注②)中的记载，在史料中他们经常作为掠夺者出现，必须考虑到他们是经常这样干的。《松漠纪闻》中记载西夏向西方诸国的商队课以苛酷的通行税，为此，诸国备受其苦。由于这种税太重了，还特别载入史籍。商队支付了通行税，一般就可以在途中享受保护和向导。甚至不付通行税，如本文所叙述的，西方诸国从他们那购买大量的马，因此，他们也获利颇大。从吐蕃的一个酋长带有"开道使"的官名(《宋史·吐蕃传》)的例子来看，也可知他们所扮演的角色。他们之所以成为掠夺者，是在像上述那样的交易不能圆满进行的情况下发生的。

⑤ 《新五代史》卷74："(后唐)明宗时，诏沿边置场市马。诸夷皆入市中国，而回鹘、党项马最多。"

《文献通考》卷160："凡市马之处，河东则府州岢岚军。陕西则秦、渭、泾、原、仪、环、庆、阶、文州、镇戎军，川峡则益、黎、戎、茂、雅、夔州、永康军。……招马之处。秦、渭、阶、文之吐蕃、回鹘。麟、府之党项，丰州之藏擦勒族，环州之巴特玛家、保家、密什克族。泾、仪、鄜、延、火山、保德、保安军，唐龙镇、制胜关之诸蕃。"

《宋会要辑稿·兵》《宋史·兵志》等的记载较详，据这些史料，可知上述制度是雍熙、端拱以后，到西夏侵略灵州之间的制度，现在的陕西、甘肃东部以外的地方不多见。据《宋会要辑稿·兵二四》之三记载，府州的马是最好的良种，环、庆的马次之，秦、渭的马有骨骼太大的缺陷，其他地方的马劣于这些地区，也就是说，西北是马匹的主要供给地区。

成使节团进行往来。而且并不只限于这一时期，除了这些朝贡即官方贸易，还有相当盛行的私人贸易，此外普通商队假冒朝贡使也为数不少。这些使节团和商队在经过各国时，都受到保护和友好接待，并通过驿传系统，将他们送到下一个国家。[①]

这样，在这个时期，河西地区和今新疆地区，虽然没有出现独自控制这个地区的强大势力，但由于小国相互之间的协作，在某种程度上维持了道路的治安，使通过“丝绸之路”的交通贸易得以正常进行。

我认为，这个时期，中国对西方诸国的关系上，有几点特别值得注意。

这是基于中原、北狄两个势力重心东移之上的。前代，中国的国都在长安，北狄以漠北地区为根据地，从而，当时的关内道——今天的陕西北部，是南北交通干线。然而，五代以后中国的国都是汴京或洛阳，北方的势力，以遥远的东方的契丹作为其代表，河北地区成为南北交通的干线，两个势力的范围的西境也随之东移。从中国方面来讲，河西地区完全成为化外之地[②]，中央政府的威力似乎并没有充分行使于西北边境的藩镇。

中国使用的军马，几乎全部产自西北各地。中原势力达不到这个地区

① 关于当时的贸易状况，准备在后面涉及，因此，这里只举一两个应引起重视的例子。

如本文所叙述的，私人贸易在什么时候进行呢？这时期，最重要的贸易输入品是马，大部分不是以朝贡的形式，而是通过中国政府向蕃部购买他们已经运来的马的方式，同时，史料中还看到去边外的蕃境购马的中国商人(《宋会要辑稿·兵二二》之四、之五)。

边境的官吏，实际上，同时也是大贸易商。

又禁陕西并边主兵官，与属羌贸易(《宋史》卷186《食货志》“互市舶”条)。也有特别载入史籍的例子(如泾州的张铎)，灵州的冯晖，被转任命到内地，一旦赴任，又后悔离开灵州，立刻返回灵州(《资治通鉴》卷285及《旧五代史》卷127本传)；曹琮成为天子的姻戚，表面上冠有美名，他自己希望领有秦州(《宋史》卷358)。可以推知，通过就任于这些边镇之职，能够获取巨利。大体来说，这时边境的藩镇大多是父子相承的。

② 《旧五代史》卷41《唐书·明宗纪》长兴元年封帝徽号册文中载有“控灵武而瓜沙并复”之句，不能理解为后唐收复了河西地区。据《五代会要》卷30《杂录》，后唐天成元年六月，按照御史台的上奏，讨论对诸外藩的待遇时，决定给予甘州回鹘以小番朝贡的待遇。

的结果是失去了无可替代的马的产地。中国所需要的军马的大部分，都只得仰仗西北国境外的输入。而且这时期，由于国内的战乱和与契丹、西夏间的战事，军马的需要量是很多的，与过去的西方贸易是以玉、绢等奢侈品贸易为主的单纯的贸易阶段相比，不是国民生活的必需品，而是国家必需品的马，成为贸易物品的大宗，这点与单纯的贸易阶段是有本质的不同的。① 五代、北宋与西方的关系，实际上是以中国的马政为中心问题而展开的。

其次，同样还是由东方势力的后退引起的，即西边的党项进入此地，建立了西夏国。这应该看作新出现的河西王国。绿洲诸国向东方朝廷入贡，由于西夏扼其咽喉，不得不受到严格制约。同时，另外一方面，西夏疆域的扩大，就意味着中国丧失了马的来源的输出地。从而，由于西夏国力的发展，通商之路受到威胁，中国军马的补充就很困难了。

这样，这个时期的东西交通，以中国的马政问题为基点，围绕着西夏、契丹、宋三者之间的关系的变迁，可知，其中有很多曲折。考察一下变化的状况，在西夏兴起前和兴起后，有很大的不同。下面叙述一下大致情况。

五代从后唐初，到党项李继迁背叛宋、占据银州这段时期，可以说是自由贸易时代。西方的绿洲诸国频繁向中原历朝朝贡，边境地区私人贸易也很盛行，另外，他们也向当时的新兴势力契丹屡屡朝贡。向中原朝贡的频率是与马政的消长并行的。②

后唐建立之前，管理中国和绿洲诸国之间通商的是凤翔的岐王李茂贞，领有彰义军(泾原)、静难军(邠宁)等交通路上的要冲(两五代史本传)，进而也觊觎灵州，通过和西方的贸易而获得巨富。③ 因此，朱梁和西

① 严格说来，这种现象，唐自安史之乱后，失去了西北地区，就已经开始被认可了。

② 《资治通鉴》卷267“开平三年(909年)末”条，还请参照注157(即322页注①)。

③ 《九国志》卷7《李彦琦传》：“(杨)彦琦，善骑射，有权略。唐中和初，凤翔李茂贞，委以心腹之任，易姓李氏，齿于诸子。后昭宗西幸，梁祖迎驾，攻逼岐下者累年。及昭宗东迁，长围方解。大军之后，府库空竭。彦琦请使甘州，以通回鹘，往复二载，美玉名马，相继而至，所获万计，茂贞赖之。”

方之间的交通不畅。李茂贞降于取代梁的(后)唐后，中原向西北缘边的党项、吐蕃的买马活动开始活跃起来，西方诸国向中国的朝贡也突然变得频繁了。不久，在各地设置了市马场。① 为买马所需要的费用，据说竟达国费的十分之七。② 买马是西北藩镇的首要任务，其他藩镇，也要进献大量绫绢、金银，以充马价。③ 这种状态，宋初也同样。否则，由于持续多年的内外战乱，军马就会越来越缺乏了。④ 宋初对军马的补充和招致西方诸国，都没有采取特殊的政策，贸易等事项都是在边境藩镇的管理下进行的。⑤ 太宗一即位，就着手做北伐的准备，为了补充军马的不足大规模向民

① 《五代会要》卷 29《党项羌》：“(天成)四年(929 年)四月，敕沿边置场买马，不许蕃部至阙下。自上御极已来，党项之众，竞赴都下卖马。常赐食于禁廷，醉则联袂，歌其土风。凡将到马，无驽良并云上进。国家虽约其价值以给之，然计其馆给赐赍，每年不下五六十万贯。大臣以为耗蠹中原，无甚于此。因降敕止之。”(《旧五代史》卷 40 略同)

② 《五代会要》卷 12《马》：“(长兴四年十月)先是，上问见管马数。枢密使范延光奏：天下常支草粟者近五万匹。见今西北诸道蕃卖马者往来如市，其邮传之费，市估之直，日以四五十贯。以臣计之，国力十耗其七。”

③ 例如，朔方节度使冯晖，对蕃族的怀柔很成功，每年可获得五千匹马，他的势力反而受到朝廷的猜忌(《资治通鉴》卷 285)；彰义(泾州)节度使李金全专门从事买马，卓有成绩，由于懈怠了日常政务，而受到谴责(《资治通鉴》卷 278、《新五代史》及《旧五代史》之本传)。

《五代会要》卷 5：“天成二年(927 年)三月五日，门下侍郎兼工部尚书平章事判三司任圜奏：‘三京留守、诸道节度观察、诸道州防御使、刺史，每年应圣节及正至等节贡奉，或恩命改转，或讨伐胜捷，各进献马。伏见本朝旧事，虽以献马为名，多将绫绢金银折充马价。’”(下略)

这种进献，并不只是出于礼仪献上数匹骏马，而是献上大量实用的马匹，从《册府元龟》卷 169《帝王部·纳贡献》及《廿二史札记》卷 22《五代诸侯贡奉多用鞍马器械》中所举的诸例，可知这个事实。

④ 五代末年的汉，苦于马匹不足，而从民间各地买马(《五代会要》卷 12、《资治通鉴》卷 287“天福十二年”)；周时，允许马的输入者回鹘进行私人贸易(《册府元龟》卷 999)，以此对他们进行招致。宋太祖即位后不久，作为马的出产地而为人知晓的党项族的李彝兴来献马时，太祖非常高兴，赠予玉带，如《宋史》卷 485《夏国传》中所云，除了政治因素外，宋的马匹不足也是因素之一。

⑤ 请参照注 163(即 324 页注①)，此外，如秋贞(田村)实造在《澶淵の盟約と其の史の意義》(《史林》，22 卷 2 号，372～373 页)里叙述的关于宋的北边的情况，大概在西边也是同样的情况。

间买马。① 另外，向绿洲诸国派遣使者，促其朝贡。② 这样，在西方诸国的朝贡开始逐渐进行时，李继迁趁机背叛了宋朝，建立了西夏国。

这期间，西方诸国向契丹的朝贡虽不如向中原朝廷的朝贡那样频繁，但也进行的相当活跃。翻阅一下《辽史》本纪及属国表，可知在这方面党项和阻卜之间的交往与和战很频繁，他们充当西方诸国向导或经营商品的中转贸易。③ 此后，一直到西夏吞并河西地区期间，东西交通贸易，完全被党项的向背所左右。随着西夏压力的加强，宋朝对补充马和招致西方诸国的政策的关心逐渐加强了。李继迁于雍熙二年(985 年)占据银川。翌年，曾依附过契丹的西方诸国看到宋对契丹战争失败，从这时起，就不向宋入贡了，而只是向契丹朝贡。这也可以从党项和甘州回鹘之间的联系来考虑。宋太宗一朝仍处于这种状态，真宗即位后，策划为防御契丹、西夏，买进大量的马，为此设置了估马司。④ 由于这时中原和西方的交通受到重大威胁，因此开辟一条新

---

① 《长编》卷 20："(太平兴国四年(979 年)十一月)先是，诏中使赵守伦优给价，和市在京及诸州民间私马。于是得十七万三千五百七十九疋。"

(注：本志载市马事在太平兴国四年。按正月即出师，恐在四年以前矣。《实录别本》载赵守伦市马数在十一月乙巳前，今因之。盖市马前此事。及此乃上其所得之数也。)

这时是宋对辽的战争失败后，太平兴国五、六、七年左右，为了补充马的不足，越来越积极地买马。

《宋会要辑稿·兵二二》"买马"："(太平兴国)六年十二月，诏岁于边郡市马，偿以善价。内属戎人，驱马诣阙下者，悉令县次续食以优之。"

这种积极政策的结果，导致钱外流成为问题。

《长编》卷 24："(太平兴国八年十一月壬申)盐铁使王明言：沿边岁运铜钱五千贯，于灵州市马。七百里沙碛，无邮传，冬夏少水，负担者甚以为劳。戎人得铜钱，悉销铸为器。郡国岁铸钱，不能充其用。"(下略)

② 参照本文及注 152(即 320 页注②)。

③ 西域诸国，正如通常所说自古以来就通过漠北民族购买中国物资(羽田亨博士：《西域文明史概论》，149～153 页)，到这个时期，北方民族建立了汉化国家，从遗留下的记载中得知很多他们与西方诸国的关系，与前代相比，可以说是有了很大变化。

④ 《长编》卷 43："咸平元年(998 年)十一月戊辰，西京左藏库使杨允恭言：'准诏，估蕃部及诸色进贡马价，请铸印一钮。'诏以'估马司印'为文。置估马司，始此。"

的经由秦州之道，即位于今天的陕甘公路南段，大概经过湟水流域进入凉州，谋求联络西凉府的六谷部，以此购入马匹，招致西方诸国。[①]西方诸国开始再次向宋朝朝贡了。此后，到凉州落入西夏手中之前，这条道路就成了贸易之路。景德四年(辽统和二十五年，1007 年)，宋与西夏议和，在保安军开设榷场。此后，西方诸国就中断了向契丹的朝贡，而只向宋朝贡了。在这之前，西夏从咸平五年(1002 年)占领灵州后，对河西诸国的压迫逐渐加强了。它吞并了这块地区后，就开辟了横穿今天的青海省直到今新疆之道，由此，东西交通的历史就进入了下一个阶段。

三、归义军与宋、辽的关系

据前章所述，绿洲诸国与东方诸朝廷的关系已很清楚，这时期，归义军与中原、契丹也有关系，但和上述诸国没有什么不同，可提及的较少。

过去，说到归义军与中原和契丹的关系，被称为“两属的关系”的时期也有过。但是，如前章所说，不只是单纯的两属关系，基本上，归义军是跟随党项及甘州回鹘的动向，和其他诸国共同向契丹朝贡的数年间，断绝了和中原的交往，与中原来往期间，又断绝了向契丹的朝贡。从敦煌文书中所出现的年号来看，(归义军)只使用中原朝廷的年号，还没有看到有称契丹年号的现象。[②] 五代初的梁、唐之交时也有两者年号同时使用的现象[③]，大概前者是从灵州传入的，后者是从岐传入的(参照前文)。

如前面所提到的，归义军经常与甘州回鹘、龟兹回鹘或于阗等的使节组成一个团，进行朝贡，其中，大多是与甘州回鹘的使节同行。在中国史籍中，归义军多次被记为沙州回鹘、敦煌回鹘，正如上面所

---

① 咸平五年(1002 年)，灵州落入西夏手中时，张齐贤怀柔西凉六谷部，主张应该确保马的输入(《长编》卷 51“咸平五年二月癸亥”)。这样就立刻开始探查经由秦州之道，《长编》“咸平五年四月己丑”条有如下记载：

> 择三班使臣熟西鄙山川要害者，自秦州入蕃界招马。时或言，缘边有路，可入夷落，因遣视之也。

② 不过，敦煌文书以至道二年(996 年)为下限，因此，不能断定敦煌完全不使用契丹年号。

③ Lioned Giles, Dated Chinese MSS. etc. , V. (*BSOS.* , X-2).

说，是与回鹘诸国共同行动，使节也有不少异族人种，因此产生了这样的误会。

归义军的朝贡品，显然有大量的马和玉。马的主要产地，是凉州以东、陕西、宁夏各地，玉只有于阗出产，都不是沙州的产物。归义军大概是从于阗买进玉，进入中国之前，再买马。换言之，他们从事的是中转贸易。

关于曹氏时代的归义军的汉文史料，罗振玉已加以搜蒐，编成《瓜沙曹氏年表》，还有王日蔚的《唐后回鹘考》(《史学年报》第1期)中，也有所罗列，但都有若干的脱误，因为又有新出的史料，下面做以补正。

归义军曹氏朝贡年表①

○原文的记载，罗振玉《瓜沙曹氏年表》及王日蔚《唐后回鹘考》中已经引用了，因此此处只记载事实，不引用史料原文。

○罗氏年表中漏脱的及原文误读的，和叙述同一事实比罗氏所引用的更详细的史料，都附印记于后，加以汇总，并录原文。

○纪年，依中原朝廷的纪年，有关契丹的记载，用括弧表示。

○基本上依据的是记载最详细的史料，这些史书的简称如下：

旧纪——旧五代史本纪

新纪——新五代史本纪

新传——新五代史四夷附录，吐蕃

长编——续资治通鉴长编

辽纪——辽史本纪

辽表——辽史属国表

会要——宋会要辑稿蕃夷五，沙瓜二州

① 因为史籍中记载的节度使更迭时间与报告到达中央的时间有关，所以经常会迟些。另外，如张承奉的例子，虽然在沙州接受正式任命，但史书中可能是将任命之事与下次朝贡一起记载。这个年表以及敦煌文书的帮助可以有限的明确那个时期。除第一章叙述以外的原有依据如下：

议金的死亡时间可见于那波利贞博士《梁户考》三(《支那佛学史学》，2卷4号)附载的伯希和二六三八号文书：

乙未年清泰二年(935年)……大王临圹，衣物唱得布捌仟叁佰贰拾尺。

由此可以断定，议金的死亡时间当是在这一年。

从伯希和三三六〇的残片(根据那波博士手抄本)“太平兴国四年四月　日，权归义年节度兵马留后金紫光禄大夫捡校司空兼御史大夫上柱国淮县开国男食邑三百户曹延禄牒”，延禄取代延泰的时间不易推算。

公元	节度使	纪年	记事
九二三	议金	同光	
九二四		二	四月向唐朝贡、五月叙任 * 1(册九六五、九七二、九八〇、其他)
九二五		三	
九二六		天成	正月向唐朝贡
九二七		二	
九二八		三	
九二九		四	
九三〇		长兴	九、十二月向唐朝贡，翌年正月议金为中书令(册九七二、新旧纪、宋会要)
九三一		二	
九三二		三	正月向唐朝贡(册九七二)
九三三		四	
九三四		广顺	正月向唐朝贡
		清泰	(册九七二、册九七六、新纪)
九三五	元德	二	七月向唐朝贡(册九七二)
九三六		晋天福	(天显十二年十月向辽贺永宁节) * 2
九三七		二	
九三八		三	(会同二年十一月向辽朝贡)(辽纪表)
九三九		四	(会同三年向辽朝贡) * 3
九四〇	元深	五	二月向晋朝贡，元德叙任(旧纪)
九四一		六	
九四二		七	十二月与于阗使节同行，向晋朝贡，翌年正月叙任(新旧纪)
九四三		八	
九四四		开运	
九四五		二	
九四六	元忠	三	二月元忠为沙州留后(旧纪)
九四七		汉天福	
		十二	
九四八		乾祐	
九四九		二	
九五〇		三	
九五一		周广顺	
九五二		二	十月僧兴向周朝贡 * 4
九五三		三	
九五四		显德	
九五五		二	六月向周朝贡、赐印(旧纪、新传、其他)
九五六		三	

九五七		四	
九五八		五	
九五九		六	
九六〇		宋建隆	
九六一		二	十二月向宋朝贡，翌年正月叙任＊5
九六二		三	
九六三		乾德	
九六四	元忠	二	
九六五		三	十一月与宋僧道圆归朝同行朝贡＊6
九六六		四	
九六七		五	
九六八		开宝	十一月向宋朝贡＊7
九六九		二	
九七〇		三	
九七一		四	
九七二		五	
九七三		六	
九七四	延恭	七	
九七五		八	
九七六		太平兴国	
九七七		二	
九七八		三	
九七九		四	
九八〇		五	闰三月向宋朝贡＊8
九八一		六	
九八二		七	
九八三		八	向宋朝贡＊9
九八四		雍熙	
九八五		二	
九八六		三	
九八七		四	
九八八	延禄	端拱	（统和六年向辽朝贡，辽使至沙州）＊10
九八九		二	
九九〇		淳化	
九九一		二	沙州僧至宋都＊11
九九二		三	
九九三		四	
九九四		五	
九九五		至道	向宋朝贡＊12
九九六		二	
九九七		三	
九九八		咸平	
九九九		二	向宋朝贡＊13
一〇〇〇		三	
一〇〇一		四	正月延禄被封为谯郡王（长编、会要）

一〇〇二		五	八月向宋朝贡＊14
一〇〇三		六	
一〇〇四		景德	四月向宋朝贡，赐金箔＊15
一〇〇五		二	
一〇〇六	宗寿	三	(统和二十四年六月向辽朝贡)(辽纪)
一〇〇七		四	五月向宋朝贡，赐写经＊16
一〇〇八		大中祥符	
一〇〇九		二	
一〇一〇		三	
一〇一一		四	
一〇一二		五	
一〇一三		六	
一〇一四		七	四月向宋朝贡，赐藏经等(长编、会要)(开泰三年四月向辽朝贡)(辽纪表)
一〇一五		八	
一〇一六		九	
一〇一七		天禧	
一〇一八	贤顺	二	
一〇一九		三	(开泰八年正月韩槆等使于沙州)＊17
一〇二〇		四	(开泰九年辽使节返回)＊18
一〇二一		五	
一〇二二		乾兴	
一〇二三		天圣	闰九月向宋朝贡＊19

＊1(罗氏年表中引新纪)

同光四年正月，沙州节度使曹义全(译者按：原文如此)，进谢赐旌节官诰，玉鞍马二，玉团，硇砂、散玉鞍辔铰具、安西白毡、胡锦、雄黄、波斯国红地松树，毦褐、胡桐泪、金星礜、大鸳(一作鹏)沙。(册一六九帝王部纳贡献)二月，沙州曹义全，进和市马百匹、羚羊角、硇砂、氂牛尾。又进皇后白玉符、金青符、白玉狮子指环，金刚杵。瓜州刺史慕客归盈贡马。(册同卷)

＊2(罗氏年表中脱漏)

(天显十二年)十月庚辰朔，皇太后永宁节，晋及回鹘敦煌诸国皆遣使来贺。(辽史三太宗纪)

*3(罗表中脱漏)

(会同三年)五月庚午，以端午宴群臣及诸国使。命回鹘、敦煌二使作本俗舞，俾诸使观之。(辽史卷四太宗纪)

*4(罗表误为元年)

参照下面本文及注231(即358页注②)

*5(罗表中引宋史本纪)

太祖建隆二年十一月，元忠洎瓜州团练使曹延继，并遣使贡玉鞍勒马。三年正月制：推诚奉义保塞功臣、归义军节度、瓜沙等州观察处置管勾营田押蕃落等使、特进、检校太傅、同中书门下平章事、沙州刺史、上柱国、谯郡公食邑一千五百户曹元忠，可依前检校太傅、兼中书令、使持节沙州诸军事、行沙州刺史、充归义军节度使、瓜沙等州观察处置管勾营田押蕃落等使、加食邑五百户、实封二百户，散官勋如故，又以瓜州团练使曹延敬，为本州防御使、检校司徒、封谯县男，食邑三百户，仍改名延恭(即元忠之子也)。(宋会要蕃夷五之一)

*6(罗表中脱漏)

乾德三年十一月戊午，甘州回鹘可汗与于阗国王及瓜州皆遣使来贡方物。先是沙门道圆出游西域二十余年。于是与于阗朝贡使俱还献贝叶经及舍利。(长编六)

*7(罗表中脱漏)

开宝元年十一月，殿直部岳自西北蕃押甘州回鹘及于阗沙州使人各贡驼马方物。(会要蕃夷四之二)

*8(罗表中引长编)

太宗太平兴国五年，元忠卒。闰三月，其子延禄遣使裴溢的、名似四人来贡玉圭、玉盌、玉橘、波斯宝毡、安西细毡、茸褐、斜褐、毛罗、金星礬等。(会要蕃夷五之一)

五年闰月二十六日，甘沙州回鹘遣使裴溢的名似等来贡橐驼、名马、珊瑚、琥珀、良玉。(会要蕃夷七之一〇)

*9(罗表中脱漏)

太平兴国八年，遣都领令狐愿德入贡。(会要蕃夷五之二)

*10 参照下编第一章

*11(罗表中脱漏)

淳化二年，沙州僧惠崇等四人，以良玉舍利来献。并赐紫方袍，馆于太平兴国寺。(会要蕃夷五之二)

*12(罗表中脱漏)

至道元年三月，延禄遣使朝贡，制加特进检校太尉。五月延禄遣使来贡方物，乞赐生药、藹茶、供帐什物、弓箭、铙钹、佛经。及赐僧圆通紫衣，并从之。(会要蕃夷五之二)

*13(罗表中引宋史真宗纪)

咸平二年二月，遣人进贡玉团、马二疋。(会要蕃夷五之二)

二月十五日，沙州节度使曹延禄遣使贡美玉、良马。(会要蕃夷七之一四)

*14 参照第一章

*15(罗表中引宋史真宗纪)

景德元年四月，宗寿遣使以良玉、名马来贡。且言，本州岛僧惠藏乞赐师号，龙兴、灵图二寺修像，计金十万箔，愿赐之。又乞铸钟匠及汉人之善藏珠者，至当道传授其术。诏赐惠藏师号，量给金箔，余不许。(会要蕃夷五之二、三)

*16(罗表中引宋史真宗纪)

景德四年五月，宗寿遣瓜沙州节度上司孔目官阴会迁等三十五人诣阙，贡玉团、玉印、乳香、硇砂、橐驼、名马。诏赐锦袍、金带、器币，酬其直。仍降敕书示谕，所乞药物金箔量赐之。闰五月，沙州僧正会请诣阙，以延禄表，乞赐金字经一藏。诏益州写金银字经一藏赐之。(会要蕃夷五之三)参照长编五月甲子条注。

*17 参照原文 217～218 页(即 337～338 页)

明年(辽开泰八年)奉使沙州，册主帅曹恭顺为敦煌王。(韩椅墓志铭)

*18(罗表中脱漏)

(辽)开泰九年十月戊寅，郎君老使沙州还，诏释宿累。(辽史十

六本纪）

可能裿、老两人同行。

＊19（罗表中引宋史仁宗纪）

天圣元年闰九月癸丑，归义节度使曹贤顺遣使来贡方物，谢大中祥符七年旌节之赐也。（长编一〇一）

仁宗天圣元年闰九月，沙州遣使翟来著等，贡方物，乳香、硇砂、玉团等。（会要蕃夷五之三）

上表中列天圣元年为最后一年，此后曹氏的名字在中国史料中就没有记载了。但《宋会要辑稿》《长编》等，一直到景祐四年，还有沙州朝贡的记载，但没出现曹氏的名字。这些记载，多少有些混乱，因此，将它们加以整理如下，如不包括天圣八年的朝贡，《宋史》卷490《沙州传》“自皇祐至景祐中凡七贡方物”中，可以数出六回①。

天圣八年（1030年）十一月十五日，龟兹国遣使李延庆……沙州遣使贡玉、玉版、黑玉、玉鞦辔、真珠、乳香、硇砂、梧桐樑、黄矾、花蕊布、白褐马。（《宋会要辑稿·蕃夷七》之二四）九年正月十八日，龟兹国王智海遣使李延庆等贡硇砂、乳香、名马。沙州遣使米兴、僧法轮等，贡珠玉、名马。（同上，这是同一朝贡的重复记载）

景祐四年（1037年）正月九日，龟兹国遣使李延贵，贡花蕊布、褐、乳香、硇砂，玉、独峰驼、马。沙州遣使副杨骨盖、靡是贡玉、牛黄、棋子、褐绿黑皮、花蕊布、琥珀、乳香、硇砂、梧桐律、黄矾、名马。（《宋会要辑稿·蕃夷七》之二五、同《蕃夷五》、《长编》卷120及《玉海》卷134，稍有略。《山堂考索》误为皇祐四年）

康定元年（1040年）四月，沙州遣人入贡方物。（《宋会要辑稿·蕃夷五》之三）

康定二年（1041年）二月，沙州遣大使安谔支、副使李吉入贡。（《宋会

① 如果加上《宋会要辑稿·蕃夷五》中误记为皇祐二年十月（实际是四年十月，与《长编》和《蕃夷七》对比一下，就清楚了）的入贡，或加上北庭可汗王的入贡，正好是七次。

要辑稿·蕃夷五》之三)

庆历二年(1042 年)二月，沙州北亭可汗王，遣大使密、副使张进零、和延进、大使曹都都、大使翟入贡。(《宋会要辑稿·蕃夷五》之三)①

皇祐二年(1050 年)四月八日，沙州符骨笃末似婆温等来贡玉。(《宋会要辑稿·蕃夷七》之二八、《蕃夷五》之三同，《长编》卷 168 略同)

皇祐四年(1052 年)十月十二日，沙州遣使来贡方物。(《宋会要辑稿·蕃夷七》之二九、《蕃夷五》之三同，《长编》卷 173)《宋会要辑稿·蕃夷五》误为二年。

沙州被西夏吞并时期，史籍中没有明确记载，只是在《宋史》卷 485《夏国传上》里，景祐二年(1035 年)攻略猫牛城记载下附有一段：

又攻青唐、安二、宗哥、带星岭诸城。唃厮罗部将安子罗以兵绝归路。元昊昼夜角战二百余日，子罗败，遂取瓜、沙、肃三州。

更麻烦的是，《续资治通鉴长编》的著者，对此产生怀疑。② 但长期坚持抵抗西夏的西凉府，大概最迟于大中祥符八年(1015 年)落入西夏手中③。甘州自德明即位后屡次遭到攻击，此后，也于天圣六年(1028 年)为西夏所得(《宋史》卷 485《夏国传下》)。随后，天圣八年，瓜州王投降西夏(同上)。可知，西夏对河西地区的压迫，在此前后，是极为激烈的。西夏占领沙州的时间，距上载《夏国传》中所说的时间大概并不远。此后，沙州数次入贡于宋，可知，在西夏统治下的沙州商人是与西域诸国的商人同行，从河湟地区进入中国的。④

还想提一句近年所发现的辽的韩橁墓志铭。

---

① 参照注 135(即 313 页注②)。

② 《长编》卷 119“景祐三年十二月辛未”条注：聚米图经谓“元昊既屠牦牛城，筑凡川会，诱胁嘉勒(唃)氏诸部酋豪，斯赉(厮啰)因二子猜沮，徙居理泌城。元昊无吐蕃之患，始再举兵，攻回纥陷瓜沙肃三州”，与《实录附传》先后不同，今从《附传》。

③ 没有明确记载西凉归附西夏时间的资料。

④ 据《松漠纪闻》，他们还有很多人甚至居住在燕京。

韩椅墓志铭，是昭和十年(1935年)由园田一龟初次介绍于世的[①]，此后，收入他的《满洲金石志稿》第一册32～36页，又被收入罗福颐编辑的《满洲金石志》卷二，附在最后的罗振玉的跋文，他认为这个墓志铭应加以注意与归义军节度使有关的内容。

韩椅是契丹开国功臣韩知古的曾孙，父亲瑜的第七子。开泰七年(1018年)为利州观察使，因罪应免官时，与前面所述的阿鲁勃的情况一样，因过去的勋功之故，出使沙州，称职而免罪。碑文(第22～27行)，有如下记载[②]：

> 夫物忌大盛，先哲炯诫。事久则变，前代良箴。忽生隙於私门，欻被累囚於制狱。虞书文命，宁杀不辜。孔记冶长，信知昨罪，遂以笞刑断之。仍不削夺在身官告，念勋旧也。明年(开泰八年，宋天禧三年，1019年)奉使沙州，册主帅曹恭顺为敦煌王。路歧万里，砂碛百程。地乏长河，野无丰草。过河敦之界，深入达妒(?)。□囊告空，糗粻不继。诏赐食羊三百口，援兵百人。都护行李，直度大荒。指日望星，栉风沐雨。邮亭杳绝，萧条但听于鵽鸣；关塞莫分，坱漭宁知於狼望。旧疹忽作，以马为舆，适及岩泉。立传王命。在腹之瘣，攸然破堕，公亦仆地，至夕乃苏，其疾顿愈。议者谓：公忠劳所感神之佑也。东归之次，践历扰攘，僮仆宵征，曾无致寇。骖騑夙驾，殊不畏危。轶绝漠之阻修，越穷方之辽敻。肃将土贡入奉宸严，孝宣皇帝敦谕。久之宠睠踰厚，赐白金二百两、麄布八十段、帛百匹。

此后，韩椅使于高丽，随着大延琳之乱的平定，重熙元年(1032年)，正月为长宁节祝贺使，使于宋，返回后不久，遥领归义军节度使。

> 复南使于宋，亦三百万之赐也。张旌即次，飞盖出疆。依然郊劳之仪，宛若馆谷之数。荐盟君好，绰布宾荣。使回，迁宣徽北院使、归义

① 园田一龟：《朝陽縣出土の韓公墓誌銘に就て》，见《奉天图书馆丛刊》，第20册。

② 据京都帝国大学文学部所藏拓本。与园田、罗二人读法不同的地方有二三处。

军节度、沙州管内观察处置。在任二岁，进位南院使加检校太尉。重熙五年在燕京也。备清跸之来临，徯翠华之降幸。葺修宫掖，仰期饮镐。崇饰祠寺，企望问峒。举扬百司，支遣万计。勤恤夙夜，犯凌寒暑。（第34～36行）

从以上记载大体可以清楚，他只是遥任，实际上并没有赴任。碑文中其他地方的记载，更加明确，如下：

惟公远使鸣沙必死之地。羁栖绝徼，流落遐陬涉险获夷，履凶无咎。考终之日，遥镇其州，信其异也。（第38～39行）

此外，在辽朝，遥领归义军节度使或沙州观察使的人，还可举出若干例①，大多是西夏吞并沙州之后的事，而且，辽遥领节度使的例子很多②，据此很难说表现了辽和沙州之间的什么关系。

四、归义军与东西交通路上诸国的关系

沿东西交通路，盘踞各地的诸国，如前面下编第一章所叙述的，与沙州的归义军都具有特殊的关系，从敦煌文书和一般史籍中也可以看到有关记载。在下面这章中，将参考上述情况，一般考察一下与此有关的、在通过河西走廊的东西贸易方面，这些诸国互相提携、活跃的状况。

(1)甘州回鹘

甘州回鹘接壤沙州东境，位于归义军向东方通商道路的关口。它处于归义军如失去它的联系，就完全不可能维持和东方两朝廷的通贡关系这样一个位置上。因此，从某种意义上讲，归义军能被甘州置于死地。归义军对中原、契丹两朝的向背，经常与甘州采取同样的态度。而且，如前面所提及的，归义

---

① 《辽史》卷10：“统和三年六月乙亥，以归义军节度使王希严为兴国军节度使。”《辽史》卷16：“太平四年十二月，以萧从政为归义军节度使。”《长编》卷104：“天圣四年正月癸未，契丹遣……归义军节度使康筠来贺长宁节。”《长编》卷104：“天圣四年十二月丁酉[契丹]遣……沙州观察使石宇来贺正旦。”

② 参照罗福颐：《满洲金石志》卷2，10页。

军的朝贡使经常与甘州使节同行。《新五代史》卷74有曹氏第一次朝贡的记载：

至唐庄宗时，回鹘来朝，沙州留后曹义金亦遣使附回鹘以来。

史籍中所见之处，比比皆然。王重民所介绍的《沙州百姓上回鹘天可汗书》中，有关于张承奉与甘州回鹘结为父子之约的记载，如前面所说，即使在曹氏时代，归义军也同样继续通过甘州与东方交通往来，因此，归义军特别努力维持和甘州回鹘的和亲关系。

在曹氏时代的敦煌文书中，就今天所知，我认为有关甘州的最早的文书，是下面所引的元德或元深致甘州回鹘的宰相们的书简。

(伯希和文书二九九二号中的第一)①
前沙州马步又盖敦煌都押衙银青光禄大夫检校和书②
众宰相相念以两地社稷无二，途路一家，人使到日，允
许西回，即是恩幸。伏且朝庭路次甘州，两地
岂不是此件行李，久后亦要往来。其天使般
次，希垂放过西来。近见远闻，岂不是痛
热之名幸矣。今遣释门僧政庆福、都头王通
信等一行，结欢通好。
众宰相各附白花绵绫一十疋，白牒一疋，以充
父大王留念，到日 检领。况
众宰相先次
大王结为父子之分，今者纵然

① 据王重民《金山国坠事拾零》(《国立北平图书馆馆刊》，9卷6号)22～23页所引以及那波博士实习用材料互相参照订正。据那波博士说，这是四通连贴的第一张，王氏的文书开头有“上缺”，那波博士的文书有标题，因此是完整的。和其他敦煌文书比较一下，这份文书开头的问候语没有，因此也许上部残缺，但文书的意思也可以看懂。王氏附以“曹义金上回鹘众宰相状”的标题，他认为发信者是议金，但无论从信的内容上看，还是从发信者的头衔上看，都是不对的。

② 译者按：录文参见《敦煌社会经济文献真迹释录》，第4辑，391～392页。

大王奄世，痛热情义，不可断绝。善咨申可汗天子，所有世界之事，并令允就，即是众宰相周旋之力。不宣，谨状。

14　　二月　日归义军节度兵马留后使检校司徒兼御史大夫曹。

（下面是对此书简的日语古文翻译，略——译者）①

上面这份文书，是沙州归义军节度使死后不久，嗣立的节度使留后将这份书状与已故大王的纪念品一起送给甘州回鹘的宰相们，表达了继续维持两国之间亲善关系的希望。文书中的父王和发信者，有两种可能，或是议金—元德，或是元德—元深。也就是说，这份文书发信者的头衔，和元深就任后不久时的文书是一致的。② 因此，发信者为元深，父大王为元德，大概最稳妥了。元德的散官封号，还不太清楚。他刚继立的清泰二、三年时，被称作司空，如果随后不久被称为司徒，这份文书也可以说是元德的。从发信者的头衔来看，同时，从与之相粘连的其他文书的时代来考虑的话，不能认为是元忠以后的文书。

根据上述书状，可知议金或元德，与甘州回鹘可汗约为父子，两国结成亲善同盟的关系。③ 这和张承奉时代，可汗为父，承奉为子，沙州处于卑下地位的情况相反。④ 这时，这种关系发生了逆转，值得注意的是沙州大王已居上了。从这份书状可看出，沙州大王死后，两者关系不太和谐，沙州方面请求甘州方面让派往中国的沙州使节及中国政府的使节能通过甘州到沙州。沙州和甘州的关系缺乏圆满谅解时，屡次发生甘州截断沙州和中国通商现象，《册府元龟》卷 980 有记载：

---

① 第 3～4 行“般次”之语，据后面注所提及的伯希和二一五五号纸背的曹元忠书状及《宋会要辑稿·蕃夷四》之一四所载，使节一行，即指官营的商队。

第 12 行“世界”一词，曹元忠书状中同样有“有此恶弱之人，不要两地世界”，可理解为“两国间亲善关系”之意。

② 《曹元深疏》，见《敦煌遗书》活字本，第 1 集。

③ 从这个文书的内容来看，可理解为大王和众宰相结为父子之约。但在下面所列的书简中，元深或元忠同样称回鹘可汗为“弟”，由此看来，不能这样理解。

④ 前列王重民论文，18～22 页。

（后周广顺二年，952年）十月。沙州僧兴赉表辞，回鹘阻隔。

与中国的通商被截断，沙州方面蒙受的打击肯定是很沉重的，如前面所述，归义军对中原、契丹两朝廷的向背，与甘州是完全一致的，这是基于上述原因所决定的。

其次，有一份比上份文书时代稍晚，表示两者关系与上述情况相反的文书，如下：

（伯希和文书二九九二号第三）①

季夏极热，伏惟
弟顺化可汗天子尊体动止万福。即日
兄大王蒙恩，不审近日
尊体何似。伏唯顺时，倍加
保重，远诚可望。已前西头所有世界事
宜，每有般次。去日累曾申陈，计应上达。自
去年　兄大王当便亲到甘州，所有　社稷
久远之事，共弟天子面对商议平稳已讫。
兄大王当便发遣一伴，般次入京。昨五月
初，其天使以沙州本道使平善达到甘州。
弟天子遣突律佽都督往沙州通报衷
私，无意之人，稍有些些言语。天使以本
道使，蒙赐馆驿看待兼改头并不
减损，允过西来。昨六月十二日　使臣以当道
平善到府　兼赍持衣赐分物，并加
兄大王官号者、皆是

① 据那波博士讲读用教材，第13行中“改头”一词的意思，没有搞清。译者按：录文参见《敦煌社会经济文献真迹释录》，第4辑，395～396页。

弟顺化可汗天子恵施周备。
圣泽曲临，以
弟天子同增欢庆。今遣内亲从都头价
荣宝等谢
贺轻信上好燕脂表玉境一团重捌斤，白绵
绫伍疋，安西緤两疋，立机细緤拾捌疋，官布陆拾
疋。已前物等，到垂
检容，更有怀，并在价都头口申陈仔细。
谨状。
(别笔)天福拾乙巳岁五月五日
夫大禄光青银衔押光银子弟日六十二月五岁巳乙十福天
(下面是日语古文翻译，略——译者)

这份文书，是沙州归义军节度使给甘州回鹘顺化可汗的书状(可能是摹写的)，末尾添写的天福十年之类的字，不是发信者写的，顺化可汗名叫仁裕，后唐天成三年(928 年)，被册立为顺化可汗，后晋天福三年(938 年)改册封为奉化可汗。[①] 因此，发信者是议金或元德，也许是元深，亦未可知。[②] 前面提到的称甘州可汗为父的大王，如果是议金，这个人就是元德，如果前者是元德，那么就是元深。

这份书状，是沙州为感谢甘州可汗为中国赴沙州使节进行斡旋的礼状。归义军节度使自称“兄大王”，称甘州回鹘为“弟可汗天子”，两者的关系，依然是沙州方面处于比甘州优越的地位。

---

① 关于判断这份文书年代的唯一线索的顺化可汗仁裕，中国史籍中，特别是《册府元龟》的记载很混乱，无法整理。大概是把仁美(英义可汗)和仁裕加以混同了。另外关于甘州以外的回鹘的事情也被混在一起了。

王日蔚将册立顺化可汗定在同光三年(《唐后回鹘考》，《史学集刊》，1 期，24～25 页)，是因《册府元龟》卷 967 误载所至。

② 顺化可汗被册立的天成三年，正是张匡邺等赴于阗之年，在同行的高居晦的《纪行》里，没有看到元德的名字，因此，也许这个人是元深。

文中最值得注意的是，第6～8行，此件书状送出的上年，沙州大王亲赴甘州，与甘州可汗协议“所有社稷久远之事”一事。在两国关系中，面临的最重要的问题，无疑是有关贸易的问题，当然也应商定沙州的商队在甘州的待遇问题。正因为如此，第9行说到，根据当时的协定，沙州派遣一队使节(商队)，经由甘州，前往中国的都城。同时还叙述了当这个使节以及赴沙州的中国朝廷的使节通过甘州境内时，利用了旅舍驿递设备，受到甘州的优待。关于这种协商国的使节，在过往停留之际的待遇，从本稿上编第四章所引的《官酒户文书》中，也可窥见一斑，后面还有涉及。第5～6行，说到沙州发生的事情，有机会就报知甘州，这种两地互通消息的现象也值得注意。

这种不是官营商队，而是私人旅行，在绿洲诸国的保护和联系下而旅行的有关文书，那波博士发表过一件文书，如下：

(伯希和二七〇三号纸背)《西天大师绍介状》①

早者安山胡去后。倍切
攀思。其于衷肠。莫尽披剖。在此远近
亲情眷属。并总如常，不用忧心。今西天
大师等去，辙附音书。其西天大师到日。
希望重叠津置。疾速发送。谨奉状
起居。伏惟
照察。谨状。
舅归义军节度使特进检校太师兼中书令敦煌王曹元忠状
(下面是日语翻译，略——译者)

这份文书的发信者头衔和伯二七〇三号纸背上记载的元忠书牍所见的

① 那波利贞博士：《佛教信仰に基きて組織せられる中晚唐五代の社邑就きて》上，载《史林》，24卷3号，516页。

头衔是完全相同的，因此，这个状的发信者还是元忠。① 这是一封介绍从西天竺来的旅行者到下一站的信，因此收信者肯定是甘州可汗，这份文书没有附年月日，如果是元忠时文书，从他的一份附有晋开运四年日期的《毗沙门天王》雕版中，被称为“特进检校太师”来看，有“太师”称号的这份文书，应是这以后的东西。

由此可知，旅行者在这一国受到保护和款待，利用其驿传之便，进而由于这国的推荐介绍，在下一个国中，也能受到同样的待遇。这份文书第一行中出现的安山胡(或许读作安山之胡)，也是这样由沙州送往甘州的吧。恰在这时，即宋的乾德三年(965年)，仿效从天竺归朝的沙门道圆，几十个僧侣赴天竺，途中，遭受蕃族的劫掠，得到西凉府折逋葛支的帮助，将他们送到甘州。② 他们大概就这样又被送到沙州。

这种绿洲诸国间的联系情况，通过玄奘一事也可体会到是极为相似的。唐初，玄奘三藏赴西域时，途经西域的第一个国是高昌国，国王给予玄奘将去的二十四国各种信物和介绍状，还给统治西域的西突厥叶护可汗很多赠品，同时附有“法师(玄奘)是奴弟，欲求法于婆罗门国。愿可汗怜师如奴。仍敕以西诸国，给邬落递送出境”的一份书状(《慈恩传》卷1)，而且，这个国王的妹妹是统治活国的呾度设(叶护可汗的长子)的妻子。

① 据上列论文，延禄的官衔与之相同，因此可以认为二七〇三号纸背的二件书牍互有关系，其发信者也可以考虑为元忠。

② 《宋会要辑稿·蕃夷四》之八八“天竺”：“(乾德)四年，僧行勤等一百五十七人，诣阙上言，愿至西域求佛书。许之，以其所历甘沙伊肃等州，焉耆、龟兹、于阗、割禄等国，又历布路沙、加湿弥罗等，并诏谕，令人引道之。”

此外，同书道释部二之五、《长编》等书都有记载。

《宋会要辑稿·方域二〇》之一四四“西凉府”：“乾德四年，知凉府折逋葛支上言，有回鹘二百余人，汉僧六十余人，自朔方来，为部落劫掠，僧云欲往天竺取经，并送达甘州讫。诏褒答之。”(《宋史·吐蕃传》略同)

这份文书发信者的头衔的第一个字是“舅”。正如此，元忠的女儿嫁给甘州回鹘可汗，成为其天公主。[①] 伯希和所说的敦煌千佛洞的第一一七

① 回鹘称中国为舅，因此，“舅”字也可以理解为“中国的”或“(受)中国天子(之任)”之意，但此处可按字面意思理解为舅舅的意思。

下面所引的文书(据那波博士讲读用材料)，被认为比这件文书早，甘州可汗被称为兄，元忠自称弟。大概元忠是对顺化(奉化)可汗自称弟，对他的儿子景琼自称舅。

(伯希和二一五五号纸背)
元忠辙有少事、须合咨
闻 伏希
仁私， 必须
从允。早者当道差亲从都头曹延定，往
贵道復礼。况(说)是两地一家，并无疑阻。使人
去后，只豫宽快，并不提防。去年五月廿七日，
从向东有贼出来，于雍归镇下，煞却一人，又
打将马三两疋，却往东去。运后奔趁问讯，
言道，趁逃人来。又至六月四日，悬泉镇贼下
假作往来使人，从大道，一半乘骑，一半步
行，直至城门，捉将作极小口五人，亦乃奔趁
相竞。其贼一十八人及前件雍归镇下，并是回鹘，亦
称趁逃人来。自前或有逃人经过，只是有般次
行时，发书寻问，不曾队队作贼偷劫。如今道
途开泰，共保一家，不期如此打劫，是何名价。又去
五月十五日被肃州家一鸡悉歹作引道人，领达堤(坦?)
贼壹百，已来于瓜州、会稽两处，同日下打将人口及
牛马。此件不忏
贵道人也。况且
兄弟才敦
恩义、永契岁寒、有此恶弱之人、不要两地世界。到日
伏希
兄可汗天子细与寻问、勾当发遣，即是久远之
恩幸矣。今因肃州人去，谨修状
起居咨
闻 伏惟
照察 谨状
六月 (日弟)归义军节度使特进检校太傅兼中书令曹元忠状上
(朱印篆字“归义军节度使新铸印”)

窟①，被称为是与曹氏家族的施舍有关，这个窟前壁下段的供养人们的像中，可见到应引起注意的体现这种亲戚关系的像。这幅像位于入口左内侧壁。② 在几个贵妇人的行列中的第二个人，穿着窄袖的衣裳，拿花，在她的像上题有：

姐甘州圣天可汗天公主一心供养

这个行列是曹氏的姐妹，每个妇人都称作“姐某”“妹某”，其中第五人被题为“故妹谯县夫人一心供养□□”，看来可以肯定是曹氏的姐妹。而且，隔着入口，与元忠的女儿或姐妹们相对的壁面上③，有着被称为元忠妻子的于阗王的女儿(参照下面)的像，画的特别大，因此可知她是供养者中最主要的人物。

在同一佛像的供养人像当中，还可以看到一个曹氏嫁到甘州的妇女像。其像在入口右侧下段的壁上的供养人像中，最引人注目，位于前面提到的天公主的像的对面(即面向画面时右侧)，供养人的身长逐渐变化，被认为是她的女儿④的三人像中，中间人的右侧有题铭：

次子郎？天公主一心供养

赐甥甘州圣天可汗⑤(因面对画像，必须从右往左读，译者按：即从下往上读)

于阗王女的像，是很吸引人注目的，而这个题铭的墨由于褪色了，

---

① Mission Pelliot，*Les grottes de Touen-houang*，Tomp IV. 斯坦因将北洞命名为Cave Ch. VIII.(Serindia Vol. II，pp. 931-934，Vol. IV，Plan 44)此洞因《五台山图》而被知晓。

② *Les grottes de Touen-houang*，T. IV. Pi. CCIV. Grotte 117. Paroi avant de guache (donatrice). Serindia Vol. II，pp. 932-933. (Panel ii)；fig. 216.

③ 即斯坦因所说的 Panel XV. Serindia Vol. II，fig. 217；*Les grottes de T.-h.*，Pi. CCXIII.

④ Serindia Vol. II，pp. 932-933.

⑤ 松本荣一博士在《於闐國王李聖天と莫高窟》(《国华》，35 编 1 号)一文中，采纳过一次，但“甘州”二字他没有判读出来，因此他理解这个题铭与于阗有关系。

很难读出，过去一直被忽略了，但注意看一下伯希和图录，读法如上。这些行列中的大多数妇女，穿着宽袖衣裳的衣服，相反，这两个人(译者按：指于阗王女和曹氏嫁出去的妇女)以及另外的一两个人的服制，她们完全不同，是窄襟，裳为袴，襟是开着的，冠的形状也不同。这大概是回鹘的冠服。(见 A. V. Le Cog，Chotscho. Tafel.(30)参照ウイダル妇人之像)

这样，可知曹氏从议金时到延禄时(敦煌文书中不包含以后的文书，因此可以说是整个曹氏时代)，和甘州回鹘可汗或约为父子兄弟，或多次通婚，缔结盟约，两国有着极为亲密的关系，而且，这种情况也不只限于甘州回鹘。

伯希和还提到敦煌的一个佛洞，根据洞主的饰额，可知她是议金的侄女，是北方回鹘圣天可汗的孙女。[①] 不知是否是这两个人中的一个或是别的人。

(2)于阗和“西州”

敦煌以西，通过敦煌与东方交通的诸国，当然也与曹氏归义军有着特殊的交往，关于李氏于阗，如后面所说，有若干应注意的事情。但今天所知的有关高昌或龟兹的文书中，没有反映这种交往的情况。本稿下编第二章提到，龟兹国经由沙州与宋交通，但敦煌文书以至道二年(996 年)为其下限，而龟兹国是此后才出现在东方的，因此，敦煌文书中当然没有关于这个国情况的记载。此外，高昌(西州)不经由沙州，而主要通过横穿宁夏之道与东方交通，因此，和沙州的联系自然不那么密切。但是，在曹氏时代的文书中，也出现过两三处“西州”字样。从前面所引的《官酒户文书》中反映出的张承奉时代的沙州和西州回鹘之间的交往状况来推断，再从沙州的国情来看，西州回鹘一般不经由沙州之道，当然邻国相互间近距离贸易和私人贸易可能还是进行的。

① *BEFEO.*，VII，p. 522. 按照前列的王重民论文 19 页的例子，可知甘州可汗被习称为北方某某，因此这个可汗大概是指甘州的可汗。

就今天所知的曹氏时代出现有“西州”字样的文书，同一种类型的有数件①，这里举一件为例：

（伯希和文书三〇五一号纸背）

丙辰年三月廿三日，三界寺僧法宝，往于西州充使，欠(下阙)

遂于同寺法(律)戒德面上贷黄丝生绢一疋，长四十尺，(下阙)

九寸。其绢挈(利)头立机一疋，到日填还。若于限不还者(下阙)

生利。若道上不平善者，并绢及利，一仰口承人弟(下阙)

取本绢。两共对面平章为第(定)，不许开，故立(下阙)

用为后验，押字为第。

这份文书，是三界寺僧法宝使于西州之时，向同寺的法律戒德借用一疋黄丝生绢，约定回来还绢时添加立机一疋，作为利息。据那波博士说，这里的丙辰年，大概是后周的显德三年(956年)。② 可知，这是作为去西州的路费，借用当时这个地区的作为通货的绢，回来后立即付息还本。由此可想到，官营的商队的成员，大概也稍微带些输往西方的最重要的商品——绢，进行一些贸易活动。我国(译者按：日本)入宋僧成寻的《参天台五台山记》中说到，他所乘船的水手等人，在途中就经营这种业余贸易。

上述文书中所出现的“西州”，是否全部都指西域北道的西州(今新疆吐鲁番)即高昌，这里有一份对这种说法有疑问的文书。这份文书是伯希和四六五八号纸背《马军武达儿状》③，附有丙申年(清泰三年，936年)日期，开头载有：

---

① 那波利贞博士《中晚唐時代に於ける僞濫僧に關する一根本史料の研究》(《龙大佛教史学论丛》)50页以后，《支那学》10卷3号载同一论文136页以后，仁井田陞博士《唐宋法律文書の研究》第二篇第四章《消費貸借文書》的诸处，玉井是博《支那西陲出土の契》(《支那社会经济史研究》)305页以下及刘復《敦煌掇琐》中，都收录了同类文书，此外，伯希和三一二四号、三四五三号等，与本文所引的内容相同。

另外，性质稍有不同的，有伯希和三四七二号《徐留通返还绢叁疋半于邓上座契文》，这是绢的借主使于西州，约定原借用的绢延期到返回时再还的契约。

此外还有内容相似的，目的地不是去西州的几件文书。

② 《龙大佛教史学论丛》所载的那波博士论文，51页。

③ 《沙州文录》，19页；前列那波博士论文，22～23页。

马军武　　达儿

右伏以，达儿先送　　皇后年，弟名（某）管马军，奉命西州充使，不达乡际亡殁。

而且在同样附有清泰三年日期的伯希和二六三八号《缭见司教授福集法金光定法律愿清等状》①的账单里所记的出破数（支出勘定）中，记载"楼机绫一疋寄上？于阗皇后用"。这个于阗皇后和刚才《武达儿状》中的皇后，年代是一致的，可以看作是同一个人。如果这样，武达儿的弟弟，送于阗皇后到西州就有些不合理了。这个西州不是固有的名词，应该是"西之州"，指"于阗"，如果"西州"是作为这种意思被使用的话，刚才的借绢契文中所出现的"西州"，也需要重新考虑，不过现在还没有确凿的资料。

斯坦因所获得的一份附有宋乾德四年（966 年）五月九日日期的文书中②，记载元忠夫人曹氏在曹氏佛洞里，抄写了十几部《佛名经》，施给沙州的十七寺各一部，此外，还寄送给"西州"一部。这比起解释为送给高昌回鹘的话，还是解释为送给姻亲于阗似乎更为稳妥。

李氏于阗与曹氏归义军具有的特殊关系，自来众说纷纭，敦煌千佛洞中有于阗王李圣天的供养佛洞，他的女儿嫁给曹氏，敦煌文书中出现的于阗使节的记载，早就引起人们注意。

其中，最显著的是被称为李圣天佛洞，被伯希和列为七十四窟的佛洞。壁面的下段有这类佛洞通常可见的供养人行列画像，在其左前壁的左端，有一个穿中国式样盛装的王者像，旁边的妃，画得梢小些，后面有男女从者各二人，以下皆是眷族，侍臣（?）像，围绕着周围的壁面。王者像上有：

大朝大宝于阗国大圣大明天子　即是窟主

① 那波博士：《梁户考》三，附考所引。

② 本所所藏敦煌佛画相片 233D。（原本ブリティッシェ・ミェ-ヅァム藏斯坦因搜集佛画 Ch. 00207 背面）松本荣一博士《敦煌畫の研究》附图二二四中，有这份文书的图片，Waley，*Catalogue*，LXXXVII，Appendix II，pp. 317-327 中，有英文解说。

的题铭。[①] 这个于阗天子，既不是昆沙氏的王，也不是カラ·カーン朝的王，显然和《新五代史》等史书中记载的册立李圣天为"大宝于阗国王"的称号是一致的。大概是面对中国称王，而且称天子。但是这个佛洞开凿时期不清楚。因此，不能断定于阗天子是何许人。一般稳妥的看法，认为李氏于阗与东方贸易的最盛期，相当于从中国的五代到宋初。而且，如果李圣天不是称号，而是固有名词，可以认为这个正是他的像，大致不会有误。

在敦煌能有于阗天子开凿的佛洞，说明于阗在和东方的贸易上起了极重要的作用，而且于阗天子将之施舍于有亲缘关系的曹氏的敦煌，以此维持两国亲善，并希望凭借敦煌求得与东方贸易的繁盛。

关于这幅于阗天子像，应该注意的是，刚才提到的"于阗皇后"。如果这幅像的于阗天子是李圣天，他旁边的妇女，正应该是清泰三年诸文书中所出现的"于阗皇后"[②]。

《武达儿状》中说到送皇后到西州，这大概是于阗皇后跋涉两千里访问沙州，或是曹氏之女，这时嫁给了于阗天子，不管孰是，但正因为两者有这样的关系，于阗天子的供养佛洞才建设于敦煌。

其次，于阗李圣天之女，嫁给曹氏一事，应引起注意。即伯希和命名的一一七窟，斯坦因命名为Ch.第八窟佛洞——在本稿"甘州"一节中所引用的，在周围四壁所画的供养人围绕的形象(几乎全是妇女)中，有一个画得很大，穿戴着与其他人不同的豪华衣服和冠，一看就知道是个中心人物的贵妇人的像，这个像的右边，写有如下一段题铭[③]：

---

① Mission Pelliot, *Les grottes de Touen-houang*, III Pl. CXXXIII.

② "于阗皇后"与本文下面的"于阗天公主"同样，都不能理解为于阗王女嫁给敦煌大王者之意，为什么呢？因这时，归义军节度使号称大王，他的妻子不能成为"皇后"，我认为解释为"于阗天子"之妻较为合适。

③ 参照前注204及205(即346页注③、注④)。

此外，松本荣一博士在《於闐國王李聖天と莫高窟》(《国华》，35编1号)中，对此也有论述，シヤヴァンヌ和伯希和两人也发表了各自的见解(Serindia. Appendix A-IV, pp.1333-1334; Pelliot. Un biblithique médièval de Touen-houang, *BEFEO.*, VIII, p.504)都将"为"解释为"ナル"(译者按：成为)之意。

受大傅曹延禄姬供奉
第三女天公主李氏为新
大朝大于阗国天册皇帝

因为在像的右侧，应从左往右读（译者按：即应从下往上读），说明是大朝大于阗国天册皇帝第三女天公主，为新受太傅曹延禄之妻供养（这个佛窟）之事。天公主李氏大概就是延禄之母吧。咸平四年（1001年），延禄的母亲被封为秦国大夫人。[①] 秦国是李氏之望，同时，延禄的妻子也得到陇西郡夫人的封号，因此，可知她大概也是李氏，同时也是于阗王的女儿。如果如此，这个于阗出生的天公主，大概是为她的儿媳也是侄女即延禄之妻开凿的这个佛窟。

这里所说的是延禄新授太傅之官的时间，大概可以推测。据史载，他最初有检校司空的官位，太平兴国五年（980年），被正式任命为节度使的同时，晋升为检校太保，至道元年（995年）晋升为检校太尉（下编第三章）。按宋制，三师三公之位，即是本官，也是检校官，按司空、司徒、太保、太傅、太尉、太师的顺序晋升（《宋史》卷161《职官志》）。因此，延禄晋升为太傅，是太平兴国五年到至道元年的事，他除于太平兴国八年（983年）正式向宋朝贡外，还没有见到别的记载，因此，应是这时的事。与敦煌文书相对照，太平兴国四年的一份文书中，他被称为检校司空，与史籍符合，但太平兴国九年的一份文书中，已经称他检校太师[②]，敦煌文书所记载的官爵，往往在中国正式任命之前，由此可推知，大概在太平兴国五年，他被赐予太保不久，就自称太傅，太平兴国八年正式晋升太傅，其后，不知宋朝改制，于是越太尉一级，自称太师。如果是这样的话，前面说到的称“新授太傅”的时间，如不是太平兴国八年正式升任之际，就是太平兴国五年升太保

① 《长编》及《宋会要辑稿·蕃夷五》之二。

② 太平兴国四年的文书，是前注180（即329页注①）所引的伯希和三六六〇号的断片，太平兴国九年的文书，是《史林》24卷3号所载那波博士论文517页中所引的伯希和二六四九号《曹延禄祈天下太平文》。

后，到太平兴国八年自称太傅之间。

乌程蒋氏所藏的敦煌古画地藏菩萨像的下段的题记中载有“故大朝大于阗国金玉国天公主李氏供养”(《观堂集林》卷20及《沙州文录补》)。此人大概是延禄的母亲或妻子吧。

此外，伯希和文书中，有记载于阗的使节在敦煌受到欢迎的文书，应注意①。还有羽田博士指出的，《曹议金疏》中有为于阗使者祈祷之句②，这些从两者之间的关系看是很容易理解的事。

这样，曹氏代代与于阗、甘州两国通婚，商定协议，和诸国保持亲密的联系，经营交通管理、转运贸易事业。这些协议国(后来龟兹国

① *BEFEO.*, VIII, p. 522. 在向那波博士请教此事时，他告诉我有关于阗使者的文书很多，曾惠示数件与我，举一例如下：

(伯希和二六四一号《宴设使文书》四件中的第一件)

宴设司

伏以，今月，去五月二十八日，供瓜州来龙家二人，逐日午时中次料，又二人下次料，早夜六升，至六月二十二日午时吃了断。十三日，又供后纳马来龙家四人，逐日午时各下次料，早夜面六升，至二十二日午时吃了断。又龙家一人，逐日，下次料，早夜吃面一升半午时供给，六日食断。廿二日，太子屈于阗使细供十五分，一胡饼，支龙家灯油二升。设打窟人细供十五分二胡饼。金银匠阴苟子等二人胡饼四枚。东？园音声、设看后座，细供七分二胡饼。廿三日大厅设于阗使，用细供二十八分，内三分二胡饼。音声作语上次料两分，又胡饼二十八枚。亲从都头等细供三分二胡饼。当值都头并知客细供两分二胡饼、灌肠面三升，速丁公主赛神供五分一胡饼。廿四日，使出赛马圈口用神食十二分、灯油一升、又胡饼五十枚。御前子弟夜料，胡饼二十五枚。同日又太子龙兴寺屈于阗使细供十五分一胡饼、又胡饼八十五枚。付塔匠阴子等造胡禄面两硕六斗，播僧面七斗，油二应升。衙内富德将面病三斗，油一升。支张富定新妇身故助葬、油五升。付通达窟上油二升。偿设束柴人胡饼四十枚。车家胡饼十四枚。于阗使比料帖下麦四斗。　伏请处分。

丁未年六月　日都头知宴设使宋国清

(判辞)

这份《宴设使文书》第二件以下的一部分，那波博士在《东亚经济论丛》，1卷4号，10～11页中加以引用介绍。

归义军时代的丁未年有两个，一是僖宗光启三年(887年)(作者误为乾宁四年)，一是后汉的天福十二年(947年)，前者是李氏于阗同庆建元以前，因此后者较为稳妥。即元忠任节度使时。从这份文书可知，五月廿三日在大厅设宴招待于阗使者，同时还记有音声作语的上次料等，因此，当时还开展了余兴活动。在廿二日和廿四日，于阗使者还前往太子窟及龙兴寺，这大概是前面提到的“于阗天子”之窟吧。

② 《敦煌遗书》活字本，第1集解说。

也参加了)之间，相互利用其他国的驿递馆舍设备，国使在当地官府受到欢迎，诸国协同经营，以派遣组织成商队的护送队的形式与东方朝廷交通往来。

如前所述，于阗以产玉而闻名，而且这时，玉是从西方诸国向中国输出的最重要的物品之一。归义军向东方输出的物品中，以玉及西域产的纺织品为主，作为转运贸易国的归义军当然会经常从于阗购买很多玉，从于阗方面来讲，归义军应该是它最重要的中间经纪人，这种关系，看一下下面将提到的归义军灭亡后的情况，就更加清楚了。

正如第二章所提及的，党项(西夏)进入河东，扼西方诸国通往中国通商之路的咽喉，随着辽、宋之间的关系的变化，左右着诸国的贸易。西方诸国受到党项的左右，或入贡于辽，或入贡于宋。相反，他们当然也受到对方国家让他们朝贡的引诱或强制。党项对河西诸国的压迫加剧起来，是在景德四年(1007 年)宋和西夏之间达成和约后不久，从这时起，党项开始对河西诸国直接施加威胁，此后二十年间，依附于宋的河西诸国与以辽为后盾的党项之间，不断围绕通商权展开斗争，明道元年(1032 年)李元昊即位时，甘州、凉州落入其手中(参照第二、三章)。

甘州、凉州一旦为西夏所有，以转运贸易为生命的沙州归义军，便受到了致命的打击。从这时起，东方史籍中就看不到曹氏的名字了。如考虑到上述这种情况，这种现象也就容易理解了。归义军与东方的联系一旦中断，即使不受到西夏的征讨，大概除自己灭亡外也别无他路了。

促使沙州灭亡的因素是不通过沙州的新交通路的开辟。即河西归党项所有后，西方诸国就避开此地，而从西域南道贯穿今天的青海省，取道至熙州、秦州之道，这是过去吐谷浑经营的通商路的复活。根据于阗、拂菻的使节的报告，这条道是从于阗向东进入南道，通过黄头回鹘、达坦之地，经由林檎城(临谷城)、青唐(西宁)，到秦州。①

① 于阗使者的报告，《长编》卷 335“元丰六年五月丙子朔”、《宋会要辑稿·蕃夷四》“于阗”及《宋史·于阗传》皆有记载。拂菻的报告，也同样载于《长编》卷 317“元丰四年十月”、《宋会要辑稿·蕃夷四》及《宋史·拂菻传》。

这条道路的被使用，显然可知于阗(カラ・カーン朝)向宋的入贡突然频繁了。《宋会要》及其他宋朝史籍中，第一次出现カラ・カーン朝的于阗黑韩王名字，是大中祥符二年(1009年)，此后，好不容易到天圣三年(1025年)才再次出现他的名字，但在治平元年(1064年)朝贡一次后，从熙宁四年(1071年)起，熙宁五年、七年、十年，元丰元年(1078年)、三年、六年相继朝贡，元丰四年宋朝采取限制其使节人数的政策①。从这点也可以看出，这种交易开展是如何活跃，随这条经由沙州通商路的封闭，于阗的朝贡显著地频繁了。如考虑到于阗出产的玉等，即使在于阗朝贡不那么频繁时也被运入中国之事，可知，从前于阗是以沙州及其他国家为中介者，将这些产品输往中国，由于这些国家的灭亡，失去了中介者的于阗人，就亲自将之运往中国。而作为中介者，河西西端的敦煌，占据了最有利的位置，敦煌文书屡次出现的于阗使者，也有再向东去的人，也有到敦煌而返回的人。同时可考虑到不少是从敦煌前往于阗的人，如前面提到的，沙州镇国王子致书于秦州曹玮所说的“吾本唐甥，天子实吾舅也。自党项破甘凉，遂与汉隔，今愿率首领，为朝廷击贼”话中，也可看出，敦煌国失去了作为中介贸易国的地位，往日的繁荣也化为昙花一现之梦后，还仍然希望恢复原状。

(下面还有题为“西夏的兴起与交通”一章，准备涉及归义军灭亡后的东西交通，由于篇幅冗长，删去了，决定另文论及。)

余论　归义军的性质

在本稿序说里已说过，归义军的性质，其前半期是河西王国，后半期是高昌王国。具体来讲，前半期，领有河西，与中国接壤，从事管理中国和西方的通商之路；后半期，占据沙、瓜二州绿洲，主要经

① 《宋会要辑稿·蕃夷四》“于阗”：“(元丰四年)十二月二十五日，诏熙河路经略司指挥熙州：自今于阗国入贡，唯赍国王表及方物听赴阙，勿过五十人，驴马头口准此余物解发，止令熙州、秦州安泊，差人主管买卖。婉顺开谕，除乳香以无用，不许进奉及挟带上京，并诸处贸易外，其余物，并依常进贡博卖。”

营通过此地而进行的转运贸易。前期和后期在疆域上的差别，不应只理解为后期势力的衰退。前期，当时正值这个地区政治上的变动期，为了维持通商路，归义军有必要亲自统治这一带地区，或许可以认为它是诸绿洲的霸主。但到中后期，各地的政权自立，归义军的势力受到排斥，同时，在各个小政权的统治下，已经有了一定的秩序，归义军只统治它原来的根据地敦煌一带也就可以了，这种情况，也可以这样解释。因而，归义军的前期，实质是占据敦煌的绿洲国家，也可名为敦煌国，它的实力还扩展到其他绿洲，可以看作是成为保持河西王国类型职能的国家。

从这个绿洲国家的特征来看，有以下几个要点：

①因为是绿洲国家，农业当然是其立国的根本。②依靠经过此地的转运贸易而致富，这应该说是敦煌国的特征。③其是在诸外族之间立国的汉人殖民地。④佛教兴盛。

以上这几点虽然是极为常识性的，但我认为还是有必要再明确一下。

(1)作为农业国的敦煌

西域的绿洲国家，以依靠人工灌溉的农业作为其生存的基础，古今皆同。现在，新疆各地仍建有将地下水引入耕地的水道(Qāriz)，维持管理水道的人(mīrāb；Sū nung bägī)，掌握了这块土地的实权。这种绿洲国家的掌权者，面临的首要问题，就是灌溉的管理问题。据敦煌的一块断碑记载，张议潮在敦煌独立后，立刻进行了灌溉设备的整修工作。[①] 当然，这是应该的事，在唐朝的统治下，《沙州都督府图经》以及其他敦煌文书中，记载了很多渠名，当然，它们也被加以整修以备用。归义军时代，自然也是按土地情况，继续进行经营管理。为此，由被称为“渠人”的几个人，以一个渠为中心，组织起来进行管理。这种状况，最近那波博士已加以

① 《甘肃新通志》卷92《艺文志·附金石一·唐朝断碑》。

阐明。①

现藏于巴黎及伦敦的敦煌发现的户籍簿中，归义军时代以后的文书存有大顺二年(891 年)、雍熙二年(985 年)、至道元年(995 年)三件户籍②，即张淮深和曹延禄时代的文书。正如法制史专家已经注意到，这些户籍与同样在敦煌发现的大历十二年以前的唐的户籍，在制式上有显著的不同。从记载的内容来讲，户籍的记载明显很简略，到最晚的至道元年的文书中，只记有户主的姓名，田籍方面，永业、口分之别，已受、未受之别都没有记载，但都受田和面积、四至、所在地仍记载的很详细，应该说，已失去了户籍的形式，成了地籍。而且这些户籍制定的时间与中国法令中规定的时间也不一致了。③ 这些文书是归义军时代制作的，因此，不用说，既不是根据中国政府的命令而制成的，也不是为提交中国政府而制成的，完全是归义军为了自身的需要而制作的，因此，与中国的户籍制式当然不一致。归义军时代的敦煌文书中，田宅的买卖借贷或与之有关的诉讼文书中，已被介绍了很多。归义军时代的执政者，必须经常制作这类的土地底账以备用，从这点可以很清楚地看出绿洲地带所从事的农业，是敦煌存立的基础。

现已发表的敦煌文书的一半以上被认为是归义军时代的文书，这些文书是从当时的现实生活中产生的，绿洲国敦煌官民的社会状态、经济生活，在其中都得到切实的反映。目前，这方面的新史料被陆续加以介

① 那波利贞博士：《敦煌發現唐水部式殘卷について》(昭和十七年五月史学会大会讲演)。这个讲演论及唐制，但渠人在归义军时代以后也存在，讲演时所介绍的《渠人转帖》的背面，有太平兴国六年纪年的另一件文书，因此可知写在同一张纸上的《渠人转帖》大概也是同一时期书写的。

② 这些文书在那波利贞博士《唐寫本唐令の一遺文》(《史林》，21 卷 4 号)、仁井田陞博士《唐宋法律文書の研究》、玉井是博《再び敦煌户籍殘簡に就いて》(《支那社会经济史研究》)等文章中，被加以介绍，但互有短长。此外，藏于伦敦的大顺二年籍，罗振玉《贞松堂藏西陲秘籍丛残》中有影印件，注 40(即 272 页注②)中已叙述过。

③ 这点，仁井田陞博士根据田制、税制的变化已加以说明(《唐宋法律文書の研究》，726 页以下)，玉井也遵从此说(《支那社会经济史研究》，287～289 页)。这是不错的，但这些户籍不是在唐宋时代的中国政府统治下而制作的，他们对此事未加考虑，很遗憾。

绍，这方面的研究正处于逐渐展开的阶段。在此，我不敢抢先立论，只是我认为应注意一下归义军所具有的一个特点，这就是归义军时代并不实行货币经济，交换的媒介是绢布，实物经济之风浓厚。就目前所知的归义军时代的文书中，没有反映钱货流通的文书。① 消费借贷文书的对象，自来就是粟麦布帛之类，家产买卖文书、人身买卖文书之类，其代价，也是以布帛粟麦或家畜等支付②，明确反映了金钱通常是不用的。如以后发现有钱货往来，也应是极例外的。之所以说这点是归义军时代所具有的特点，是因为同时代的中国内地和唐朝统治下的敦煌地区及今新疆地区，都还有钱货流通。③ 从而，这种变化，应考虑到是在吐蕃统治下的百年间产生出来的。

(2)作为转运贸易之国的敦煌

一般说来，依靠转运贸易获取的利润，是绿洲国家致富的基础，不用说，归义军也不例外。正如下面所提到的，这个时期，鸣沙山莫高窟开凿或修复了很多佛窟，州内的十七所大寺，供养着上千的僧人，仅依靠微不足道的农业，显然是无法从事这些事业的。但活跃于东西贸易上的绿洲诸国的有力之物，如于阗的玉、龟兹的硇砂，大概都是他们本国自身的特产，相反，敦煌并不出产这些东西。敦煌人自己明确地提到这种情况。如下：

(曹仁贵献物状④)

玉一团重一斤一两，羚羊角五对，硇砂五斤伏以

① 那波博士指出探讨唐末物价的第一手史料还未发现，他特地用天宝时代的材料进行比较(《中晚唐時代に於ける僞濫僧に關する一根本史料の研究》，《龙大佛教史学论丛》，57～68页)，因此，我认为未发表的文书中也不会有关于钱货的材料吧。

② 请见仁井田陞博士《唐宋法律文書の研究》各章中所收集的诸例。

③ 参照前列仁井田陞博士前列书250页以下及本注226(即本页注①)那波博士论文。

④ 《沙州文录》19页及《敦煌石室真迹录》丁3页所收。末尾的印文，两书均读为“沙州节度使印”，那波博士认为是“沙州朝贡使印”。原文书的体裁，请见《沙州文录》所收。这份文书出现的硇砂，《宋会要》《册府元龟》等书都写作砂磠，旁边的㓊又被作为卤的简化字而使用，因此发生误作磠的现象。

碛西遐塞，戎境枯荒，地不产珍献无奇前物等。并是殊方所出，透狼山远届敦煌、异域通仪，涉澣海来还沙府。辄将陈　献，用表轻怀、干黩鸿私。伏乞　检纳。谨状。

权知归义军节度兵马留后守沙州长史银青光禄大夫检校吏部尚书兼御史大夫上柱国曹仁贵状上(印)

正如屡次所说，这时输入东方最主要的是玉和马。其次是绵、毛织品之类。玉产自于阗。唐代的《沙州图经》“敦煌县”条中，“当县全无”中监牧是其中之一，敦煌文书中，有关畜牧的记载也极少，因此很明显，马，敦煌出产也不多。其他输往东方的物品中的毡、褐、硇砂之类，也是今新疆地区的产物。能向西方输出的商品大宗绢，大概敦煌也出产不多。即归义军是仅凭借有利地理位置的纯粹的转运贸易之国。①

归义军与于阗、甘州两国保持紧密的联系，从事转运贸易的情况，在下编第二至四章中已叙述过，关于前面没有叙述过的私人贸易，想补充几句。

不用说，史籍里记载的归义军的朝贡，并不是与东方进行贸易的全部，漏记的也不少(特别是唐代)，也有的由于某些原因，没到中央，在中国边境进行交易就返回了，因此史籍中没有记载。② 这大概是沙州由官府派遣的商队，在中国受到了私人贸易的接待。此外，一般的商旅往来似乎很兴盛。前面引的曹元忠(?)书状所载的安山胡大概就是这种商胡吧。在

---

① 下编第三章年表 * 15 中所引的《宋会要》的“善藏珠者”一句，被误解为藏善珠者，很难解释通，我认为藏应是理或磨字之误。大概企图聘请玉工，把加工的玉输往中国，希望以此获得利润。

② 《册府元龟》卷 981 载：

(周广顺二年)十月，沙州僧兴赉表辞，回鹘阻隔，回鹘世世以中国主为舅，朝廷亦以甥呼之。沙州陷蕃后，有张氏世为州将。后唐同光中，长史曹议金者，遣使朝贡，灵武韩洙保荐之，乃授沙州刺史，充归义军节度使、瓜沙州等州处置使。其后久无贡奉，至是遣僧辞其事。

即沙州和灵武之间开展贸易，不向中央政府朝贡。

遥远的辽的上京，设有“回鹘”商人的居留地。① 这里所说的回鹘，我认为是指当时在回鹘统治下的西方诸国的商人。西夏领有河西后，这个地区的回鹘商人，也有人逗留在遥远的燕京。② 他们是元代著名的祖先。可以充分想象到西夏兴起前他们是如何活跃。归义军末年(或许是曹氏灭亡后)的天禧五年(1021 年)，中国史籍中记载了商人诈称朝贡使被发觉一事。③ 西凉府，还将只盖有厮铎都官印的纸给臣下，任其自由填写④，因此，只要得到它，谁都可以自称朝贡使去中国。在沙州的朝贡使中，往往有些不是中国式名字的人，可能就是这类的商人。

归义军的贸易，大概是官府垄断的事业。就我个人所知，已发表的敦煌文书中，还没有发现私人或寺院的企业和外国进行商业贸易。但是，以这种商业贸易作为民族性，对商业利润极为敏感的人，他们有很多人住在敦煌，必定也参与这种贸易吧？归义军屡屡被称为“沙州回鹘”，由此也容易察知这时期的情况。⑤

(3)作为汉人殖民地的归义军

敦煌，是汉人居住的中国文化盛行的城镇，这是为众所周知的。但我们必须正确地认识到归义军是被回鹘和吐蕃所包围，与中国本土隔离而立国的。

---

① 《辽史》卷 37《地理一》：“(上京)南门之东，回鹘营，回鹘商贩，留居上京，置营居之。”

这是商人的居留地，而不是使节的旅馆，可以从下文“西南同文驿，诸国信使居之”一句，证明商人的这种居留地与朝贡使是有区别的。

② 《松漠纪闻》，国学文库本，6～8 页。

③ 《宋会要辑稿·蕃夷四》之一五：“(天禧)五年七月，殿直白万进上言：‘昨龟兹使延福等皆诈为外使，邀冀恩赏及乞赐经藏、金像等物。’诏秦州曹玮诘问延福，具万进所陈。诏免罪，所赐物纳官。自今西州、甘沙州进奉人使更一二年不许赴阙。”这段记载，是说到关于龟兹的事，但沙州也一起受到处分，可见有同样的情况。

④ 《宋会要辑稿·方域二一》之二二：“(景德四年五月)是月，渭州通事何忠：‘至西凉府，得厮铎督印纸，令臣填书，告朝廷诸事。’因诏，自今并须蕃书用印，无得以印纸给与诸色人，令赴阙奏事。”

⑤ 在今天所知的贫乏的史料范围内，这种商人的活跃，在中国史籍中显现，是自节度使之名不为所知时起。在此前后，敦煌实行了贸易企业形态的变革，也许不是不可能的。

如屡次所言，敦煌是夷夏杂处之地。但归义军是中国人建立的国家。中国人是统治者，以本国文化(即中国文化)为主。与归义军独立的同时，居住在敦煌的汉人们掀起了吸取新的唐代文化的热潮。正如王国维所注意到的①，有一个写本的背面记载着两首词的调，一个是《望江南》，另一个是《菩萨蛮》，有咸通十年的纪年。据一般说法，这两个调，前者是太和中年，由李德裕创作的，后者是玄宗创作的。但实际时代更早，之所以通行这种说法，肯定是从那个时候起开始流行起来了。由此也可断定敦煌的汉人在各方面都极其热心地吸收新文化。从敦煌整体来看，是汉人的城市，中国文化占有优越地位，但既然是夷夏杂处之地，当然就不单有中国文化。不应忘记，敦煌石室中，与汉语的写经文书一起，还有数千卷各国语的写本。

敦煌石室发现的被认为是归义军独立以前的吐蕃统治时代的藏语文书，已被介绍了很多②，其中，也有用藏语称呼沙州诸寺名的文书，还有几千件经济文书，也反映出没能避免多少被吐蕃同化的事实。归义军时代，大概也仍存有吐蕃文化的残余。上述咸通十年写本的新流行调的汉词，就是用写藏文的木或竹制的硬笔书写的，与词文并列，还有数行藏文③，此事也可反映出当时敦煌的状况吧。

归义军与于阗、甘州两国来往频繁，特别是互相通婚，因此，在某种程度上大概也沾染了他们的习俗。前面所提到的千佛洞第一一七窟的壁画中，我曾着重提了一下由曹氏嫁到甘州回鹘的妇女像的服装，身穿这种回鹘式服装的妇女，在这些像中，除了提到的两个人外，还可看到两三个。

居住在敦煌的诸外族中，有的是同族聚集，组成部落。敦煌文书中载有“曷骨萨部落”④，被认为是大中时的一份文书中有“阿骨萨部落”“悉灵萨

---

① 《春秋后国语背记跋》，见《鸣沙石室佚书》及《观堂集林》卷21。

② F. W. Thomas, Tibetan Documents concerning Chinese Turkestan. (*JRAS.*, 1927—1928)

③ 《春秋后国语背记》，见《鸣沙石室佚书》。

④ 伯希和三四二二号，载《支那学》，10卷3号，443页。

部落”①等。组成这样的部落，他们固有的习俗肯定很容易得以维持。《敦煌十二咏》②之第十二《安城祆咏》开头一句“板筑安城日，神祠与此兴”，如将“安城”解释为“出身安国人的居留地”，也就可以得知他们在敦煌建造了他们本地的宗教——祆祠庙。是否是这个祆祠不清楚，但据前面引的《官酒户文书》来看，在归义军时代，其祭祀仍然进行，而且还由官府供给酒，这应引起注意。③

此外，如进一步寻找的话，还能发现很多异族文化的痕迹。但不能给它们过高的评价。归义军具有儒佛两种教养，缀写四六文的中国人，是统治者。④ 这些中国人，由于千里沙碛，与本土相隔，恰似大海中的一个孤岛，在绿洲之地维持中国文化的传统共二百年的历史，可以说是值得注目的事情。

(4)敦煌的佛教

归义军时代的敦煌，佛教极为兴盛，称之为佛教都市也不为过。在前面所提到的归义军朝贡的记载中，可注意到归义军多次被赐予佛经、佛像之事。闻名于世的千佛洞中，归义军时代开凿或修复的洞窟显然不少，以张氏、曹氏为首的敦煌的豪族们，也在此处建造了自己家族的佛窟。⑤ 再如于阗王之窟，是由国外施舍建造的，官民俗人，以信仰为基础，结成社邑，为寺院效力，这种状况，那波博士已有详细论述。⑥ 寺院和僧侣的数量也很多。在一份有归义军建立不久的咸通十年纪年的文书里，开列着当时沙州的十七所大寺和若干兰若名称。⑦ 据另一份文书可知，其中五个寺，

① 斯坦因一四七五号，载《支那学》，10卷3号，460、462页。

② 神田喜一郎：《敦煌二十咏について》，载《史林》，20卷4号。

③ 我相信，这件文书是有关祆教弘通状况的一个新资料。

④ 从那波利贞博士《唐代の庶民教育について》(《支那学》，10卷4号)中所载的各种史料可得知，当时敦煌的中国人受教育的种类及程度。

⑤ 《史林》，24卷3号，508～512页中介绍的诸例，都是归义军时代的修窟功德记，李氏、曹氏的窟，本稿已经提到过了，《张氏勋德记》中记载了淮深开凿佛洞之事。

⑥ 那波利贞博士：《佛教信仰に基きて組織せられる中晚唐五代の社邑就きて》，载《史林》，24卷3/4号。

⑦ 伯希和二七三八号纸背，载《史林》，24卷4号，768页，及《龙大佛教史学论丛》。

住有三十八至六十个僧和沙弥①，再据附有贞明七年日期的一份文书，可知其中十四个寺(内有五个是尼姑寺)里，各住有二十人至一百八十九人，总计住有近一千人的僧尼。②

应注意到，这样众多的寺院、僧侣，并不是仅依靠施主而生活，也不仅是拥有庄园，役使隶属于他们的寺户进行耕作，进而他们还更积极地经营粮食高利贷和碾硙等事业。可以想象，在资本和劳动力上得天独厚的这些寺院经济势力，占有压倒性的优势。③

归义军时代，佛僧的往来也很频繁，他们在佛教之国敦煌等地，受到了热烈欢迎。

后晋天福中，沧州僧道圆由西域赴印度，于宋乾德三年(965 年)返回，受到他的鼓舞，又有一百五十多个僧人申请去西域取经。④ 此后，又有很多人赴西域，终于有人提出对这种现象应该加以限制之议。⑤ 有不少归朝者，开设了译经院(后改称传法院)。另外，从印度到中国来的僧人也很多。前面提到的曹元忠书状中出现的西天大师，大概就是他们中的一个。在这份状的书面语气中，可以察知到对这个西天大师以特别优厚的待遇。中国僧人在途中，看来也受到各种优待。⑥ 北京所藏的敦煌文书收字四号

---

① 伯希和二二五〇号，见《梁户考》三，65～67 页。

② S. 2614(*BSOS.*，X-2)，pp. 326-327.

③ 那波博士《梁户考》中将伯希和二一八七号文书命名为《寺院特殊权力拥护宣言》，他认为当时敦煌地区的寺院，具有压倒官府的势力，我并不这样认为，文书全文和我的解释如下。(下略)

④ 参照注 200(即 344 页注②)，如打开《佛祖统纪》四十二以下的《法运通塞志》有关这一时期的记载，汉竺两国佛教徒来往得很频繁(其中还有走海路的)，不能不令人惊叹。在佛陀伽耶，发现了有五代—北宋年代的五块汉碑(*TP.*，VII-VIII，pp. 1896-1897；Bibliotheca Sinica Col. pp. 684-685)，据此也能推测当时的盛况。

⑤ 《长编》卷 55："咸平六年(1003 年)八月壬申，知开封府陈恕言僧徒往西天取经者，诸蕃以其来自中国必加礼奉，臣尝召问皆罕习经艺，而质状庸陋，或使外域反生轻慢，望自令先委僧录司试验经业，省视人材，择其可者送府出给公据，从之。"

⑥ 《长编》卷 55。

《至道元年僧道猷往西天取经牒》①就是由这些僧人中的一个写成的，他们在路过敦煌之际，请求应有的保护。《清波杂志》卷10记载，宋朝的一个使节听说，如果打扮成僧人，通过西羌之地就会受到笃于佛教信仰的人士的保护和优待，因此他就变换了僧服。由此可知，不仅是西羌，大概河西各地也都是同样的情况，而且，在西方诸国向中国的朝贡中断期，也只有佛僧能够往来(如后周广顺二年的僧兴，淳化二年的专崇等就是例子)。我认为也是由于西方诸国对佛僧的优待。

作者附记：

借此余白，对本稿起草时惠赐多方指导的诸位先生以及这次修改之际惠蒙教示的诸位，深致感谢。

全文原载《东方学报》(京都)十二册三分(1941年)、十二册四分(1942年)、十三册一分(1942年)、十三册二分(1943年)。

译者后记：

译稿完成于20世纪80年代初，我在北京大学跟随王永兴先生学习隋唐史，攻读硕士学位，奉王先生之命，在日语只是正经学了一年的基础上，勉力完成。译稿大约将近10万字，“序说”部分约7千字，发表在《中

① 见许国霖：《敦煌杂录》。

订补(以下订补所标出的册、注、行等都是原文刊载的标识，读者可参照)：

(一)十二册三分370页的目次中(按，指原载《东方学报》册、页)，删去下编《五代、西夏的兴起和东西交通》(参考本号240页)。

(二)十二册三分377页8～9行，“归义军在大体上……换个观点……”改为“归义军前半期的历史……，在其后半期……”。

(三)注180即末尾的两项，各自应在十三册一分67页及68页叙(见下编《曹氏的世系》一章)。

(四)藏于北京的贞明六年的《佛名经》中，有“瓜沙州大王印”的印记(《敦煌写经题记》，20页)，因此，注137的最初7行应删去。

(五)注155中应加下面一句：

《长编》咸平五年三月癸亥：“且西凉蕃部，多是华人子孙，例会汉言，颇识文字，渭州往来，与通事辈密熟。”

(六)罗氏的《瓜沙曹氏年表》应据七经堪丛刊本。

国敦煌吐鲁番学会研究通讯》1985年第2期，但其余的一直没有发表。辗转三十多年过去，底稿亦因屡次搬家而一度寻觅不见，好在最近的一次搬家又失而复得，惊喜之余，正值《史学识浅录》书稿整理中，但可叹藤枝晃先生已经仙逝，幸蒙藤枝晃先生女儿石塚恒子女士赐准，将此译稿重新整理校对编入文集中，终可见天日。近来得知已经有金伟等人将译文发表在《国外藏学研究译文集》第14辑(西藏人民出版社，1998年)，虽然孤陋寡闻，但非常高兴，希望能共同向藤枝晃先生的开山之作致敬。

译稿得到当时的北京大学留学生冈本尚子女士(婚后改名木田尚子，其夫君木田知生先生当时作为高级研修生就读北京大学，现为日本龙谷大学著名教授，主要研究宋史)的帮助，感激之情也只能在三十多年后才正式表达，三十多年的友情之树仍然长青。尚子女士已经是四个孩子的母亲，两个孙子和外孙的祖母了。

译稿代表了我当时的日文水平(不过几十年后似乎仍然停滞不前)，没有发现明显的错误就不做改动，保持原生态，以此可追忆和纪念我曾经的学生时代。史料原文、外文和录用的敦煌文书，底稿(只保留了印刷稿)有很多错漏，这次尽量予以纠正。当时译稿的校对署名黎禾是我的笔名，在译稿整理过程中，陆续有陈涛、王溪、廖靖靖、于笛、李瑞华、刘夏欣、姚梦泽、王夫一、李刻羽等同学帮助录入、转换、校对，一并致以诚挚的感谢。

作为宿房的唐代寺院

[日]道端良秀著　宁欣译

一、序

唐代的佛教寺院的数目有多少，它的分布状态如何，今天不能详细得知。但在唐武宗毁佛事件时，据称被废的寺院有四千六百所，招提兰若四万所，据此，大体可以想象出唐代有额无额的大小寺院的情况。

寺院的分布状况，一般以各地的山岳为中心或集中于各地的都市，同时也分布在各地农村的中心地区。因此，实际上寺院遍布全国的山间寸土，确实可以说与唐代佛教的黄金时代相称。

这些佛教寺院，作为文化中心，在唐代社会中所起的作用必然是颇为重要的。不用说，寺院是社会的、宗教的、思想意识的中心。一般来讲，人们是为寻求安慰来到寺院，寺院里有包括娱乐设施在内的种种设备，从而寺院也成为地方上的一个文化中心。

寺院的善恶另作别论。必须注意的是，寺院在唐代社会里确实占有重要位置。在这里，我准备从诸种问题中，选出“作为宿房的寺院”这一问题，研究一下这些寺院，有时作为旅社，有时作为出租房，在唐代社会里，呈现出什么问题；研究这些寺院作为宿房的情形如何，给社会带来什么影响。另外也研究一下这些寺院是在什么情况下设置这些房舍的。

在此基础上，我想就以上问题，做进一步的论述。

二、关于普通院

寺院最早作为宿房，在唐代交通史上留下明显的痕迹，可追溯到五台山普通院。

关于这个普通院，井上以智为氏曾有笔述①，在唐代五台山佛教中，

---

① 井上以智为，《唐代五台山的佛教》，载《历史与地理》，二二之六，1929。

正是它扮演了很重要的角色。

普通院的房舍，是特地为巡礼五台山的人设置的，是五台山独特的设施，其他灵山名迹大概也有这类的设施，但不知是否设有被称为普通院的宿房。因此，如提普通院，我认为仅限于五台山。

有关普通院的记载，唐文宗时入唐、亲自巡礼五台山的慈觉大师圆仁的日记《入唐求法巡礼行记》①最为详细。

他记载到：当时通往五台山的路，主要是东西两条道。他登山时取东道，即从今天的河北省正定方面北上，入五台山。下山取西道，即五台山与太原、长安相通之路，日记中记述了东西两条道上设置的普通院。

在此，我想尽可能探明普通院设立的宗旨，它的组织内容、经营主体及方法。但仅有圆仁的记述，还是很困难的，只能是在某种程度上的推测。

毋庸置言，普通院是为五台山巡礼者休憩、宿泊而设置的。唐宋时代的五台山，作为文殊菩萨的圣地，聚集了如何众多的巡礼者，作为唐宋时代佛教信仰的中心地，拥有如何众多的信徒，在这里，我就不详细叙述了，仰慕五台圣地，从遥远的外国而来的巡礼者也有很多，从这点也可窥知一端吧。

为了方便这些巡礼者，达到其巡礼目的，解决他们露宿的不便，在行途中，凡位于半日路程之处，设立普通院，以便使用。

因而，这种普通院大体上具有免费休憩所、免费住所的意义。它的设备也颇为简单，而且，不问僧俗，一律开放。圆仁对普通院有以下说明(《入唐求法巡礼行记》卷二)："不论僧俗来集，便僧宿，有饭即与，无饭不与，不妨僧俗赴宿，故曰普通院。"说明，僧俗同样可来宿泊，有食就给，没有就不吃，无论什么人就是俗人也不妨，这就叫作普通院。

说到有饭即与，无饭不与，可以知道这个普通院的性质和目的，和今天日本的宿房完全不同，因为它是完全免费的。

一般普通院里，有院主，即管理负责人，因有大量的巡礼者暂时住宿，所以必须经常为巡礼者准备粥饭，但也有断食的日子。

---

① 圆仁：《入唐求法巡礼行记》，东京，东洋文库，1926。

圆仁登山时，看到了位于东面登山路的普通院的情况，他在“两岭普通院”中有记述：“院主不在，自修食，院中曾未有粥饭，缘近年虫灾，无粮食。”①

说到在这个院里，院主不在，没有食物，圆仁自己做饭。接着又说到在果莞普通院里“深山无粥饭，吃小豆为饭”。下面又说到在解普通院里“吃粥了”。在后来的净水普通院，自己做饭，也说到“院中贫乏”。接着提到在龙泉普通院，以及张花普通院里，都是“院有粥饭”。到角诗普通院，则“院无粥饭”。

据此来看，有的地方准备有食物，有的地方又完全没有准备。通过上述记述可知，普通院一般的情形，是对留宿的巡礼者全都供给粥饭。上面所记述的由于虫灾，没有粮食；因深山之故无粥饭，以小豆代之；虽能得到食物，院中贫乏；再加上有饭即与，无饭不与等情况，显然，说明(这些普通院)一般都准备粥饭，供与留宿者。

这些普通院设立的目的，不是为营业，完全是为巡礼者的方便而考虑的，是免费住宿所，但也有因深山之故，食物搬运不便而断食，这种事经常发生。如有饭时就给，没有就不给是平常之事，这并不属于巡礼者为此而不平不满的语言。

(圆仁)记述在东西登山路的解普通院留宿时：“巡礼五台山，送供人僧尼女人，共一百余人，同在院宿，廿六日天晴，吃粥了。”②

同时住宿的多达一百余人，吃早饭时，普通院的规模略微可以察知，而且，有这么多人留宿，食物能否保障供给也很难说，因而，有饭即与，无饭不与也是当然的事了。

然而这类普通院，虽是为巡礼者设的免费宿泊所，但其组织结构，也完全采取寺院的形式，安置着本尊佛像，僧尼院主奉仕之，还进行经营管理。虽然说是免费住所，但是完全免费的吗？这点不能详而得知。一般来讲，这类院的经营上绝不是完全免费的，不是有“志”(具体不详)的规定

① 圆仁：《入唐求法巡礼行记》卷2，东京，东洋文库，1926。
② 圆仁：《入唐求法巡礼行记》卷2，东京，东洋文库，1926。

吗？即使没有规定，至少在供应粥饭时，作为饭费支出了实际费用。不用说，其宗旨虽然是免费的，在经营上却不能如此。

圆仁说到东面登山路的净水普通院“院中贫乏”，到底意味着什么呢？可以想象，也有相反的院中富有，这其间有什么经济关系呢？在西面下山路，他经过太原的清凉县的普通院里，“院主不解主客之礼”。①

(圆仁)感到很愤慨。我总觉得，在这里揭示了可以说明普通院和普通院巡礼者的经济关系的一个关键点。

这些普通院，大致上设于山中半日行程之处，巡礼者在这里或休憩，或宿泊。但普通院并不只是设在没有宿泊所的山中，从五台山下来，村落和城下亦有设置。不过，在平地，照理有很多的宿泊处，而山地，没有这么多的设置。一日行程，或二三日行程，能发现一所。一直延伸到很远的地方都设有普通院。在交通频繁的太原和长安之间，也可看见它的名字，令人惊讶。

圆仁从太原出发，入清凉县，留宿于普通院。再穿过汾州，宿于村落，然后进到晋州城内，宿于城内的市西普通院。翌日，留宿于普州襄陵县南界的景云普通院。据圆仁记载，从景云普通院到长安有十二日行程，到太原有十一日行程，恰好位于两者中间，正是交通非常频繁之处。拥有很多方便宿泊之处的晋州城内，尚且设有普通院，到底说明什么呢？这显然表明这种免费宿泊处，它的宗旨是帮助普通巡礼者，不管他们如何贫穷，为使他们达到巡礼五台的目的而设置的。

当时，与代州五台山同时，也有众多巡礼者的泗州普光王寺、凤翔的法门寺、终南山的五台，以及其他众多的灵山，在这一宗旨下，大概也设有大大小小的这类设施吧！如有名的房山云居寺的石经中，记载了为巡礼者在半山腰设立义饭厅，作为免费休憩所，供应食物，即是其中的一例②。

与普通院类似的，就我们所知还有印度和西域设立的福德舍，我国

① 圆仁：《入唐求法巡礼行记》卷3，东京，东洋文库，1926。

② 参照冢本善隆：《石经山云居寺和石刻大藏经》，载《东方学报》(京都)，5册，1935。

(指日本——译者)行基的布施屋，传教的广拯院、广济院、尼法光的布施屋，它们都和普通院属同一体系，但普通院是以方便五台巡礼者为目的，而印度、日本的这类设施，是作为救济全体大众的佛教的社会事业，不是以一定的特定的人为目的的。这大概是两者的区别。

三、作为一般旅店的情况

前节所述的普通院，只限于一定的场所和人，寺院后来进一步发展而成为交通路上的旅店。

寺院原本不应是私有，是十方常住物，是十方僧伽的共有物，因此是开放的。僧尼旅行、云游地方时，当然可以留宿在各寺院。这是由寺院的性质所决定的。圆仁入唐，去五台山参拜，赴长安，路上都住在寺院里。

唐代，不仅是山林，地方州县，以至村落，都设有寺院，或招提、村院之类，当然，(求宿者)有时受到允许留宿的好意的招待，但不受欢迎的地方也很多，我认为还是与经济问题有关。

僧尼在交通上能完全依靠宿院，但不是僧尼的普通人的情况如何呢?毋庸置言，唐代交通是很发达的，设有驿站，似乎没有必须依靠寺院的必要，而事实并非如此，寺院作为旅店，我认为在交通上做出了相当大的贡献。

这里举二三例，唐元稹《会真记》的《莺莺传》中记载，唐贞元中，有张生者旅行到蒲州(山西省蒲州)，寓居于普救寺，恰有崔氏妇人归长安途中，止宿于此寺，由此两人开始交往。唐皇甫氏的《原化记》中的“天宝选人”条里，记述了天宝年中，某选人入京，行路中日已暮，投奔一个村落的僧房求宿，但是，和尚不在，不知如何是好，而天已暗黑，无法投往他处，遂入僧房借宿。

又，同书“潘老人”条，记载了元和中，嵩山少林寺，有一老人叩门求宿，门已经关闭，他请求宿于寺外的两间空房里，这位老人在宿所显现出种种奇瑞的故事。另外，唐尉迟枢的《南楚新闻》中，记载了有江陵郭七郎者，是当地的大富豪，经营大宗贸易，出钱数百万，竟得到横州刺史之职。遭唐末之乱，一家离散，遂徒步流浪各地，经过湘江、永州，在江北岸的兜率寺过了一夜，因其夜暴风雨，船沉了，奴婢遇难，他幸得全生，得以入僧室与女儿会面之事。

又，唐任繁的《梦游录》“刘道济”条，记载唐末光化年中，文士刘道济止宿于天台山国清寺之事。唐代，文人、诗人宿泊于寺院之事，不胜枚举。

寺院，大致多建立在山岳湖沼的名胜之地，为此有很多文人、诗人以及普通的庶民到这里来。这些文人、诗人旅行作诗，几乎都要巡游这些寺院，宿泊于此，或闻松簌之音以赋诗，或仰明月以致文，寺院完全成了他们修炼好诗的场所。《全唐诗》中，大概可以见到很多这种例子。《白香山集》卷五九的《游丰乐招提佛光寺》曰：“山寺每游多寄宿，都城暂出即经句。”这也许表现了他们生活的一个侧面吧！在宋代，据范成大的《吴船录》记载，他坐船往复于蜀成都的途中，游览很多的沿岸寺院，并宿泊于此，一直到旅行结束。这大概亦和唐代的作为一般旅店的寺院相仿吧。

四、举人和留宿寺院

《唐会要》卷七六“科举”条有如下记载：“元和三年敕制，举人试讫，有逼夜纳策，计不得归者，并于光宅寺止宿，应巡检勾当官吏，并随从人等，待举人纳策完毕，并赴保寿寺止宿，仍各仰金吾卫使差人监引，送至宿所，如勾当勿令喧杂。”

元和是宪宗时的年号，这段话的意思是举人在科举考试时，为了能被录用，一直考到很晚，当晚不能回住所的人，都宿在光宅寺。巡检勾当官吏和举人的随从等人，待举人考试结束，都到保寿寺留宿，由金吾卫差人监引，送至宿舍，并下令不许喧杂。

这明显是寺院成为宿房的例子，这大概是举人和寺院，其次是官吏和寺院发生关系的来历吧！这种事例，不见记载的还应有很多，但无法得知这种举人和寺院留宿的详细情况。

所谓举人，就是去参加录用官吏的考试。接受考试的人中，有学生出身的生徒，有地方州县检定、考试合格的乡贡。考试科目，亦分为秀才、明经、进士、明法、(明)书、(明)算六科，都有相应的待选职位。在唐代，大体是明经、进士二科的全盛时期，其中，唯有进士更是大盛，因此，考试也很严格，从如云而集的举人中严格选拔。如开元以后，每年举人达二三千人，及第者仅为其中的一百或二百人，仅占十分之一。

然而，这样众多的举人都留宿在光宅寺吗？一般考试都在白天进行，赵翼《陔余丛考》卷二九“科场给烛”条中记载，“唐代既已入夜，给烛”。据上记的《唐会要》文，很显然，表明有时考试进行到很晚。

不过，考试是从白天开始进行的，并不是说所有的举人都留到很晚。因此“有逼夜纳策，计不得归者”，将考试延到夜迟，有不能回宿舍者，就止宿在光宅寺。因此，这个寺院宿舍应该离考场很近。考试一般在尚书省进行，那么附近的光宅寺及保寿寺也就设在这一带。据《酉阳杂俎》续六、《长安志》卷八记载，光宅寺位于皇城东第一街的光宅坊，则天武后时赋予寺额，保寿寺同样位于第一街光宅坊东面的翊善坊，天宝九载，舍高力士之宅而建造的。当然，两所寺院之所以成为举人的宿房，我想还有其他种种理由和原因，很遗憾，详细情况不得而知。

与在京师的举人留宿寺院有关，在各地方审定考试合格，最后到京师接受最后的考试，还有由京师指名上来的乡贡等，在途中也有留宿寺院之事。现在没有合适的例子，情况如何不能确定。我认为，如后面所述，从官吏和寺院宿房的密切关系来推测，这种乡贡和寺院之间也必定有关系。位于交通路上的寺院，大概被乡贡们普遍利用为旅店。

宋代的情况，可见入唐僧成寻的《参五台山记》卷二，揭示了解答这个问题的一端。成寻滞留在天台山国清寺时，有明州的秀才四人来宿，翌日，又有温州的秀才七人来宿。六日后，他从国清寺出发时，这些秀才还留于此，这其间，他们向成寻提出了很多有关佛教的问题，而成寻，也询问了秀才来宿的原因，对此，他们回答：“明州、温州、台州，三州秀才，并就台州，比试取解，约五百人以上，取十七人，将来春，就御试取三人作官；五百人秀才中，只取三人给宫，天下州府军镇秀才约廿万余人，春间御前比试，只取三百人作官，约千中取一也。”①

据此可知，明州、温州、台州的秀才在台州接受审定考试。从五百人中选出十七人，来年春上京师，接受最后的考试，从十七人中选三人及

① 成寻：《参五台山记》卷1，东京，东洋文库，1937。

第，初授官。当时全国有秀才二十万人，从中仅选三百人及第做官。

当时来国清寺住宿的明州、温州、台州的秀才，可知是接受审定考试的五百人中的几个，这样，他们直到考试开始前，就宿在这个寺院里，养精蓄锐。

从这类记载可以想象出，不仅是国清寺，还有很多的寺院，有多少这类满怀希望的年轻秀才投宿，如被选中，在上京途中，也投宿于这类寺院，憧憬着当官的美梦。

唐代乡贡的情况，目前手头没有合适的史料，只能据宋代的材料类推，并加上一些臆测。

五、作为贷坊(出租的僧房)、贷室(出租的房屋)的情况

如上所述，寺院作为旅店，允许旅客长期留住，这就进一步展开了贷坊贷室的问题。散见于各类文献中的，有关寺院寓居或寓止的文字记载，显然说明了这种情况。

现在，列举二三例证。道世的《法苑珠林》卷七五，记载唐显庆三年(高宗)，岐州人王志为益州县令，任满还乡，女儿途中亡故，他停留在州的寺中累月。当时，有一个学生借宿在寺中，与他死去的女儿相会，由此，得到县令的重视，让他们结为夫妇。这显然说明，由于这个寺作为旅店对旅客开放，才有一个学生租房居住之事。

又，唐张续的《宣室志》“邓珪”条，记载山西晋阳的童子寺里，贞元中，有邓珪者寓居此寺。某年秋，朋友数辈会宿于此，谈兴正足时，出现了妖怪之事。又，唐李绰的《尚书故实》中记载：“郑广文学书而病无纸，知慈恩寺有柿叶数间屋，遂借僧房居止，日取红叶学书，岁久殆遍，后自写所制诗并画，同为一卷封进元宗，御笔书其尾曰：郑虔三绝。”

说的是郑广文因穷买不起纸，借居慈恩寺的僧房，在此以柿叶勉学，将作品呈上玄宗的故事，这给有名的长安大慈恩寺，更添一层情趣。

此外，同书的作者李绰也曾寓居于庙寺，序中说：“绰避难圃田，寓居佛庙。”

还有唐冯翊的《桂苑丛谈》中，记载护军李将军全皋，寓居淮海的开元寺。又，乾符年中，一客寓居于广陵的开元寺。

这种例子，散见于诸书的还有很多，据此可知，唐代各州县的寺院，大体上都作为旅店，有时出租一房一室，对一般人都开放。更能说明这个事实的是下面的一段材料。

见于《全唐文》卷四六代宗《禁断公私借寺观居止诏》(据《册府元龟》，此年为宝应元年八月)：“如闻，州县公私，多借寺观居止，因兹亵渎，切宜禁断。”

这说明，一般公私，有借寺观居止之事。又同书卷五二德宗《修葺寺观诏》(据《册府元龟》卷五二，这年作贞元五年三月)：“释道二教，福利群生，馆宇经行，必资严洁，自今州县寺观，不得宿客居住，屋宇破坏，各随事修葺。”

说的是，州府的寺观，作为旅店留客，或出租房屋，这些都破坏了寺院，或亵渎了寺院，因此禁止。

德宗、代宗都是唐中叶时期，但上述这些倾向却贯穿于整个唐代，上举的例子便可以表明。不过，寓居寺院的情况中，关系最复杂并产生种种问题的，是官吏及军人居住寺院的问题。我认为，很多居住在寺院的人，大概是官吏及军人。

《佛祖统记》卷四二“宣宗大中三年”条说道：“宣州刺史裴休言，天下寺观，多为官吏寄客蹂践，今后不得在此居止，违者重罚。制可。”

再上溯到代宗常衮，据《全唐文》卷四一〇《禁天下寺观停客制》中常衮言：“如闻，天下寺观，多被军士及官吏诸客居止，猥而黩之，曾不畏忌，缁黄屏窜，堂居毁撤，寝处于众设之门，庖厨于廊庑之下，缅然遐想，慨叹良深，自今已后，切宜禁断。”

说的是寺院都成了官僚官吏军士的住所，因而，受到污损破坏。

现在，举些具体例子。任蕃的《梦游录》里，说到一客官人寄寓于明州奉化县古寺里。又圆仁的《入唐求法巡礼记》卷二，说到在山东登州的开元寺“尽安置官客，无闲房，有僧人来，无处安置”。

说的是开元寺的各个房间都被官人占有，僧尼云游而来求宿，无地方安置。由此产生了种种问题，以至朝廷遂下令禁止。这个问题，准备另立题目论述。

六、宿房的社会意义

如上所述，寺院或作为旅店，供给一般旅客住宿，或进而作为出租房屋，允许官吏军士以及其他人寓居寺院内，那么，寺院作为这种宿房的原因究竟是什么呢？是在什么宗旨目的之下进行的呢？如上所述，原本寺院不是僧尼个人的私有物，是作为十方常住物，对一般僧尼开放，是十方僧伽的共有物。从而，寺院无论在什么时候、什么情况下，对来宿的僧尼都必须衷心欢迎，这是寺院的原义，当然不能说唐代寺院全都是遵循这一宗旨的，但至少就寺院而言，是在这种宗旨下建立的。

因此，宿房的发展，正是由此而来的，从向僧尼开放，进而发展成为向信徒开放。最初，是为门徒等设的休憩所，或宿泊所，进一步发展为对一般社会开放了。

今天的日本，在大寺院附近，有特意为信徒休憩、宿泊而建立的宿舍，这种情况，可以说在唐代寺院也是同样的。如普通院，显然是其中的一类。设立的主体，大概是由五台山寺院和信徒共同出资建造的。

这种寺院为门徒或信徒①提供种种方便，使寺院和他们保持密切的关系，以至有宿房的兴起，其宗旨，是一种布施行为，是慈善事业，又是社会事业。寺院作为宿房对一般社会开放之时，显然被认为是寺院的社会事业。各地宿房的存在，对唐代的交通，做出了很大的贡献，这种贡献，可以说在唐代文化史上大放光彩，并不言过其实。

这类宿房，从社会角度来看，具有重要的职能，但寺院本身，对宿房是如何经营的呢？例如，在有人留宿的情况下，经济关系如何呢？宿房的宗旨、目的是慈善事业，也是具有佛教福田思想之类倾向的社会事业，这样就应该是免费、免租。果真如此吗？对一般人的接待及是否收取宿费，目前没有确切的资料，情况如何尚不能断定。我考虑不可能是完全免费的。

① 说到门徒，和今天真宗寺院所使用的门徒的意义完全不同。在中国被称为门徒的，是一类施主，我认为似乎意味着贵族富豪之类，必须具有贵族的地位，称一般庶民为门徒的情况，大概没有。称信者，是广泛通用的。参照尚山崎宏：《中国佛教盛行时家僧门师考》，载《立正史学》，9号，1937。

不用说，按照寺院的宗旨，即便是应该免费，这种情况却不能始终如此持续下去。即使作为僧尼，也要有微薄营利，还要考虑到当时的寺院经济、寺院的金融事业①、营利事业、其他僧尼的素质。当时，作为最早的门徒信者的休憩宿泊处的时代姑且不论，我认为寺院作为宿房普遍开放的情况下，当然要考虑把宿房作为寺院、作为寺院经济的一部分，很多情况下，都是以此为目的而进行经营。

考虑到当时寺院和一般的贵族富豪同样积极经营碾硙，进而设立邸店、店铺、车坊②，出租以获利之类的情形，更加可以推察这种宿房的性质。这里包含了寺院产生弊病的因素。再加上租房租室的问题，寺院成为军人官吏利用的场所，由此产生了种种弊病，又造成了一个社会问题，朝廷遂屡屡发布禁止令。

七、止宿寺院的弊病

不论什么慈善事业，在其持续进行期间，都会产生各种各样的问题。在宿房问题上，也不例外。如上述的在代宗、德宗、宣宗朝，三次下达禁止止宿寺院的命令。到底止宿寺院带来什么弊病，以至竟要被禁止呢？在交通上，或作为社会事业，为社会所欢迎的宿房，以何故而遭到禁止的厄运呢？

首先，根据禁止诏令的内容，看一下禁止的理由。上述的代宗的《禁断公私借寺观居止诏》曰："道释二教，用存善诱，至于像设必在尊崇。如闻州县公私多借寺观居止，因兹亵渎，切宜禁断，务令清肃。其寺观除三纲并老病不能支持者，余并仰每日二时行道礼拜，如有驰慢，并量加科罚。"

可知，理应受到尊崇的佛像，由于公私人等的留宿而受到亵渎，作为宿房，原本只是与僧尼有关，但却不举行本务行道礼拜，似乎忘却了寺院

① 唐代寺院，被冠以如无尽藏院、质库、解库或长生库等名称时，都是从事金融事业的，详细情况，见拙稿：《中国的寺院的金融事业》，载《大谷学报》，十五之一，1934。

② 碾硙是制米场、制面粉场，依靠很多水力，即水车场。邸店是仓库业，店铺是出租店，车坊是出租车店。唐代，寺院和贵族富豪同样从事这类事业，经营一种营利事业。详细情况如何，准备以后发表。

及僧尼的本义，因此，规定除了三纲老病不能支持者外，其余僧尼必须每日二时行道礼拜，若有怠慢，严加处罚。

由于一般人在寺院居留，寺院也受到相当的损坏，房屋被破坏，尊像被亵渎，德宗的《修葺寺观诏》中，便以“屋宇破坏”为理由，禁止住客居住，直接下令寺院应该加以修葺。又，前面第五节中提到的常衮的《禁天下寺观停客制》中，也说到宿泊或寓居人，对理应尊崇的佛像，“猥而黩之，曾不畏忌”的情况，如“堂居毁撤、寝处于众设之门，庖厨于廊庑之下”，僧尼逃走，任凭这些寓居人蹂践的状态。

很清楚，禁止(住宿)的第一个原因，是由于一般人居住在寺院，寺院的庄严被污损，寺院本身受到破坏，另一方面，僧尼与这些人发生联系，忘却了僧尼的身份，也构成另一个原因。

受害更甚的是，寺院本身被军士官吏或其他居住者占据，僧尼都逃走了，常衮文中“缁黄屏窜”，便可窥知一端。当然，这是很极端的例子，但是，考虑到当时的贵族官僚等把无额寺院、有额寺院作为功德院而占据的问题，发生这种事，也是完全可以想见的。

唐代的寺院和贵族富豪百官有如何深的关系，以及在地方上，和州县的官吏或军士有如何密切的联系，自来就是经常涉及的问题①，这里就一切省略，即使提及这些问题，也不能忽略官吏军士留宿寺院带来的弊病，另外一方面，也不能忘记寺院本身积极与官僚接近，而得到各种方便之事。

止宿寺院带来弊病，以至遭到禁止。这些弊病是指，官僚等居住在寺院，或依靠他们的权力，利用寺院，而且寺院也积极与他们勾结，为形成有利于自己的局面，而利用官吏军士。关于这点，还有充分说明的必要，有关这两者的关系以及以上问题，我曾在《中国寺院领地的考察之一》②中有所论述，此处不再赘言了。

以上，举了一些由于宿房的弊病而作为被禁止理由的事例，而深层原

① 参照三岛一：《关于唐宋时代贵族对寺院的经济交涉的考察之一》，《市村博士古稀纪念》，载《东洋史论丛》，1933。

② 道端良秀：《中国寺院领地的考察之一》，载《睿山学报》，7辑，1933。

因，禁令的表面是表现不出来的。我认为相当重要的理由，是为防宗教起义于未然这层用意。

唐代，发生了相当多的宗教暴动①，为政者当然认为其元凶的根据地在寺院，从而禁止官吏军士居住寺院。寺院内的秘密结社、不平分子的聚会等，特别是远离村落位于山谷的寺院，肯定是适合这类活动的好场所。据玄宗的《禁僧俗往还诏》②说道："如闻，远就山林，别为兰若，兼亦聚众，公然往来，或妄记生缘，有俗家居止，即宜一切禁断。"

这种杞人之忧恰恰猜中。不断利用山林中的兰若，僧俗往来，聚众，形成宗教妄说，这显然构成宗教起义的因素，因此朝廷发布了禁令。玄宗发布《禁百官与僧道往还制》③《禁僧道掩匿诏》④等，表明(上述)这些都是对国家统治构成危害的行为。我认为，对此，国家统治者很忧虑，遂对宿房竟加禁止。

毋庸置言，如上所述，禁止的直接原因，当然是因为留宿寺院，使寺院受到破坏，污损之故了。

八、结束语

通过以上数节，叙述了唐代寺院在当时的社会中，作为宿房所起的作用，各寺院作为旅店，或作为出租房，所具有的社会意义，以及它的经营组织情况，我对上述问题所做的考察，要约之如下：

从寺院本来的意义上讲，寺院接纳来宿僧尼，为门徒信者之便，向他们开放住宿，这是一种布施行为，属于福田思想系统的社会事业，也是繁荣寺院的政策。从对门徒信者的服务，随之发展成为也允许一般人留宿。进而发展为旅馆，以致后来发展为贷坊贷室(出租)。对于寺院来讲，它们是寺院经济的一个项目，构成了寺院经济收入的一部分。

然而，这类贷坊，很多被官僚所占，或使僧尼忘却寺院本来的行道，

① 参照重松俊章：《唐宋时代的弥勒教匪》，载《史渊》，3，1931；十笠原宣秀：《关于唐的排佛论者付奕的追记》，载《支那佛教史学》，3号，1937。

② 董诰等：《全唐文》卷30。

③ 董诰等：《全唐文》卷21。

④ 董诰等：《全唐文》卷28。

或使寺院遭到污损破坏，以至被禁止。而且朝廷也不能宽恕寺院和官僚之间的勾结，更担心在寺院秘密结社、宗教起义。因此，宿房对社会虽有很大的贡献，但另一方面，酝酿了种种弊病。

上述仅此。我还打算进一步谈谈这种宿房的经济关系，以及伴随之的信徒或一般人士的宗教信仰关系。但没有确切的史料，还不能究明这些史实，甚为遗憾。因尚卧病榻，只能根据过去收集的史料撰写，甚不满意，恳请批评指正。

选译自《支那佛教史学》1938 年 2 卷 1 号
译文原载《史学选译》1991—1992 年总第 18 期
北京师范大学历史系(现历史学院)刊行

韩国魏晋隋唐史研究回顾与展望(1985—1987年)

[韩]朴汉济撰　宁欣译

众所周知，至今一直把魏晋南北朝、隋唐、五代时期看作贵族制社会，因此，我国(即韩国)学术界就这个问题发表的论文，占的篇数最多。但是最近一段时期，仅有李公范的《南朝贵族的经济基础的一个侧面——以山泽为中心》①和林炳德的《对南朝寒门的考察》②两篇论文。外国学界(特别是日本)围绕贵族制问题已持续地争论了数十年，其结果是大部分主要问题都涉及了，并且已大致得到解决，几乎没什么探讨余地了，因此，大概与此有关的论文也就减少了。另外，(这一现象)是否也可以看作我国学界的学者们正努力脱离外国学界影响的一种反映。然而，贵族制时代论仍是能够把握这个历史时期发展方向的重要范畴，我国学界亦不能忽视。因此，我国学界应对此迅速提出自己独立的解释方法，这是大家的共同愿望。在这方面，三十年间专攻贵族制问题的李氏的论文，经常吸引我们的关注。他的第一篇论文《南朝贵族的经济基础的一个侧面——以山泽为中心》是研究贵族跨王朝存立的基础问题。李氏此前已发表过《南朝的山林薮泽问题》③一文明确指出，山林薮泽的经济价值很高，特别是与南朝的水稻农业联系在一起时更是如此，对它的占有，是贵族基础的本质，该文同时强调了贵族对皇权的自律性(即具有一定的独立性)。作者认为，贵族对山林薮泽的占有，并不是直接作为贵族个人的私有权被确立的，只有在国家权力的承认乃至庇护下(这种占有)才是可能的。在某种情况下，国家(或

① 李公范：《南朝贵族的经济基础的一个侧面——以山泽为中心》，载《大东文化研究》，20，1986。

② 林炳德：《对南朝寒门的考察》，载《湘西史学》，14。

③ 李公范：《南朝的山林薮泽问题》，载《史学研究》，1959(3)。

皇帝)可以剥夺这种占有权(收益享有权)。作为贵族的经济基础的山泽占有权的不稳定性和不确定性，由此而造成贵族对国家的寄生性和依赖性。李氏一贯坚持从自律性到寄生官僚论，他的观点的变化，在《南朝贵族的性质——琅邪王氏分析》①一文已表现出来，《南朝贵族的经济基础的一个侧面》是对上述论文社会经济方面的补充。与李氏同样持寄生官僚论主张的学者们，严格区分东晋南朝官界中的贵族和豪族，也不把贵族直接对山林薮泽的田园经营，看作是贵族的本质行为②。从谢灵运和孔灵符的事例看，他们作为贵族而经营田园，虽然以货殖为志向，其结果，也因清议问题陆续被诛。有人主张，一部分贵族经营田园、邸居并不是以货殖聚敛为目的，是作为生活趣味的一部分③，这点可以参考。此外，大规模占有山泽和田园的江南豪族，事实上并未被承认为贵族，看来贵族和山林的占有未必成比例吧。

第二篇论文《对南朝寒门的考察》似乎想要在一篇文章中提出很多论点，实际上几乎没有新的内容。而在学界已成为常识性的寒门的概念定义上花了太多笔墨，这是一个缺陷。此外，引文也有不少误译之处，我认为，写文章还应再准确些和采取更慎重的态度为好。

这阶段(1985—1987年)所发表的论文中，涉及中国和周边民族之间的关系以及国家之间的外交关系方面的内容比较多，其中较引人注目的有金翰奎的《南北时期中国的世界秩序和古代韩国的幕府制》④和《魏晋南朝霸府的结构和职能》⑤。金文的着眼点放在散见于南北朝时期诸正史东夷传中所记载的长史、司马、参军等府官上，以此作为南北朝时期地方分散势力共存的状况下出现的现象来研究。(当时)这些分散的势力以制度的形式被统一起来，形成一种共存的秩序的制度，即“幕府体制”，采取刺史开设州

---

① 李公范：《南朝贵族的性质——琅邪王氏分析》，载《东洋史学研究》，1979(14)。

② 越智重明：《南朝的贵族和豪族》，载《史渊》，98，1956；以及《东晋的贵族性与地缘性》，载《史学杂志》，67—68，1958。

③ 大川富士夫：《东晋南朝时期山林薮泽的占有》，载《立正史学》，1961(25)。

④ 金翰奎：《南北时期中国的世界秩序和古代韩国的幕府制》，见《韩国古代的国家和社会》，一潮阁。

⑤ 金翰奎：《魏晋南朝霸府的结构和职能》，载《东亚研究》，10。

府、将军开设都督府(幕府)的形式。同时，中国皇帝还通过册封的形式，允许东亚各国君长开设幕府。这说明，从汉代起通过爵制建立的世界秩序(封朝体制)，南北朝时期已经转变为官制的世界秩序。而且，古代朝鲜(高句丽、百济、新罗)也被纳入了这个秩序中。这篇论文可以说是金氏依据原始资料，持续数年对世界秩序问题的研究，踏实地究明这一秩序在南北朝时期发生了何种变化的精心之作。但是南北朝时期的特征是皇权受到贵族权的制约而相对化，实际上，当时贵族主要担任中央官职，而担任将军开设军府的，不是贵族，可以说更多的是宗室和皇帝的心腹。我认为这点很有必要引起注意。进一步讲，虽然皇帝在很大程度上期望这些管辖刺史和数州的多州都督能够控制地方的军事，但现实正相反，(他们)并没有充分发挥其军事职能①。与其把军部作为地方的分散势力，不如说实际上它的本来职能是作为南朝皇帝的藩屏。而周边国家的首脑之所以被授予将军职衔，大概也可以这样以此类推的理解吧！金氏的《魏晋南朝霸府的结构和职能》中指出，从魏晋南朝的七朝开国君主，在受禅前，为准备新王朝的创建而开设的机构，即“霸府”中，也可以找出《南北时期中国的世界秩序和古代韩国的幕府制》中所提到的幕府的结构和职能的特征性。可以说是对他的“幕府论”的补充。该文因为材料丰富，有说服力，在理论方面展开论述，没有发现什么问题。但正如金氏本人所说，要想得出魏晋南朝全部幕府与霸府没有什么本质的不同的结论，对特殊形态的幕府——霸府，俟后还需做更详尽地研讨。

金钟完发表了关于南北朝时期的外交关系的《南北朝时期的朝贡关系概观》②和《南北朝的交聘关系》③两篇论文。《南北朝时期的朝贡关系概观》可以看出是受了金翰奎的把外夷君长的统治组织作为南北朝时期地方势力的一般类型来理解的“幕府体制”论的很大启发。金氏认为，南北朝时期的朝贡关系所具有的特征，一是作为朝贡的另一用语“职贡”一词被普遍使用。二是外夷君长的臣下(外臣)也被授予与内臣同样的官职。这两点正是

① 小尾孟夫：《东晋朝的多州都督》，载《史学研究》，1981(151)。

② 金钟完：《南北朝时期的朝贡关系概观》，载《震檀学报》，61。

③ 金钟完：《南北朝的交聘关系》，载《东亚史比较研究》，一潮阁。

南北朝各王朝所标榜的“中外一体”“华夷一体”的具体表现。这个变化，可以看作由于南北朝间的对立和相争而减弱了对外夷的控制力。面对这一现实，(中国统治者)欲在主观上、名义进行补救的努力的一部分。如笔者(朴汉济)曾指出过的，南北朝时期设置幕府的目的，从中国一侧来看，是期待(它们)起到藩屏的作用。如果能够这样理解的话，金氏对职贡和授予与内臣同样官职等的解释就不一定能成立了。这于这一点，笔者很关注北魏的对外关系中“中外一体”乃至“华夷一体”形式的变化，因此，曾特别提示北魏王朝的统治者都是北方出身这一点(后述)。《南北朝的交聘关系》是对笔者的拙论[①]的不足之处提供了很多史料而加以补充的论文。很遗憾，笔者在撰写拙文时，对已认识到的不足之处却未曾言及。

众所周知，南北朝时期是异民族渗透入中原建立王朝的时期，没有必要再强调异民族在这一历史时期所具有的重要性。在这方面，不断探究异民族在中国境内的存在状况的所进行的研究，引起我们的关注。池氏(培善)在发表了有关鲜卑族初期阶段的氏族分裂的论文后，专门研究从北魏、吐谷浑、段部到慕容部的鲜卑族。其成果是出版了我国史学界第一部有关魏晋南北朝时期的专著《中世东北亚史研究——慕容王国史》。对该书理应做专门评述，但限于篇幅，在此仅大略加以介绍。该书将慕容王国分为四个时期：公国时期，王国时期，帝国时期(以上前燕)，(后燕)王国时期。该书参照基本典籍和以往的研究成果，展开叙述了这时期的政治事件、社会结构、对外关系、汉化政策等广阔的范围。从该书的副标题看，是慕容王国史。关于前燕的历史，主要有 Gerhard Schreiber 的详细研究[②]。池氏的研究，就其范围和详尽程度讲，大大超过了 Schreiber，可以说为今后慕容王国史的研究奠定了基础。这是很大的成果。但是作为专著，使人感到涉及的内容过于繁泛，因而抓不住中心。池氏还发表了《关于西燕研究》[③]

---

① 朴汉济：《南北朝时期的南北关系——以贸易和交聘为中心》，载《韩国学论丛》，1981(4)。

② Gerhard Schreiber，The History of Former Yan Dynasty，*Monumenta Serica*，1949(14).

③ 池培善：《关于西燕研究》，载《白山学报》，32。

《关于段氏》[①]《前、后燕的宗教——以佛教为中心》[②]等文，仍是对鲜卑族研究的继续。《关于西燕研究》是研究衰弱的王朝西燕，它的祚命仅十年(384—394年)，崔鸿的《十六国春秋》亦把它排除在十六国之外。对西燕的研究，过去学界没有人专文论及，仅在概述文章中提到过。池氏的《关于西燕研究》进一步详细叙述了西燕王朝的始末。池氏通过对西燕的研究，得出五胡十六国时期中国北部的其他诸国汉化程度也很深的结论。池氏认为，西燕的制度和文物不是游牧制，而是农耕制；作为(西燕)汉化的根据，他列举了：(1)西燕的官制和将军的名称与两晋类似；(2)不仅是文官，即使是将军中也有不少汉人；(3)灭亡西燕的后燕，获得了图书、乘舆、服御、伎乐等战利品。池氏由这几点得出的结论，笔者不能称许。因为，即使在五胡时代的初期王朝前后赵、前燕时期，它们的官僚机构也全盘因袭汉制，汉人在官僚组织中为数不少，同时，统治者本身很熟悉汉族的文物。在这点上，西燕也没有什么不同。因此，学界自来不把西燕作为全盘汉化的王朝。在《关于段氏》中，池氏对鲜卑的一支，以辽东为根据地的段氏，列举了正史及《资治通鉴》《晋略》等史书的有关记载，划分为：(1)段氏的先世，(2)公国时代，(3)霸权争夺时代，(4)王国时代等时期，研讨了它的推移过程。尽管段部是在西晋及五胡时期的国际关系方面起了很重要作用的势力，但实际上却没有人像池氏这样对之进行研究。池氏一书，作为西燕研究的基础之作，应予以肯定。

几年前，笔者作为理解五胡、北朝、隋唐历史时期的范畴，提出大家稍感生疏的“胡汉体制”的假设。众所周知，这个时期，是一个因北方游牧民族的渗透对汉族社会造成很大冲击的时期。因而，笔者一直从有别于研究游牧民族的汉化的视角出发，而强调中国人的游牧化，进而究明游牧要素和农耕要素互相融合而形成的第三种文化形态。研究成果有：《前秦苻坚政权的性质——关于胡汉体制和统一体制的形成过程》[③]《北魏均田制的

① 池培善：《关于段氏》，载《汉城史学》，3。

② 池培善：《前、后燕的宗教——以佛教为中心》，载《汉城史学》，3。

③ 朴汉济：《前秦苻坚政权的性质——关于胡汉体制和统一体制的形成过程》，载《东亚文化》，23。

确立与胡汉体制》①《北魏王制与胡汉体制——关于北魏社会的质变》②《北魏对外政策与胡汉体制》③等文章问世。关于《前秦苻坚政权的性质——关于胡汉体制和统一体制的形成过程》，笔者认为，很显然，苻坚的基本政策是极力缩小胡汉种族之间的矛盾与纠纷，重点放在构筑胡汉体制上。这从狭义上可以理解成，（苻坚）是为了克服华北地区内群小政权混立的状况；从宏观上看，则是与他的目标——吞并江东汉人建立的东晋政权，建立完整的胡汉统一体制联结在一起的。但笔者也感到，该文没有考虑华北的敌对势力及东晋，只是看到了苻坚采取的政策中可以肯定的一面。《北魏王制与胡汉体制——关于北魏社会的质变》是作为研讨胡汉体制的上层结构的一个根据，分析北魏王权性质的论文。北魏诸君主如剥去汉人（农耕）君主的外衣，在实际行动方面，潜在的游牧君主的性质还是很强的。即：(1)亲征—掠夺—班赐这类游牧式的军事行动频繁。(2)献文帝以后，游牧君主的宽容性（班赐），不以返赏形式作为前提，而转变为赈恤的形式。(3)北魏皇帝在入塞以前，仍旧保持着号令游牧民的“可汗意识”。但由于笔者的结论并不是很有说服力，因此，是否也应同时考虑到北魏皇帝日常所举行的仪式等活动。《北魏对外政策与胡汉体制》指出，北魏社会中残存着强烈的游牧性，也反映在北魏对外政策的贯彻实施上。该文还主张，北魏的对外政策归根到底是为了统一而对付南方的政策，要点如下：(1)从北魏对柔然的政策和两汉对匈奴政策不同点来看，北魏非常熟悉柔然的战略战术。此外，柔然冒称“可汗”，这是他们（柔然）的先祖使用过的，而现在是北魏的君主所使用的称号，这成为北魏不断征伐柔然的理由之一。(2)已统一了华北的北魏，其终极目标是统一（中国），因此，对背后的强敌柔然不能置之不顾。(3)北魏为了集中国力对付南方，便对东西方采取与游牧式的掠夺战共存的姑息与藩屏政策。(4)490 年迁都洛阳，正是为了实现统一而不可避免的措施。这篇论文由于没有同时考虑柔然、

① 朴汉济：《北魏均田制的确立与胡汉体制》，载《东洋史学研究》，24，后述。

② 朴汉济：《北魏王制与胡汉体制——关于北魏社会的质变》，载《震擅学报》，64。

③ 朴汉济：《北魏对外政策与胡汉体制》，载《历史学报》，116。

高句丽、吐谷浑、南朝(宋、齐)一侧对北魏的政策，因此，具备何种程度的说服力，笔者也存疑问。

有关东亚国际关系的论文，有卞麟锡《再论从唐代外国使节争长事例看古麻吕的抗议——以批判〈续日本记〉中的有关史料为中心》①一文。该文主要是对《续日本记》中记载的有关日本使节与新罗使节在唐廷争长而胜的史料进行批判。卞氏在已发表的《唐代外国使节争长研究》②一文中，曾简略指出这条史料是虚构的，这次又集中再论了这一问题。卞氏介绍了日本与中国学界对这一记事的解释，他本人认为，这个记事是由与唐代四个争长事例完全不同的五件假事组成的。卞氏的论证大体是可信的，但如标题所示，既然是再论，对主要史料的批判应再下些功夫。

唐王朝作为世界帝国是毫无异议的，特别是活跃于唐代的异民族很多，这点也勿需再论。问题是，这些异民族具体的活动状况。引起我们关心的是高句丽移民和新罗侨民的活动状况。多年致力于研究这一问题的金文经，业已出版了《唐代的社会和宗教》③一书，开阔了我们的眼界。金氏又从该书中抽出《唐的高句丽移民和新罗侨民》部分，加以修改后，独自成书提供给学界④。金氏此书的内容如下：(1)朝鲜半岛血统的人，特别是高句丽移民在大陆的定居过程，是由于唐朝为摧毁反唐势力而实行向中国内地徙民的政策造成的。(2)然后，对他们实行设州编户化，从而实行同化。但是，在这些移民中，也出现了李正己这样成为藩帅，打起反唐大旗，加入了超过半世纪之久的反唐雄藩(行列中)的重要人物。(3)平卢、淄青成长为最大的反唐雄藩的主要原因，首先是这个地区的丰富的物产以及这个地区的高句丽移民和新罗侨民的作用。通过研究，金氏详细究明了当时在唐、新罗、日本的三角贸易中起到重要作用的新罗人的村落形态、信仰生活等。可以说，他的研究提高了我国学界的学术水平。关于李正己集团成

① 卞麟锡：《再论从唐代外国使节争长事例看古麻吕的抗议——以批判〈续日本记〉中的有关史料为中心》，载《东洋史学研究》，26。

② 卞麟锡：《唐代外国使节争长研究》，载《亚细亚研究》，28，1966。

③ 金文经：《唐代的社会和宗教》，汉城，崇田大学出版部，1984。

④ 金文经：《唐的高句丽移民和新罗侨民》，汉城，日新社，1986。

长过程中高句丽移民和新罗侨民的作用及其关联性，有待(金氏的)后稿。与此有关的研究，还有金奎皓的《唐代异民族血统的将军》①。这个问题已发表了很多论考，在此应提一笔的是章群近期出版的详细研究《唐代蕃将研究》②。

关于这一时期的政治制度的论文有，许富文《三国时期校事制度》③，柳元迪《唐代前半期都督府、州的总数及其关系》④，柳元迪《唐前半期都督府和州的统属关系》⑤。《三国时期校事制度》是专门论述三国时期在曹魏和孙吴政权下最初出现的特殊监察机构——校事制度确立的背景、内容、废止过程。许氏认为，校事制度的确立背景，是专制君主曹操和孙权为加强自身的权力，牵制、抑制贵族势力或豪族势力(吴是“吴四姓”)，是法术主义统治手段的一个环节。相反，蜀汉(统治的)巴蜀地区，不存在对刘备、诸葛亮能够构成威胁的豪族势力。此外，蜀汉对豪族的政策从最初起就比较成功。而且，蜀汉政权自我标榜是后汉的继承者，因此，当然不会袭用曹魏创立的制度。三国时期以后，这个制度之所以没有沿袭下去，是由于豪族、贵族们已逐渐构筑了稳固的地盘，他们必然主张使监督自身的机构解体，这是客观使然。许氏的这个见解大体上能接受。但是，关于校事制的废止原因，有人主张，与其说是由于担任校事职务的官员们的横暴，不如说是由于(这一职务)对君权的强化并没有起到应有的作用⑥，这一见解在此也值得一提。《唐代前半期都督府、州的总数及其关系》和《唐前半期都督府和州的统属关系》是论述唐代都督府和州的相互关系。唐代是依据律令官制而行事的时代，对被规定的中央官署的行政组织，人们已进行了很多细致研究，但是对占唐代官员大多数的地方行政机构的研究却近乎空白。以往学界分为都督府与州并置论和都督府统管数州论两派，但连地方

① 金奎皓：《唐代异民族血统的将军》，见《边太燮博士华甲纪念史学论丛》，汉城，三英社。

② 章群：《唐代蕃将研究》，台北，联经出版事业公司，1986。

③ 许富文：《三国时期校事制度》，载《东亚研究》，6。

④ 柳元迪：《唐代前半期都督府、州的总数及其关系》，见《边太燮博士华甲纪念史学论丛》，汉城，三英社。

⑤ 柳元迪：《唐前半期都督府和州的统属关系》，载《东洋史学研究》，22。

⑥ 佐久间吉也：《关于曹操的方术主战与校事之始末》，载《东亚史论》，1982(4)。

制度的基本问题也没有解决。柳氏站在后者的立场上展开论述。他的观点要约如下：(1)唐代地方制度的基本骨架是州、县二级组织，所谓都督府只是改变了的特定州的名称，是州官署的一种。(2)至今，都督府统管数州论的根据是《旧唐书·地理志》中明确记载各都督府别管(督)州，所以(都督府)不是督察州的官员，也不是都督军兵。(3)都督府是唐初将隋朝的军事性质很浓的总管府改置而成的，都督所具有的都督数州诸军事的军事权，在实行完全的中央集权化后，仅保留了徒有虚名的官衔。柳氏举出西州和沙州，以此作为有关都督府和州的关系的具体例证，但正如他本人所担心的，这个地区是边防地区，人口极少，如果考虑到这种特殊环境，是否具有普遍意义尚存疑问。如果认为都督和刺史在权力和权威上没有什么差别，“使持节”只是被局限于一级行政机构，那为什么地方行政组织经过若干次整顿改编，仍依然如故呢？这也是个疑问。如果“使持节”只具有一级行政权力，那么都督府在地理上的分布理应更平均些？如果从都督府继续残存的地区是边防地区以及管督的对象是“诸军事”这方面来考虑的话，也有这种可能，州和都督府之间，在非常时期，其作用是不同的。

众所周知，唐代建立、实施了严格的良贱制，但是辛圣坤对这种公论提出了异议。他的《杂户身份的变迁和其性质》①一文，引起我们的关注。该文从国家体制变化的角度，考察了北方民族从统治华北的五胡十六国时期到唐代所形成的保持下层身份(介于庶民与奴婢间的中间身份)中的杂户，以及他们的形成与消亡过程。该文针对良贱制建立于唐代的一般说法指出，关于下层身份的形成，北朝应是它的繁盛时期，唐代只是它的衰落时期，通过(探讨)杂户身份的变迁过程，便可证明。这一结论偶然与崛敏一②和张维训③最近的观点不谋而合，意味深长。我认为，该文详细的论证过程还嫌粗糙，某些地方过于武断。但论文本身还是下了很大功夫。如果能结合考察与杂户形成有关联的游牧民族对被征服民政策的性质，大概

① 辛圣坤：《杂户身份的变迁和其性质》，载《历史学报》，115。

② 崛敏一：《北朝杂户制的再考察》，见《中国古代的身份制——良与贱》，东京，汲古书院，1987。

③ 张维训：《略论杂户“贱民”等级的消亡》，载《江西社会科学》，1982(4)。

就更好了。

对这一时期的历史，一直有较多学者涉足的领域是均田制。与此有关的论文有：金铎敏《均田制下田(种类)的性质与受田的意义——以北朝均田制为中心》①，白允穆《唐代敦煌户籍中所见的永业田优先之研究》②，白允穆《结束民田的桑田(麻田)和永业田的研讨》③，朴汉济《北魏均田制的确立与胡汉体制》④等篇。《均田制下田(种类)的性质与受田的意义——以北朝均田制为中心》一文下了三个大胆的结论：(1)在北魏均田制中，最终的田土用以还受的谷田，不是人们所认为的露田，而是家内既有土地、允许世袭的桑田。桑田不是单纯的专种桑、榆、枣的果树地，而是谷田，是熟田，每丁应受田额不是二十亩，而是四十亩。另外，露田不是已耕地，而是抛荒地。(2)西魏的记帐文书中所见的麻田，也不是专种麻的地，与正田没有什么差别。麻田与正田的区别只不过在于(对麻田)征收麻布税。(3)制订均田制的目的，不是为整顿以往的土地所有关系、均平土地、扶植小农，而是以固定、维持以往的土地所有关系和增加税收为目的的。因而，北魏的令文，与当时实际的施行状况是背离的。承认这一事实，是河清三年令。此令规定所有不还受的田都是永业。对金氏的第一个结论，即桑田是世袭田、谷田的说法，学者也一贯持此说，笔者亦同意这种说法。但是对桑田中心体制说，笔者认为以露田(国有土地)为中心体制更确切。④文⑤对此已有专门评论，容不赘述。但我认为，②文⑥所主张的麻田因征收麻布税，而(与正田)有形式上的区别，是一个新的视角，因此有必要专门论述。

《唐代敦煌户籍中所见的永业田优先之研究》一文，从可了解唐代均田制实际实施状况的敦煌户籍来看，虽然给田额不足，但永业田的已受率几

① 金铎敏：《均田制下田(种类)的性质与受田的意义——以北朝均田制为中心》，载《历史学报》，109。

② 白允穆：《唐代敦煌户籍中所见的永业田优先之研究》，载《富由史丛》，1。

③ 白允穆：《结束民田的桑田(麻田)和永业田的研讨》，载《富由史丛》，2。

④ 朴汉济：《北魏均田制的确立与胡汉体制》，载《东洋史学研究》，24。

⑤ 译者注：④文指注④朴汉济文。

⑥ 译者注：②文指注②白允穆文。

乎达到百分之百，这是事实，即国家在给田方面，永业田比其他田优先。这可以解释为国家控制人民的一种意图。白氏指出，北魏以来的均田法规，一直保持永业田(桑田或麻田)优先的原则。白氏想以此否定持不同观点的铃木俊之说，但不能说是成功的。《结束民田的桑田(麻田)和永业田的研讨》一文比较研究了桑田、麻田和永业田在规定上的差别。(这些田地)是国家为防止贫穷百姓的流亡，确保他们的生活基础，将他们束缚在一块土地上而支给的田地。白氏认为，北朝时期的桑田和麻田，到隋唐时期，由世袭性更强的永业田所替代，这是由于授给百姓的土地不足，而体现了国家想要确保“结束民田”的意图。《结束民田的桑田(麻田)和永业田的研讨》一文是对《唐代敦煌户籍中所见的永业田优先之研究》一文的补充，但笔者并不赞同白氏的结论。如果把北魏的桑田、麻田作为结束民田，那如何解释桑田允许买卖及授田与奴婢？隋唐时期为何废止了授田给奴婢，而给田范围仅缩小到丁男呢？这也是疑问。有关均田制的规定和文书残存下来的不多，与此相比，论文却发表了数百篇，由于众说纷纭，任何结论都可包容。而想从始至终坚持自己原有的观点，并不是很容易的。《北魏均田制的建立与胡汉体制》是笔者的论文，认为北魏均田制是胡汉两要素的融合，是所谓胡汉体制的形态之一。但该文立论上有不少问题，特别是不加批判的接受，把“计口授田”作为游牧民族特有的东西来理解，以及认为拥有牛的数量即已原有的耕(牛)数，不能不说是很大的谬误。

关于政治思想史和纯粹思想史方面的论文，与其他主题相比还是比较多的，共有8篇。大概是由于这个时期是政治混乱或大变革的准备时期，在思想领域，中国正统思想的儒学衰落和道、佛两教的确立这种历史事实所致。金羡民的《沈约的生涯和思想》[①]，研究在南朝的政治、学问、思想方面占有特殊地位的沈约，是一篇有益于理解南朝士大夫思想和行动的一个侧面的论文。但是众所周知，南朝士大夫们儒道佛兼受，虽然跻身官界，仍追求独往与达道。那么，在这种共有的特殊性之外，我希望还应联系南朝社会来研究沈约个人所独具的特性。河元洙的《唐顺宗朝掌权势力

① 金羡民：《沈约的生涯和思想》，载《学林》，7。

的性质——关于唐后半期官僚的新的政治意识》①。该文分析了805年一月至八月间，一群把因病而失去施政能力的唐顺宗架空，而企图独掌政权的官僚政治集团。探讨了他们结成(集团)的契机、政治活动、思想的历史位置等。河氏强调，这个集团的政治意识成为宋代士大夫统治意识的先驱。粗略一看，这个集团在思想和行动方面与宋代士大夫类似，但是他们的执政期不到一年，而且是处于失去能力的皇帝在位的非常状况下，是否能说与君主专制下与君主共同统治(天下)的宋士大夫相似，不敢肯定。特别是考虑到唐宋变革是个极度混乱的时期，仅以其思想的关联性而作为宋士大夫阶层的先驱，我认为多少有些勉强吧！

关于这一时期的佛教，有李荣奭的《神异僧佛图澄与后赵佛教》②《关于北周佛教复兴政策的研究——以宰相杨坚为中心》③和池培善的《前后燕的宗教——以佛教为中心》④三篇论文。《神异僧佛图澄与后赵佛教》一文是究明五胡争乱时期，为在华北地区弘扬佛法，给石勒、石虎提供神异和灵验，并成为他们的军国顾问的西域僧佛图澄的作用的论文。该文大致梳理了华北胡族国家与佛教的结合，认为(这种结合)不是依据佛教的深奥教义而结成的宗教的协作关系，却是一种相互利用的外表的结合。但是，既然普遍认为佛教的传播完全是由于与君主的结合，或是民众感到绝望而去寻求的(结果)，我认为也应该注意到其他方面。当时的民众大概并不是在君主的强逼下接受佛教的，民众的绝望感也并不是只存在于后赵。佛教僧侣除了迎合君主以外，他们的主要行为如水利技术、治病术、救恤等，可起到满足当时胡汉民众需要的作用，进而为胡汉融合的理论提供了有力的事实。很清楚，我认为这就是当时佛教如此迅速地得到弘扬的原因。《关于北周佛教复兴政策的研究——以宰相杨坚为中心》是论述在三武一宗的法

---

① 河元洙：《唐顺宗朝掌权势力的性质——关于唐后半期官僚的新的政治意识》，载《东亚文化》，25。

② 李荣奭：《神异僧佛图澄与后赵佛教》，见《昌原大学论文集》，7—2。

③ 李荣奭：《关于北周佛教复兴政策的研究——以宰相杨坚为中心》，载《庆南史学》，8。

④ 池培善：《前后燕的宗教——以佛教为中心》，载《汉城史学》，4。

难之一的北周武帝实行废佛措施以后，佛教进行复兴的过程。该文概要如下：在北周末年的宣帝朝，旧沙门和佛教徒们开展佛教活动很活跃，但朝廷的态度却极为冷淡。这是因为废佛后又急速兴佛，会使北周的威信丧失。但外戚杨坚掌握北周政权以后，从为确保开创新王朝(隋)的政治基础这一目的出发，积极实施兴佛政策。杨坚在周隋革命中利用了佛教势力，这是众所周知的事实，因此我希望对其具体情况应再进一步加以叙述。《前后燕的宗教——以佛教为中心》一文是池氏对慕容王国史的继续探索，专门论述前、后燕的宗教，特别是佛教。池氏就学界未曾言及的前燕、后燕的宗教问题，指出这两国佛教也很盛行，特别是前燕，由于高句丽人相当多，他们已接纳了佛教。池文推定，韩国学界公认高句丽小兽林王二年(372 年)佛学传入，但此前，佛教可能已在高句丽传播了。关于这个问题，还有待于国史学界的反应。

关于道教史，有吴相勋的《葛洪考》①《李家道的建立和发展——汉、六朝时期道教发展的一个侧面》②《太上洞渊神咒经论——关于南北朝时期李弘信仰》③三篇论文。《葛洪考》一文是研讨东汉末年到魏晋时期，在道教急速分派(正一派、灵宝派、上清派等)过程中，灵宝派的核心人物葛洪在道教史上的地位。葛洪因为他的主要著作《抱朴子》的缘故，已是我们所熟知的人物。但是《抱朴子》内外篇是由神仙与儒家政治理论复合而成，因此他的道家立场并不明确。至于他思想的源流以及与其他道教流派的关系等，还有必要提供更确实的事实。吴氏的论文正是对上述要求的回答。他认为，葛洪是由方士们传授的道教的继承者之一，同时也受到了五斗米道的影响，但仍自已创立一派，这是源于他对出身地江南社会的挚爱。因此虽然他在技术上固执于金丹学说，但在信仰方面并不否定与江南地区有密切关系的护符之类的效验。然而他对在江南地区民间盛行的李家道这种民间道教却很轻蔑，在这点上并不拘于出身之地了。其根本原因在于，他是儒

---

① 吴相勋：《葛洪考》，见《闵锡泓博士华甲纪念史学论丛》。

② 吴相勋：《李家道的建立和发展——汉、六朝时期道教发展的一个侧面》，载《东洋史学研究》，23。

③ 吴相勋：《太上洞渊神咒经论——关于南北朝时期李弘信仰》，载《震檀学报》，63。

教秩序的维护者，坚持顽固立场所致。笔者对道教研究是门外汉，但学界一般认为，《抱朴子》的外篇从根本上也是属于道家的，在思想上是从属于内篇的①，这与吴氏认为葛洪是儒教秩序的顽固维护者的观点，还是有差别的。《李家道的建立和发展——汉、六朝时期道教发展的一个侧面》一文是探讨流行于六朝时期道教的一个分支——李家道的建立和发展过程以及与五斗米道的关系。吴氏认为，李家道在西汉已出现萌芽，很可能是受到“老子变化思想”强烈影响的五斗米道(后为天师道)的别支。天师道投降曹操政权后，其组织就衰微了。而他的别支李家道，却没有与政府合作，在民间开展活动，并获得相当程度的支持基础，而且与弥勒信仰相调和，成为南北朝末年民众叛乱(所依据)的理论。唐统治者认识到李家道强有力的力量，把它作为统治基础而加以吸收。因此，李家道与弥勒信仰再次分离，它本身也就不复存在了。吴氏主要从道教与权力结合，转化为所谓的“官方道教”的同时，也就丧失了民众的支持这一点来展开论述的。我认为，一方面上述说法是稳妥的，但也应考虑佛教的情况，它在与政权相勾结后，反倒获得更大发展这一点。《太上洞渊神咒经论——关于南北朝时期李弘信仰》是关于与五斗米道关联的道经《太上洞渊神咒经》的形成年代的论文。该文对以往诸说从经典文句、与道教发展史的关系、与佛教的关系等方面再次进行了探讨。

原载日本《唐代史研究会会报》1990年5月第8号

译文原载《中国史研究动态》1992年第9期

① 村上嘉实：《抱朴子外篇——与内篇的关系》，见《六朝思想史研究》，京都，平乐寺书店，1974。

日本魏晋南北朝史研究回顾(上)

［日］谷川道雄撰　宁欣译

一、序言

近年来，在日本学界，中国断代史研究会相继成立。即秦汉时研究会、宋史研究会、明清史研究会。其中，唐史研究会创立的时间较早，1991年迎来了它的20周年纪念日。

那么，魏晋南北朝(以下称六朝史)如何呢？唐史研究会会员，并不限于专攻唐史者，从研究秦汉史到宋史的广阔领域都包括在内，很多专门研究六朝史的学者都是唐史研究会的会员。每年唐史研究会召开的研讨会上，发表与六朝史有关的论文也并不罕见。此外，已成立30年的中国中世史研究会，以京都为中心活动，亦有很多的六朝史研究者参加。

目前，六朝史研究者多从属于上述两个研究会的现状并未改变。但三四年前，“若手魏晋南北朝史研究者聚会”的研究团体诞生了。每年聚会一次。“若手”译成中文是“青年”的意思，实际上年龄构成幅度是自20岁出头至50岁出头。从他们的工作单位看，自九州岛至北海道，包括全国范围的大学和高中。据1992年的会员名单人数，超过60人，其中有40多人出席了当年7月13日召开的聚会。他们各自的研究领域，涉及三国、两晋、南朝、五胡十六国、北朝时期的政治史、制度史、社会史、经济史、学术史、宗教史、游牧民族史、国际关系等多方面，可以说，几乎包括六朝史的所有领域。

这个研究会为何限定“若手”呢？原因不清楚，似乎是为推进研究的相互交流，从年轻者开始比较易行吧！至少，并不含有造“老一代”反的意思(证据是，中国北京师范大学的何兹全教授和我应邀出席了1992年的聚会)。

日本的六朝史研究者中没有加入“若手聚会”的人为数尚不少，如加上

“老一代”的学者的话，恐怕人数更多。估算不太容易，至少不比秦汉、隋唐、明清等其他断代史的研究者人数少。由此，我们可以窥见日本学界对六朝时代认识的一个方面吧！即六朝时代，不单单是分裂、混乱的时代，也不仅仅是从秦汉到隋唐的过渡时期。在历史上，它自身是具有积极意义的时期。从对这一时期的历史现象逐一考察的结果看，六朝史是个内蕴丰富的时代。

对六朝史的亲近感，不仅是“若手”特有的，一般研究六朝史的人恐怕都有同感吧。虽然日本研究者对六朝时代的认识并不一致，但感到六朝史是有魅力的，并不比其他时代低劣，这是共识。也许是因为诸如以王羲之和陶渊明等人所代表的江南文化，自古以来就培育了日本人的风尚吧！但是，从历史学的角度说，日本学界对这个时代的认识还是存在问题的。

近代历史学，内藤湖南(本名虎次郎，1866—1934 年)是构筑六朝时代观的先驱。本文，将追溯内藤六朝时代观发展的踪迹，回顾他的思想及相关论点是如何展开的，因此，不可能覆盖六朝史的所有领域，敬请读者谅解。

二、内藤湖南的六朝论

内藤湖南是一位对总体把握中国史提出了具有划时代意义学说的学者。众所周知，他认为在他之前那种以王朝来划分时代的做法不科学，而提倡应抓住各时代的内容以此作为区分的原则①。在这个意义上，可以说他大大推进了日本的中国研究史向现代化的迈进。这个现代化，并非是白鸟库吉那样的疑古派，是以中国社会内在的文化创造力为准，确定其发展的诸阶段，提出了中国史的新体系。他的观点，在下面一段节录中表述得最清楚。

通观中国文化发展的全过程，宛如一棵树由根生干及叶一样，真正形成一个文化发达的系统，构成一个独立的世界史。日本人、欧洲人都以本国的历史为标准，因此将“支那史”的发展看作例外，这是错误的。中国文化的发

---

① 内藤湖南：《支那近世史》第 1 章《近世史的意义》，东京，弘文堂书房，1947。《支那近世史》是根据内藤 1919 年及 1925 年在京都大学授课的讲义而出版的。

展，是与其他文化轨迹不同的正不受外来影响的最自然发展的文化。①

那么，从内藤的立场来看，六朝是什么时代呢？众所周知，他认为可以以中国文化发展的波动区分中国史的时代，即可分为自内部向外部扩展到四方的时期，和受其影响的外族势力逆向影响内部的时期。前者是中国史的"第一期"，具体指从开天辟地到后汉中叶，这个时代被称为"上古"；其后是"第一期"结束后到来的"第二期"，具体指从五胡十六国到唐中叶，这个时代被称为"中世"，后汉的后半期到两晋相当于介于"第一期"和"第二期"之间的"过渡期"。在这一时期，"第一期"自内向外的发展暂时中止。

从上述构想来看，六朝时代相当于中国文化向外部发展的终界，由此开始具有反作用的外部的力向内部波及的时代。如此，六朝时代是因秦汉时代达到顶峰的文化发展的曲折转换方向而确立的时代。

但是这是以中国与周边的交互作用为轴心而下的结论。那么如何理解中国内部历史的发展状况呢？上述内藤的论述中，显示了中国历史正是人类文化典型的发展体系，即使进入外向内（注：即第二期）的时代，历史的主要舞台，依然是中国本土。在这样的环境中的中国社会状况如何呢？

如果说近世的内容和中古在大体上哪些方面不同，首先从政治上说，是贵族政治颓废，君主独裁政治兴起。中国从六朝到唐中叶，是贵族政治最盛的时代。贵族政治完全不同于上古的宗教性的氏族政治，也不同于以武人为中心的封建政治。这个时代中国的贵族并不是依据制度，由于天子颁赐给他们领地和人民，而是作为地方上的名望天然地从继承关系中产生的。当然，这是基于累世为官。贵族掌握着当时社会上的权力，这些贵族，皆重谱牒，因此，当时谱牒学盛极一时②。

据此可知，《支那上古史》中规定的"第二期"＝"中世"（也包括"第一期""过渡期"），相当于贵族政治的鼎盛时期。据《支那论》③，内藤把近代

① 内藤湖南：《支那上古史·绪言》，东京，弘文堂书房，1944。《支那上古史》是依据内藤1921年以来在京都大学授课的讲义出版的。

② 内藤湖南：《支那近世史》第1章《近世史的意义》，东京，弘文堂书房，1947。

③ 内藤湖南：《支那论》，东京，文会堂书店，1914。《支那论》是讨论辛亥革命爆发后的政治混乱时期中国前途的书。

以前的中国政治形态分为贵族政治与君主独裁两种，上古中世为贵族政治时代，近世为君主独裁政治时代①。但是他认为上古的贵族政治与中世的贵族政治性质显然不同，内藤论述论及中世(古)的贵族政治“完全不同于上古的宗教性的民族政治”，便是佐证。即上古的贵族政治以氏族制度为依据，而中世的贵族政治，却是随着门阀社会的形成而形成的，是更成熟的贵族政治，内藤用贵族政治的“鼎盛时代”来表述。内藤的中世贵族论，显然是来自以赵翼“六朝重氏族”为代表的清朝考据学的六朝观。

那么，中国的“中世”，既是周边民族的势力向中国内地渗透时期，又是贵族政治的鼎盛时期，这二者是如何互相联系的呢？内藤本人对此并未有明确的说明。可以说，这是因为两者的视角不同，前者是以中国为中心的东亚动态结构为主线，而后者是阐述中国历史上政体的发展。但是我们今天如要追踪内藤的构想，就不能不注意到上述二者之间并不是毫无关系的。首先从前者来看，这一时期自内向外流动的力经过一段过渡期，逆转为自外向内的流动方向。换言之，古代统一帝国对外发展，以后汉前期为顶点，而后遇到极大的阻力，以此为契机而产生了这种逆流。

后者又如何呢？如前所述“上古的宗教性的氏族政治”，即氏族贵族制，最典型的时代大约是周代。这种神权贵族政治是如何向六朝贵族政治发展的呢？作为这两类贵族政治的连接物，是秦汉的政治。对此，内藤阐述如下的见解：他认为，秦汉统一后，贵族政治中，添加了若干君主独裁与平民政治的意义，这是承战国之后实力本位时代的余波及当时产生的政治上的理想而来的，实际上，权力依然经常掌握在贵族手中。例如，前汉的外戚政治即是政治的表现形式之一②。也就是说，在内藤的构想中，中国历史并不是直线的由贵族政治向君主独裁政治(进而向近代的共和政治)推进。贵族政治向君主独裁政治发展的历史进程，在上古阶段已经先验地经历过了。但是，在当时的阶段，这个发展方向并未贯彻到底，仍然遗存着贵族政治结构。

① 内藤湖南：《支那论》第1章《君主制抑或共和制》，东京，文会堂书店，1914。
② 内藤湖南：《支那论》第1章《君王制抑或共和制》，东京，文会堂书店，1914。

那么，上古的贵族政治史如何转化为中世的贵族政治的呢？内藤是这样解释汉代政治的：汉代的中央集权政治，产生了君主独裁的倾向，其结果是皇帝不信任宰相等要官，而倾向于近侧的外戚、宦官。这一倾向导致了王莽掌权①。后汉外戚、宦官的专权，亦是同一趋势的产物。即汉代的君主独裁政治，是一种依靠外戚政治来支撑的贵族制，可以说这正是汉代君主独裁的局限。后汉末期的宦官专权从试图打破这一结构性的矛盾的开始，从而使矛盾得到解决的同时，却导致了政权的合理性逐渐削弱。

在此，我们可以看出上古的贵族政治向中世的贵族政治演变的转折点。后汉末期的清流运动，抨击宦官将公共权力攫为私有物，主张只有士大夫阶层才应真正参与政权，辅佐天子。这在形式上，是继承了上古的贵族政治，而内涵却是性质不同的贵族政治。之所以如是说，是因为清流士大夫以儒学为核心的汉代文化向地方的普及而形成的新兴的士大夫集团，他们的成员既是汉朝的官僚，又是如内藤所说的地方名望家。在后汉王朝的解体过程中，由汉朝官僚经过多次蜕变而成长起来的六朝贵族，正是这个士大夫集团。

这样形成的贵族阶级，与"上古的宗教性的氏族"贵族截然不同。氏族贵族的依托点在于他是被选出来的氏族集团的一员，而六朝贵族的基础是门第。所谓门第，是指因累世为官的家世而被社会所承认的名望家的地位。如果氏族贵族的身份是先天决定的，门第则是建筑在后天功业之上的家族的地位。这相当于时代划分中的"第二期"＝"中世"阶段。

中世贵族的出现，从历史的动态的角度看，意味着从中央到地方，即中央集权的政治势力的流向逆转为由地方到中央。促成这个逆转的"过渡期"，可以说有后汉后半期的宦官专权，后汉末到三国时代的军阀混战等现象。依据内藤的贵族政治论，中国内部变化的逻辑与外部变化有着极为相似的体系，而时代也与此能重合。

这里我们再次回想内藤划分时代的立场："来自大多实行依朝代划分时代的方法，这虽然很便利，但在史学上未必是正确的。从史学而言，近

① 内藤湖南：《支那上古史》第10章《前汉时代（下）》，东京，弘文堂书房，1944。

世并不仅是从某年开始距今较近的时代，必须具有形成近世的内容。”①

在今天的研究者中，也还是有人仅以理解历史的手段来考虑时代的划分问题，但内藤却不是这样。从上述观点可以看出，他认为上古向中世的转换，意味着历史运动的方向发生了带有根本性的变化。这不单是观察者的主观理解，而是依据历史动态的客观认识。而六朝时代，是这种质的转换实现的时代。因此内藤所说的“形成时代的内容”在这时起了变化。如下面将要述及的，今日仍有人持与内藤不同的观点，认为六朝时代是上古的延长。观点的不同，不单纯是主观认识的差别，还关系到对六朝的理解正确与否的问题。确实，两种观点之间展开了种种激烈的争论，但是，即使持有秦汉到六朝是连续的历史时期观点的人，也认为这两个时代之间存在一定的断层，不可否认这是受了内藤湖南的影响。

三、内藤湖南的继承者们

内藤的六朝论，此后被继承他的学说体系的人们加以发展。首先应提到的是冈崎文夫(1888—1950 年)。

冈崎是内藤比较早期的学生。内藤著《支那上古史》《支那近世史》《清朝史通论》等书，试图对中国各时代进行专门论述，但却没有关于六朝时代的。《支那中古的文化》②一书，是从思想史的角度论述从汉武帝到六朝时代的时代变化的名著，并没有覆盖六朝史的全体。冈崎补内藤之缺，撰写了《魏晋南北朝通史》③一书，可以说是将六朝时代作为一个完整的时代来叙述的，这是开创之作。同时，该书附有内藤湖南写的序文。

《魏晋南北朝通史》分为内外二编，“内编主要究明权力的移动，外编专述人文育成的轨道”(《自序》)。但正如作者进一步说明的那样，政治史和文明史的划分只是大体上的划分，政治史不仅限于单纯的事件的罗列和对其从道德上的评价，也赋予文明史的意义。另外，文明史一方，各个时期的政治权力，也赋予了当时文明现象的形式与秩序。如此，将六朝时代

---

① 内藤湖南：《支那近世史》第 1 章《近世史的意义》，东京，弘文堂书房，1947。

② 内藤湖南：《支那中古的文化》，东京，弘文堂书房，1947。《支那中古的文化》是内藤湖南 1927 年在京都大学授课讲义的复原。

③ 冈崎文夫：《魏晋南北朝通史》，东京，弘文堂书房，1932。

杂乱无章的政治过程作为一个完整的文明史加以叙述，这个观点可以说是继承了前所述的内藤的六朝观的具体化表现。

冈崎的书始终还是以贵族制为主题，他从汉代社会内部成长起来的地方名望家探求贵族制的起源。这当然是内藤说的具体化。这个社会阶层，往往参加当时出现的各个军阀政权，并将其变质为贵族制。也就是说，贵族主义这种时代精神，通过这种方式来显示自己。但是，贵族阶层完全投身于政治权力的结果，却最终丧失了作为阶级的自立性，而走上颓废、自灭的道路。

如果稍稍具体地叙述一下这个过程的话，第一个建立贵族制国家的是两晋。三国的各军阀政权，在末期排斥贵族阶层，于是全国的贵族阶级集结起来而出现了西晋王朝。东晋末期，宗室压抑贵族，借此机会，刘宋政权得以建立。刘宋尊重贵族，政权与贵族的协调，使贵族文化达到了繁盛，被誉为“元嘉之治”。刘宋末和南齐都任用寒人，于是产生了国家权力与贵族阶级分离的现象，而梁武帝努力稳定贵族的地位。这个时代是贵族制的完成时期。另一方面，贵族阶级又依靠国家的权力以保证它的地位，也就意味着贵族制的衰亡。受到梁末侯景之乱的打击，江南贵族就基本崩溃了。

社会权威与政治权力的分裂、融合问题，不限于中国，也是中世史的重要课题，冈崎将其运用于六朝史的研究，描绘了贵族政治的动态。

与冈崎《魏晋南北朝通史》并列的代表作是他的《南北朝社会经济制度》(1935 年)。该书收录了有关六朝时代的经济、财政、社会制度等方面的论文。冈崎在这些论文中，从多方面阐明了即使是变化剧烈的六朝社会，制约这些变动的因素也在起着作用。这个观点，成为日本六朝社会经济研究的出发点。

冈崎之后，同样专攻六朝史，深入到这个时代的内部从事研究的学者，应该举出的是宫川尚志。他的主要著作是《六朝史研究：政治社会篇》(1956 年)和《六朝史研究：宗教篇》(1964 年)。两书都是汇集他从第二次世界大战中到战后发表的论文而成。这些论文的一致论点是，六朝时代与世界的中世，特别是欧洲的中世比较，两者是平行的。例如，《宗教篇》中

《中国古代末期的佛教和道教》一文，叙述了后汉末期道、佛二教盛行，而罗马帝国末期的基督教可与之相比。并且，佛教、基督教都是从边境传入帝国内部的，汉和罗马的世界帝国体制，为这种传入构成了各自的条件，这也是古代末期共通的现象。

六朝时代开始出现了“村”这种名称的聚落，并普及全国，通过宫川的研究(《关于六朝时代的村》)明确了这一点。宫川证明，欧洲中世社会，是以农村为基础而构成的社会，同样，中国也是在中世阶段——六朝开始出现农村的。这个构想，后来被宫崎市定吸收到他的聚落论中。宫崎很早就主张中国的古代国家与古典古代及古代美索不达米亚等同样都是城邦国家，在古代聚落的解体过程中，形成了中世村落的“村”，揭明了中国古代中世聚落史的历程。① 不论是宫川还是宫崎，他们的六朝史研究，都是依据内藤的“中世”论，而将其深化的产物。

村上嘉实论述六朝思想、艺术的《六朝思想研究》(1974 年)一书，也深深地受到内藤的中世说的影响。村上强调的是，六朝文化的自由性。具体而言，是从汉代礼教主义的规范而来的自由。

此外，宇都宫清吉在《东洋中世史的领域》②中，用自律性一词来表现六朝时代的时代格。时代格这一生疏的词是宇都宫的自造语，对此必须稍加说明。

宇都宫认为，个人是由父祖赐予生命，又将之传给子孙。也就是说，每个人都生存在从过去向未来的人类生活连续线上。但是与此同时，每个人又都具有自己自身的个性。历史上的历史也具有这种两面性。一定的时代，既是过去时代的结果，又是孕育未来的原因。这样，各个时代既作为过去、现在、未来的连续，又显现各自的个性，这就是宇都宫所说的时代格。

宇都宫试图用各自的时代格来把握秦汉、六朝和隋唐各时代。他认为，秦汉时代格的特征是政治性。在这个时代，“文化的所有方面都表现

① 这些论文，收载在《宫崎市定アジア史論考》中卷，东京，朝日新闻社，1976。

② 宇都宫清吉：《东洋中世史的领域》，见《汉代社会经济史研究》，东京，弘文堂书房，1955。

为表面化的政治”。换言之，所有一切都属于帝国的世界现象。但其结果，产生了文化的僵化和形式化。这是政治优先于一切而发展到极点的结果。这意味着一个时代的终结，但却由此产生了新的文化时代。帝国解体后，在野的豪族阶级成为社会的主要支柱。这个变化产生了生气勃勃的自律思想。与秦汉时代的“政治性”不同，六朝时代的时代格是“自律性”。但是其后的隋唐时代，再度出现帝国的世界，它是秦汉和六朝的综合，因此，其时代格是“政治性和自律性的融合”。由秦汉开始，至隋唐完成的这一过程的总体，宇都宫称之为“中世史的领域”。

宇都宫在《世说新语的时代》①一文中，将他的六朝时代是“自律性”的时代的构想具体化。简言之，他认为最能体现这个时代的“自律性”的是当时的贵族阶级。《世说新语》所收的逸话就是贵族自律精神的产物。内藤曾用“贵族政治”这种政体来表述这个时代的特征，而宇都宫则用“自律性”这种人类的存在方式来表述，都是试图说明同一个事物。当然，虽然是以内藤之说为背景的构想，在此表现出的时代的差异，也没有什么不妥当的。

不仅宇都宫，凡是继承内藤说的人，都以其学说为依据，围绕不同时期争论的热点，发展六朝中世论学说。除以上所介绍的以外，还有不少重要的研究，因篇幅关系不得不忍痛割爱。要言之，内藤独创的构想，由学派门继承发展，从而使六朝史研究蓬勃展开。

原载《中国史学》第2卷，日本中国文学会编辑发行

译文原载《中国史研究动态》1993年第5期

① 宇都宫清吉，《世说新语的时代》，见《汉代社会经济史研究》，东京，弘文堂书房，1955。

日本魏晋南北朝史研究回顾(续)

[日]谷川道雄撰　宁欣译

四、战后的新形势和贵族制论战

战前，六朝史研究的主流毋庸置言是内藤湖南及其学派，即所谓的京都学派。但是，战后，产生了不同倾向的气流，刺激了学界。

概言之，战后日本的中国史学界，笼罩着一种独特的问题意识，对各个时代都展开了激烈的争论，这些争论问题互相关联，互相影响，形成了对中国史整体如何理解这样一个总括的问题。它的背景是1949年的战败①。这一深刻的事件，促使人们对中国史的研究，进行反省，寻求新的开始。

重新研究中国史的根本课题，是如何构筑世界史中的中国史。当然，战前也不是没有这种思想，如内藤湖南的中国史论就是一例。内藤将中国史作为独立的世界体系，由此进行时代划分，据此而发展的前景只能是资产阶级民主主义。

但是，第二次世界大战后的世界形势，出现了内藤时代看不到的新因素：社会主义阵营的出现和民族独立的广泛实现。1949年，上述两个因素的组合，诞生了中华人民共和国。在这种客观形势之上，还有认识主体方面的问题，即随着明治以来军国主义的崩溃，面临国家的重建的问题。但是，国家的重建应该沿着什么路线推进呢？是自由主义还是社会主义？

在上述思想状况下，人们探索新的中国史观。由此提出所谓克服停滞论的课题。这本来似乎是马克思主义历史学家之间的问题。众所周知，东方社会的停滞性，启蒙时代以来，欧洲的思想家已经指出了，马克思本人也涉及这个问题。战前，正如我们所熟知，马克思的“亚细亚生产方式”这

① 应该指1945年第二次世界大战日本战败。

一概念，在全世界的马克思主义者之间，曾展开热烈的讨论，它关系到亚洲的民族解放革命的战略问题。日本加紧对外侵略活动，同时禁止国内马克思主义者的言行，他们当中甚至有人被迫参加了侵略战争。而“东方社会的停滞性”成为他们把这种行为正当化的理由，即为日本对东方各民族的统治正当化提供合适的理论。

战后的克服停滞论的课题，是对这场战争责任的反省。当时的马克思主义者之间似乎也有这个课题的推进者而成为批判对象，这里置而不论。总之，解决这个课题的途径，是必须证明中国与世界上其他各国社会一样，也符合唯物史观生产方式发展的法则。

但这是一柄双刃剑，批判的锋芒也涉及京都学派。举起克服停滞论旗帜的是战后重建的历史学研究会。如果从他们将中国史马克思主义体系化的意图来看，与战前已经建立的京都学派体系互不兼容。观点的不同，牵涉到时代划分的方法也不同。第一个挑战者是前田直典，此后，到20世纪70年代末，展开了二十多年的论战。

前田强烈反对宫崎和宇都宫将六朝、隋唐时代看作中世的论点①，根据之一就是直接生产者的性质问题。首先，他举出这个时代的大土地经营的主要耕作者是奴隶，批判了宫崎和宇都宫的农奴说。前田的奴隶说，是以他的老师加藤繁的学说为依据的②。其次，他认为私人大土地所有之外的均田农民，如果考虑到徭役在租庸调负担占的比重极大这一点，也不应该把他们看作京都学派所说的国家佃户，而应理解为他们处于半奴隶状态。

前田主张六朝、隋唐时代是奴隶制生产方式为主，中国史上的古代一直持续到这个时代。前田英年早逝，前田说被历史学研究会继承，这样就出现了与内藤湖南划分时代方法不同的另一种方法，迄今二说仍然并行，这是学界周知的事实。

就六朝史而言，前田说将六朝时代划定为奴隶制时代。这与内藤以

① 前田直典：《古代东亚的终结》，见《元朝史の研究》，东京，东京大学出版会，1973。

② 加藤繁：《支那经济史概说》第3章《土地制度》，东京，弘文堂书房，1944。

来将贵族制作为这一时代的特征，形象大不相同。二者的不同，不仅限于是奴隶还是农奴这种同一平面上的认识的差别。京都学派即使采用农奴制论，也只不过把它作为贵族制这一人身支配时代中间的一个环节来讨论。而前田的奴隶制论，是作为决定该时代发展阶段的生产方式论而提出来的。在这里体现了双方方法上的不同。但当时，这个不同点并没有成为大问题，而是围绕大土地经营下的耕作者的性质，展开了激烈的争论。

前田提出的大土地所有制内部的生产关系及国家对一般农民的支配关系，是两种对抗的关系这一新观点，预示了此后论争的状况。关于前者的生产关系，终于由西嶋定生提出汉代豪族的土地经营是父家长的家内奴隶制的观点。① 对此，宇都宫重新提出重视佃农的主张②，是把当时的大土地所有作为汉代社会成立的必要条件，抑或将其作为否定汉帝国的因素，在这点上，两者的见解也大不相同。在宋代佃户制的性质问题上，宫崎市定和仁井田陞观点对立，他提出了从六朝、隋唐的农奴制向宋代以后的近世的佃农发展这样一种模式。③ 这也是依据京都学派观点进行的反击。

争论超过了大土地所有内部的生产关系范围，而扩大到对该社会人的结合关系的理解问题。西嶋本人，依据父家长的家内奴隶制理论来说明刘邦集团人的结合关系，进而论述了秦汉帝国的豪族的结构。五井直弘，将西嶋说应用于后汉—三国时代，批判了川胜义雄的诸论考。④ 川胜在上下情谊关系中，围绕当时盛行的门生故吏的结合关系，认为应将这一关系看

① 西嶋定生：《古代国家的权力构造》，见《中国古代国家与东亚世界》，东京，东京大学出版会，1983。

② 宇都宫清吉：《僮约研究》，见《汉代社会经济史研究》，东京，弘文堂书房，1955。

③ 宫崎市定：《宋代以后的土地所有形态》，见《亚洲史研究第四》，京都，同朋会，1964；《从部曲到佃户的转变——唐宋间社会变革的一面》，见《亚洲史论考》中卷，东京，朝日新闻社，1976。

④ 五井直弘：《论后汉时代的官吏登用制“辟召”》，载《历史学研究》，1954(178)；《曹操政权的性质》，载《历史学研究》，1956(195)。

作是封建的主从关系。又论及曹操军团，认为它是曹操与部下之间以任侠的结合为主轴而形成的关系。这些均是从中世社会人的结合关系来加以理解的论述。① 对此，五井依据父家长的家内奴隶制的结合原理进行解释，川胜反驳五井。这样，在比较年轻的年龄层之间，展开了中世乎？古代乎？的争论。

上述论争的展开，是在20世纪50年代。守屋美都雄、增渊龙夫、滨口重国等人都对西嶋说进行激烈的批判，他们都不属于京都学派。这些批判论点，涉及实证、方法和观点等多方面。西嶋接受了这批评，收回父家长家内奴隶说，试图重新构筑新说。② 他提出一种新的说法，认为秦汉时代的基本阶级关系是建立在君权对编户个人的人身支配基础之上的。其间过程，学界已周知，此处省略。

西嶋由旧说转变到新说，并没有放弃到唐为止仍是古代这一时代划分观点。由于对个人的人身支配也包括唐代均田农民，也许可以说，以前的时代划分变得更容易理解了。上文提及的前田在研究中还论述了均田农民的奴隶性质，现在已不使用奴隶制一词，而用个人的人身支配来代替。隋唐帝国是如何克服了汉帝国崩溃后统一政体的衰退而建立起来的呢？崛敏一认为这一体系要从均田体制中寻求，个人的人身支配又被重建起来。崛敏一的《均田制研究》(1975年)一书，是对这一观点的总结。③

西嶋观点的转变，面临着中国史总体的重要问题。给予西嶋新建立的观点以很大影响的是滨口的观点。滨口认为，在中国，自耕农远较奴隶和佃农多，如果只根据大土地私有内部奴隶和佃农这种劳动形态来判定中国社会的性质，是轻率的。中国历史始终是自耕农体制占支配地位，从春秋

① 川胜义雄：《曹操军团的构成》，见《人文科学研究所创立廿五周年纪念论文集》，1954；《魏晋南朝的门生故吏》，载《东方学报》(京都)，28，1958。修订稿收入《六朝贵族制社会的研究》，东京，岩波书店，1982。

② 关于这个经过，西嶋定生在《中国古代帝国的形成与构造——二十等爵制的研究》(东京，东京大学出版会，1961)序章中有详细说明。

③ 特别请看崛敏一：《均田制研究》第1篇第3章《北魏均田制的形成》，东京，岩波书店，1975。

战国到近代一直持续的君主专制的基础正是广泛存在的自耕农。①

众所周知，关于汉代到六朝、隋唐时代的军制与贱民制度问题，滨口有不少优秀的研究成果问世。但是，这些研究都是以上述的君主专制的强化作为前提的。考虑到这一点，他与内藤湖南的六朝贵族制论是直接对立的。内藤认为，贵族和君主的关系，“即君主是贵族阶段的共有物，君主政治是由于承认贵族的特权才得以实行的，一个人不能拥有绝对的权力”②。其结果，从20世纪50年代末到60年代初，围绕这个问题又掀起了新的论争。

论争的一方是川胜义雄。如前所述，川胜认为六朝时期人的诸关系中存在着与欧洲类似的封建制。这成了五井批判的目标，但没有提到君权的问题。在这个问题上，持最激烈反对态度的是矢野主税。③ 矢野认为，被称为六朝门阀贵族的阶层，承继了原来后汉官僚的谱系。后汉官僚是依靠国家的俸禄而生存的寄生官僚，六朝贵族也同样如此。越智重明在已发表的有关六朝时代的政治、经济的研究成果中，也强调君权对贵族阶级的优越性。④ 矢野与越智之间，围绕着不同的观点而展开了讨论。矢野的寄生官僚制说，可以说受到守屋美都雄《六朝门阀的研究——太原王氏谱系考一》(1951年)的影响，无论如何，当时被认为已经明了的六朝贵族的阶级自律性问题重新受到了怀疑。⑤ 从另一方面说，六朝贵族的整体面貌是作为王朝官而呈现的。如何理解这个问题呢？对此，森三树三郎认为，六朝的士大夫，除土地贵族和财产贵族的身份，首先是官僚贵族⑥，如何解释这个官僚贵族的存在形态，是问题的核心。关于这点，准备在下节论及。

---

① 滨口重国：《中国史古代社会问题备忘录》，见《唐王朝的贱人制度》，京都，东洋史研究会，1966。

② 内藤湖南：《支那近世史》第1章《近世史的意义》，东京，弘文堂书房，1947。

③ 矢野主税：《门阀贵族的系谱试论》，载《古代学》，7—1，1958，《门阀社会成立史》(东京，国书刊行会，1976)收录。

④ 越智重明：《魏西晋贵族制论》，载《东洋学报》，45—1，1962；《魏晋南北朝的贵族制》，东京，研文出版，1982。

⑤ 关于这个问题，中村圭尔在《六朝贵族制研究》(东京，风间书房，1987)的序章《关于六朝贵族制研究的若干问题》中有详细说明，请参照。

⑥ 森三树三郎：《六朝士大夫精神》，京都，同朋会，1986。

五、九品官人法·乡论·豪族共同体

1956年，宫崎市定的《九品官人法研究·科举前史》一书出版发行。学界早就指出九品官人(中正)法是贵族主义的官吏任用法，宫崎则明确提出乡品与官品之间存在着一定的相应关系。乡品表示该人任官生涯最后所能达到的预测的官品品数，对于起家官大约授予较低的四品官。官僚在一生中大约升迁四品左右。

由上文导出两个事实，一是当时士人的任官资格是由乡论(由同乡人士所进行的人物评价)认定的，从根本上说不是由皇帝授予的；二是被授予官职的等级，是根据乡里评价的等级来决定的。也就是说，六朝贵族很多是官僚贵族这一现象，并不直接意味着他们不具有自立的阶级基础和作为国家的寄生官僚这一结论。乡里社会的支持，实际上是他们自立性的基础。

为什么他们是王朝的官僚，而不是地方的封建领主呢？宫崎本人对此有如下说明："从三国至唐的中国社会，大体上可以称作贵族制度的时代。但也不能因此而简单地断言一切现象都是贵族制度。一方面，实际存在着与之对立的君权，不断地破坏贵族制，努力向纯粹的官僚制转变。实际上，正是由于君权的存在，才使贵族制停留在贵族制，如果君权更衰弱的话，这种贵族制也许就会发展为割据性更强的封建制度。"①

宫崎并没有否定皇权的强化。但另一方面，贵族阶级有独自的基础，应该考虑到他们也有向封建制度演变的潜在的可能性。

中国社会，在显现出"恒久的官僚制"(E·巴拉兹)的内部，有独立的世界，宫崎的研究不是证明了这一点吗？此后，矢野、越智、崛等试图加以补充或修正②，但并没有动摇宫崎的基本构想。

宫崎通过九品官人法的实态而把握的乡论到底是什么状况呢？宫崎本人对此没有过多论及。但这个设想，可以从内藤的"名望家"一词中得到启

① 宫崎市定：《九品官人法研究》，京都，东洋史研究会，1956。

② 矢野主税：《魏晋中正制的性质的一点考察》，载《史学研究》，1961(82)；越智重明：《九品官人法的制定》，载《东洋学报》，46—2，1963；崛敏一：《九品中正制度的形成》，载《东洋文化研究所纪要》，1968(45)。

发。冈崎的《魏晋南北朝通史》[①]，提出九品官人法制度起源于汉代的乡举里选。地方名望家，通过了乡举里选得以察举，作为察举条件不可或缺的乡论，带有了强烈的儒教色彩，乡论要求社会指导层必须履行孝义、友义、节义。孝义是对亲，友义是对宗族、乡党，节义是对长官尽忠的精神。尤其是关于友义，不能看作是把个人从家庭中分离出来，家族也并不能脱离宗族、乡党而孤立存在。从这种立场出发的道德实践是友义，具体是指施予财物与开发地方经济等。总之，乡论作为乡里对这类道德生活的评价，保持了很长的历史。

川胜义雄也很重视这种乡论的作用。他认为，后汉末，人物评价的潮流形成了从地方层次到中央层次的几个依次升高的环节。川胜称之为“乡论环节的多层结构”，因这种舆论的推举，而形成了全国的士大夫集团。[②]

不是通过领主式的土地支配，而是通过社会对卓越人物的扶持，或者说由此而产生的社会权威等，以及人与人之间的精神联系，形成了统治阶级。川胜的这一构想，在唯物史观达到全盛的战后的日本学界，占有特殊的位置。然而川胜的这个构想是在充分注意到了封建领主制的基础上得出的。他发现三国吴的奉邑制的性质近似于封建领主制，但它并没有成为历史的主流，而是走向消亡，成为主流的，是华北的方式。在小农独立性较强的华北，封建领主制确立的余地很小。因此，政府采取允许小农的独立性存在，同时加以控制的方式。乡论就起到了控制作用，川胜称这种支配方式为“乡论主义”。华北的“乡论主义”也影响到江南，东晋政权成立时，北来的贵族得以保持其权威，就是依靠“乡论主义”[③]。

---

① 冈崎文夫：《魏晋南北朝通史》外篇第1章《魏晋的文明》，东京，弘文堂书房，1932。

② 川胜义雄：《贵族制社会和孙吴政权下的江南》，载《中国中世史研究》，1970，《六朝贵族制社会的研究》收录修订稿。

③ 川胜义雄：《东晋贵族制的确立过程》，载《东方学报》(京都)，52，1979，《六朝贵族制社会的研究》收录修订稿。

作为川胜的共同研究者，这里，我想简单谈谈个人的研究。①

20世纪50年代的后半期，是日本中国史学界论战的亢奋时期。同时，也是战后经过一段时期后，开始进行各种反省的时期，西嶋观点的转变，具有代表性。我本人也是从这个时期开始，认识较前有了变化。此前，将中国社会作为阶级对立的史像把握的风潮很强烈，我本人也受到相当的影响。于是开始考虑中国社会的本来面貌是否是共同体。这个设想，在与川胜等人的共同研究(中国中世史研究会，1961年创办)中，逐渐形成具体的概念，而提出了"豪族共同体"的构想，我们把从汉代向六朝的推移作为共同体的发展史，从汉代的"里共同体"演进为六朝的"家族共同体"形成了这样一种形态。所谓的"里共同体"是父老社会，它受帝国统治，而本身不是由阶层原理而来的。在汉帝国解体的过程中，构成基础的"里共同体"发生了质变，演变为以豪族之家为主导核心的共同体。我认为这就是六朝贵族的社会基础。

豪族一词，表明他们比其他民户具有优势，他们是如何成为共同体的主导核心呢？前面已介绍过了，冈崎文夫认为六朝贵族制源于汉代的乡举里选，成为察举对象的地方名望家，履行孝义的同时，也履行友义(为宗族、乡党服务)。豪族对社会的态度，后汉以后，到六朝全期，一直持续存在。它的社会活动，涉及赈恤、防敌、水利、医疗、调解纷争和教育等所有的方面。为了在这个天灾与战乱的时代生存，不能自立者就依附于豪族，豪族也利用本身的势力保护他们。这种自然发生而形成的社会结合，以相互共存为目的，因此可以看作是一种共同体。其成员，既存在资产与教养上的阶层差别，又以共存为共同目标。此外，虽然它的构成单位是个体家庭，但却利用公共的思想与集团维系。这样一种内部包含着阶级性与共同性、私与公等的矛盾心理的共同体，其最终目的是为了确保人的生存，这就是豪族共同体的特征。

这个构想从研究史的角度来讲，有两个意见：一是对以大土地所有制

① 以下所谈到的关于论述豪族共同体诸问题的论著，请参照拙著：《中国中世的探求》，东京，日本エデイタースクール出版部，1987。葭森健介：《中国史"社会"与"人间"的把握》，载《中国——社会与文化》，1992(7)。

内部的生产关系来直接推定该时代历史的性质产生了疑问。豪族大多是大土地所有者，他们在经营中，奴婢、佃客等隶属于他们，供他们役使，但又据此不能反映当时社会的总体性质。西嶋在分析汉代社会时，也遇到了这个障碍。

二是西嶋在新说中试图只用皇帝权力与编户农民这种国家关系来理解六朝社会的做法是否可行。如果成立的话，那就不会发生汉帝国的这种事情。就政治体制而言，在历来的帝国，编户这种关系作为表面原则继续存在的同时，实际上，只有豪族掌握的地方秩序保证人们的存在。更一般化来讲，在表面看来，经常处于由皇帝统治体制下的中国各个时代，其内部形成的社会关系，起着各种各样的作用。六朝时代，是这种内部关系在政治表层明朗化的时代。

关于六朝贵族的生活实态，守屋和矢野等人开展了追索贵族家谱的研究工作，但研究贵族与地域社会的关联，令人意外的并不多见。豪族共同体说是建立在上述的不断反省的立场上，同时试图明确六朝贵族的社会基础才提出的。无疑是受了内藤、冈崎的名望家说，那波利贞①、宫崎等先辈的聚落论研究的很大影响。

但是，共同体的构想，受到很多研究者的批判。批判观点之一是，在豪族与地域民众的关系上，忽视了阶级对立；在家庭的地域统治上，过于强调精神的、伦理的作用，而既然称为共同体，其主要原因就必须是存在共有地等财产。总而言之，是从战后风靡史学界的阶级对立论和唯物论中脱离出来的批判。

这些持批评观点的人，包括从秦汉到明清各时代的研究者，对拙论考证方面的研讨并不多，所发议论集中在历史的意识形态方面，对于六朝的实证性研究起了负作用。但是，发言者不都是这样的批判意见，也有一些有益的建议，不能断言一无可取。我作为问题的当事人，理应回避更进一步的议论。

然而，由豪族共同体之说而触发，大大促进了六朝史实态的研究。如

---

① 那波利贞：《坞主考》，载《东亚人文学报》，2—4，1943。

果说豪族共同体说对当时基层结构的状况有几分正确的话，理应在政治史的表层显露出来。东晋的北府军团，宋齐、齐梁两次革命的军团，还有北朝后期的乡兵集团等，显然都是以豪族共同体为基础而组织成的。① 以豪族为核心牢固结合的地域集团，本身变成武装集团支持着皇权。

豪族共同体也并不是与当时的世界观和宗教思想无缘。例如，可以找出顺天道或相信彼岸的思想产生作用的几个事例。但这也是今后的课题。

六、目前的研究状况

关于六朝社会的基本性质的论战，到 70 年代后半期，大体上宣告结束。当然，此后还不断有精辟的研究，但 80 年代以来的特征是研究者之间共同关心的问题少了。② 个人的兴趣千差万别，再加上研究领域的细分化倾向很严重。第 1 节中曾介绍的 1992 年的“若手(青年)魏晋南北朝史研究者聚会”，计划开展关于晋谢安的讨论，也许多少带有要克服上述倾向的意图。这不正说明现实已经是如此严峻了吗？

这样的状况是如何发展而形成的呢？一句话不可能讲清。这是因为，

---

① 例如，安田二郎：《南朝的皇帝与贵族、豪族、土豪层》，见《中国中世史研究》，东京，东海大学出版会，1970；拙稿：《北朝末期的乡兵》，载《东洋史研究》，20—4，1962，《隋唐帝国形成史论》(东京，筑摩书房，1971)中变更了题目被收录等。还有气贺泽保规：《窦建德集团与河北》，载《东洋史研究》，31—4，1973，是将上述见解也适用于隋末叛乱而写作的论文。

② 本文以内藤湖南的六朝论为源流，介绍了继承发展他的学说，或对此提出不同见解的各个方面的研究状况，还叙述了它们之间的互相影响形成了一个大的研究专题，正如本文所记述的，这个专题，特别是在战后，产生了激烈的论争，有时甚至极为激烈。70 年代后半期，论战休止，但是仍有不少人关心这个专题，并且继续此项研究。“论战后”的比较年轻的学者中，需要特别提出的也绝非少数。但因篇幅有限，不可能一一介绍他们的成果，只能列举下述的若干文献，以补本文之缺：(1)《史学杂志》每年 5 月号特辑中的上一年度的回顾与展望。(2)《中国史研究入门》上(1983 年初版)的《魏晋南北朝时代》。还有《中国史研究指南》(台北，联经出版事业公司，1990)、《魏晋南北朝史·隋唐五代史》。(3)滏添庆文：《近年日本的魏晋南北朝史研究》(*Acta Asiatica*，60，1991)。(4)中村圭尔：《贵族制论》(《战后日本的中国史论争》所收，预定 1992 年刊行)。上述作者中，(3)与(4)的执笔者都是青年集会的领导人，从这个意义上讲，更值得一读。总之，自 1910 年以来形成的潮流绝没有停止，我本人对此感到很珍贵。同时另一方面，对学术状况的总体也有一种危机意识。本文第六节，就是在这种矛盾的心理状态支配下写成的。

我认为与其说是学界内部的问题，不如说是在学界外部，广阔的社会变化的产物。如果凭直觉的话，我感到日本的高速发展所产生的副产品之一，就是脱离意识形态的状态。充满热情的理想精神已完全冷却，而追求实惠的心情支配了人们。就历史而言，比起时间的连续，人们更强烈地关心一个一个的事物。这一个一个的事物，并不是理论和具有意义，而是形式和作用的问题。

一般来讲，过去那种采取在展望未来的同时回顾过去的态度已不存在了。由于对未来状况不能抱有期待，因此研究方式中也不以时间为轴。可以说，战后建立中国史新体系的尝试，是以新中国的未来发展方向为前提的。这个前提已经几乎完全崩溃了。

特别是作为年轻的一代，诸如时代这类过去曾讨论过的基本问题，只是敬而远之的题目了；比起这类问题来，莫如从时间长河中选取自己最感兴趣的个别问题，而考虑从中发掘出什么。

以上的总括也许离开了目的，特别是今天的研究状况，确实越来越难于把握。斗胆评论的话，长处是进行实物性的研究，拒绝与学问无关的思想意识形态的干预；不足是只抓住个别性，而没有面向历史总体的记述。这个长处与不足，也可以说是在个人个性化发展的同时，参与全社会的意识淡薄化了这种现代世界在学术界的反映。在六朝史研究中，伴随着个别优秀研究的出现，不能与时代全貌联系的例子很少。

这种个别与全体之间的矛盾，一般市民、研究者，加上研究内容，都有这样的问题，而造成了今天学界的状况。这虽然是历史的必然，但却使研究者对自己的研究的意义产生了疑问，从而也许会导致对自己存在的不实在感。

以前先学们如何呢？我想再回到内藤湖南。内藤确定六朝时代是贵族政治的时代，与他关注着辛亥革命的中国的未来有密切关系。即他在脑海里描绘出贵族政治→君主独裁政治→共和政治这样的政体的发展趋势。政体，是与人民和政权关联的诸形态。大概对于他来说，当时日本的政治课题中的普选问题，也是他极为关心的事吧？无论如何，对人民是如何与政权相关这种现实问题连锁考虑，而确立六朝为贵族政治这种时代规定。也就是说，对于内藤来讲，现在与过去，是在这样一种紧密关系下联动的过程。

反过来看看现在的我们是如何考虑的呢？对于我们来说，政体问题，即人民的政治权利问题，不一定具有最重要的意见了。比起来，每个人自身在社会中是如何生存的才是最大的课题。从这个观点出发的话，六朝时代是一个什么样的时代呢？

也有人认为，在一千几百年前的六朝时代，考虑个人或自己，是时代错误。但是，原始时代也仍然有个人存在，也具有自我意识。况且，六朝时代，可以喻为普遍宗教的时代。普遍宗教的使命是救济个人。所谓个人，是什么样的个人呢？近代的个人，是从社会中独立而存在的个人(个人主义)，六朝时个人与社会保持什么样的关系呢？豪族对宗族、乡党的“友义”，大概是可以作为当时个人存在方式的一类实例吧！

正如大家所公认的，贵族制是六朝史的关键。但是，贵族制对当时人的生存具有什么意义呢？对于这点，过去的考察讲得很不充分。即使说到贵族阶级是社会权威的代表，但是关于这个权威的内容，人的意义上的，并没有深入研究。与此有关的当然是家的问题。因为当时个人第一个层次的归属场所是家。但是，对贵族的家的专门研究，还不能说是很丰富的。

尽管关于贵族制的讨论如此热烈，但贵族制的实态并不十分清楚，特别是作为人的意义上的立场研究，极为缺乏。而在贵族制争论开展的时期，讨论的问题，只是停留在皇帝权力或者贵族阶级上。哪一个对社会具有更大的作用呢？从某种意义上讲，只不过是政治结构上的问题。我们今天已经不能仅满足这样的框架。纵然贵族阶级也是寄生官僚，但必须探究作为贵族阶级，在人的意义上存在的地平面上，到底为何物。

当代人正视人类生存的危机，即使对过去，也要求全新的敏锐的理解。研究者的任务，就是必须回答上述要求。这个任务，不用说应依赖于研究者个人的自发性，但历史的人类社会性的构筑是大的事业，个人的努力总是有局限性的。在某种广义上，共同研究是必要的。在这里，共同研究，不意味着仅仅是一种学术意义上的研究，每个个人的研究，互相影响交流这种学术气氛，比什么都重要。将个别与全体统一起来这个现代人的课题，在学术界也存在。

原载《中国史学》第 2 卷，日本中国文学会编辑发行
译文原载《中国史研究动态》1993 年第 6 期

后　记

《唐史识浅录》是希望接续《唐史识见录》一书，原拟名《唐史识晓录》，后感到"识见"到"识晓"似乎跳跃性太大，还是需要过渡一下，见到后，进入浅识阶段，再争取跃到识晓阶段为好。

本书收录的大部分文稿是此前的旧作，有的进行了少部分修改。一些稿子重新定名，主要原因是在发表时，编辑有"标题党"(编辑自称)之嫌，改成认为能抓住读者眼球的题目。再次改回自命的题目，是希望回归我书写时的本义。本书内容以唐史研究为主，部分研究涉及其他历史阶段，以及我在治学道路上的收获，故书名定为《唐史识浅录》。

本书汇集旧稿的目的，是因为很多旧稿因年代久远，又分散在各处，查找不便，包括一些没有正式出版和刊载的论文、译作，如译文《沙州归义军节度使始末》是20世纪80年代在北大读研究生时，奉导师王永兴先生之命，不揣浅陋，花费半年多时间译出。《作为宿房的唐代寺院》(《史学选译》1991—1992年总第18期)是1986年刚任教于北京师范大学历史系不久，记得是应郭小凌老师之邀翻译的，他当时负责编辑系里的内部刊物《史学选译》。这些都是20世纪80年代译出，始终没有正式出版，再如一些篇章是某部集体著作的一部分，正好借此收编入集，一并呈现，也能更好地反映作者的学术历程。

由于发表和出版的年代相隔甚远，当时学术规范和论文、书著格式要求不一，又因为翻译文章时有很多不规范之处，在修改过程中，只好本着就简不就繁的原则，尽量统一，但距今天严格要求的格式仍有差距，请读者谅解。收录的论文和注释未能做到完全统一，非常遗憾，但考虑到工程较大，只能保留原生态了。

本书各篇文章的撰写和翻译过程中，得到很多的支持和帮助，已经不能一一追记清楚。不同时期的日文翻译稿，如《沙州归义军节度使始末》得到当时我的同屋、北京大学历史系79级同班留学生冈本尚子女士(婚后改名木田尚子，其夫君木田知生先生当时作为高级研修生就读北京大学，现为日本龙谷大学教授，主要研究宋史)的帮助；从韩文转为日文发表的朴汉济先生的《韩国魏晋隋唐史研究回顾与展望(1985—1987 年)》一文，得到我的师妹北京师范大学何兹全先生的博士蒋非非女士(现任教于北京大学历史系)的帮助。但在转译过程中，还有很多不统一的地方，尤其在日文译著《沙州归义军节度使始末》中还保留了部分原日文。书稿在整理和校对过程中，陆续得到陈涛、王溪、廖靖靖、于笛、李瑞华、刘夏欣、姚梦泽、王夫一、李刻羽等同学的帮助，他(她)们使书稿减少了很多错漏，一并致以诚挚的感谢。

感谢北京师范大学历史学院将本书列入“史学探索丛书”系列，使得分散的旧稿和新作结集成册，感谢北京师范大学出版社刘松弢编辑为此书付出的努力和心血。

作者谨识

2016 年 12 月